Brigitte Roßbeck

Marianne von Werefkin

Brigitte Roßbeck

Marianne von Werefkin

DIE RUSSIN AUS DEM
KREIS DES BLAUEN REITERS

Siedler

FSC www.fsc.org MIX Papier aus verantwortungsvollen Quellen FSC® C014496

Verlagsgruppe Random House FSC-DEU-0100
Das für dieses Buch verwendete FSC®-zertifizierte Papier *Munken Premium*
liefert Arctic Paper Munkedals AB, Schweden.

Dritte Auflage

Umschlaggestaltung: Rothfos + Gabler, Hamburg
Satz: Ditta Ahmadi, Berlin
Druck und Bindung: GGP Media GmbH, Pößneck
Printed in Germany 2011
ISBN 978-3-88680-913-4

www.siedler-verlag.de

Inhalt

Vorwort 7

ERSTER TEIL
Im Russischen Reich 9

KAPITEL I
1860 – 1879 *Prägung* 11

KAPITEL II
1879 – 1885 *Orientierung* 23

KAPITEL III
1885 – 1896 *Weichenstellungen* 35

ZWEITER TEIL
In Deutschland 55

KAPITEL IV
1896 – 1902 *Impulse* 57

KAPITEL V
1902 – 1905 *Auswege* 79

KAPITEL VI
1906 – 1908 *Neubeginn* 99

EXKURS I
Wunderwochen
Ländliches expressionistisches Symposion Murnau 113

EXKURS II
Wechselspiele
Die Neue Künstler-Vereinigung München
und der Blaue Reiter 121

KAPITEL VII
1909–1910 *Schnittstellen* 137

KAPITEL VIII
1910–1914 *Gipfelpunkte* 155

DRITTER TEIL
In der Schweiz 181

KAPITEL IX
1914–1918 *Fallhöhe* 183

KAPITEL X
1918–1922 *Schmerzgrenze* 195

KAPITEL XI
1922–1929 *Lebensfreuden* 209

KAPITEL XII
1929–1938 *Lebensneige* 229

Nachlese 243

Dank 249
Anmerkungen 250
Archive und Fundstellen 308
Quellen und bibliografische Auswahl 310
Personenregister 329
Bildnachweis 336

Vorwort

NICHTS MACHT BIOGRAFEN GLÜCKLICHER als eine Fülle neuer Quellen. In diesem Fall: niemals zuvor aufgespürtes oder gedrucktes, niemals zuvor transkribiertes, niemals zuvor aus dem Französischen, aus dem Litauischen und, sehr umfänglich, aus dem Russischen ins Deutsche übertragenes Schrifttum.

Aufbauend auf Dr. Bernd Fäthkes Archivalienfundus und in Ergänzung seiner Forschungsergebnisse zu Vita und Werk Marianne von Werefkins (2001 in seiner wegweisenden Monografie publiziert), bin ich bei meiner weiterführenden Recherche auch an entlegenen Stellen fündig geworden.

So konnte ich bei der Arbeit an diesem Buch unter anderem aus bislang im Verborgenen gebliebenen Tagebuchaufzeichnungen schöpfen und vor allem aus den weitgehend unbekannten Briefen

Alexej Jawlenskys an Marianne von Werefkin,
Marianne von Werefkins an Alexej Jawlensky,
Ilja Repins an Marianne von Werefkin,
Marianne von Werefkins an ihren Vater,
Marianne von Werefkins an ihren Neffen Alexander,
Lisa Della Voss' an ihre Freundin Marianne von Werefkin.

Neue Quellen verändern Sichtweisen, schärfen Profile, füllen Wissenslücken.

Meine Protagonistin war eine bemerkenswerte Künstlerin und ein ungewöhnlicher Mensch. Marianne von Werefkin den ihr gebührenden Platz in der Kunstgeschichte zuzuweisen, ist mir ebenso wichtig gewesen, wie der Frau mit den vielen Facetten gerecht zu werden.

Brigitte Roßbeck

Kunst-Werke sind von einer unendlichen Einsamkeit und mit nichts so wenig erreichbar als mit Kritik. Nur Liebe kann sie erfassen und halten und kann gerecht sein gegen sie.

RAINER MARIA RILKE
in einem Brief vom 23. April 1903 an den »jungen Dichter« Franz Xaver Kappus

ERSTER TEIL

Im Russischen Reich

KAPITEL I

1860 – 1879

Prägung

Und ich träume, dass, wenn ich hingehe, aufrecht und rein,
ich eine unbekannte Blume finden werde ...
Und wenn das Leben gar zu hart ist, berge ich meine Augen
in meinen Händen, die den Duft der Blume bewahren.[1]

DAS KIND WAR GERADE EIN HALBES JAHR ALT, als Zar Alexander II. einem Drittel seiner Untertanen die persönliche Freiheit schenkte. Nur wurde mit der Aufhebung der Leibeigenschaft die Not der kleinen Leute kaum geringer.

Mariamna Wladimirowna Werefkina[2] (für uns Marianne Werefkin, bis sie selbst, angepasst an die Gepflogenheiten der westeuropäischen Noblesse, das *von* zwischen ihren Vor- und Familiennamen setzte) kam am 29. August 1860 in einem Palast zur Welt, dem Amtssitz ihres Großvaters mütterlicherseits. Legt man den Gregorianischen Kalender[3] zugrunde, dann fiel ihr Geburtstag auf den 11. September. Mariannes Geburtsort ist Tula, eine zentralrussische Bezirkshauptstadt.

Schon im äußeren Erscheinungsbild des Prachtbaues, in dem der Großvater Peter Michailowitsch Daragan (1800 – 1875) residierte und in dem seine Manjuscha oder Manja gerufene Enkelin ihren ersten Schrei tat, kam der politische und gesellschaftliche Rang eines Gouverneurs zum Ausdruck. Die Daragans zählten zur eng mit dem kaiserlichen Hof verbundenen Hocharistokratie. Dies traf auch auf die Vorfahren von Mariannes Großmutter Anna Daragan geborene Balugiansky (1806 – 1877), zu. Die kluge und couragierte Tochter des kaiserlich russischen Staatsrats Michail Andrejewitsch Balugiansky (1769 – 1847), einst Mitbegründer und Rektor der Universität von Sankt Petersburg, zählte in ihrem Heimatland zu den weiblichen Ausnahmeerscheinungen. Anna Daragan tat sich als Reformpädagogin hervor. Ihr didaktisch wegweisendes Unterrichtswerk *Das Alphabet mit Lesebeispielen für Fortgeschrittene* erreichte zehn Auflagen. Noch größere Verbreitung fand ein kleines Werk mit dem Titel *Der Weihnachtsbaum*; obgleich unverkennbar religiöser Natur, hatte die Verfasserin dieser Kinderfibel auf die üblichen frömmlerischen Phrasen bewusst verzichtet. Und bevor sie ans Schreiben eines in Russland weit verbreiteten Lesebuchs mit Tiergeschichten gegangen war, hatte Anna Daragan zoologische Forschungsberichte studiert. In Zarin Alexandra Fjodorowna (ursprünglich Friederike Luise Charlotte Wilhelmine von Preußen, älteste Tochter Friedrich Wilhelms III. und der legendären Königin Luise) fand sie eine einflussreiche Förderin. Zunächst wurde ihr die Leitung einer Lehranstalt in Moskau übertragen, danach eines Petersburger Waisenhauses und zuletzt einer Ausbildungsstätte in Tula. Mit der Herausgabe ihrer 1862 erschienenen *Anleitung für Kindergärten nach Friedrich Fröbel* rückte Anna Daragan die Methoden des deutschen reformpädagogischen Vordenkers ins Blickfeld beklagenswert rückständiger russischer Erzieher. Ein folgenschwerer Fehler unterlief der fortschrittlichen Erzieherin dennoch. Die Bemerkung, Marianne sei zu wenig hübsch, verzieh ihr die Enkelin nie.

Und wie stellt sich uns die Mutter dar?

Elisabeth Werefkin geborene Daragan, Jahrgang 1834, war zum Zeitpunkt ihrer ersten Niederkunft sechsundzwanzig und seit zwei Jahren Ehefrau. Sie sprach mehrere Sprachen, kannte sich aus in der europäischen Literatur und war eine begabte Malerin. Im frühen Stadium der Schwangerschaft hatte sie, als Abschiedstour von der geschätzten Ungebundenheit vielleicht, eine Bildungsreise unternommen, sich in Deutschland, England und Frankreich umgesehen, am längsten aber in Rom, dem Traumziel aller Kunstenthusiasten. Ihr Begleiter und Lehrer, der Maler Carl Timoleon Neff, war in Russland ein hoch angesehener Mann. Zuständig für die Pflege und Instandsetzung aller Exponate der Eremitage führte er auch Aufsicht über das Inventar jeglicher zaristischer Schlösser. Neff malte die Sankt Petersburger Isaaks-Kathedrale aus. Ein weiteres Hauptwerk des Künstlers schmückte einst die Moskauer Christ-Erlöser-Kathedrale.[4] Er schuf Bildnisse für die russisch-orthodoxen Gotteshäuser von Nizza und Wiesbaden – beide Kirchen gehörten nachweislich zu Elisabeth Werefkins Besichtigungsprogramm im Verlaufe der ersten Monate des Jahres 1860.

Carl Timoleon Neff war zudem ein gefragter Porträtist, und auch seine Genrebilder[5] waren überaus beliebt; berühmt machten ihn bibli-

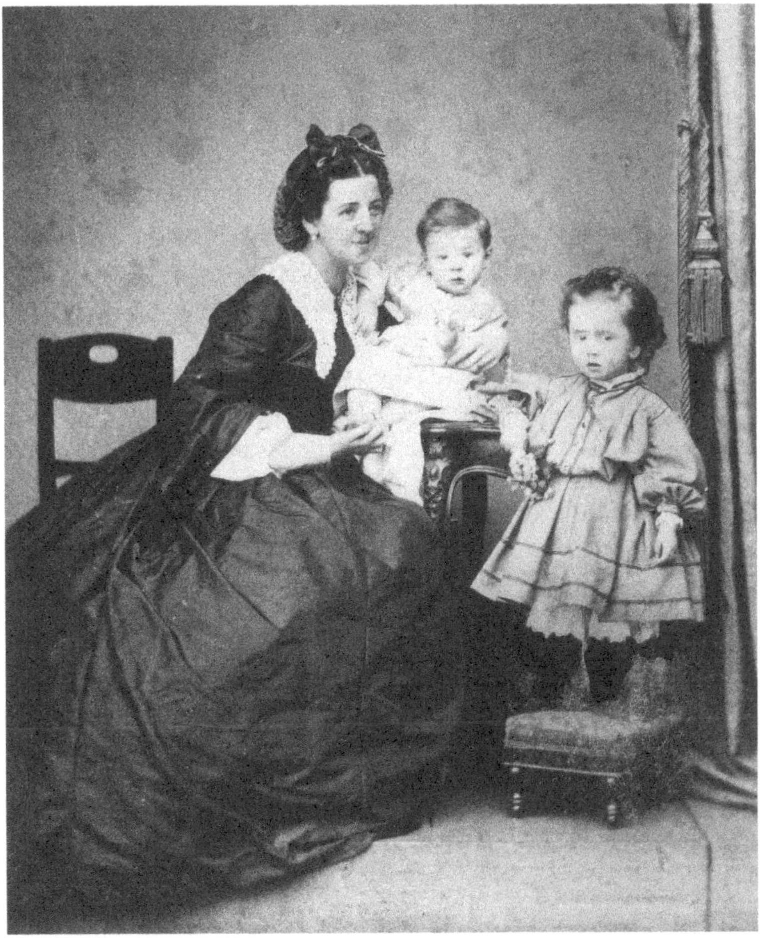

Marianne Werefkin im Alter von drei Jahren – mit Mutter und jüngerem Bruder Peter

sche Darstellungen. Wie er schuf auch seine Vorzugsschülerin eine Vielzahl von Ikonen und Ikonostasen. Und wie er sah Elisabeth Werefkin in den Werken der *Nazarener* ihre Vorbilder. Ursprünglich ein Spottname für junge Aussteiger des frühen 19. Jahrhunderts, wurde die Bezeichnung für jene religiös gestimmten Romantiker mit den überschulterlangen Haaren und den Jesusgewändern zu einem Markennamen. In ihrem Wunsch nach Abstand und Erneuerung hatten fünf Studenten der Wiener Kunstakademie den Rücken gekehrt, sich im verlassenen römischen

Kloster St. Isidor niedergelassen und den *Bund der Lukasbrüder*[6] mit strengen Lebens- und Arbeitsregeln gegründet. Viel später einmal wird Elisabeth Werefkins Erstgeborene von dem, wenn man so sagen kann, Ordensnamen Gebrauch für eigene Zwecke machen.

Zweifellos ging die kreative Kraft ihrer Mutter auf Marianne über. »Sie sagte«, erinnerte die Tochter, »dass ihr schönstes Vermächtnis meine Kunst sei«,[7] habe aber auch warnend den Finger gehoben: »L'art ... est une maîtresse exigeante, elle demande tout son homme!« Nun, es sei ihr leichtgefallen, dieser strengen Herrin zu dienen, sollte Marianne eines fernen Tages resümieren.[8]

So sehr sie im Umgang mit ihrer Mutter die Wohltat liebevoller Körpergesten und bedingungsloser Anerkennung vermisst haben mag, so sicher ging Marianne von besten Erziehungsabsichten aus. »Maman wollte mich schützen vor Selbstmitleid und Sentimentalität. Sie wünschte mir alles Glück, das sie nicht hatte« – künstlerische Freiheit und persönliche Unabhängigkeit –, »damit ich im Manne nicht den Meister fühlen sollte.«[9]

Dabei entsprach Elisabeth Werefkins Gatte, 1821 geboren, somit dreizehn Jahre älter als sie, gleichfalls aus dem russischen Hochadel, durchaus nicht dem Urtyp eines Furcht einflößenden Patriarchen. Marianne war ihrem Vater »unendlich dankbar« für seine Herzensgüte. »Papa ließ mich die Süße des Lebens spüren, er allein auf der Welt war zärtlich zu mir.«[10] Dankbar war sie ihm auch für die »fröhliche, mutige, ausgelassene Jugend, die er mich ungehindert genießen ließ«.[11]

Wladimir Nikolajewitsch Werefkin begann seine militärische Laufbahn als Fähnrich in der Leibgarde des Ismailowski-Regiments. Mit ihm zog er 1849 gegen die Ungarn ins Feld. Im Alter von fünfunddreißig Jahren wurde er zum Kommandeur des in Tula stationierten Jekaterinenburgischen Infanterieregiments ernannt. Die Befehlsübernahme erfolgte, als der entsetzlich verlustreiche Krimkrieg um die Vorherrschaft auf dem Balkan und am Schwarzen Meer eigentlich schon verloren war. Trotzdem gelang es Wladimir Werefkin, den Belagerungsring um den Militärstützpunkt Sewastopol, Heimathafen der russischen Schwarzmeerflotte, zu sprengen, sodass die halb verhungerten Soldaten flüchten konnten. Von zwei gegnerischen Kugeln getroffen und erheblich verletzt, bekam der landesweit gefeierte Held den *Kaiserlichen Orden des Heiligen und Siegreichen Großmärtyrers Georg* angeheftet sowie den *Kaiserlichen*

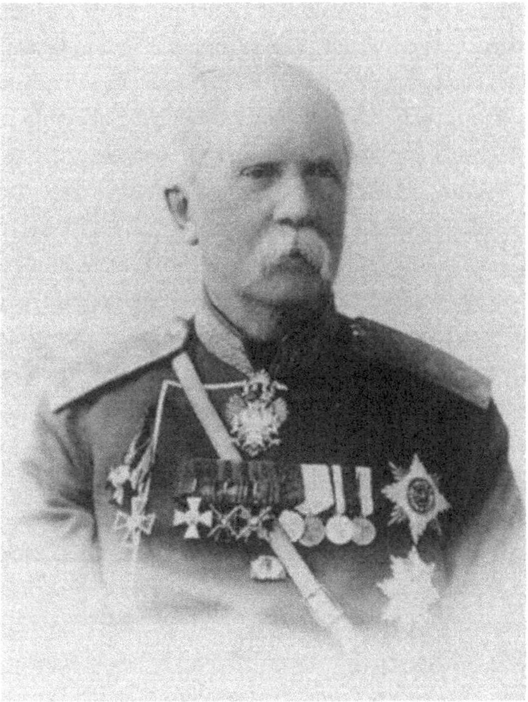

Wladimir Nikolajewitsch Werefkin, um 1895

Orden der Heiligen Anna und denjenigen des *Heiligen und Apostelgleichen Großfürsten Wladimir*.

Ab Mai 1863 bekleidete er, zum Generalmajor befördert und nach Witebsk versetzt, das Amt eines Militär- und Zivilgouverneurs. Als solcher einerseits oberster Truppenbefehlshaber und andererseits oberster Gerichtsherr, erwartete ihn in dem Gebiet ständiger politischer Unruhen eine denkbar schwierige und in letzter Konsequenz das Gewissen belastende Aufgabe. Doch wusste er, was ihm bevorstand, und auch, was von ihm erwartet wurde.

Im Zusammenhang mit der Ersten Teilung Polens 1772 waren Witebsk und sein Umland zwangsweise an das Russische Reich gefallen, anfangs in die Statthalterschaft Weißrussland eingegliedert, später als ein eigenes Gouvernement. Bewohnt wurde es mehrheitlich von Menschen polnischer Zunge, die mit dem Mut der Verzweiflung für die Wiedererlangung ihrer nationalen Souveränität kämpfend ihr Leben aufs Spiel setzten. Auch der Aufstand kurz vor Generalmajor Wladimir Werefkins Amtsantritt war von der russischen Militärpolizei mit Gewalt niedergeschlagen worden. Außerdem hatte der Zar über das Witebsker Gouvernement das Kriegsrecht verhängt und ferner die unbarmherzige Verfolgung und Bestrafung aller Freischärler angeordnet. Mit an Sicherheit grenzender Wahrscheinlichkeit musste Mariannes Vater seine Unterschrift unter Todesurteile und Hinrichtungsbefehle setzen. Als die Werefkins nach Witebsk übersiedelten, waren sie bereits zu viert.

Ihrem 1862 geborenen, somit zwei Jahre jüngeren Bruder Peter, Petja gerufen, sollte sich Marianne zeit ihres Lebens sehr verbunden fühlen. 1872 kam als Letzter der Geschwister Vsevolod auf die Welt. In seiner Jugend nannte Marianne den Nachkömmling, trotz mancher beklagenswerter Nichtsnutzigkeiten, einen »guten Jungen«.[12] Das Glück verließ Wolja, so dessen Kosename, erst im Erwachsenenalter.

Fraglos standen die gewöhnlichen Wohnverhältnisse in einem krassen Gegensatz zum Mikrokosmos der Werefkin-Kinder. Zeitgenössische Beschreibungen vergleichbar nobler Umgebungen ermöglichen uns eine nähere Vorstellung ihres Zuhauses: Hinter zweiflügeligen, geschnitzten Eingangstüren führten breite Stufen zu einer großen Halle mit von Blumenkapitellen gekrönten Säulen. Dem Speisesaal gaben farbige Wände und buntes Geschirr sein Gepräge. An großen Feiertagen, mitten im Tumult des Empfangs zahlreicher Gäste, erschienen Priester und Diakone in goldenen und silbernen Brokatgewändern, sangen zur Ikone hingewandt wundersame Worte, reichten allen Anwesenden das Kreuz zum Kuss und besprengten unter anderem die empfindlichen Kleider der Damen und die seidenen Bezüge der Polstermöbel mit geweihtem Wasser. Einmal im Monat versammelten sich auf dem Hof des Palais die Bettler. Lakaien in Livree fischten mit spitzen, weißbehandschuhten Fingern kleine Münzen aus großen Beuteln, um sie in die Menge zu werfen. Zerlumpte Gestalten stürzten im Gewühl, Krüppel schlugen einander mit Krücken.[13]

Marianne litt unter solcherart Szenen und behielt sie im Gedächtnis. Von ihr selbst wissen wir, dass es ihr in jungen Jahren unmöglich war, sich unter die Schaulustigen zu mischen, wenn Fuhrleute auf zusammengebrochene ausgemergelte Pferde so lange einprügelten, bis die gepeinigten Kreaturen sich mit letzter Kraft aufrappelten oder auf der Straße krepierten. Um die unter Kutschenrädern zermalmten Hundekadaver machte sie stets einen großen Bogen, wich Leichenzügen aus und wandte schnell ihre Augen von hilflos taumelnden Betrunkenen ab.[14] In noch ferner Zukunft sollte Marianne sich alles Quälende von der Seele malen.

Als Mädchen flüchtete sie sich bei Bedarf in romantische Phantasien: »Und ich träume, dass, wenn ich hingehe, aufrecht und rein, ich eine unbekannte Blume finden werde. Ich bücke mich und pflücke sie ... Und wenn das Leben gar zu hart ist, berge ich meine Augen in meinen Händen, die den Duft der Blume bewahren.«[15]

In Anbetracht ihrer Herkunft war Marianne, von Ausnahmen abgesehen, in erstaunlichem Maße frei von Vorurteilen und Standesdünkel. Gegen die Vorzüge adliger Privilegiertheit an sich hatte sie indes nichts einzuwenden. In der Stadt, merkte sie in nostalgischer Rückschau an, hätten die Werefkins »eine Dienerschaft von 18 Personen« gehabt, »auf dem Lande noch viel mehr«:[16] Kammerdiener, Kammerfrauen, Hausdiener, Hausmägde, Hausknechte, Köchinnen, Küchenmädchen, Küchenknecht, Waschfrau, Schneiderin, Ofenheizer, Lampenputzer, Kutscher, Pferdejungen, Verwalter, Jagdaufseher, Gärtner, Stallknechte, Land- und Hofarbeiter.[17]

Wohin der enorme Dienstbotenluxus in Häusern wie dem von Mariannes Eltern führte, hat eine österreichische Russlandreisende am Beispiel der morgendlichen Toilette einer Dame aus der russischen Oberschicht so beschrieben: »Sie stand am Waschtisch und ließ sich von einer Magd Wasser über die Hände in das Becken gießen, während eine zweite das Handtuch zum Abtrocknen derselben bereithielt und ein drittes Mädchen den wahrscheinlich in gleicher Weise übergossenen Hals ihrer Herrin trocknete und ein viertes mit Frisiermantel und Kamm erwartungsvoll bereitstand.«[18]

1868, in Mariannes achtem Lebensjahr, wurde Wladimir Werefkin das Kommando der 16. Infanteriedivision übertragen, verbunden mit der Befehlsgewalt über alle Armeen im Wilnaer Militärkreis, einhergehend mit Beförderung zum Generalleutnant, nochmaliger Einkommenssteigerung und einem weiteren Anwachsen der Ordensreihe. Um seine Mission am neuen Wohnort Wilna war er genauso wenig zu beneiden, wie um jene zuvor in Witebsk.

Etliche Jahrhunderte lang hatte die *Adelsrepublik der polnischen Krone und des Großfürstentums Litauen* bestanden. Zuerst waren, wie schon erwähnt, die polnischen Landesteile dem Zarenreich einverleibt worden, danach die litauischen, was nur gegen den erheblichen Widerstand seitens der Bevölkerung gelungen war.

Wilna zählte rund achtzigtausend Einwohner, zur Hälfte etwa waren sie jüdischen, zur Hälfte etwa christlichen, vorwiegend katholischen Glaubens. Aufstände gegen die russische Herrschaft waren auch hier an der Tagesordnung.

Manche der zaristischen Vergeltungsmaßnahmen in Wladimir Werefkins nunmehrigem Wirkungsbereich waren bereits in die Wege geleitet, aber noch nicht abgeschlossen, so die Umwandlung katholischer in russisch-orthodoxe Kirchen, die Übergabe der Höfe vertriebener litauischer Bauern an umgesiedelte russische Landwirte und die Enteignung litauischer Adliger, welche sich an den Umsturzversuchen beteiligt hatten.

Die Pforten der Wilnaer Universität, Keimzelle der Rebellion aus russischer Sicht, waren schon vor geraumer Zeit geschlossen worden, Bücher in Litauisch aus den Regalen der Bibliotheken verschwunden. Weithin gab es keine einzige Schule, in der Litauisch gesprochen werden durfte.

MARIANNE WURDE ZUNÄCHST DAHEIM UNTERRICHTET. Elementares gehörte zu den Obliegenheiten von Gouvernanten, vorzugsweise mehrsprachigen Schweizerinnen. Sicherheit im Umgang mit dem Französischen gehörte in der russischen Aristokratie zum guten Ton – nebenbei diente diese Zweitsprache zur akustischen Ausgrenzung allgegenwärtigen Personals. Deutsch stand im Hause Werefkin für Gelehrtheit im klassischen Sinne. Englisch für Weltoffenheit. Polnisch und Litauisch lauschte Marianne sich von den Bediensteten und den Menschen auf der Straße ab. Die Basis für profunde musiktheoretische Kenntnisse sowie für beachtliche Leistungen als Pianospielerin wurde ebenfalls in ihrer Kindheit gelegt. Ferner lernte sie Schönschreiben, Geschichte, Geographie und Arithmetik. Wir dürfen uns Anna Daragan (auch Großmutter und Großvater lebten jetzt in Wilna) als eine maßgebliche Mitwirkende am Curriculum der Enkelin denken. Mariannes wichtigster außerfamiliärer Begleiter auf dem Pfad der Tugend hieß Pawel Kukolnik, Professor der Theologie. Er widmete der Jugendlichen ein Gedicht, *Wege Gottes* überschrieben. Auch ein Büchlein mit Psalmen, von Marianne handschriftlich festgehalten, befindet sich in ihrem Nachlass.[19] Ein nicht unwichtiger Teil der Herzensbildung fiel in die Zuständigkeitsbereiche von Kinderfrauen, den *Njanjas*. Sie weckten in ihren

Zöglingen die Liebe zu Volksmärchen, Volkssagen, Volksliedern und Volkskunst.

Vorausgesetzt, ihre Erinnerungen stimmen mit den tatsächlichen Ereignissen überein, dann kam Mariannes größte Begabung, die künstlerische, relativ spät zum Vorschein: »Mein erster ganz autodidaktischer Versuch war, als ich, vierzehn Jahre alt, Scharlachfieber hatte. Meine Mutter fand im halbdunklen Zimmer meine ›petits bonshommes‹ [kleine gezeichnete Männchen], war entgeistert über die schlechte Bewachung durch die Gouvernante und begeistert von dem Produkt.«[20] Eine Zeichenlehrerin wurde engagiert. Deren Wissen und Können war innerhalb zweier Jahre erschöpft.

Höhere Schulbildung für höhere Töchter war nur gegen teures Geld zu haben. Von ihrem zwölften bis zu ihrem sechzehnten Lebensjahr besuchte Marianne in Wilna das *Marien-Institut*,[21] benannt nach Zarin Maria Alexandrowna (ursprünglich Maximiliane Wilhelmine Auguste Sophie Maria von Hessen-Darmstadt). Das Lyzeum mit angeschlossenem Internat – Marianne wohnte jedoch zu Hause – bestand erst seit Kurzem. Dort wurden Mädchen aus allerbesten Kreisen vergleichsweise umfassende Kenntnisse vermittelt. Marianne, aufgeweckt und blitzgescheit, erzielte hervorragende Noten und schloss ihre schulische Laufbahn mit Auszeichnung ab.

Vom Angebot der elterlichen, im Wesentlichen wohl mütterlichen Bibliothek machte sie eifrig Gebrauch. Viele ihrer Aufzeichnungen, in Sonderheit ihre beachtliche Sammlung von Lesefrüchten, welche sie gewöhnlich schriftlich kommentierte und nicht selten mit weiterführenden Überlegungen und Erkenntnissen versah, sind Beleg sowohl für Mariannes Wissensdrang als auch für ihre früh entwickelte Affinität zu geisteswissenschaftlichen Diskursen. Schon der Jugendlichen mangelte es nicht an Selbstsicherheit, die nicht mit Selbstgefälligkeit zu verwechseln ist, ungeachtet des Anflugs von Hochmut in folgender Retrospektive: »Gelesen habe ich ausreichend, nachgedacht habe ich viel, und ich glaube es mir selbst schuldig zu sein, dasjenige was von dieser intellektuellen Arbeit übrig geblieben ist, aufzubewahren ... Wenn ich je auf etwas stolz war, so war ich es auf meinen Verstand. Er hat mir unerhörte Freuden gegeben.«[22] Glücklich konnte Marianne darüber sein, dass es ihr, im Gegensatz zu den allermeisten anderen weiblichen Heranwachsenden in Russland und anderswo, erlaubt und möglich war, sich mit

Bildung gleichsam vollzustopfen. Systematisch füllte Marianne Heft um Heft mit Exzerpten und feinsinnigen Auslotungen (be)merkenswerter Lektüren. Wenn möglich griff sie zu den Originalausgaben ihrer Meinung nach lesenswerter Bücher. Freilich bedurften da deutsche Verfasser deutschsprachiger Reflexionen. Goethes wirkungsmächtiger Aufsatz zur Laokoon-Gruppe, so ihre diesbezügliche Schlussfolgerung, reiche an Lessings Beitrag *Laokoon oder Über die Grenzen der Malerei und Poesie* nicht heran, hätte doch Lessing im Gegensatz zu Goethe – dargestellt am Beispiel der berühmten antiken Plastik – der bildenden Kunst ein eigenes Wirkungssystem zugesprochen. Im Alter von neunzehn Jahren setzte sie sich schriftlich mit Hippolyte Taines[23] *Philosophie de l'Art* auseinander, in bestem Französisch. Der von dem Kunstsoziologen formulierten These, der zufolge Künstler in ihrem Schaffen Zwängen unterlägen, und zwar aufgrund von Erbanlagen, Einflüssen des gesellschaftlichen Umfelds sowie der politischen Rahmenbedingungen, stellte sie in einer Art Essay ihren unerschütterlichen Glauben an absolute künstlerische Freiheit gegenüber. Vollkommen einverstanden hingegen war Marianne mit der Aussage Taines – nachzulesen in seinem Werk *De l'intelligence* –, es gäbe so etwas wie die »Wiedergeburt« realer optischer Reize in Gestalt von »inneren Bildern«.[24] Obwohl ihr Interesse an schwerer literarischer Kost überwog, blieb rein Unterhaltendes nicht unbeachtet. Dem Eintreffen englischer Journale und der in Berlin herausgegebenen *Illustrirten Frauen Zeitung* mit ihren Fortsetzungsromanen, Reiseskizzen, Natur- und Kunstbetrachtungen, Rezepten, Einrichtungsvorschlägen und Neuigkeiten auf dem Gebiet der Mode fieberte sie regelrecht entgegen.[25]

Solange die Werefkins kein eigenes Landgut besaßen, folgten Mutter, Tochter und Söhne den alljährlich wiederkehrenden Einladungen der Familie Arbusow nach Sergiewskoje im Gouvernement Smolensk.[26]

Vater Werefkin war in der Regel in Wilna unabkömmlich, mitunter auch auf Militäreinsätzen unterwegs. Der Russisch-Osmanische Krieg hatte seine Ursachen im Bestreben der zaristischen Regierung, sowohl einen Zugang zum Mittelmeer zu erlangen als auch die orthodoxen slawischen Serben und Bulgaren von islamischer Herrschaft zu befreien. Unter den Russen hatte das Aufbegehren der Balkanvölker gegen die Türken viel Sympathie ausgelöst, trotzdem war Alexander II. zunächst vor einem Waffengang zurückgeschreckt – aus Angst vor einer Ausweitung des Konfliktes. Im Januar 1877, nachdem alle Versuche, die Krise auf diplomatischem Wege zu lösen, fehlgeschlagen waren, erklärte er dem Osmanischen Reich den Krieg. Im Kaukasus verliefen die Gefechte für Russland günstig, danach auf dem Balkan blutig und schwierig. Erst zu Beginn des Jahres 1878 konnten die Truppen des Zaren gegen Konstantinopel vorrücken. Zuerst hatte Generalleutnant Werefkin an der Unteren Donau eine für den Kampf in den Sümpfen ausgebildete Spezialeinheit befehligt, anschließend zwei Armeekorps siegreich nach Bulgarien geführt. Danach war ihm ein weiterer Karrieresprung sicher.

Kaum war Mariannes Vater nach Wilna zurückgekehrt, stand ihm und seiner Familie der nächste Umzug bevor.

KAPITEL II

1879 – 1885

Orientierung

»Ich finde es einfach wunderbar, Neues zu sehen,
besonders neue Leute und neue Sitten …«[1]

LUBLIN 1879. Auch in dieser zum Zarenreich gehörenden, ihrem Wesen und Ursprung nach polnischen, Stadt sah die Mehrheit ihrer Einwohner der Ankunft eines neuen russischen Militärbefehlshabers mit größter Skepsis entgegen. Anders als Witebsk und Wilna war Lublin nach der Auflösung der polnisch-litauischen Realunion über den Umweg habsburgisches Österreich und Herzogtum Warschau an Russland gekommen. Wirtschaftlich ging es in Lublin seitdem zweifelsfrei bergauf. In kultureller Hinsicht hatten Zensur und die Zurückdrängung traditioneller Lebensformen, etwa des Einflusses der einstmals berühmten jüdischen Gelehrten,[2] allerdings zum Abstieg geführt.

Anfangs mag die neunzehnjährige Marianne den erneuten Ortswechsel bedauert haben, doch lebte sie sich wiederum sehr schnell ein. Woran offenbar ein russischer Offizier namens Sergej Iwanowitsch Kutjenikow nicht ganz unschuldig war. »S. I. soll sich schämen, dass er seine Faulheit nicht abstreift und mir ein paar Zeilen schreibt, was in Lublin so abgeht«, beschwerte sie sich in einem Brief aus der Sommerfrische beim daheim gebliebenen »lieben Väterchen«, nachdem der Salonlöwe Kutjenikow, entgegen ihrer Erwartung, nichts von sich hatte hören lassen. »Ich bin immer sehr nett zu ihm gewesen, deshalb kann er mir das kleine, d.h. eigentlich große Vergnügen machen, über Klatsch und Tratsch in Lublin zu berichten.«[3]

Auch scheint es, dass ihre künstlerische Entwicklung an einem Punkt des Stillstands angekommen war. Von den Bildern aus Mariannes frühester Schaffenszeit sind nur einzelne bekannt, so ihr monogrammiertes Gemälde *Die Kutsche*. Abgesehen von der maltechnischen Qualität, einer Schülerarbeit, nimmt sein Motiv einen wesentlichen Aspekt des zukünftigen Œuvres der jungen Malerin vorweg, indem es die Schattenseiten der menschlichen Existenz bewusst macht. Am Wegrand hockt ein ärmlich gekleideter Alter, scheinbar unbeteiligt in ein Buch vertieft. Vor ihm steht ein Kind; schüchtern streckt es, den Kopf gesenkt, seine rechte Hand aus. Ein Mann in Livree auf dem Kutschbock schaut im Vorbeifahren, von oben herab, auf die kleine Bettlerin.

»In Lublin«, vermerkte Marianne, hatte ich zwei polnische Lehrer und endlich einen guten: Heinemann – in Warschau. Bei ihm malte ich Portraits«.[4] Zwei 1879 entstandene, wirklich beachtenswerte Bildnisse sind erhalten geblieben, eines der Mutter, das andere zeigt einen bärtigen Mann.

Zeit ihres Lebens umgab sich Marianne mit Menschen, denen sie freundschaftlich verbunden war. In Lublin fand sie in Lisa Della Voss eine ungefähr gleichaltrige enge Vertraute.[5] Waren Plaudereien von Angesicht zu Angesicht nicht möglich, wurden sie brieflich fortgesetzt.[6] Aus der Korrespondenz der beiden geht unter anderem hervor, dass Marianne des Öfteren in Moskau weilte, wo sie vermutlich im Haus ihres Onkels und ihrer Tante, Iwan und Warwara Daragan, wohnte. Im Vergleich zu Moskau, der alten Hauptstadt des Russischen Reiches, war Lublin Provinz und eine Ödnis im Hinblick auf das Moskauer Bildungsangebot. Wladimir Solowjows Vorlesungen *Über das Gottmenschentum* an der Lomonossow-Universität waren Marianne noch im hohen Alter so präsent, als habe sie erst gestern im Hörsaal der »geisterfüllten« Stimme des Dichters und Philosophen gelauscht. Jeder Mensch, predigte Solowjow seinen Jüngern, verfüge über schöpferische Gotteskraft, vorausgesetzt, er erweise sich ihrer würdig. An der eigenen Auserwähltheit hatte Marianne keinen Zweifel. Bis Solowjows Bemerkungen zum *Allgemeinen Sinn der Kunst* – er lehnte das Nachahmungsprinzip in seiner naturalistischen Erscheinungsform entschieden ab – ihre volle Wirkung auf sie entfalteten, sollten jedoch noch Jahre vergehen.[7]

Außerdem profitierte sie von Moskaus, wenn man so sagen will, alternativer Künstlerszene. Im Sommer 1881 kommentierte Lisa Della Voss eine aufregende Neuigkeit, die ihr von Marianne mitgeteilt worden war, mit dem Satz: »Es wäre wirklich eine Sünde, die Möglichkeit unter der Anleitung von Makowski und Kramskoj zu zeichnen, nicht zu nutzen.« Und hinsichtlich des kleinen Fragezeichens in Mariannes Ankündigung half sie dem Gedächtnis der Freundin nach: »Nur wenn alle Ihr

Talent bewunderten, Manja, haben Sie einmal gesagt, werden Sie an sich selber glauben, und da meinten Sie Künstler mit Autorität. Jetzt kennen Sie ja die Meinungen von Makowski und Kramskoj.«[8]

Wladimir Jegorowitsch Makowski,[9] Iwan Nikolajewitsch Kramskoj[10] und etliche andere politisch engagierte Sozialkritiker hatten sich aus Protest gegen ihre Benachteiligung bei den akademischen Auswahlverfahren zur *Genossenschaft für Wanderausstellungen* zusammengeschlossen. Aufklären, moralisch aufrütteln waren die Devisen der *Peredwischniki*, zu Deutsch: *Wanderer*. Auch Ilja Jefimowitsch Repin war einer von ihnen.

Im Kreise ihrer Nachfahren wurde die Erinnerung an eine, eindeutig nicht nachweisbare, intime Liaison Marianne Werefkins mit Ilja Repin wach gehalten.[11] Sie selbst befand rückblickend, er habe sie geliebt und geschätzt, »als Mensch« und »als Frau«.[12] Waren ihre Lehrer Makowski und Kramskoj Autoritäten, dann war Repin eine Berühmtheit. Seit er sich von 1873 bis 1876 zu Studien in Wien, München, Florenz, Rom und Paris aufgehalten hatte, galt er zudem als Experte für die westliche alte Malerei. Zum Zeitpunkt ihres ersten Zusammentreffens war sie einundzwanzig Jahre alt und er, der Maler so aufsehenerregender Gemälde wie *Die Wolgatreidler*[13] oder die *Verabschiedung des Rekruten*,[14] sechsunddreißig.

In Moskau arbeitete Repin häufig im Historischen Museum, in der Rüstkammer und in den Kreml-Kathedralen, oft war er auch in der Galerie des Kunstsammlers Pawel Tretjakow anzutreffen. Einem Käufer seiner Werke erklärte er einmal, Bilder seien eine komplizierte Sache und ihr Entstehen ein geistiger Kraftakt. »Nur unter Vereinigung aller inneren Gefühle kann ein Bild entstehen, und nur in diesem Moment fühlt man, dass die Wahrheit des Lebens höher als alles steht, dass sie immer eine tiefe Idee beinhaltet.«[15] Gleiches in Richtung Mariannes gesagt, dürfte zustimmendes Kopfnicken hervorgerufen haben. Sie hielt Repin für ein Genie – »aber im Banne der altruistischen russischen Vorstellungen«. Mächtigeres als seine Gemälde gäbe es nicht auf der Welt.[16] Innovativeres aber schon.

Es ist vermutlich nicht falsch, anzunehmen, dass Marianne ihr 1881 entstandenes Porträt *Vera Repin*, das Bildnis der Ehefrau Ilja Repins, unter dessen Korrektur geschaffen hat. Zwei Jahre zuvor war sie von ihm während eines Aufenthaltes in Abramzewo gemalt worden. Abramzewo, das bei Moskau gelegene Landgut eines Eisenbahnmagnaten und Mäzens,[17] entwickelte sich damals zu einer bedeutenden Kunsthandwerkerkolonie. Ausgehend von althergebrachten Mustern, fertigten Bauern aus den umliegenden Dörfern begehrte Möbel und Haushaltsgegenstände an.[18] Die meisten Abnehmer kamen aus dem russischen Bildungsbürgertum. Doch selbst in Amerika gab es Liebhaber der Produkte aus Abramzewo. Die von Mariannes Mutter in Auftrag gegebenen Objekte – Schränke, Borde, Tische, Stühle, alle aus Lindenholz gefertigt – gingen in den Nordosten von Litauen. Künftig würde die Familie Werefkin zwischen Frühjahr und Herbst so viele Wochen wie möglich in jener Gegend verbringen. Aufgrund seiner vielfältigen Verdienste hatte Mariannes Vater vom Zaren ein »paradiesisches«[19] Landgut geschenkt bekommen. Es bekam einen neuen, russischen, Namen: Blagodat. Frei übersetzt: ein Platz zum Wohlfühlen.

Blagodat gehörte zur Ortschaft Vyžuonėlės im Gouvernement Kaunas. Die Liegenschaft umfasste 850 Hektar: einen See mit Badehütte, Waldungen, Grünland, Felder und Obstgärten. Es gab ein Hauptgut und zwei Vorwerke, das Wohnhaus der neuen Eigentümer, bescheidene Gesindewohnungen, verstreut liegende kleinbäuerliche Behausungen, eine Mühle. Die Entfernung zur Kreisstadt Utena betrug sechs Werst; eine Werst entspricht ziemlich genau einem Kilometer.

Ursprünglich hatte Vyžuonėlių dvaras (das Landgut Vyžuonėlių) dem Grafen Eduardas Ĉapskis gehört. Im Juni 1863 war ihm aufrührerisches Handeln vorgeworfen worden, es folgten Verbannung nach Sibirien und Enteignung.[20]

Bis Blagodat voll und ganz den Wünschen Wladimirs oder vielmehr Elisabeth Werefkins entsprach, war viel zu tun. »Mama liebte diesen Ort«, notierte Marianne, »sie interessierte sich für alles dort.«[21] Ein Landschaftspark wurde angelegt. Gebäude wurden errichtet: Architektenentwürfe,[22] eineinhalb Geschosse, Feldsteinsockel, Holzaufbauten, reich verziert mit überlieferten ornamentalen Sägearbeiten.[23] Zuletzt entstand das kleine Atelierhaus (»wo mir Erfolg und Ruhm vorschwebten«[24]) einschließlich einer Maisonnette – Wohnraum für sie und ihre Zofe Piga.[25] Der Komfort von Mariannes Refugium hielt sich in Grenzen: »Man hat mir einen kleinen Kanonenofen hineingestellt, so wird es im Herbst keinen kalten Luftzug mehr geben.«[26] Altrussische Teppiche, geknüpft und gewebt, auf dem Boden und an den Wänden, passten wun-

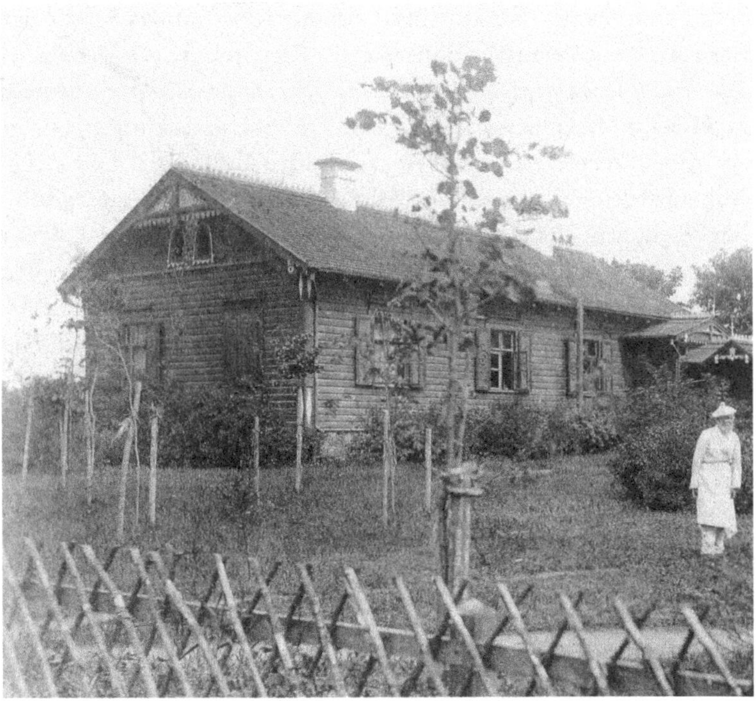

Marianne Werefkins Atelierhaus in Blagodat, um 1880

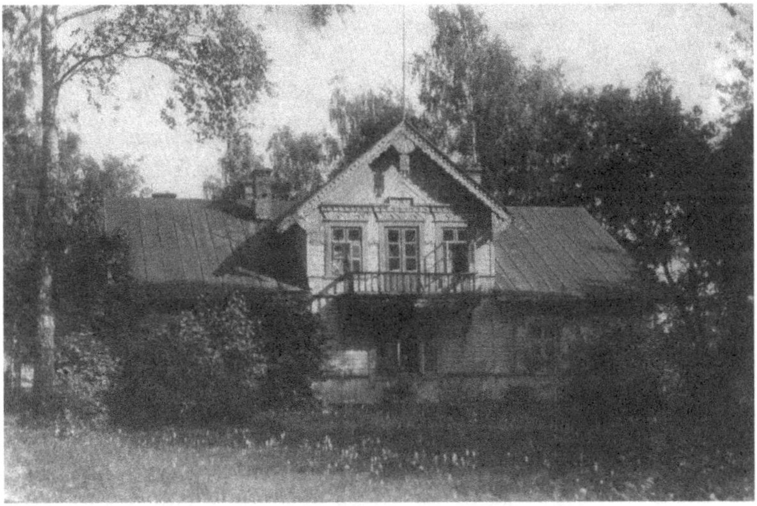

Das Gutshaus in Blagodat, historisches Foto

derbar zum Abramzewo-Mobiliar. Auch ihre Bilder wurden aufgehängt. Das Porträt von Peter Werefkins späterer Ehefrau *Sofia in holländischer Tracht* und jenes eines *Mädchens in russischem Kostüm* sind ebenfalls Bespiele für Mariannes ausgeprägtes Interesse an Brauchtum.

Arbeitsintensive Tage und Wochen (»Ich male fleißig … und ich bin sehr zufrieden.«[27]) standen im Wechsel mit Zeiten vorwiegend geselligen Vergnügens. Von Anfang an war Blagodat ein Anziehungspunkt für Verwandte, Freunde und Bekannte. Vor allem die Jüngeren unter den Besuchern hatten großen Spaß an Kutschfahrten unter Mitnahme des Küchenwagens zu ausgesucht lauschigen Plätzen. Eines der Picknicks im Waldesinneren wurde fotografisch festgehalten: Damen und Herren unterschiedlichen Alters bieten ein Bild ungezwungenen Mit- und Nebeneinanders. Der Koch, an seiner hohen weißen Haube erkennbar, bereitet Speisen auf der Feuerstelle und Tee mit Hilfe des Samowars.

Bei einer mehrtägigen Fußwallfahrt zu einem Kloster waren sie zu elft: Marianne, ihr jüngerer Bruder Wolja, ein in Blagodat beheimateter Waisenknabe und einige Bedienstete. Man sang tagsüber aus vollem Halse nicht nur fromme Lieder und nächtigte unter freiem Himmel, wenn kein Quartier unter Dach zur Verfügung stand. »Aber einschlafen konnten wir nicht«, berichtete Marianne nach Lublin. »Schließlich habe ich ein Märchen erzählt, danach wurden alle still.« Doch konnte der Aufbruch in aller Herrgottsfrühe nicht vonstattengehen, bevor nicht ihr Bleistift zum Einsatz gekommen war: »Ich fertigte eine kleine Zeichnung von unserem Nachtlager an.« Marianne unterwegs ohne Skizzenbuch in Rock-, Jacken- oder Manteltasche? Undenkbar! Was sie allerdings nach ihrem Eintreffen an heiliger Stätte zu sehen bekamen, war es wohl nicht wert, bildlich festgehalten zu werden: »Die Mönche sind abscheulich, dem Saufen verfallen, ein ekelhaftes Pack.«

Auf dem Nachhauseweg machten sich niemals zuvor besuchte Verwandte bei Marianne aus zweierlei Gründen unbeliebt. Zum einen gebärdeten sie sich unerträglich affektiert, zum anderen gehörten sie zu jenen Menschen, die aus Geiz am Essen sparten, das heißt bei Tisch »ein Küken in 12 Stücke schneiden«. Trotzdem schloss ihr scharfsinniger und scharfzüngiger Reisebericht mit einem versöhnlichen Fazit. »Ich finde es einfach wunderbar, Neues zu sehen, besonders neue Leute und neue Sitten.«[28]

Für die Mitmenschen in Mariannes litauischer Zweitheimat war das ausgelassene Treiben anlässlich des Wiegenfestes der Tochter des Gutsbesitzers einer der Höhepunkte des Jahres. »Meinen Geburtstag haben wir, wie sich das gehört, mit ganz Blagodat und den umliegenden Dörfern gefeiert«, bekam der Vater zu lesen. »Wir hopsten bis in die Nacht. Vor dem geselligen Abend gab es ein Bad [im See], als Bewirtung gab es Äpfel, Eis, Piroggen und ein Tiegelchen Wodka. … In der Pause erschien ein Bär mit seinem Bändiger.«

Auf eine gewisse Gruppe von Logiergästen war sie zunehmend weniger gut zu sprechen: »Ich muss mich sehr über unsere Besucher beklagen, die keinen einzigen Wunsch einer großzügigen und unkomplizierten Gastgeberin akzeptieren können.« Was war geschehen? Ein paar der aus Lublin und anderswo Angereisten oder besser gesagt aus Blagodat wieder Abgereisten hatten »Gift« verspritzt. Seine Tochter lasse in ländlicher Umgebung ihrer Neigung zu Burschikosität freien Lauf, mache sich aus damenhafter Kleidung zu wenig und aus rustikalen Lustbarkeiten zu viel, hatten sie Wladimir Werefkin hinterbracht. Mariannes Antwort auf entsprechende väterliche Vorhaltungen fiel ungewohnt heftig aus. »In Bezug auf das, was Du mir schreibst, möchte ich Folgendes sagen. Ich habe noch niemals beabsichtigt, mein Leben mit sogenannten weiblichen Vergnügungen auszufüllen. Ich habe nie nach dem gestrebt, was man Gesellschaftsleben nennt. Euer und mein Glück ist es, dass … mich keiner der Dämonen quält, die in den Ballgarderoben der Allerweltsadelsfrauen sitzen.« Sie, ihrerseits, halte »*Ballgarderoben* für unanständig, weil sie jedermann die Möglichkeit bieten, mit Kennerblick den weiblichen Körperbau wie bei einem zu verkaufenden Pferd zu taxieren«. Im Übrigen seien ihr die spitzen Bemerkungen der »*urteilenden* Freunde« vollkommen gleich. »An meinem wilden Tanz mit [dem Gutsgärtner] Rejsky und seinen Kumpanen ist absolut nichts, außer meinem Bewegungsdrang.« Und dann hielt sie dem Vater, noch eine Spur deutlicher werdend, gewissermaßen den Spiegel vor. Letztlich hätten gerade ihre, von ihm so genannten »*extravagances*« nicht unerheblich zum Abbau berechtigter Ressentiments der Litauer in Blagodat und den umliegenden Orten beigetragen. »Alles in allem hat meine Aufgeschlossenheit nämlich nichts anderes bewirkt, als dass wir, die bei unserer Niederlassung fast wie Feinde angesehen wurden, heute hier nicht nur keine Fremden mehr sind, sondern heimischer als irgendein Haufen von alteingesessenen Herrschaften.« Überhaupt sei mit einem freundlichen Wort mehr als mit Geld zu erreichen.[29]

Einer der Gründe für ihr unvoreingenommenes Zugehen auf Männer, Frauen und Kinder auch jenseits der Klassenschranken war ihre tiefe Religiosität. Vor Gott, so Marianne, seien alle gleich: »Es gibt nicht Große und Kleine, es gibt nur menschliche Wesen!«[30]

Kein Winkel auf der Erde würde Blagodat den Sonderplatz in ihrem Herzen streitbar machen können. Für sie bedeutete Blagodat: in der sommerlichen Schwüle des Waldes die samtweiche Birkenrinde liebkosen; auf Wiesen mit dem gleichen Gefühl der Zärtlichkeit Grashalme durch die Hände gleiten lassen; mit den Augen den Schmetterlingen folgen und zugleich das Himmelslicht einfangen; vollkommen entspannt zurückgelehnt im Boot die Fingerspitzen ins sonnenwarme Wasser tauchen und dabei fernen ländlichen Geräuschen lauschen; in der Dämmerung die Geheimnisse der Nacht erahnen …[31]

Blagodat stand aber auch für machtvolle »Bilder, die man nie vergisst«. Dieses etwa: »Ein düsterer, Unglück verheißender Horizont, die ganze Natur versunken in einer erstaunlichen Stille, alle Umrisse überdeutlich gezeichnet wie in einem luftleeren Raum, und über all dem – ein blendender Blitz.« In letzter Sekunde erreichten die Kutschen der Ausflügler das Gutshaus. »Kaum angekommen, kam aus dem Himmel ein Grauen über uns, etwas Ähnliches hatte ich nie gesehen. Es wurde nicht finster wie in der Nacht, nein, es wurde finster wie im Grab. Kein einziger Regentropfen, nicht einmal ein Windhauch, nicht einmal ein grollender Donner. Aber in dieser Stille, in diesem Grauen, in diesen Blitzen, die plötzlich fast über unseren Köpfen niedergingen, war etwas so Schreckliches, dass die Hunde aufheulten und die Menschen unwillkürlich zu beten anfingen.« Marianne, die Hausgäste und das Personal hatten sich in einem Zimmer versammelt, »wenn wir sterben sollten, dann alle gemeinsam«. Das Leben ging weiter. »Es gelang, das Heu einzufahren. Gestern und heute mäht man die Wiesen auf unserer Seite«, konnte dem Vater ergänzend mitgeteilt werden.[32] Und auch diese Begebenheit: »Von den hiesigen … Ereignissen ragt der Tod einer wundersamen Königin heraus, jener Zigeunerin, die ich ja gemalt hatte. Sie war in eine Schlägerei mit anderen Zigeunern verwickelt, und die schlugen sie zu Tode, einen Tag lag sie schwer verletzt da, am Freitag verstarb sie.«[33]

Gewöhnlich rief man die Tochter des Gutsherrn, wenn in und um Blagodat ärztliche Hilfe benötigt wurde. Erstaunt nehmen wir ihre Berichte von den respektablen Ergebnissen praktischer Einsätze im Bereich der Heil- und Arzneikunde zur Kenntnis. Einmal hatte Marianne mitsamt Ausflüglertross in einer fensterlosen Scheune, weit von Blagodat entfernt, Schutz vor den Wettergewalten gefunden. Ihre Begleiter auf dieser Landpartie waren Nachbar Morganowitsch, Gutsverwalter Stefan, Gutsgärtner Rejsky, Jäger Makarsky sowie Eva, Jakob und Iwan aus der Dienerschaft. »Wir gebrauchten eine Kirchenkerze; in ihrem flackernden Schein krochen wir aus den Wagen und begannen, ein Nachtlager herzurichten. ... In eine Ecke kamen die Pferde, in die zweite die Kaleschen, in der dritten wurden mit ausgespannten Leintüchern Schlafplätze und Garderoben abgeteilt. In der Mitte wurde gespeist. Die Wartezeit verbrachten wir sehr frohgemut. Es wurde getrunken und getanzt und ein lustiger Spaziergang im Regen in einer trefflichen Karikatur festgehalten.« Anhaltende Niederschläge taten der guten Stimmung keinen Abbruch, wohl aber ein »unglücklicher Zwischenfall«. Rejsky hatte, laut Mariannes Wiedergabe der Geschehnisse, »einen Zehnpfund-Krug als Zielscheibe in die Höhe geworfen, der direkt auf seinem Kopf landete und ihm eine klaffende Platzwunde schlug, so tief, dass der Schädelknochen zu sehen war. Im Nu war Rejsky blutüberströmt, aber er bewahrte die Fassung. Die Anwesenheit eines hervorragenden Arztes in meiner Person zahlte sich dadurch aus, dass er bereits zwei Stunden später beim Blindekuh-Spielen wieder mitmachen konnte.« Eine beachtliche Leistung. Was sowohl für die Notfallhelferin als auch den Patienten gilt. Eine Beobachtung bei der Behandlung von Rejskys Verletzung hatte der Kunstkennerin zu denken gegeben. Ilja Repin, wusste Marianne hernach, war »grundlos beschuldigt worden, dass das Blut auf der Stirn des Zarewitsch [gemeint ist das Bildnis *Iwan der Schreckliche und sein Sohn am 16. November 1581*[34]] zu dick aufgetragen sei«. »Jetzt konnte ich selbst sehen, dass das Blut herabhängen kann wie ein Truthahnkamm.« »Zurückgekehrt nach Blagodat«, steht im gleichen Brief an den Vater geschrieben, »fand ich meine dortigen Patienten in einer sehr gedrückten Stimmung. Man sah ihnen die drei Tage ohne Verarztung an.« Nur ungern trete sie jetzt, wie geplant, die Sommerreise nach Iwanskoje zu Verwandten an. Nachdem sie anfänglich den Patienten ständig zur Verfügung gestanden hatte, sah sie sich genötigt, feste Sprechzeiten einzuführen. »Zu mir kommen unzählige Kranke, ich muss mich vor ihnen einfach retten. ... Von besonderem Interesse sind für mich zwei Blinde, einer sah seit Herbst fast nichts mehr, eine nichts seit Ostern. Die beiden können nun mit des

Allerhöchsten Hilfe fast normal sehen.«[35] Gegen Bruder Woljas Schmerzen hatte sie ebenfalls ein Mittel gewusst: »In seinem Ohr ist nichts mehr, so habe ich aufgehört, ihn mit Spiritus zu behandeln.«[36]

Eine entsetzliche Erfahrung im Zusammenhang mit ihrer medizinischen Tätigkeit mochte Marianne nur ihrem Tagebuch anvertrauen. »Einmal habe ich einem Arzt bei einem gynäkologischen Eingriff assistiert. Im Spiegel hat er mir den Hintergrund der Gebärmutter gezeigt. Es war eine Frau, die, nachdem sie das Kind geboren hatte, beinahe verblutet wäre.« Ein fast unerträglicher eitriger Geruch habe das ganze häusliche Krankenzimmer erfüllt. »Doch der Abscheu, den ich fühlte, verwandelte sich in Mitleid.« Liebevoll pflegte Marianne die Wöchnerin. Umso größer der Schock: »Am dritten Tag schrie sie mir entgegen, halb verrückt vor Schmerz, ihr Mann habe sie diese Nacht genommen.«[37]

Größer noch war das Entsetzen beim Sterben ihrer Mutter in Blagodat. Bilder der Verzweiflung brannten sich Marianne ins Gedächtnis ein: »Das Fenster steht offen, 17. März, Passionswoche – im Park grünt alles, die Vögel zwitschern, es ist mild. Vor mir liegt das Evangelium. Schon seit vier Tagen trenne ich mich nicht mehr von ihm.« Ab und an geht sie in einen Nebenraum, schaut hinaus. Blickt auf das »junge, lustige Treiben« in der Frühlingssonne. »Ich fühle, dass ich darauf kein Recht mehr habe. Dort nebenan, ohne Wort, ohne Protest geht ein Leben fort, mit dem mein ganzes Leben verbunden ist. – … Ich weiß, es gibt keine Hoffnung. Aber die Hoffnung lebt. Ich weiß, es kommt kein Wunder, aber ich erwarte das Wunder.«[38] Elisabeth Werefkin starb, einundfünfzigjährig, am 18. März 1885. Welche Krankheit zu ihrem Tod geführt hatte, ist nicht bekannt. Ihr Leichnam wurde nach Wilna überführt und im Grab ihrer Eltern beigesetzt. Einen Teil ihres Vermögens, es stammte von den fürstlichen Daragans, hatte sie der Tochter vermacht. Wenngleich Marianne es vorzog, von »ein bisschen Geld« zu reden, muss das Erbe beträchtlich gewesen sein.[39] Es wurde von Wladimir Werefkin treuhänderisch verwaltet.

Noch waren Frauen – und nicht nur in Russland – weitgehend rechtlos. Unverheiratete, egal welchen Alters, unterstanden der »väterlichen Gewalt« oder hatten sich, nach dem Tod des »Hausherrn«, den Weisungen der Brüder respektive anderer männlicher Familienangehöriger zu fügen. Bei strenger Auslegung der einschlägigen Paragraphen durften weibliche Wesen noch nicht einmal die Stadt- oder Gemeindegrenzen aus freien Stücken überschreiten. Geschäftsfähigkeit wurde ihnen grundsätzlich abgesprochen. Verheiratete Frauen standen ebenfalls unter Kuratel, für sie entschied der Ehemann. Gemessen an den allgemeinen Gepflogenheiten, unterlag Marianne nur einem Minimum an Zwängen. Ihr wurde vom Vater kaum etwas verwehrt.

In der Ehe von Elisabeth und Wladimir Werefkin hatte es zuweilen gekriselt. Wir wissen von den Unstimmigkeiten aus Mariannes Briefen. Jetzt sah es die Tochter als ihre Aufgabe an, dem Witwer das schlechte Gewissen auszureden. »Quäle Dich nicht, mein Liebster, mit dem was gewesen ist, mit Streit und Zwist. … Sie hatte ihre Ansichten, Du Deine, aber die Meinungsunterschiede, die zu ihren Lebzeiten existierten, kann es nun nicht mehr geben. Plage Dich nicht mit unbedeutenden Erinnerungen. … Mein teurer Papa, Du bist traurig, ich bin traurig, jeden Tag spürt man den Verlust mehr und mehr. Sich nicht zu vergraben, ist jetzt das Wichtigste.«[40] Mariannes wichtigste Aufgabe stand nach dem Tod der Mutter mehr denn je außer Frage: »Ich werde ihren Wunsch erfüllen. Ich werde weiter malen.«[41]

Zwei Jahre zuvor, Anfang 1883,[42] hatte die damals Zweiundzwanzigjährige ihr Studium an der Moskauer *Lehranstalt für Malerei, Bildhauerei und Architektur* aufgenommen, nachdem sie sich in die Klasse von Illarion Michailowitsch Prjanischnikow eingeschrieben hatte. Prjanischnikow war einer der bekanntesten Genremaler Russlands und stand den *Wanderern* nahe.[43] Mit so viel Feuereifer strebte Marianne voran, dass der Vater das Ausbleiben von Nachrichten beklagte. »Meine Augen sind so müde vom Malen und Zeichnen, dass ich fast nicht schreiben kann«, brachte sie zu ihrer Entschuldigung vor. Selbst zum Lesen bliebe keine Zeit. Die Übungen auf Leinwand oder Papier nähmen täglich acht Stunden oder mehr in Anspruch. »Meine Arbeit ist gewiss kein Trinkgelage, und die Anstrengung erschöpft mich, ja ist zeitweise nicht zu ertragen.« Selbst Spaziergänge betrachte sie derzeit als unerwünschte Ablenkungen. »Ich sehe außer Pinseln nichts, … ich male Gesichter *en face*, Gesichter *en profile*, Gesichter *trois quarts*.« Die Frontalansicht ihres eigenen Antlitzes war eine Auftragsarbeit. »Erstens sollen mich Deine Augen direkt ansehen, zweitens sollst Du Deine graue Bluse oder eines von Deinen früheren Kleidern tragen«, hatte Lisa Della Voss sie brieflich angewiesen.[44] Im Gegenzug machte diese sich in Lublin auf die Suche nach einem bezahlbaren »*mannequin*«. In Moskau, hatte Marianne geschimpft, verlange man unverschämte dreihundert Rubel für solche Gliederpuppen, die angehenden Malern menschliche Modelle ersetzten. Sie schaute aufs Geld. Aus Prinzip, aber vorwiegend auf Veranlassung des Vaters, denn der scheint, so großzügig er ansonsten nachweislich war, ein richtiger Kopekenfuchser gewesen zu sein. Bitten um eine Aufstockung ihrer knappen finanziellen Ressourcen ziehen sich wie ein roter Faden durch die Briefe Mariannes an ihn. Parallel dazu wurde Wladimir Werefkin beteuert, wie »wahnsinnig« wichtig es der Tochter sei, durch »künftige Erfolge den Beweis zu erbringen, dass die Ausgaben lohnen«.[45] Ihre Selbsteinschätzung zum damaligen Zeitpunkt: größere Fortschritte beim Zeichnen, nur kleinere im Bereich Malerei – ungeachtet fortwährender Lobreden ihres Lehrers Prjanischnikow.[46]

Ein Großereignis im März des Jahres 1883 ließen sich selbst die Fleißigsten unter den Moskowitern nicht entgehen. Marianne übersah dabei weder Glanz noch Elend: »Die Stadt bereitet sich eifrig auf die Krönung des Zaren vor. Alles wird herausgeputzt, und man baut eine monströse Illumination auf. In diesen Tagen wird die Beleuchtung [der Statue] Iwans des Großen ausprobiert. Die Wirkung ist überwältigend. Über fast ganz Moskau erhebt sich am dunklen Himmel ein feuriges Gebilde mit einem brennenden Kreuz. Die Preise [Tribünenplätze für Beobachter des prunkvollen Aufmarsches kosteten fünfzig Rubel] sind geradezu irrwitzig.... Heute hatten wir im Schatten 15 Grad Wärme. Was auf den Straßen los ist, einfach schrecklich.« Das Wasser steht den Menschen teilweise bis zu den Knien, die Fahrwege sind unbefahrbar, überall »fürchterlicher Gestank«, überall »armselige Gestalten«, überall »tröpfelt es und gießt es herunter, von den Dächern fällt Schnee direkt auf die Köpfe der Passanten, vor deren Füßen hacken die Hausbesorger Eis, die Splitter kriegt man ins Auge«. [47]

Zwischen der Thronbesteigung von Alexander III. und seiner Krönung lagen fast zwei volle Jahre. Schuld daran trug die Sicherheitslage; Zar Alexander II. war im Jahre 1881 in Sankt Petersburg einem Sprengstoffattentat zum Opfer gefallen.[48] Nichts fürchtete sein Sohn und Nachfolger mehr, als das gleiche Schicksal zu erleiden.

Vielleicht hatte er deshalb einen zuverlässigen militärischen Vertreter der staatlichen Exekutive auf den Posten des Kommandanten der Peter-und-Paul-Festung berufen: Wladimir Werefkin. Dieser wiederum wollte fortan in der Stadt an der Newa die Tochter in seiner Nähe wissen.

KAPITEL III

1885 – 1896

Weichenstellungen

Er sagte mir – wovor soll man Angst haben? Wen geht es an?
Er sagte mir – wir werden zusammen leben …
Ich sagte mir, wenn auch nur der kleinste Zweifel bestünde,
dass das alles schlecht sei, würde ich es nicht tun.[1]

MOSKAU, 30. MAI 1885. »Mein liebster Papa, so Gott will, werde ich in Petersburg leben …«[2] Mariannes Zusage war unüberlesbar ein Seufzer beigemischt.

Bis ins 19. Jahrhundert hatte die Peter-und-Paul-Festung eine ähnliche Rolle gespielt wie die Bastille in Paris. Noch immer sprach man von der Kasernenanlage auf einer Insel in der Newa mit Grausen. In den Zellen des angegliederten Untersuchungsgefängnisses waren ungezählte politische Häftlinge spurlos verschwunden. Von Folter und Mord auch zur Amtszeit des Festungskommandanten Wladimir Werefkin ist nichts bekannt. Seine neue Aufgabe auf Lebenszeit war eine der bestbesoldeten in der Armee. Inklusive einiger Sondervergütungen bekam er monatlich 3000 Goldrubel ausbezahlt.[3] Zum Vergleich: Einem gewöhnlichen russischen Offizier wurden unter Berücksichtigung aller möglichen Zulagen maximal 1000 Goldrubel jährlich zugebilligt.

Die Peter-Paul-Kathedrale, Hauptbegräbnisstätte der Zarendynastie Romanow, und die das prächtige Gotteshaus umgebende freie Fläche bildeten das Zentrum der Bastion. Im Süden wurde der Platz vom Kommandantenhaus begrenzt. Im Erdgeschoss des repräsentativen Gebäudes barocker Prägung befanden sich die dienstlichen, in der ersten Etage die privaten Räume sowie Mariannes großes Atelier.

Trotz erheblicher Bedenken fiel der Mittzwanzigerin, sie traf im Oktober 1885 in Sankt Petersburg ein,[4] das Umgewöhnen leicht. Konnte sie sich doch, dank Wladimir Werefkins Nachsicht, hier ebenso ungehindert wie in Moskau bewegen. Mehr als ein amüsiertes väterliches Schmunzeln riskierte die Tochter des Kommandanten nicht, wenn sie zum Beispiel, spaßeshalber, hoch zu Ross durch die Reihen der exakt ausgerichteten Gardisten galoppierte, ohne Rücksicht darauf, ob der Zar höchstpersönlich die Parade abnahm oder nicht. Alexander III. quittierte den Mutwillen der temperamentvollen jungen Dame sogar mit offener Bewunderung.[5]

Eine Fortsetzung ihres Kunststudiums, so wie sie es in Moskau betrieben hatte, war in Sankt Petersburg nicht möglich. Die dortige *Akademie der schönen Künste* war Männern vorbehalten. Dennoch schrieb Marianne schon bald: »Morgen stürze ich mich wieder auf die Malerei.«[6] Oder: »Die Malerei hat mich wieder ganz überwältigt, und ich möchte gerne, dass mein Leben sich so gestaltet, dass ich arbeiten kann.«[7] Unter Anleitung des damals bedeutendsten russischen Malers. Denn Ilja Repin hatte 1882 seinen ständigen Wohnsitz von Moskau nach Sankt Petersburg verlegt. Privat unterrichtete er zu jener Zeit nur sie.[8] Wann das erotische Moment ihrer Beziehung an Bedeutung verlor? Niemand kann es mehr sagen. Sicher ist, dass letztlich künstlerische Dinge das Verhältnis bestimmten.

Der Entwicklung der Malerin Marianne Werefkin standen die Erfolge der Salonière Marianne Werefkin fast gleichwertig gegenüber. Die Dame des Hauses gleichsam ersetzend, machte die Tochter des Kommandanten aus repräsentativen Pflichtveranstaltungen stadtbekannte gesellschaftliche Ereignisse. Wir müssen uns die Jours fixes der geistreichen Gastgeberin als ein bunt zusammengewürfeltes Forum gesprächsfreudiger Diskutanten vorstellen. »Bei ihr in der Festung«, vermerkte Akademiestudent Igor Grabar, »versammelten sich die Künstler … Sie las uns Auszüge aus den neuesten Nachrichten über Literatur und Kunst vor. Hier hörte ich zum ersten Mal die Namen Manet, Monet, Renoir, Degas und Whistler.«[9] Alle maßgeblichen westeuropäischen Publikationen habe Marianne Werefkin im Abonnement bekommen. Aufgrund ihrer hervorragenden Fremdsprachenkenntnisse sei sie in der Lage gewesen, die interessantesten Beiträge vom Blatt weg ins Russische zu übersetzen. Also, wie von Grabar erwähnt, auch solche, die sich mit den Werken und Arbeitsweisen von Impressionisten befassten. (Ein Gemälde mit dem Namen *Impression, soleil levant* von Claude Monet aus dem Jahre 1872 gab der Bewegung ihren Namen.) Impressionisten bildeten sensuelle *Eindrücke* ab und wollten keine Kunst der Nachahmung mehr betreiben.

Bei den Gesprächsrunden im Salon der Werefkin war laut Grabar oft auch Repin zugegen – »er schätzte ihren Verstand überaus, wobei ihr Verstand den seinen bei weitem übertraf«.[10]

Bekanntlich ist Wissensfülle ein sicheres Fundament für Denk- und Urteilsfähigkeit. Marianne liebte intellektuelle Herausforderungen, ja suchte sie immerfort. Wissenschaftliche und philosophische Abhandlungen machten den Hauptteil ihrer Lektüren der späten achtziger und frühen neunziger Jahre aus. Bevorzugt griff sie nunmehr zu Werken von Autoren, die sich mit der Verbindung von Geist und Körper beschäftigten[11] oder die Zusammenhänge von Wahrnehmung und Optik darlegten beziehungsweise von Bewegung und Gefühl.[12] Außerdem beschäftigte sich Marianne mit der Bedeutung von Religion. Worin liegt, wollte sie beispielsweise erfahren,[13] der Sinn der Zehn Gebote? Nur in ihrem positiven Einfluss auf moralisches Handeln? Oder wirken sie zudem, was ihrer eigenen Meinung entsprach, auf alles Schöpferische? Künstlerbiografien[14] standen gleichfalls hoch im Kurs sowie Poesie und Prosa.

Einmal zitierte sie den Romancier Flaubert[15] im Brief an Repin, ansonsten bombardierte Werefkin den Lehrer mit seitenlangen kunsttheoretischen und fundamentaltheologischen Erörterungen. Zur Untermauerung ihrer Episteln wurden Shakespeare, Goethe, Tolstoi, Nietzsche, Schopenhauer herangezogen, aber auch Passagen aus der Heiligen Schrift. Repin reagierte beeindruckt: »Ihre Ausführungen haben mich schon oft entzückt, und Sie sind für mich in jenen Momenten der Ausdruck von Vollendung. Es gibt nichts Angenehmeres, als einen klar und elegant ausgedrückten Gedanken zu hören oder zu lesen, der sich aus eigener Kraft entfaltet, ausbreitet und unaufhaltsam im Raum verteilt.« Dass er nur ein Bruchteil von dem verstehe, was er von Marianne zu lesen bekomme, gestand Repin ihr ein andermal: Gewöhnlich steckte er seine Nase nicht ganz so tief »in die Welt der Philosophie«, »weil es bei mir am Schießpulver mangelt, denn wissen Sie, was mich in Ihren Briefen schmerzhaft und unangenehm berührt – dass Sie von mir noch etwas erwarten. … Wehe, ich werde alt. … Es ist wohl an der Zeit, die Malerei fallen zu lassen und im Dorf Landwirtschaft zu betreiben.«[16] In Wahrheit stand Repin kurz davor, die Leitung der Meisterklasse an der Sankt Petersburger Akademie zu übernehmen.

Nicht nur im Bereich der Kunst und Kultur, auch hinsichtlich politischer Entwicklungen – mit Sicherheit Diskussionsstoff in Gesprächen mit dem Vater – war Marianne stets auf dem Laufenden. Als im August 1887 im Freundeskreis über die drohende Kriegsgefahr infolge des schwelenden russisch-österreichischen Konfliktes[17] gesprochen wurde, konnte sie durchaus mitreden, machte aber aus ihrer Parteilichkeit keinen Hehl: »Um Russland mache ich mir keine Sorgen, wir sind Millionen, die bereit sind, alles, was sie haben, sogar ihr Leben, für die Verteidigung zu opfern.«[18]

Sein Leben gab auch ein anderer hin: Gegen Ende des Jahres 1887 beging ein uns nicht näher bekannter Verehrer Marianne Werefkins Suizid. »Er starb«, meinte Lisa Della Voss, mittlerweile verheiratet, »weil Du ihn nicht lieben konntest.« Platonische Freundschaften zwischen Mann und Frau funktionierten eben nur, wenn sich beide an die Vereinbarung hielten. Schlage Zuneigung nur bei *einem* der beiden Beteiligten in Liebe um, käme es unausweichlich zum »finalen Konflikt«. Sie, Lisa, habe gehofft, dass auch aus Mariannes »Zuneigung Liebe würde, … denn weißt Du, ich hatte Dir so sehr eine Vermählung gewünscht«.[19]

Für die Empfängerin der wohlmeinenden Zeilen aber hatte schon der Gedanke an die Einklagbarkeit sogenannter ehelicher Pflichten durch einen Gatten, ihren Gatten, etwas Unerträgliches. Körperliche Hingabe war für Marianne nur als ein autonomer Akt vorstellbar. »Es gibt eine Sache«, stellte sie im Zwiegespräch mit ihrem Tagebuch klar, »die meine Natur nicht erträgt, die allein das deutsche Wort Knechtschaft wiederzugeben weiß. Ich kann nicht leben in Unterwerfung. Die Freiheit ist die Basis meines Ichs. Frei diene ich, genommen herrsche ich.«[20] Eines Tages wird sie versuchen, nach dieser Maxime zu handeln.

BEINAHE WÄRE BLAGODAT, für Marianne der Inbegriff zwanglosen Seins, verloren gegangen. Zum Glück konnte sie dem Vater die Verkaufsabsichten ausreden. Nach dem Tod seiner Frau erschien Wladimir Werefkin eine Trennung von dem litauischen Zuschussbetrieb vernünftig. »Ich werde mein Leben bescheiden gestalten«, versicherte ihm die entsetzte Tochter, »damit es auch für Blagodat reicht … Ich bin ohne Wenn und Aber bereit, zu Deinen ökonomischen Projekten beizutragen.« Doch warum nicht zwei Fliegen mit einer Klappe schlagen? Und als hübschen Nebeneffekt der Sparmaßnahmen die von viel zu vielen Gästen gestohlene Zeit zum Malen und Zeichnen zurückgewinnen? Häufig war Blagodat von Besuchern gleichsam überschwemmt. »Für den

Anfang wäre es nicht schlecht«, schlug Marianne dem Vater vor, »alle bei uns Schmarotzenden loszuwerden. Dann könnten wir die vorzüglichen Leckereien, den Wein, außer den für Dich bestimmten, abschaffen, das heißt auf Delikatessen verzichten, ohne die man allein bestens auskommt.«[21] Nur ein, hauptsächlich auf Blagodat beschränktes Freizeitvergnügen dürfe dem Rotstift nicht zum Opfer fallen: »Ich liebe die Stimmung auf der Jagd wahnsinnig. Wahrscheinlich habe ich eine Ader dafür. ... Du weißt, wie ich alle Tiere liebe, aber auf der Jagd ist der Mensch ein völlig anderer, und der Beutetrieb macht ihn im Kopfe irre.«[22]

In den Herbstmonaten war Blagodat im Jagdfieber. Mehr oder weniger amüsante Jagdgeschichten füllen in Mariannes Briefen an den Vater viele Seiten. Einmal hatten ihr die vorwiegend einheimischen Jagdgenossen spöttelnd vorgehalten, einen aus Angst bewegungslos in einer Ackerfurche kauernden Hasen zu töten sei nichts Großartiges. Solle die Gutsherrntochter doch ihr Schießtalent auf andere Art beweisen. »Und sie fingen an, die Mützen in die Luft zu werfen. Das Resultat – allen habe ich die Mützen durchlöchert, dann warfen sie eine Streichholzschachtel hoch – auch die habe ich getroffen.« Triumph also auf der ganzen Linie. Mariannes Gefährten verstanden gleichfalls Spaß. »Alle brüllten vor Lachen, und keiner beschwerte sich, dass aus einer Mütze nun ein Sieb geworden war.«[23] Keineswegs aber wäre sie bereit gewesen, was gelegentlich vorkam, angebundene Eichhörnchen unwaidmännisch zu töten. »Nie werde ich eines erschießen.«[24]

Ihr größter Wunsch: ein Jagdhorn, »ich bitte Dich sehr, sehr«. »Wenn Du es mir nicht schenken möchtest, so kaufe es von meinem Geld.«[25]

Da war sie achtundzwanzig.

Und nur mäßig beeindruckt von den Avancen eines buchstäblich liebevollen Mannes. Wassily Wassiljewitsch Lesin mit Namen, dreißig Jahre alt.

Tagebucheintragung Marianne Werefkins: »Wald, abends. Wir gingen durch das Dickicht, ich führte ihn selbst, so und so sprach ich mit ihm, wissend, dass er ganz und gar von Leidenschaft für mich brannte ..., ich nahm seine sklavenhafte Ergebenheit und kokettierte wie ich nur konnte; ... als gnädige Herrin gab ich ihm meine Schultern und meinen nackten Hals zu küssen. Er berührte mich wie die Heiligste der Heiligen. Ich saß auf dem Stamm eines umgestürzten Baumes, er lag auf den Knien vor mir, wie ein Mensch, der sich einem Altar nähert.« Schluss-

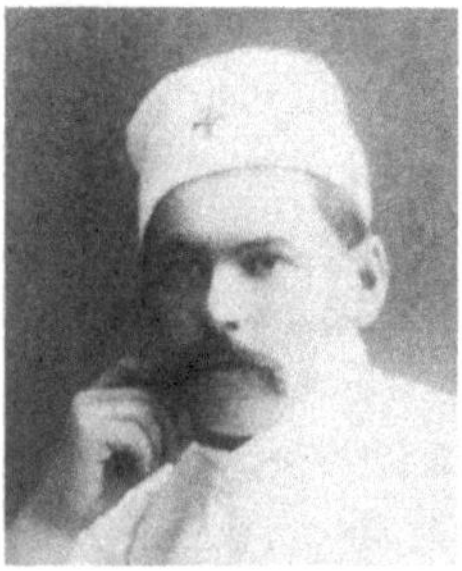

Der verschmähte Liebhaber: Dr. med. Wassily Wassiljewitsch Lesin

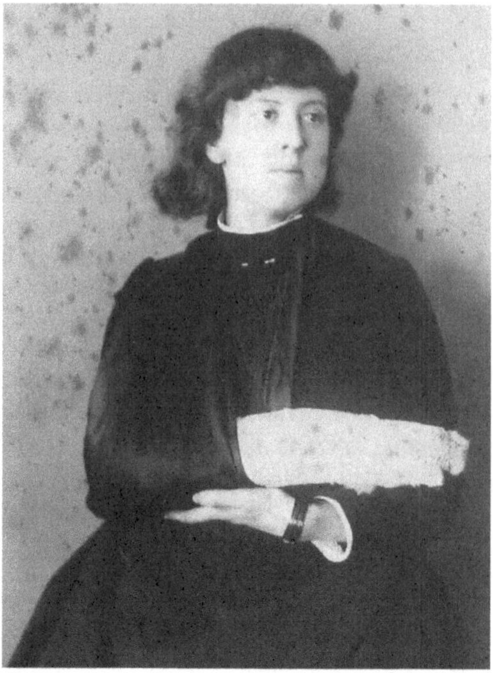

Foto Marianne Werefkins nach ihrem Jagdunfall im Herbst 1888

endlich gab die unbarmherzige Angebetete dem promovierten Mediziner seine Lächerlichkeit zu verstehen![26]

Am folgenden Tag durchschoss sie versehentlich ihre rechte Hand. Das geschah im November 1888.

Vorbei die ersehnte Künstlerinnenkarriere? Vorbei die Arbeit an dem für eine Ausstellung bestimmten Gemälde?[27]

Gegen Ende des Jahres schuf Ilja Repin ein Bildnis Marianne Werefkins, ihre bandagierte Hand ruht in einer Schlinge. Über Monate hinweg litt sie fast unerträgliche Schmerzen. Eine Wundinfektion verzögerte die Heilung. Die mehrwöchige Behandlung während eines Kuraufenthaltes im Juni und Juli 1889 sollte die Ausbreitung der Entzündung verhindern. Bei einer *unaufhaltsamen* Ausbreitung der Entzündung, was in Zeiten vor der Entdeckung des Antibiotikums Penicillin stets zu befürchten war, drohte die Amputation.

In Blagodat noch zur tragikomischen Figur herabgewürdigt, wurde Wassily Lesin nun als Mariannes Begleiter in die nördlichen Vorberge des Kaukasus gebraucht. Er durfte im Zugabteil bei Kerzenschein die notwendigen Verbandswechsel vornehmen und sich ansonsten in Zurückhaltung üben.[28] Der siebzehnjährige Wolja Werefkin, dem Arzt als Zimmergenosse zugeteilt, wäre im Nobelbad Schelesnowodsk[29] als Anstandsherr nicht nötig gewesen. Den zweiten Schlafraum der Ferienwohnung teilte die Rekonvaleszentin mit ihrer Zofe Piga. Bevor sie an ihrem Ziel angekommen war, hatte die Reisegesellschaft in Mineralnyje Wody[30] einen längeren Zwischenstopp eingelegt. Marianne wollte Ewgenij Wasiljewitsch Pawlow konsultieren.[31] Voller Angst hatte sie dem Urteil der chirurgischen Koryphäe entgegengesehen. »[Er] kam zehnmal zu uns, untersuchte meine Hand und sagte zuletzt, dass nicht geschnitten werden müsse.« Pawlow verschrieb Eisenbäder und Schlammumschläge. Soweit konnte der Vater beruhigt werden, doch wurde Wladimir Werefkin mit gleicher Post mitgeteilt: »Die Preise sind insgesamt schrecklich.« Dem Brief war zum Beweis von Mariannes Klage eine detaillierte Auflistung aller Kosten beigefügt. »Daraus siehst Du, dass ich zu meinem großen Verdruss nicht ohne einen zweiten Tausender auskommen kann.«[32] Die Ausbeutung der Kurgäste wäre noch ärgerlicher gewesen, hätte sich in Schelesnowodsk keine gesundheitliche Besserung abgezeichnet. Außerdem gefiel Marianne die hügelige Stadt, über deren Flanierwege entlang der aus den Bergen kommenden, von Klippe zu Klippe springenden Bäche sich die grünen Kronen ungezählter Lindenbäume neigten. Während der fünftägigen Anreise mit der Eisenbahn hatte der Zauber wechselnder pittoresker Szenarien (erfasst mit dem Blick der Malerin) die Sorge um ihre verletzte Hand zumindest zeitweilig in den Hintergrund gedrängt. »Die Sonne in ihrer überwältigenden Glut ging unter in der unendlichen Weite der Steppe wie in einem Meer. … Sie war noch nicht verschwunden, als am dunkelblauen Himmel helle Sterne erstrahlten, und auf den Feldern loderten erste Feuer der Schäfer auf. Die Herden weideten friedlich, über allem lag eine nicht fassbare zarte Stille.« Da hatte Marianne es gespürt, »jenes sehnsuchtsvolle Getriebensein irgendwohin, das in jeder russischen Seele lebt«. An einer der Stationen »begann jemand die Pfeife zu spielen«. »Es war gut, dass der Musikant in dem ganzen stehenden Zug zu hören war. Da kam der Ruf nach einer Melodie zum Tanzen, und im Nu tollten in der Luft die Töne … Einer legte einen Kasatschok hin.«[33]

Bei aller berechtigten Furcht vor einer bleibenden Behinderung bewahrte Mariannes Kampfesgeist sie davor, in Schwermut zu versinken.

Infolge des Jagdunfalls versteiften die Gelenke von Daumen und

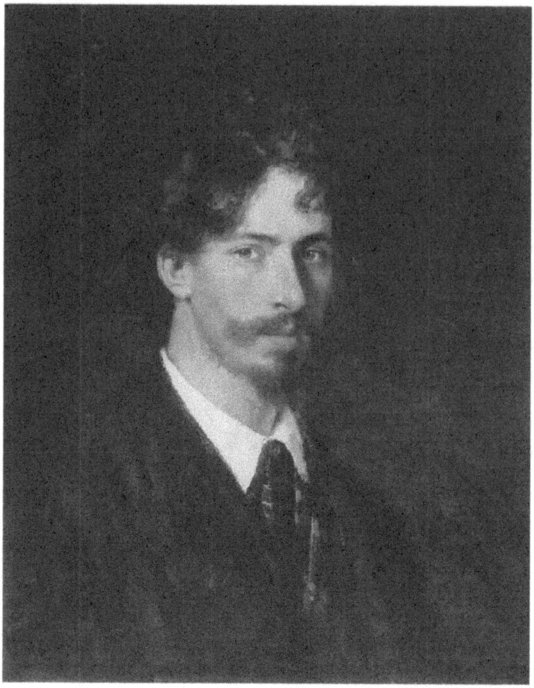

Ilja Repin, Selbstbildnis, 1878

Zeigefinger. Versuche, mit links zu malen, wurden schnell wieder aufgegeben. Nach ihrer Rückkehr nach Sankt Petersburg und einer zusätzlich verordneten Elektrotherapie[34] ließ sie sich für die rechte Hand eine Art Klemme anfertigen, mittels derer es ihr gelang, Pinsel, Bleistift und Kohle über Leinwand, Pappe und Papier zu führen. Hornhaut, die sich unter der Halterung zwangsläufig bildete, schnitt sie mit einem kleinen Messerchen weg.

Anfang November 1889 bejubelte Ilja Repin ihren künstlerischen Wiedereinstieg nach zwölfmonatiger Zwangspause: »Bravo! Bravo! Wirklich eine ausgezeichnete Entscheidung.« [35]

1890 war Marianne Werefkin mit mindestens vier Bildern auf der ersten Ausstellung der *Sankt Petersburger Künstlergesellschaft* vertreten. Erneut klatschte ihr Lehrer schriftlich Beifall. »Der lächelnde *Litauer* mit der dreizipfeligen Ohrenmütze« (1892 auf der zwanzigsten Ausstellung der *Wanderer* gezeigt und 1893 in der russischen Zeitschrift *Illustrierte Welt* abgebildet[36]) hatte ihm sehr gefallen. »Bravo! Bravo! Mariamna Wladimirowna! ... Welche Modellierung, Lippen, Kinn, welch wunderbarer Ton! … Diese Etüde stellt die anderen noch in den Schatten. Dies ist ein meisterliches Werk. Nächst ihm gefällt mir die schwarze, nach unten schauende Jüdin, die alte mumienhafte Litauerin mit den Bleiaugen.« Ihre *Händlerin mit dem Knaben* schätzte Repin schwächer ein. »Nun, aber dies ist bedeutungslos. Von Bedeutung ist, dass Sie eine kolossale Entwicklung genommen haben.«[37]

Das fand Marianne Werefkin auch.

Im September 1891 schrieb sie an Lisa Della Voss: »Glücklich der Mensch, der sein Ideal im Leben verwirklichen kann!«[38]

Zu ihren uns bekannten Gemälden aus den frühen neunziger Jahren gehören der *Gardist*, der *Hausdiener*, der *Marinesoldat*, der *Mann im Pelz* und der *Jüdische Tagelöhner*. Eine Fotografie gewährt Einblick in ihr Petersburger Atelier, den großen hohen Raum im Kommandantenhaus. Etwa ein Dutzend weitere Gemälde sind darauf zu sehen: Porträts, Landschaften, Genreszenen, männliche Akte.[39] 1892 gingen einige der namentlich genannten Werke, gemeinsam mit Arbeiten anderer *Wanderer*, auf Russland- und Polentournee. Ja, sie war Mitglied der Künstlergenossenschaft geworden. Im Februar des Jahres hatte Lisa Della Voss der Freundin brieflich zur »definitiven Aufnahme« gratuliert.[40]

Das Gemälde *Der Vorleser* entstand in Blagodat. Repin verrät uns Näheres zu seiner Entstehungsgeschichte. Am 17. Oktober 1893 dankte er Wladimir Werefkin für die freundliche Einladung auf das Landgut. »Die wunderschöne, einnehmende Lage, der elegante Entwurf des Parks, die aufwendigen Bauten, das alles zeigt, dass Vernunft und Ordnung herrschen.« Am meisten aber hätten ihm dort »die betenden Juden mit dem heiligen Buch« auf der Staffelei in Mariannes Atelier fasziniert, »lebendig ausgeführt, ohne irgendeine Übertreibung. … Die Bildkomposition ist von großem Stil. Die Farben sind dem Sujet untergeordnet. Die verschiedenen Charaktere sind plastisch und ausdrucksstark dargestellt.«[41] Unter dem Datum 7. November 1893 konnte dem Vater seiner Schülerin die Fertigstellung des Kunstwerks mitgeteilt werden.[42] Was Marianne persönlich zu hören bekam und – übertrieben bescheiden – in Frage stellte, geht aus Lisa Della Voss' Brief vom 11. des Monats an die »liebste Manja« hervor: »Quälen Dich wirklich noch Zweifel, nachdem Repin gesagt hat, Deine Malerei sei der Kammerton in der russischen Kunst?« Barer Unsinn, ihm Lobhudelei zu unterstellen. »Ruhm ist Dir sicher, tatsächlich hast Du als Künstlerin neue Ufer erreicht.«[43]

Tatsächlich ging Marianne Werefkin in jener Zeit zu den stilistischen Vorgaben ihres Lehrers auf Distanz. Auffallend ist ihr Wechsel von betonter Akkuratesse zu lockererer, großzügigerer und individuellerer Pinselführung, aber auch ihr Verzicht auf eine genau bestimmbare Lichtführung.[44] »Eigene Ziele schwebten mir vor.«[45] Von der Maxime aller *Wanderer*, Menschen in Beziehung zu ihrer Umwelt zu zeigen, rückte sie hingegen niemals ab.

1894 wurde *Der Vorleser* für die jährliche Sankt Petersburger Akademieausstellung vorgeschlagen – und abgelehnt. Repin konnte es nicht fassen: »Ich bin empört«![46]

In diesem Zusammenhang muss darauf hingewiesen werden, dass Mariannes Vorliebe für die Darstellung von Männern und Frauen jüdischen Glaubens der offiziellen Bevölkerungspolitik krass widersprach. Alexanders III. Regentschaft war von judenfeindlichen Gesetzen und antisemitischen Willkürakten geprägt. Von einem Berater[47] des Zaren ist der Ausspruch überliefert: »Ein Drittel [der Juden] wird sterben, ein Drittel wird auswandern, und das letzte Drittel wird völlig assimiliert werden.« Neben den reichen gab es weniger wohlhabende und auch ganz arme Juden. Insgesamt stellten sie, in Litauen mehr noch als im russischen Kernland, einen sehr charakteristischen und bedeutsamen Teil der Volksgemeinschaft dar. Auf dem Lande kauften Juden die Produkte der Bauern auf, trieben Handel mit Dingen des täglichen Bedarfs, betätigten sich als Pferdehändler, Fischzüchter, Müller … Wenn Marianne Werefkin in ihren Briefen aus Blagodat von Juden, mit denen sie bekannt war, berichtete, dann oftmals in Verbindung mit einer der genannten Tätigkeiten.

OBWOHL SEIT JAHRESBEGINN 1893 an der Sankt Petersburger Kunstakademie auch Frauen unterrichtet wurden, verzichtete Marianne Werefkin, ohnedies meisterlich malend, auf eine förmliche Immatrikulation. Dennoch war sie nunmehr auffallend häufig in der Abteilung für Zeichnen und Malen anzutreffen[48] – dem Studienplatz des »erwählten« Mannes.

1892 hatte er sich ihr in den Weg gestellt: Alexej Georgijewitsch Jawlensky, »subalterner Offizier«[49] des Alexander-Newsky-Bataillons »aus dem Adel des Gouvernements Twer«, geboren am »13. März 1865«[50] (Julianischer Kalender) in oder nahe der zentralrussischen Kleinstadt

Torshok, zwischen Sankt Petersburg und Moskau gelegen. Alexej hatte sechs Geschwister. Sein Vater Georgi Nikiforowitsch Jawlensky war Oberst der kaiserlich-russischen Armee, seine Mutter Alexandra Petrowna Medwedewa dessen zweite Frau. Rasch wechselnde Einsatzorte brachten häufige Umzüge der Familie mit sich. Die Zeit der Sommeraufenthalte auf dem eigenen, wenig ertragreichen Landgut war begrenzt. Man musste sich von dem Besitztum trennen. Schließlich zogen die Mutter und ihre Kinder nach Moskau. Den Söhnen sollte eine geregelte Ausbildung ermöglicht werden. Nach drei Jahren Unterricht an einer privaten Schule wurde Alexej in die *Alexander-Militärschule* aufgenommen. Die Kosten für die Offiziersausbildung waren überschaubar, und der militärische Dienst bot auch unvermögenden Adligen ohne Grundbesitz die Möglichkeit standesgemäßer Betätigungen.[51]

Auf dem Stundenplan aller Kadetten standen die Fächer Russisch und Mathematik (Ballistik) an erster Stelle. Der Vermittlung von Deutsch- und Französischkenntnissen wurde vergleichsweise wenig Unterrichtszeit eingeräumt, während dem Zeichnen, vorwiegend aus strategischen Gründen, größere Bedeutung zukam. Die Besoldung war, sowohl nach Abschluss der Ausbildung als auch später, schlichtweg miserabel. Militärexperten unserer Tage sprechen von »geradezu erbärmlichen Gehalts- und Pensionsverhältnissen, die wirklich knapp vor dem Verhungern schützten«.[52] Großverdiener wie der Festungskommandant Wladimir Werefkin waren, selbst in Russlands höchsten Militärkreisen, an zwei bis drei Händen abzuzählen.

Eine Kunstausstellung in Moskau,[53] so Jawlensky in seinen *Lebenserinnerungen*, habe ihm die Augen für die Malerei geöffnet. Verblüfft nahm sein Zeichenlehrer den wachsenden Eifer sowie erstaunliche Fortschritte des Jünglings zur Kenntnis. Seine Hoffnung, bereits nach Beendigung der Grundausbildung dem Militär Ade sagen und ein Studium an der Moskauer *Lehranstalt für Malerei, Bildhauerei und Architektur* beginnen zu können, wo schon Marianne Werefkin von 1883 bis 1885 studiert hatte, erwies sich nach dem unerwartet frühen Tod des Vaters als trügerisch. War die finanzielle Situation der Familie zuvor bereits angespannt gewesen, hieß es nun, den Gürtel noch enger zu schnallen. Vor die Wahl zwischen dem Abschied vom Militär mit der Folge absoluter Mittellosigkeit oder einer Soldatenlaufbahn mit der Gewähr des Existenzminimums gestellt, entschied Jawlensky sich für Letzteres. Aber:

Gemeinhin durften weder Offiziersanwärter noch Offiziere gleichzeitig zum Kunststudium eingeschrieben sein. Am meisten fürchtete er eine Versetzung ins russische Niemandsland. Die vorbeugende Maßnahme hieß Strebsamkeit, »denn ich wollte einer von den besten Schülern werden, um eine gute Prüfung zu machen und um später als Offizier in Moskau bleiben zu können, statt wie die schlechten in irgendeine Provinzstadt geschickt zu werden«.[54] Jawlensky schloss seine Ausbildung mit besten Ergebnissen im Florettfechten und Revolverschießen ab. Künftig war ihm – als Leutnant eines Infanterie-Grenadier-Regiments – das Wohnen außerhalb der Kaserne gestattet. Er fand in Moskau Unterkunft bei einem nicht sehr bedeutenden Künstler. Dieser stellte ihm Dimitrij Botkin vor, Eigentümer des Wohnhauses, Mitglied der russischen Führungsschicht, Kunstsammler und Künstlerförderer. Botkin machte Jawlensky mit weiteren einflussreichen Persönlichkeiten bekannt. Und mit der französischen Malerei. Zum Bildungsprogramm des Aufstrebenden gehörte neben dem Kopieren von Ausstellungsstücken der Tretjakow-Galerie die Beschäftigung mit Musik. Von einem besonderen Interesse an Literatur ist nichts bekannt.

Schon in jungen Jahren stand Jawlensky im Rufe eines Herzensbrechers; seine Werkzeuge waren Charme, Galanterie, Sinnlichkeit und Virilität. Dass er aus seinen Amouren zeitlebens kein Geheimnis machte, wissen wir von Philipp Harth. »Wie ein Troubadour«, so der Bildhauer, habe Jawlensky »in berückenden Farben seine Liebesempfindungen« geschildert.[55] Auch diese Geschichte einer seiner Blitzeroberungen stammt von ihm selbst: Einst ins Haus eines militärischen Vorgesetzten eingeladen, hatte er sich zur Begrüßung der Gastgeberin galant über deren Hand gebeugt. »Fliederseife, ich war verliebt.« Derweil der betagte Gastgeber mit den übrigen anwesenden Offizieren Karten spielte, ließ sich Jawlensky von dessen junger Frau die restlichen Räume zeigen. Beim Wiedereintritt in den Salon wurde er vom Ehemann mit der süffisanten Bemerkung empfangen: »Herr Leutnant, ihr Koppel sitzt nicht mehr korrekt.«[56]

Zu jener Zeit lebte Jawlensky bereits in Sankt Petersburg, wo Militärangehörigen mit Wohnsitz in der Stadt das Studium an der *Akademie der schönen Künste* erlaubt war, sofern sie die Eingangsprüfung bestanden. Das Ziel beruflicher Zweigleisigkeit war 1889/90 erreicht, und er erschien, ganz vorschriftsgemäß, in fescher Ausgehuniform zu den abendlichen Mal- und Zeichenstunden. Rasch stand Jawlenskys Begabung fest. Ausgestattet mit einem Empfehlungsschreiben seines Akademieprofessors machte er sich an einem Tag unbekannten Datums, die gerollten Bilder unterm Arm, auf den Weg zum Atelier »unseres großen russischen Malers«.[57] Repin empfing Jawlensky, siebenundzwanzig, fand dessen Arbeiten lobenswert und brachte ihn mit Marianne Werefkin, zweiunddreißig, zusammen.

Rückblende Jawlensky:

»Diese Bekanntschaft sollte mein Leben ändern. Ich wurde der Freund von ihr, von dieser klugen, genial begabten Frau.«[58]

Rückblende Werefkin:

»Er gefiel mir, ich wusste, dass er leichtsinnig und [ein] Frauenläufer war … Seine Selbstgefälligkeit betörte mich … Ich wollte ihn an mich binden mittels Gefühl … Ich wollte, dass er mich liebt … Und wir wollten zusammen arbeiten, als Gefährten dem gemeinsamen Werk dienen. … Er begriff wohl, was in mir steckte, was ich ihm geben konnte … Er sagte mir: Wir werden zusammen leben. Er sagte, dass es so sein müsse. Und meine Ängste, mein Widerstand? Ich sagte mir: wenn auch nur der kleinste Zweifel bestünde, dass das alles schlecht sei, würde ich es nicht tun. … Wenn ich über die erste gemeinsame Reise nach Blagodat nachdenke, dann nahm ich [damals] an, dass er mich so liebte, wie ich es mir wünschte, und konnte kühn von mir geben, was ich dem Vater sagte: ›Hilf mir, das zu beschützen, was ich als mein Glück gefunden habe.‹«[59]

Marianne war entflammt, während der Vater eine anfängliche Skepsis erst überwinden musste: »[Jawlenskys] Brief auf den meinigen, der ihn von meines Vaters Erlaubnis hinsichtlich unseres gemeinsamen Ferienaufenthalts informierte, war das erste Jauchzen eines begeisterten Liebesgesangs.«[60]

Das Eintreffen des unverheirateten Paares im Sommer 1892 in Blagodat war, laut Lisa Della Voss' Briefkommentar, »eine Sensation«. In Anbetracht der zu erwartenden »moralischen Prügel« bewunderte sie Mariannes Courage.[61] Diese nächtigte wie gewöhnlich in ihrem kleinen Atelierhaus und Alexej, offiziell, im Hauptgebäude. Wir wissen von intimen Zusammenkünften.

Ungetrübte Freude aneinander und an gemeinschaftlichem Schaffen bestimmte, soweit nachvollziehbar, auch die wiederum in Blagodat verbrachten Ferienwochen 1893. Von einer geplanten Reise nach Deutschland und Frankreich riet Repin den beiden dringend ab. »Es wäre falsch, wenn Ihr nach Europa fahrt, um zu lernen – das *ist nicht notwendig* – das ist Blödsinn«, schrieb er an Werefkin. »Lernen muss man im eigenen Zuhause; nur dort kann man ohne Hindernisse Kraft entwickeln und nicht so werden wie diese deutschen und französischen Stümper, deren Namen in Legionen zu zählen sind und welche unabwendbar vor Hunger eingehen werden. Ach, wie viele es sind, und wie mir ihre Kunst den Magen umdreht.«[62]

Sein Brief kam aus München. Dort – und an allen anderen Stationen seiner großen Tour – verfasste Repin Zeitungsreportagen. Vom Urteil des berühmten Mannes zu erfahren, war für Russlands Kunstinteressierte ein Muss, nicht zuletzt weil der Verfechter realistischer Malerei bekanntlich kein Blatt vor den Mund nahm.[63] Und wie war sein Eindruck von München, der Wirkungsstätte einer zunehmenden Zahl von Künstlern auf der Suche nach neuen Sichtweisen, Ausdrucksformen und Techniken? Ein »Tummelplatz« tausender »zügelloser« Maler, mit einem Wort: »Dekadente«. »Mir scheinen alle ihre Bilder Werke von Geisteskranken zu sein.«[64] Aber auch an den Arbeiten der in Paris kritisch beäugten »Nonkonformisten« (sprich Impressionisten) ließ Repin kein gutes Haar. Mit einer Ausnahme: James McNeill Whistlers[65] Porträts[66] – von deren Erstklassigkeit Werefkin schon seit Längerem überzeugt war.

EINE FOTOGRAFIE AUS DEM JAHRE 1893 zeigt ihr *Selbstbildnis in Matrosenbluse* in einem späten Stadium seines Entstehens. Jawlenskys Werk in Arbeit, die Darstellung eines armen Juden, lehnt an der zweiten, im Sankt Petersburger Atelier aufgestellten Staffelei. Im direkten Vergleich wird deutlich, dass Werefkins Malerei gegenüber der des Gefährten stilistisch weiter fortgeschritten ist.[67] Die Ablichtung ist aber zugleich ein Dokument geradezu demonstrativ zur Schau gestellter weiblicher Überlegenheit. Derweil Jawlensky in leicht gebeugter Haltung und halb abgewendet seinem Gemälde gegenübersitzt und wie unbeteiligt einen Punkt irgendwo im Raum zu fixieren scheint, hat Werefkin, aufrecht stehend neben ihm postiert, das entstehende Bild fest im Blick. Eindeutig ist auch ihre Körpersprache: durchgedrücktes Kreuz, in die Hüfte gestemmte Hand, vorgeschobener Fuß, erhobenes Kinn. Ihre Pinsel schon in Position gebracht, bedarf es nicht mehr als einer kleinen

Vorwärtsbewegung, um, unter Missachtung männlicher Eitelkeit, korrigierend Hand an Jawlenskys Werk zu legen.

Im Frühjahr des Jahres 1894 konnte sich Lisa Della Voss »endlich eine klare Vorstellung vom Fähnrich« der Freundin machen. Sie hatte von Marianne neben Alexejs Foto die Schilderung spannungsfreier Zweisamkeit erhalten[68] – obwohl diese faktisch der Vergangenheit angehörte.

Häufige anregende Zusammenkünfte im engeren Freundeszirkel vermochten zwar gewisse bilaterale Disharmonien zu verdecken, verschärften aber gleichzeitig den Mann-Frau-Konflikt. Denn nirgendwo trat Werefkins Überlegenheit, ihre natürliche Autorität – basierend auf ihrem Kenntnisvorsprung in künstlerischen Bereichen und intellektueller Brillanz – offener zutage, als bei solchen Gelegenheiten. Der Kreis war gemischt, bis zu vierzehn Jahre Jüngere scharten sich in Sankt Petersburg um die Mittdreißigerin: Sergej Diaghilew, ein ehemaliger Mitschüler ihres Bruders Wolja im Gymnasium, wuchs gerade in die Rolle eines Kunstimpresarios hinein; der bereits erwähnte Akademiestudent Igor Grabar wollte so schnell wie möglich Anschluss an westliche Kunstströmungen finden, darin einig mit seinem Kommilitonen Dimitrij Kardowsky, der ebenfalls im Kommandantenhaus ein- und ausging. Dann war da noch der Sohn eines mit Wladimir Werefkin bekannten Generals; auch Nikolaj von Seddeler dachte intensiv über eine Vervollkommnung seiner Malerei außerhalb der Heimat nach.[69] Olga Della Voss, eine Schwester Lisas, hatte sich erst kürzlich dazugesellt. Für ihre Aufnahme an der Sankt Petersburger Akademie, genauer ihre Aufnahme in Ilja Repins Meisterklasse, hatte Marianne Werefkin gesorgt. »Ich kenne Dein verständnisvolles Herz, liebe Manja«, bedankte Lisa sich überschwänglich bei ihrer Freundin, »weiß, dass bei Dir jeder mit Unterstützung rechnen kann, was Du aber für Olga getan hast, übertrifft die kühnsten Erwartungen.«[70]

Jawlenskys größter Wunsch, die Uniform ein für allemal an den Nagel hängen zu können und nur noch Künstler sein zu dürfen, ging zum Ende des Jahres 1894 in Erfüllung. Ein ärztliches Gutachten[71] – es attestierte ihm eingeschränkte Marschierfähigkeit – machte aus ihm einen Zivilisten. Solange er auf Kosten der Werefkins lebte, würde er die unangenehme Auswirkung seiner Demission – der denkbar geringe, bei weitem zum Leben nicht ausreichende Pensionsanspruch – nicht wirklich spüren. Die Gefährtin sah ebenfalls Vorteile in dem Arrangement, war doch Jawlenskys Abschied vom Militärdienst die Voraussetzung für zeitlich unbegrenzte Aufenthalte im ländlichen Blagodat außerhalb der Reichweite der Sankt Petersburger Sozialkontrolle. Denn an der Fortsetzung ihrer Liaison hatten unwiderlegbar beide ein großes Interesse, obschon aus sehr unterschiedlichen Gründen.

Er wollte protegiert werden – nicht jedoch gegängelt.

Sie strebte nach liebender Ergänzung, versuchsweise sogar um den hohen Preis einer ihrem Wesen zuwiderlaufenden Unterordnung.

Die Tragik, sie lag auf der Hand. Bis zum bitteren Ende der künstlerisch bedeutsamen, in ihrem Kern aber zerstörerischen Beziehung.

Schon 1895 kam es zu gravierenden Auseinandersetzungen.

Mariannes für niemanden als sie selbst bestimmte Notiz vom 25. März gleicht einer Bankrotterklärung. Vergebens ihr Bemühen, der Erwartungshaltung von Jawlensky Rechnung zu tragen: »Ja, alle meine Anstrengungen, meine Kraft zu verbergen, nur Weib zu sein …, all das ist jetzt Fäulnis und Staub.« Auf Dauer war sie gegen ihr Naturell nicht angekommen. »Wären Sie jünger, das heißt schwächer, aber jetzt sind Sie zu stark«, hatte Alexej ihr ins Gesicht gesagt. Bestimmt ist die Annahme erlaubt, dass Werefkins Gegenrede im Tagebuch mit ihrer mündlichen Replik übereinstimmt: »Drei Jahre vergingen in der unermüdlichen Pflege seines [deines] Verstandes. … Drei Jahre habe ich Schritt für Schritt mit ihm [dir] getan, Vorhang für Vorhang für ihn [dich] geöffnet, ihm seine [dir deine] Talente, das Mysterium der Kunst gezeigt.« Und dabei ertragen, dass er sie heruntermachte, weil er nicht ertrug, »dass ich Verkünderin seiner Kunst war«. Das traurige Fazit: »Ich bin ihm gleichgültig, in allem, in allem …, er hat mich nie geliebt …«[72]; nie so geliebt, wie einst Wassily Lesin sie liebte. Tatsächlich dachte sie nicht ohne Grund an dessen beinahe sklavische Verehrung. Er hatte sich kürzlich zurückgemeldet. Bei Wladimir Werefkin. Dieser nahm das Marianne gewidmete medizinische Fachbuch entgegen und: Lesins formelle Bitte um die Hand der Tochter. Auch den Vater hätte sie mit einem Jawort glücklich gemacht. Doch es blieb beim Nein. »Wäre Lesin Maler gewesen, so wäre er das, was ich suche, aber er ist ein Wohltäter der Menschheit.«[73] Anders gesagt: Bezirksarzt im Gouvernement Sankt Petersburg und künftig Chefarzt des Provinzkrankenhauses von Pensa, an die tausendfünfhundert Kilometer von Sankt Petersburg entfernt. Dort nahm

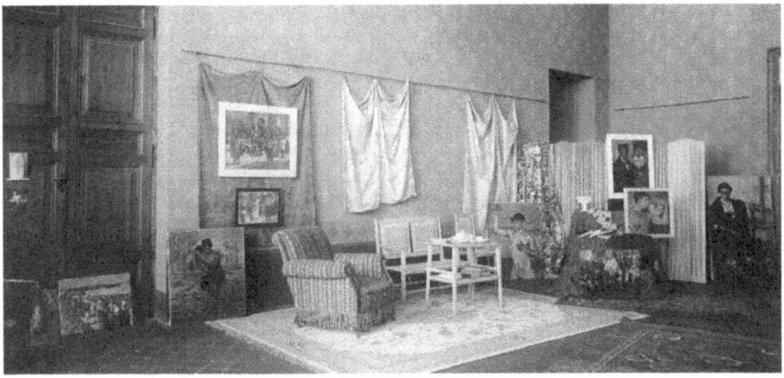

Atelier Marianne Werefkins im Kommandantenhaus der Peter-und-Paul-Festung

Lesin als erster in Russland eine Gehirnoperation vor, der Eingriff verlief erfolgreich. Sein Wagemut und sein chirurgisches Geschick brachten ihm großen Ruhm sowie das Präsidentenamt der örtlichen medizinisch-wissenschaftlichen Gesellschaft ein. Pensa durfte sich Bezirkshauptstadt nennen, was nicht viel hieß in Gegenden, die zu den von Gott und der Welt verlassenen gehörten.[74]

Zurück zu Alexej Jawlensky.

Er musste die Konkurrenz der *Malerin* Marianne Werefkin alsbald nicht mehr fürchten. Sie verlor jegliches Vertrauen in ihr praktisches Können. Den unmittelbaren Auslöser kennen wir nicht. Fest steht, dass sie sich in ihrem Unglück an Ilja Repin wandte. Der fand ihre Selbstzweifel völlig absurd: »Warum fragen Sie, ob Sie jemals wieder Bilder hervorbringen können, ich bin sogar bereit, Sie dazu zu verurteilen: malen, malen, malen ...«[75] – »Trauern Sie nicht, dass Sie nicht ein Whistler sind. Sie stehen schon längst auf eigenen Beinen. Man wird sich noch vor Ihnen verneigen.«[76] – »Glauben Sie mir, auf einer europäischen Ausstellung würden sich Ihre Sachen als etwas Außergewöhnliches von der Masse absetzen und mit ihrem künstlerisch überragenden Ausdruck selbst die Schöpferin mit Begeisterung erfüllen, vorausgesetzt, sie wüsste nicht, dass es sich um ihre eigenen Werke handelt.«[77] Nur eines müsse sie ihm versprechen, aber darüber bestünde zwischen ihm und ihr schon jetzt Einigkeit, dass »die archaische Kunst des Symbolismus«,[78] »jene schmerzhafte psychopathische Zerstreuung, die das Innere nicht befriedigt«, ohne Einfluss auf ihr Œuvre bleibe.[79]

Marianne Werefkins mit Blick auf das kommende Jahrzehnt letztes – trotz all ihrer Bedenken zukunftsweisendes[80] – Werk ist das *Bildnis Alexej Jawlenskys* von 1896. Es blieb unvollendet. »Darin liegt die Ironie des Schicksals«, merkte sie rückblickend an, »dass gerade dieser Mensch den Künstler in mir vernichtet hat.« Kreativität setze ein Leben in Frieden mit sich selbst und mit seinen Nächsten voraus.[81] Bereits im Mai des Vorjahres hatte sie einen Augenblick lang die Beendigung der Beziehung erwogen. Und im nächsten Moment die Idee wieder verworfen.[82] Unerträglich, die Vorstellung der Folgen einer Trennung. Sie wollte und konnte keine Verliererin sein. Ganz abgesehen vom Gesichtsverlust, von der Schande! »Alles Vater erzählen und ihn damit töten, meine Brüder in ein Duell zwingen«? [83] Nie! Sie entschied sich für ein striktes Verschweigen ihrer Einsicht, dass sie lediglich Mittel zum Zweck gewesen war, benutzt, belogen und betrogen.[84] Von Tag zu Tag, von Woche zu Woche, von Monat zu Monat war ihr bewusster geworden, dass Alexej sich und ihr etwas vorgemacht, Liebe und Leidenschaft nur vorgetäuscht hatte und es ihm von Anfang an vor allem um Vorteilsnahme gegangen war. Und: dass sie unter gar keinen Umständen vor der Welt als Opfer würde dastehen wollen. Erst ein Vierteljahrhundert später war Werefkin fähig, ihr Fühlen und Handeln im damaligen Zustand äußerster Verletztheit zu Papier zu bringen.

Laut dem retrospektiven Protokoll beschloss sie, Jawlensky ohne sein Wissen »zu bestrafen«.

Sie wollte sich dafür rächen, »dass er in mir jenes wunderbare Gefühl [der Berufung zur Malerin] getötet hat, das mein Leben bestimmte …, dafür, dass sein Nahsein mich von meiner Höhe hinunter gerissen hat.«

Sie wollte ihn als ihren »Feind« ansehen, »ein Mensch, der an mich seine schändliche Hand gelegt hatte«.[85]

Das Rachekonzept Werefkins war indes ein besonderes: Sie nahm sich vor, ihn *sich* »untertan zu machen, ihn *seines* Egos zu berauben«.[86] Sie würde aus einem »riesengroßen Talent« einen bedeutenden Künstler machen, um »mit *seinem* Ruhm« »*meine* Schmach zu decken«.[87] Denn: Nur wenn »aus diesem Menschen … etwas Gutes, Strahlendes, Großes«[88] erwüchse, würde sie einen unerträglichen Gedanken aus ihrem Kopf vertreiben können. Den Gedanken nämlich, ihr Vertrauen und so vieles mehr einem Unwürdigen geschenkt zu haben.

Was Marianne Werefkin unterschätzte, war die unwiderstehliche Anziehungskraft des Mannes Jawlensky. Außerstande, sich ihrer zu erwehren, verzieh sie ihm immer dann, wenn er an ihr Mitleid appellierte, »wenn er mir leid tat, spürte ich Zuneigung und Sehnsucht nach Zärtlichkeit und Liebe … Ich kann ein Leben, das mir teurer war als alles andere auf der Welt, nicht verderben und ruinieren.«[89]

Werefkin erklärte die emotionalen Pendelausschläge mit ihrer Zugehörigkeit zu den Menschen mit »russischer Seele«: »ein Drama im Herzen und Wunderbilder im Kopf«.[90]

IM KRISENJAHR 1895 wurde Helene Nesnakomoff ins Werefkinsche Haus aufgenommen, »wo sie satt und warm leben konnte«. Das noch kindliche[91] Mädchen musste sich sein Essen und seine Unterkunft verdienen. Es ging bei Mariannes neuer Zofe Pascha in Lehre. Das Schicksal ihrer Schwester blieb Helene somit erspart, Maria Nesnakomoff war in ein Heim gekommen, weil auch sie bei der angeblich »unzuverlässigen« Mutter[92] nicht hatte bleiben dürfen. Zu Zofe Pascha wäre noch zu sagen, dass Alexej Jawlensky in zweierlei Hinsicht Freude an ihr hatte. Ad eins stand sie ihm Modell, ad zwei »wurde sie von ihm«, niemand konnte es übersehen, »bis zur Tollheit verliebt gemacht«.[93] Und als Marianne Werefkin einmal nicht anders konnte, als den Freund eine Zeitlang allein mit Helene in Blagodat zu lassen, hatte sie auch ihretwegen kein gutes Gefühl.[94] Egal, ob berechtigt oder unberechtigt.

WLADIMIR WEREFKIN HATTE seit längerem gekränkelt. Er starb am 13. Januar 1896. Im Schatten der Peter-Paul-Kathedrale fand der Festungskommandant seine letzte Ruhestätte.

Von allen Menschen, die ihr nahestanden, hatte Marianne ihren Vater am meisten geschätzt. Forthin trug sie alle Tage »sein Medaillon um ihren Hals«.[95]

Blagodat ging in den Besitz von Peter Werefkin über. Bruder Wolja verwirtschaftete, soweit aus Briefen und Erzählungen ersichtlich, sein Erbe.

Unverheirateten Töchtern verstorbener hoher staatlicher Würdenträger stand eine überaus großzügig bemessene zaristische Pension zu. Marianne konnte mit siebentausend Rubeln per annum rechnen. Kurz vor seinem Tod hatte Wladimir Werefkin mit ihr über die Legalisierung ihrer »freien Ehe« gesprochen, und Marianne hatte den Vater davon überzeugen können, dass eine Heirat sie und Alexej »zu Bettlern gemacht hätte«. An Stelle einer Trauung gab ihr »Ehemann vor Gott«[96] dem besorgten Vater sein »Mannesehrenwort«, Marianne niemals zu verlassen. Das schriftlich abgelegte Versprechen bewahrte sie zeitlebens auf.[97]

Und nicht zu vergessen: Der Verlust ihrer Pension infolge einer Heirat war zwar ein starkes Argument dafür, ledig zu bleiben, die Furcht vor dem Verlust ihrer Autarkie jedoch ein noch stärkeres.

SEHR BALD NACH DEM TOD DES VATERS trat Werefkin mit Jawlensky eine mehrwöchige Bildungsreise an.[98] Man besuchte gemeinsam Museumsstädte wie Berlin, Dresden, Köln, Antwerpen, London und Paris. Über die unmittelbare Begegnung mit Werken einer internationalen Malerelite hinaus, diente die Orientierungstour der Vorbereitung einer einschneidenden Veränderung. Bereits im Oktober 1895 hatte Igor Grabar von Marianne Werefkin den »Entschluss« Alexejs Jawlenskys mitgeteilt bekommen, »aus der Akademie auszutreten und ins Ausland zum Studieren zu fahren«. »Aber wohin?«, war damals ihre Frage an den bereits weitgereisten Freund und zugleich an sich selbst gewesen. »Ich war immer der Meinung, dass Paris eine Schule für alle Richtungen ist, aber vielleicht hat Sie Ihre persönliche Suche zu einer anderen Auffassung gebracht. Vielleicht gibt es andere Orte, wo die Dinge noch besser stehen.«[99] Grabars Empfehlung: München. Dort war er auf seiner europaweiten »Jagd nach der Kunst«[100] hängen geblieben. »Alle Künstlerwohnungen, Ateliers und die Akademie befinden sich in einem Stadtteil. Rundum Bäume, genau wie auf einer Datscha. Aus meinem Fenster schaue ich auf ein Feld. Die Luft ist frisch und gesund. Überhaupt ist es hier so schön, dass man, wenn die Mittel es erlauben, mit Freude lernen möchte.« – »Jeder Tag bringt mir in meinem Handwerk eine Unmenge an Erkenntnissen und Erfahrungen.«[101]

Dimitrij Kardowsky kam im Juli 1896 an die Isar.

Nikolaj von Seddeler erreichte München Mitte Oktober[102] – wenige Tage vor Marianne Werefkin, Alexej Jawlensky, Zimmermädchen Helene Nesnakomoff und der ebenfalls aus Russland mitgebrachten Köchin.[103]

ZWEITER TEIL

In Deutschland

KAPITEL IV

1896 – 1902

Impulse

*»Die Kunst der Zukunft ist die der Emotion.
Nachdem ich diese Prophezeiung geschrieben habe,
fühle ich das Recht, hierauf stolz zu sein.«*[1]

DEUTSCHLAND WAR FÜR RUSSLANDS ELITEN gemeinhin ein Hort kultureller Reichtümer und ein zivilisatorisches Modell. Heinrich Heine durfte sich der Bewunderung aller gebildeten Russen sicher sein, Goethe gehörte zu deren Pflichtlektüre. Friedrich Schiller wurde auf russischen Bühnen häufiger gespielt als andere ausländische Dramatiker. Iwan Turgenjew war eng mit Theodor Storm befreundet. E.T.A. Hoffmann fand in Nikolai Gogol seinen talentiertesten Schüler. Richard Wagner wurde von den Russen vergöttert.[2] Dazu die dynastischen Verquickungen: Im November 1894 hatte mit Nikolaus II.[3] ein weiterer Zar eine Deutsche zur Frau genommen. Seit ihrem Übertritt zum russisch-orthodoxen Glauben trug Alix von Hessen-Darmstadt den Namen Alexandra Fjodorowna. Die angestrebten Verbindungen zweier Zarentöchter mit Thronfolgern aus dem bayerischen Herrscherhaus blieben jedoch Wunschdenken.[4] Immerhin existierte in München seit 1785 eine russische Gesandtschaft mit, wenn auch rasch wechselnden, so doch stets distinguierten Mitarbeitern; einige Zeit stand der Lyriker Fjodor Tjuttschew, der auch Heine, Goethe und Schiller übersetzte, an ihrer Spitze.

BALD NACH DEM EINZUG IN SEINE WOHNUNG nahe dem Englischen Garten[5], war Igor Grabar die große Zahl der in seinem Münchner Umfeld lebenden Künstler aus aller Herren Länder aufgefallen,[6] mehr als tausend waren insgesamt gemeldet. An Ateliers gab es trotzdem so gut wie keinen Mangel. Die Pflicht zur Berücksichtigung von Künstlerwerkstätten bei der Planung von Neubauten beruhte auf einer behördlichen Vorschrift.

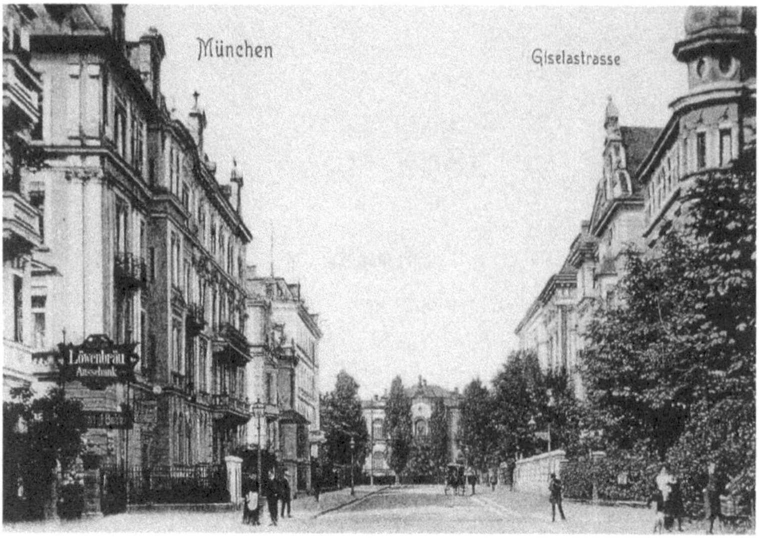

Historische Postkarte um 1900
München-Schwabing, Giselastraße

Spätestens seit der *Ersten Internationalen Kunstausstellung* 1869 im *Königlichen Glaspalast*[7] stand die Isarmetropole im Fokus angehender und etablierter Zeichner, Maler, Bildhauer. 1892 wurde in München der Grundstein zur *Secession* auf deutschem Boden gelegt.[8] Die Abspaltung erfolgte aus Protest gegen einengende, konservative Kunstauffassungen sowie in der Absicht, juryfreie Ausstellungen durchzusetzen. Doch wurde auch Herkömmliches akzeptiert, vorausgesetzt, es war mit den hohen Ansprüchen der Sezessionisten vereinbar.[9] 1896 erschien in München das erste Heft der Zeitschrift *Jugend*, die zwar nur von kurzer Dauer, aber dennoch stilbildend war. Zeitgleich wurde der legendäre *Simplicissimus* aus der Taufe gehoben. Mit der scharfen Waffe Karikatur ging das Satireblatt gegen kleingeistige Provinzialisten, despotische Patriarchen und überhitzte Patrioten vor. Bayern – ein Antipreußen.

Vor allem in Schwabing, dem Wohnviertel der Münchner Künstler, waren Freiheit und Freigeist zuhause. Hier galt die Maxime: Leben und leben lassen! Oftmals gleichgesetzt mit ungenierter Freizügigkeit. Bei Durchsicht der Archivalien wird jedoch deutlich, wie zivilisiert man sich in Schwabing mehrheitlich gebärdete. Niemals war in der »Vorstadt zur Welt« das Zotige heimisch, schon aus Geschmacksgründen nicht.

Innerhalb nur eines Jahrzehnts hatte sich die Bevölkerung des ehemaligen Dorfes und mittlerweile prosperierenden Stadtteils verdoppelt. Überwiegend von Handwerksbetrieben und Kleingewerbe geprägte Straßenzüge wechselten ab mit Arbeitervierteln oder vornehmen Quartieren. Eines der letztgenannten hatten Werefkin und Jawlensky für sich passend gefunden. Von ihrem Domizil im Haus Giselastraße 23 bis zu Igor Grabars Logis waren es nur wenige Gehminuten. Wann genau sie sich in München Visitenkarten drucken ließen, entzieht sich unserer Kenntnis. Bedeutungsvoller ist die Schreibweise ihrer Namen: hier *Marianna von Werefkin*, da *Alexej Jawlensky*.[10] Sie soll uns von nun an als Vorlage dienen. Mit einer kleinen Abweichung – wurde in Deutschland doch allmählich aus der Marianna eine Marianne.

An deren sofortiger, wundersamer Verjüngung wirkte ein bayerischer Beamter mit. Der Mann beim Meldeamt hatte, wohl auf die Angaben von »Exzellenz Werefkin«, »Kunstmalerin«[11], vertrauend, als Geburtsjahr »1866« eingetragen. Damit verschwand die korrekte Zahl, nämlich 1860, für alle Zeiten aus deren (nicht-russischen) Personalpapieren. Womöglich wusste nicht einmal Jawlensky, wie alt sie tatsächlich war.

IM WESENTLICHEN BESTRITT WEREFKIN die Lebenshaltungskosten für die zu ihrem Haushalt zählenden Personen. Sie war nicht nur für russische Verhältnisse eine vermögende Frau. Umgerechnet entsprach ihre Jahrespension rund zweiundzwanzigtausend Mark. Zum Vergleich: Der Münchner Oberbürgermeister verdiente nur halb so viel; Handwerksgesellen und Fabrikarbeiter kamen auf höchstens tausend Mark für zwölf Monate harte Arbeit.[12]

Am 27. Oktober 1896 bezogen Werefkin und Jawlensky nebst Helene und der Köchin zwei nebeneinanderliegende Atelierwohnungen herrschaftlichen Zuschnitts. Die mit Bädern ausgestatteten Zimmerfluchten[13] befanden sich in der dritten Etage.

»Ein seltsames Milieu«, so eine verwunderte Besucherin über das »altmodische« Durcheinander von bunt bemaltem, mit Schnitzmustern versehenem Mobiliar, kunsthandwerklichen Dekorationsgegenständen, Teppichen, Stickereien, Ahnenbildern.[14] Blagodat und Sankt Petersburg nach Schwabing transportiert, inklusive des Russisch-Rosa an den Wohnzimmerwänden.[15] Nachahmer sorgten für Verbreitung des farblichen Raumakzents in München, etwa in den Räumlichkeiten des 1901 gegründeten Insel Verlags.

Igor Grabar erzählte von Einladungen gemeinsam mit Dimitrij Kardowsky an die Werefkinsche Mittagstafel mit der Beigabe gewohnt geistvoller Tischgespräche.[16]

Die Botschaft von der Etablierung eines Salons in der Wohnung der »international erzogenen« Tochter eines russischen Festungskommandanten, »weltgewandt, gescheit und kritisch beredt«, »Zentrum und gewissermaßen die Sendestelle der fast physisch spürbaren Kräftewellen«, wurde wohl vernommen. »Hier riss man Witze über die Helden des Tages«, notierte der Kunsthistoriker Gustav Pauli,[17] »und erschöpfte sich in der Erörterung schwieriger Grundprobleme des Gestaltens oder plante Manifestationen.« Über Alltägliches sei seltener gesprochen worden. Über Kunst und Literatur dagegen mit Eifer und Esprit.[18] Wie bereits in Sankt Petersburg, lagen bei Werefkin die aktuellsten Zeitschriften mit Beiträgen zu den bevorzugten Themen aus.[19] Neben Künstlern ging bei der »Baronin« (kaum jemand, der sie nicht so nannte) die inländische und ausländische Adelsprominenz ein und aus. Unter den aristokratischen Salonbesuchern war zeitweilig Konstantin Gulkewitsch. Von dem im Baltikum beheimateten Russen in diplomatischen Diensten wird noch die Rede sein.

Hatte Werefkin gehofft, in München über ihre Blockade hinwegzukommen? Bei der behördlichen Anmeldung nach dem »Zweck des Aufenthaltes« gefragt, hatte sie »Studium der Malerei« angegeben. Nicht von ungefähr. Am 14. Dezember 1896 schrieb Grabar an seinen Bruder: »Der Ruhm unserer hiesigen Lehranstalt [Anton Ažbes »Impressionisten-Schule«[20]] verbreitet sich sogar in der Petersburger Akademie; wir Russen sind nun 6 an der Zahl, neben anderen die befähigte Tochter des verstorbenen Kommandanten Werefkin.«[21]

Ažbe galt in München als »der Beste von allen Pädagogen und als Mensch«.[22] Die Technik des in Österreich-Ungarn geborenen Slowenen, Malen »mit Licht und Schatten, Naß in Naß« (»äußerst modern und auch umstritten«), wurde von Werefkin seit den frühen Neunzigern praktiziert.[23] Es gab Menschen, die Ažbe seine bis ins Peinliche abdriftende Skurrilität verübelten. Werefkin sah in dem Lehrer eine »bemerkenswerte Figur, eine Persönlichkeit von großer Komik, einen unbeschreiblichen Possenreißer« mit »seinen Orden im Knopfloch, den schmutzigen Hosen an den Beinen, dem Wein im Kopf«.[24] Grabar berichtet von einem feuchtfröhlichen Fest zur Eröffnung einer Ausstellung seiner Bilder, an dem gewiss auch Werefkin teilnahm: »Ein Freund spielte auf der Mandoline Burschenlieder. Ažbe begleitete großartig auf der Gitarre und schnitt Gesichter, worauf er lustiger als sonst wurde, d. h. nicht lustiger als sonst, aber lustiger [weil gewöhnlich betrunkener] als alle anderen.«[25] Auch Nikolaj von Seddeler studierte bei Ažbe. Er wohnte ebenfalls in der Giselastraße,[26] fühlte sich aber ein paar Häuser weiter, im Salon der Baronin, mehr daheim als in den eigenen vier Wänden.

Anfang März 1897 erschien bei Ažbe wie auch im Kreis um Werefkin der dreißigjährige Wassily Kandinsky: Spross aus wohlhabender russischer Tuchhändlerfamilie mit deutscher Großmutter,[27] geboren in Moskau, aufgewachsen in Odessa. Ein promovierter Jurist mit ausgeprägt volkskundlichem Interesse, finanziell abgesichert und verheiratet mit seiner Cousine Anna Tschimjakina. Drei Monate später zog das Ehepaar Kandinsky aus der Georgenstraße 62 in die Giselastraße 28 um. Seit geraumer Zeit sowohl gedanklich als auch praktisch mit der Malerei beschäftigt, jedoch ohne reguläre Ausbildung auf dem Gebiet der Kunst, hatte Kandinsky im Vorjahr mit seinem Weggang aus Russland der Juristerei abgeschworen.

Irgendwie sei er ein Sonderling, erinnere wenig an einen Künstler, könne überhaupt noch nichts, wirke aber sympathisch, urteilte Grabar von gleichsam höherer Warte.[28] Mittlerweile nahmen er, Jawlensky und Kardowsky in Ažbes Auftrag Korrekturen an den Werken weniger fortgeschrittener Mitschüler vor.[29] Und Werefkin? Hatte sich wieder zurückgezogen.

ZU DER REISE NACH ITALIEN im April 1897 war Kandinsky nicht eingeladen. Dafür gesellte sich zu Jawlensky, Grabar, Kardowsky, Ažbe und Marianne von Werefkin die Kunststudierende Wera Werefkin, eine aus Sankt Petersburg angereiste Cousine der Baronin.[30] Die einwöchige Erkundungstour via Eisenbahn vollzog sich in Etappen. Venedig, vorrangiges Ziel der Reisegruppe, war Veranstaltungsort der *II. Esposizione Internazionale d'Arte La Biennale di Venezia.*[31] Die Ausstellung zeitgenössischer Kunst hielt ihre Pforten ausschließlich für Fachpublikum geöffnet. Wera hatte für Marianne und sich ein an höchster Stelle der Petersburger Akademie ausgestelltes Empfehlungsschreiben mitgebracht.[32] Es sorgte für freien Eintritt in alle Ausstellungen und Museen Italiens.

Im Anschluss an Venedig orientierte sich das Reiseprogramm am Forschungstrieb der Baronin. Verschiedene Bibliotheken wurden angesteuert, um in alten Schriften nach den Rezepturen alter Meister zu suchen. Werefkin notierte in Vergessenheit geratene Farbpigmente und Bindemittel; schrieb ab, wo, wann und warum in den vergangenen Jahrhunderten Ultramarin verwendet worden war; hielt fest, dass einstmals durch Zugabe von Asphalt die von den Malern gefürchteten Risse auf der Bildoberfläche weitgehend vermieden wurden, übernahm Hinweise auf abweichende Wirkungen von Leinöl und Nussöl sowie von Gummilacken, Teerlacken und Bernsteinlacken. Et cetera, et cetera.[33]

Nach München zurückgekehrt, studierte sie gründlich Mary Philadelphia Merrifields *Medieval and Renaissance Treatises of the Arts of Painting* aus dem Jahre 1849.[34] Ganze Passagen des Kapitels *Painting in Oil* übersetzte Werefkin schriftlich ins Russische, wohl mit Blick auf ihre nicht englischsprechenden Künstlerfreunde.

Auf Grabar wirkte Werefkins Leidenschaft, den Kunstdingen auf den Grund zu gehen, besonders ansteckend. Da traf es sich gut, dass auch er künftig in Jawlenskys Atelier Zugang zu einem perfekt eingerichteten chemischen Labor inklusive Fachliteratur haben würde. Angeregt durch die Ergebnisse ihrer italienischen Recherche, legte die Baronin in München eine Sammlung von Druckwerken und Autografen zum Thema historische Malpraktiken an, erwarb eine Farbenmischmaschine sowie Messbecher, Glasbehälter, Pipetten, Etiketten … Nichts sollte zu Jawlenskys Förderung unterbleiben, doch unklar ist, ob Jawlensky ebenso eifrig experimentierte wie Grabar. Denn dieser konnte Kardowsky, der in Sankt Peterburg seine Verlobung mit Olga Della Voss vorbereitete, verblüffende Ergebnisse mitteilen. »Du weißt, dass ich beim Briefschreiben nicht faul bin; aber ich wartete absichtlich … Jetzt kann ich Dir sagen, dass meine Freude grenzenlos ist: ich sprang herum, wie Mar[ianna] Wlad[imirowna Werefkina] jeden Morgen vor dem Bad, oder danach, damit sie nicht dick wird. Und ich hatte nicht weniger gute Gründe zum Hüpfen als sie. Gewiss, ich hatte viel Zeit verloren, kam bis zu den Handschriften des X. und XI. Jahrhunderts, aber fand sehr viel … Bei Ažbe habe ich einen Kopf gemalt (ein rothaariges Mädchen mit einem wunderbaren Hintergrund), der zu strahlen schien; hatte sorgfäl-

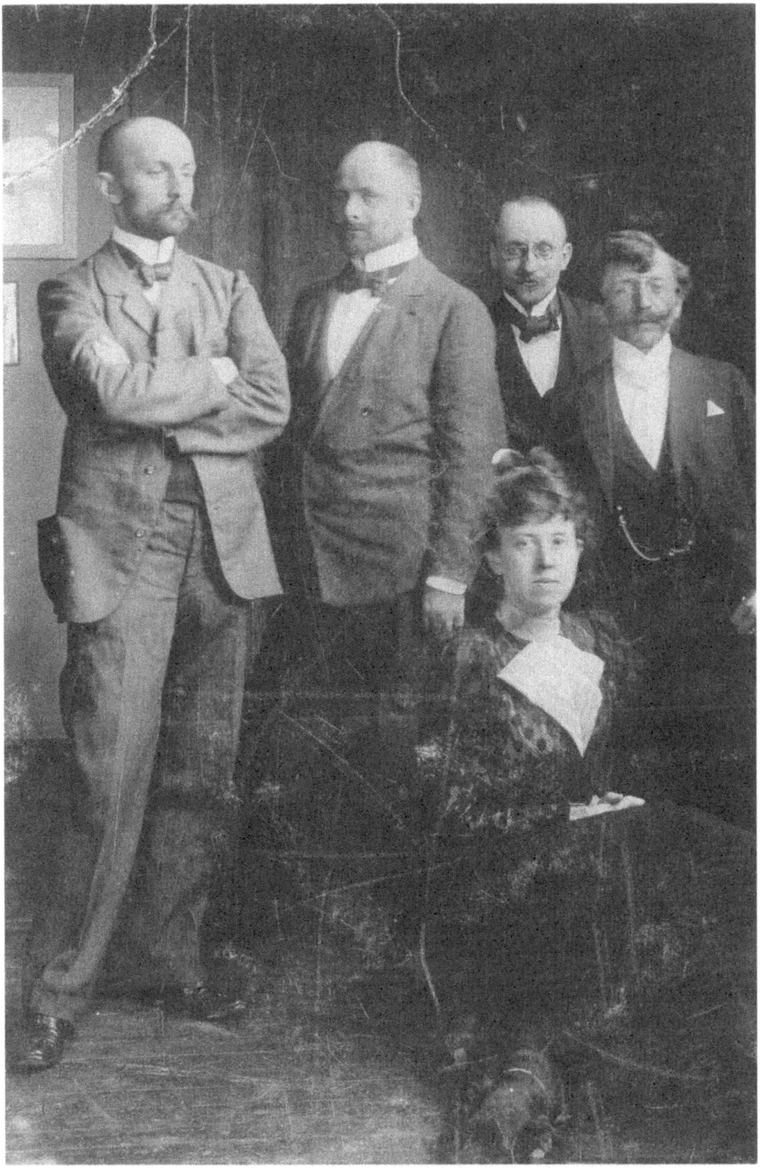

Die Italienreisenden, von links, Dimitrij Kardowsky, Alexej Jawlensky, Igor Grabar, Anton Ažbe und Marianne von Werefkin, 1897

tig unter den dortigen Farben gewählt – und dann habe ich nach einer Woche mit *meinen* Farben ein Porträt gemalt, der Teufel weiß, was passierte. Wenn die beiden Bilder nebeneinander stehen: Himmel und Erde. Die Rothaarige kann man nicht anschauen – schmutzig, trüb, mehlig, matt. Du kennst das ja. Und auf der anderen Seite der dauerhafte Glanz *meiner* Tempera, eigentlich mehr als Tempera, eine Wirkung wie bei Öl. Alle, die zu mir kamen, … konnten sich keinen Reim darauf machen. Du aber verstehst schon, dass ich von Farben spreche, nicht über meine Kunst … Hier geht es nicht um Ähnlichkeit oder um das Bild an sich, sondern einfach um die Technik, um die unglaubliche Leuchtkraft. … Ich hatte mir verschiedene Bücher eins nach dem anderen vorgenommen. Am Ende war ich fast überall auf die gleiche Aussage gestoßen: ›zerreibe deine Farben am besten nur mit reinem Wasser, sonst nichts. Dann kannst du die Farbe auf deiner Leinwand bearbeiten, wie du willst: sie wird leuchten.‹« Keine ärgerlichen nachträglichen Veränderungen! Kein verflixtes Nachdunkeln![35]

Kandinsky und Seddeler nutzten ebenfalls die Möglichkeiten des Privatlabors. Grabar verlagerte seine Forschungen schließlich ins eigene Atelier, woraufhin die Baronin ihm Heimlichtuerei unterstellte.

Wir dürfen wohl davon ausgehen, dass Werefkin die von ihr eingeleiteten Materialuntersuchungen aktiv begleitete und manche Wiederentdeckung in ihr späteres Schaffen einfließen ließ. Wir wissen, dass Werefkin bis ans Ende ihrer Tage Freude am Ausprobieren von allerlei Mixturen hatte.

NICHT NUR KARDOWSKY, auch Werefkin und Jawlensky hielten sich im Jahr 1898 monatelang in Russland auf. Eine Zeitlang wohnte das Paar nördlich von Moskau bei einem von Alexejs Brüdern. In Wladimirskoje, wo sich Dimitry Jawlenskys abgelegener Landsitz befand, waren sie gezwungen, mit anzusehen, wie Wölfe am helllichten Tage den Hund des Gastgebers jagten, töteten und fraßen.[36] Eine schreckliche Erfahrung, nichtsdestotrotz spielten sie mit dem Gedanken, in der Heimat eine Immobilie zu erwerben. Und sie müssen sogar fündig geworden sein. Mitte Oktober 1898 schrieb Grabar an Kardowsky: Jawlensky, gerade erst nach München zurückgekehrt, sei »plötzlich wieder nach Russland abgereist in der Absicht, einen Besitz um 120 000 [ob Rubel oder Mark bleibt offen] zu erstehen. … Es muss etwas ungewöhnlich Günstiges sein, obwohl gewiss nicht gerade geschenkt.«[37] Der Kauf kam, soweit nachprüfbar, nicht zustande. Auch die Beweggründe und das weitere Vorhaben liegen im Dunkeln.

Beweisbar ist: In den ersten Märztagen des Jahres 1899 reiste Werefkin ohne Vorankündigung nach Sankt Petersburg.[38] Sie hatte es in München nicht mehr ausgehalten. Wie es scheint, war Schürzenjäger Jawlensky über die Liebäugeleien mit dem weiblichen Personal erkennbar hinausgegangen. Zu Hause sei alles in bester Ordnung, schrieb Jawlensky ihr hinterher, nachdem er vergeblich auf Nachrichten hinsichtlich guter Ankunft und so weiter gewartet hatte. »Pascha [die Köchin, nicht identisch mit Werefkins ehemaliger Zofe] und Lelja [Helene] ... verbeugen sich vor Dir und küssen Deine Hände. ... Sei beruhigt, meine Teure, Gute. Meine Liebe ist immer mit Dir, mach mir keine Vorwürfe. Es macht mir zu schaffen, glaube es doch, wenn Du mir nicht traust. ... Du bekommst offensichtlich nicht alle meine Briefe ... Ich denke unentwegt an Dich ... und schreibe, schreibe.«[39]

Unter anderem schrieb Jawlensky: »Wir – Grabar, ich und Kardowsky – wollen eine eigene Schule eröffnen.« Jeder werde nur einen Tag wöchentlich unterrichten müssen. Geschätzte monatliche Fixkosten: »70 M. Räumlichkeiten«, »30 M. Heizung«, «20 M. Putzfrau.«[40]

Die entschwundene Sponsorin hüllte sich weiterhin in Schweigen.

Um die Osterzeit versuchte es Grabar mit Schmeichelei und Diplomatie. »Auferstehung Christi, liebe teure Marianna Wladimirowna, wie traurig ohne Sie, wenn Sie nur wiederkommen würden. Billigen Sie unseren Schulplan? Ich bin gegen Malweiber.« Zumindest in die Anfängerklasse sollten nur Männer aufgenommen werden.[41]

Endlich signalisierte Werefkin Einverständnis, unterstrich allerdings, und zwar buchstäblich: »*ohne Schülerinnen*«.[42] Das Projekt kam jedoch über das Anfangsstadium nicht hinaus. Die Baronin zog ihre Einwilligung zurück, nachdem sie erfahren hatte, dass, erstens, angeblich nur Frauen in der Lage gewesen waren, das Schulgeld in Höhe von 30 Mark monatlich zu bezahlen und, zweitens, die jungen Damen sich, anders als gedacht, alle Wochentage um Jawlensky scharten. Kardowsky, längere Zeit auf Hochzeitsreise, stand als Lehrkraft nun doch nicht zur Verfügung, und Grabar war von Ažbe eine »Mitarbeit als Gesellschafter« angeboten worden, einschließlich erklecklicher Gewinnbeteiligung, Vertragsbeginn: 1. Juni 1899.[43]

Ende Mai setzte Grabar den fernen Kardowsky von einer überraschenden Entscheidung, einem Befreiungsschlag Jawlenskys sozusagen, in Kenntnis: Dieser habe – nach endlosem Klagen, er komme mit der (schwierigen, von Werefkin propagierten) Temperamalerei nicht klar – den ungeliebten Farben endgültig abgeschworen. Seither produziere er »Etüden in Öl«.[44] In der Tat. Zudem reifte in Jawlensky der Entschluss, Ažbes Lehranstalt fernzubleiben. Im Übrigen war ihm generell nach Abnabelung zumute.

Im April hatte Grabar der Baronin in Sankt Petersburg ein »Anmeldeformular« zugesandt, sie möge es bitte, ausgefüllt, an das Büro des Münchner *Glaspalastes* schicken.[45] Worum ging es? Um die Benennung eigener Bilder für die bevorstehende Jahresausstellung? Weder im fraglichen Katalog noch in den folgenden taucht Werefkins Name auf. Möglicherweise wollte sie Werke von sich in die *Ständige Ausstellung der Münchner Künstlergenossenschaft* im westlichen Flügel des *Glaspalastes* geben.[46] Für eine, im *Odeon*[47] geplante, leider nicht näher beschriebene Kunstauktion hatte sie erwiesenermaßen die Verantwortung übernommen. Während sie in Russland weilte, wurde der Termin der Versteigerung aufs Jahresende verlegt. Zusätzlich gab es Probleme hinsichtlich des Veranstaltungsortes. »Natürlich ist Mar.[ianna]. Wlad.[imirowna] nun in einer schrecklich dummen Lage«, da sie mit ihrer Planung ganz von vorn anfangen müsse, so Grabar an Kardowsky, »alle Bildlieferanten in einer noch dümmeren: Statt am in Aussicht gestellten Platz, sowohl für den königlichen Hof als auch für bürgerliche Personen zugänglich, »müsse das Ganze jetzt klein gehalten werden«.[48]

Dass eines ihrer in München befindlichen Gemälde in einer russischen Publikation – wie schon früher geschehen – vorgestellt werden sollte, geht aus einem Brief Jawlenskys an Werefkin hervor. Sie hatte um eine Fotografie als Druckvorlage gebeten. »Ich schicke Dir, meine Liebe, Aufnahmen Deines *Gardisten*. Besser ging es mit dem Apparat einfach nicht – wir trugen das Bild hinaus auf die Treppe, und es klappte gerade so.«[49] Eventuell war ihr die Veröffentlichung von Sergej Diaghilew versprochen worden, mittlerweile Wortführer der progressiven Künstlergruppe *Mir Iskusstwa (Welt der Kunst)*, war er auch der Herausgeber einer Zeitschrift gleichen Namens.

Begegnungen mit Verwandten und Bekannten waren Werefkins Hauptbeschäftigung. Streckenweise lesen sich ihre Berichte aus Sankt

Petersburg wie ein russisches *Who's who*. Unmöglich, die zuhauf eingestreuten Namen von Malern, Bildhauern, Dichtern, Prosaschreibern, Dramaturgen, Kunstsammlern, Kunstwissenschaftlern oder einfach nur Gesellschaftsmenschen wiederzugeben. Ein Bestandteil ihres Kulturprogramms war der Rundgang durch eine »akademische« Ausstellung. Werefkins Eindruck: das meiste »zum Lachen«, etliche »Scheußlichkeiten«, »alles andere langweilig, düster, schlecht«. Filip Maljawins *Frau in Schwarz* ausgenommen: »hervorragend, hervorragend, damit steckt der Künstler alle anderen in die Tasche, eigentlich ist das Bild gar kein Maljawin mehr, sondern irgendein berühmter Europäer.«[50]

Unmittelbar an den Ausstellungsbesuch schloss sich das Wiedersehen mit Repin an. Werefkins an Jawlensky adressiertes Protokoll des, von ihr so genannten, »historischen Gesprächs« mit dem Lehrer früherer Jahre füllt viele Seiten. Zusammengefasst liest es sich folgendermaßen:

»Ich … habe auch im Namen von Dir und Grabar zum Angriff geblasen. Hör also zu! – Ich läute an. – Ist Ilja Jefimowitsch zu Hause? – Ist beschäftigt. – Richten Sie ihm aus, Frau Werefkin, aus dem Ausland, ist hier. Er wird mich empfangen.«

Dienstmädchen geht ab, Repins Tochter stürzt herein, plappert aufgeregt, Repin betritt das Zimmer.

R.: »Ist es möglich? M. W.«

W.: »Ja, sie selbst. …. Ich habe Ihnen geschrieben, nicht nur einmal, und Sie antworten nicht.«

R.: »Ich sammle mich zum Sterben.«

W.: »Wir nicht …, wir sammeln uns zum Leben für die neu entstehende, wahrhafte Kunst, für deren Ruhm.«

R.: »Wir hier haben von irgendeinem [neuen] Verein in München gehört. Auch ein Thesenpapier gibt es.«

W.: »Ach, ich bin froh, dass es dieses Bündnis gibt. … Es ist einfach als Unterstützung für die gedacht, die in Russland nichts lernen können.«

Und nun kam etwas, wie die Werefkin es noch nie von Repin gehört, niemals an ihm gesehen hatte. Ihn packte ein so heftiger Zorn, dass er sich nicht beherrschen konnte.

R.: »Nichts werdet Ihr dort lernen, ich glaube nichts davon, von eurem Verein … Das alles ist nichts anderes als eine verdammte Stümperei. … Lernen kann man auch hier – wir haben erstklassige Schulen.«

W.: »Kann sein.«

R.: »Jawlensky malt seine Köpfe genau so, wie er sie schon hier gemalt hat.«

W.: »Ist es denn möglich, dass Sie keinen Unterschied sehen?«

R.: »Keinen.« – »Grabar war immer ein Nichtskönner, und er bleibt es auch.«

W.: Verzeihen Sie, Ilja Jefinowitsch, aber Grabar zeichnet und malt jetzt großartig. Seine Farben, einfach wunderbar, er hat alte Techniken aufgegriffen, und seine Arbeiten werden in der Sezession zu sehen sein.«

R.: »Was soll das denn mit der Sezession? Sollen sie doch alle ihre Sachen hierher schicken.«

W.: »Grabar hat in Moskau ausgestellt.« – »Nun, was gibt es denn bei Ihnen Interessantes.«

R.: »Bei mir gibt es wenig Interessantes.«

W.: »So, so, das bedeutet, es besteht ein Gleichgewicht: Wir lieben das eine, Sie das andere, über Geschmack streiten wir nicht.«

R.: »Nein, über Geschmack muss man streiten, offen, mutig. Ich hasse diese aristokratische Unsitte, nicht zu sagen, was man denkt.« – »Ach, was ist mit der Kunst geschehen, wie ich all diese Diaghilews hasse, auch Euch Münchner. Alles, was es dort gibt, sind nur Affengrimassen, krankhaft ist das.«

W.: »Verzeihen Sie, aber wir glauben, dass es eben Ihr Geschmack ist, der nicht entwickelt ist.« – »Sehen Sie, wir glauben an den Triumph der reinen Kunst, wie Sie an den Triumph der ›wandernden‹ Wiesen, Sümpfe und schmutzigen Stiefel glauben.«[51]

Repin bittet zum Frühstück. Werefkin lehnt ab. Sagt, es würde ihr im Halse stecken bleiben, entfernt sich – lachend.

Jawlenskys schriftlicher Kommentar: »O Gott, Repins Rüpeleien haben uns umgehauen. Einfach schrecklich. Grabar war ganz außer sich.«[52]

Zu den von Repin gelieferten Stichworten sei noch bemerkt:

Grabar ein »Nichtskönner«? Jüngst hatten Jawlensky und er einen Besuch bei Franz Stuck gemacht. Sie trafen den gewöhnlich zugeknöpften Maler in dessen Atelier an. Dieser arbeitete an einem Kentaur. Irritiert beobachteten ihn die Besucher. Jawlensky, des Deutschen zu wenig mächtig, bat Grabar herauszubekommen, warum Stuck das Öl unter dem Pinsel so zerrinne. Der indirekt Kritisierte blickte unwillig zuerst auf den einen, dann auf den anderen Russen. Hub dann aber doch zu einer Erklärung an. Grabar fiel ihm ins Wort, überschüttete den Sezessionsbegründer und Akademieprofessor mit Hunderten von Verbesserungsvorschlägen. Letztlich war Stuck der Wissbegierige, schleppte Leinwände und Farbpaletten herbei und bat um eine Demonstration, wie man es besser machen könne.[53]

Zum Stichwort »Bündnis«:

In Erinnerung an ihre Mutter, deren Romreise und Vorliebe für die Kunst der *Nazarener,* hatte Marianne von Werefkin in München die »Vereinigung einiger weitherzig fühlender, denkender und liebender Menschen«[54] ins Leben gerufen und ihr die Bezeichnung *Bruderschaft von Sankt Lukas* gegeben. »Kunst, Freundschaft und Sympathie für alles, was schön, gut und edel ist, das ist unser Losungswort.« Längst gaben sich nicht mehr nur Künstler wie Grabar, Kardowsky, Seddeler, Kandinsky und selbstverständlich ihr Lebensgefährte im Salon der Baronin ein Stelldichein. Jawlensky erwähnte in 1899 verfassten, an Werefkin adressierten Briefen folgende Münchner Gleichgesinnte russischer Herkunft: Olga Jepischin, Lehrerin bei Ažbe; Musia Sarius-Zalensky, Kunststudentin; Sergej Beklemyschew, Alexander Muraschko und Anna Tricolaskoja, Maler und Malerin.[55]

Zum Stichwort »Thesenpapier«:

Das Statut der *Bruderschaft von Sankt Lukas* aus Marianne von Werefkins Feder hat den Charakter einer kunstgeschichtlichen Proklamation.

Es dokumentiert eine Zäsur.

Es bricht mit der Vergangenheit.

Es erklärt den Impressionismus für überwunden.

Es gipfelt in der Ankündigung des Expressionismus:

»Das Ganze ist so jung, so inbrünstig, der strahlende Sonnenaufgang eines bald gealterten Jahrhunderts«, schrieb Marianne von Werefkin in ihr Tagebuch. »Es ist nicht die Kunst der Griechen, noch die heitere der Renaissance, noch die unverfälschte der Niederlande, noch die großartige Spaniens, noch die abgelebte Kunst unserer Tage. Es ist die Abwesenheit der Kunst, es ist das Herz, das sich der Pinsel bemächtigt. ... Die Kunst der Zukunft ist die emotionale Kunst.« Und noch einmal, ihn gleichsam bekräftigend, der Schlüsselsatz: »Die Kunst der Zukunft ist die der Emotion.«

Und dann notierte sie selbstbewusst noch das:

»Nachdem ich diese Prophezeiung geschrieben habe, fühle ich das Recht, hierauf stolz zu sein.«[56]

Freilich hatten andere vor ihr über das Emotionale in der Malerei nachgedacht und geschrieben. Über das Emotionale als Ingredienz, wohlbemerkt, als einen Aspekt somit unter mehreren. Werefkin aber erhob die Emotion zum Grundprinzip.

Im Mai 1899 hatte Werefkin ursprünglich vor, im lettischen Teil des Zarenreiches das derzeit ungenutzte, neoromanische Jagdschlösschen Anspaki[57] in Augenschein zu nehmen. Nicht einmal einen Umweg hätte sie dafür machen müssen, lag es doch in der Nähe der Eisenbahnlinie Sankt Petersburg – Utena – Berlin. Denn bevor sie die Rückfahrt nach Deutschland antreten würde, war ein Wiedersehen mit den geliebten Menschen im litauischen Blagodat, hundert Kilometer Zugfahrt hinter Anspaki, schon fest eingeplant. Anspakis Besitzer Konstantin Gulkewitsch bewohnte mit seiner Familie im nahen Preli[58] ein ihm gleichfalls gehörendes Stadtschloss. Erst kürzlich hatte er der Baronin, in deren Münchner Salon er ein gern gesehener Gast gewesen war, ein verlockendes Angebot unterbreitet: die Gründung einer Lebens- und Arbeitsgemeinschaft von Malern, Holzschnitzern, Steinbildhauern, Textilgestaltern in Anspaki mit Ausstrahlung auf das bäuerliche Handwerk – wie man es von Abramzewo kannte – gegen zeitlich unbegrenztes Wohnrecht.[59] Werefkin war begeistert. »Du kennst mich«, schrieb sie an Jawlensky, »ich nehme von keinem und niemals etwas an, nur wenn es sich um meine nächsten Verwandten handelt. Und hier stimme ich nur deswegen zu, weil ich glaube, dass Gulkewitsch die gleichen Träume hat wie ich. … Seine Ziele und sein Streben sind mir mehr als sympathisch. … Ich sage es auch deswegen, weil ich weiß, dass seine Erwartungen sich durch mich erfüllen können.«[60]

Die beseligende Idee vom Aufbau und der spirituellen Beeinflussung einer Künstlerkolonie auf dem Lande war das eine. Die romantische Vorstellung von einem idyllischen Hort trauter Zweisamkeit war das andere. »Liebster …, der Himmel möge uns viel Glück angesichts Anspakis bescheren. Einen eigenen Winkel und Werkstätten auf dem Dorfe in Ruhe und in Freiheit bis ans Ende der Tage. Es könnte sein, dass unsere Herzen dort aufgehen …«[61] Abwarten, bloß keine übereilten Entscheidungen, tönte es daraufhin lapidar aus München: Einen solchen

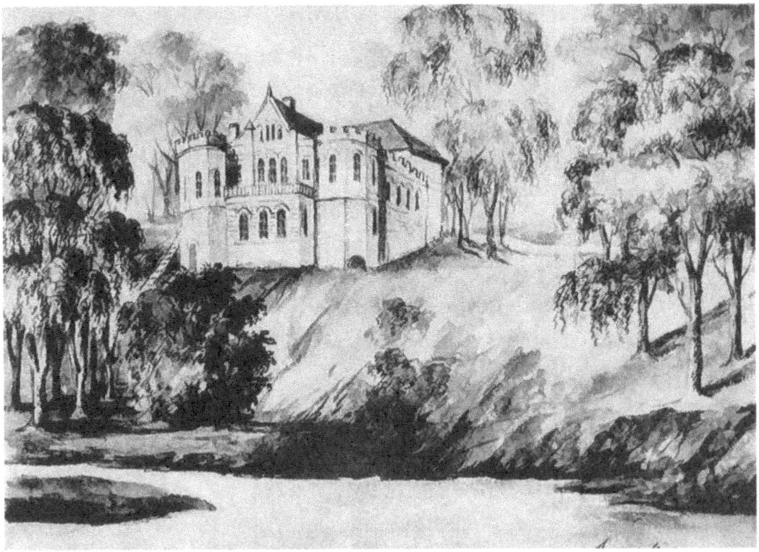

Napoleon Orda: »Anspaki – Blick vom See«, Bleistiftzeichnung, 1875/76

Schritt tun und »tatsächlich nicht wissen, wo es langgeht – sonderbar«.[62] Verzichtete Werefkin klaglos, um sich die Illusion brieflich wiederhergestellten »Ehe«friedens zu bewahren? Anscheinend war es so. Fest steht, dass sie nun direkt nach Blagodat reiste, ohne Abstecher nach Anspaki.

»Blagodat ist zauberhaft, alles blüht und wächst.«[63] Von jedermann wurde die Schwester des Gutsherrn herzlich willkommen geheißen. »Die Menschen begrüßten mich wie einen Sonnenstrahl nach vielen finsteren Jahren ... Warum verheimlichen, dass es mich freut, denn es ist für mich auch eine Erkenntnis, dass mich die Menschen überall gerne haben werden.«[64] Es folgte eine Woche des Schwelgens in Nostalgie. Nostalgie bedeutete, sich nicht wehren können gegen Erinnerungen an die verheißungsvollen Anfänge ihrer und Jawlenskys Beziehung.[65] Warum ihrem »Liebsten«, ihrem »Goldchen«, ihrem »Katerchen« verschweigen, wie schmerzlich der Blick zurück sie berührte und wie stark sie sich noch immer zu Alexej, den Lebenswahrheiten zum Trotz, hingezogen fühlte: »Wenn ich die Fenster in meinem Schlafzimmer schließe, fällt mir wieder ein, wie Du damals dafür gesorgt hast, dass die Zugluft durch keinen noch so kleinen Spalt dringen konnte. ... Das Gefühl, in dem ich hier lebe, ist so kompliziert. Zurückschauen ängstigt und fesselt mich; ich komme einfach nicht davon los. Und andererseits liebe ich es zärtlich, sehnsüchtig. Uns finde ich überall und in allem. Zugleich quält mich die Beschäftigung mit der Vergangenheit. Und die Gegenwart treibt mich vorwärts, mit ganzer Kraft zu Dir. Wir sind [aus Blagodat] weggegangen und mit uns das alte Leben. Ich kehrte nun zurück, und irgendein Zauberer hauchte dieser Schattenwelt neues Leben und Sprache ein. Doch ich weiß, dass das alles nur Trugbilder sind. Wenn ich wegfahre, werden auch sie sterben und sich in nichts auflösen. Über dieser kleinen Wahrheit in meiner Seele liegt eine andere, große. Aus ihr schöpfe ich meine Kraft. Und diese Kraft ist meine magische Heimat, und das – bist Du! … Jetzt strömen alle meine Gedanken rasend Dir entgegen. Das hier ist, gewiss, mein letzter Brief. Mit Gottes Hilfe bin ich am Sonntag, abends um 7 Uhr, zuhause!!! … Ich umarme, küsse dich innig, mit einer Liebe, für die es keine Worte gibt.«[66]

Im Juni 1899 betrat Werefkin wieder Münchner Boden.

Ihre Aufzeichnungen der Folgezeit lassen auf, vorübergehend, harmonische Verhältnisse schließen.

DAS ABER WAR DER STAND DER DINGE im Frühjahr 1900: Jawlensky sah sich künstlerisch in einer Sackgasse. Und er meinte die Hauptschuldige an der schöpferischen Hemmung zu kennen: Er warf Werefkin Bevormundung vor. Diese wiederum lastete dem männlichen Gegenstand ihres weiblichen Ehrgeizes Undankbarkeit und schuldhaftes Verhalten an. Dessen instinktive Gegenwehr in Gestalt einer Blockade war in ihrer Rechnung – Jawlenskysche Begabung plus Werefkinsche Förderung gleich ruhmreicher Künstler – nicht einkalkuliert. Im Tagebuch der Baronin halten sich Wut und Enttäuschung die Waage: »Entweder er wirft mir seine Kunst ins Gesicht, oder er fällt mit dem vollen Gewicht seiner Unzufriedenheit über mich her. Nicht eine lichte Minute. Sobald er ruhig ist, wandern seine Gedanken dahin, wo ich ihnen Schritt für Schritt folgen kann, aber dorthin, wo er mit mir nichts zu tun haben will. Wenn im Bereich der Kunst ein Fehlbetrag ist, so sehe ich ihn mit vollem Bewußtsein in seiner Machtlosigkeit gegenüber den Schwierigkeiten, in die er sich selbst begibt.« So wie Sisyphos in der antiken Sagenwelt dazu verdammt war, ohne Unterlass einen schweren Felsblock bergauf zu rollen, habe sie Jawlensky unaufhörlich auf steilem Wege vorangebracht. »Ich … befreite ihn vom [militärischen] Dienst, gab ihm ein

Atelier und die Möglichkeit, ohne Sorge zu arbeiten, pflegte seine Gesundheit, machte ihn frei von der Routine der Akademie, umgab ihn mit Glorienschein, brachte ihn ins Ausland, formte seinen Geschmack, gab ihm Wissen, lehrte ihn die Kunst lieben, gab ihm die Möglichkeit, großzügig und sorglos Farben, Leinwand und Modelle zu verwenden. In sein Leben brachte ich eine ganze Familie von Freunden, ich habe ihn geschliffen, gab ihm Komfort …«[67] Das entsprach den Tatsachen. Wo aber liegt die Grenze zwischen Unterstützung und Unterjochung?

1900 malte Alexej Jawlensky das Porträt *Helene (fünfzehnjährig)*. Ein Bild fragenden Ernstes und hingebender Bewunderung – mit Blick auf den Mann an der Staffelei.

Am 11. September des Jahres vollendete Marianne von Werefkin ihr vorgeblich vierunddreißigstes, in Wahrheit aber vierzigstes Lebensjahr.

Einen Monat später schrieben sich Nikolaj von Seddeler und Wassily Kandinsky in die »Malschule Stuck« an der Akademie der bildenden Künste München ein.[68] Zwischen Kandinskys erster fehlgeschlagener Bitte um Aufnahme und seinem Eintritt in die Klasse des bedeutenden Malers hatten zwei unerquickliche Übungsjahre gelegen. Bei sich daheim, ohne kompetente Anleitung. Den verletzenden Bemerkungen seiner Mitschüler bei Ažbe hatte er sich nicht länger aussetzen mögen. Wenn sie ihn, zum Beispiel, einen »Koloristen« nannten, lugte hinter der Titulierung Spott hervor. Doch seit seiner Kindheit glaubte Kandinsky fest an die magische Wirkung reiner Farben. Reine Farben waren seine Waffen im Widerstreit mit dem Schwarz niederdrückender Melancholie. Finstere Nacht und tiefdunkles Wasser hatten den Knaben Wasja umgeben, als ihm die endgültige Entzweiung der Eltern ins Bewusstsein drang, verbunden mit dem Abschied von der Mutter.

Kandinsky war ehrgeizig, klug und von luzidem Geist.

Kandinsky war ein Visionär.

Bald würde er unter den Mitbegründern der Ausstellungsvereinigung *Phalanx* sein, schließlich deren Präsident sowie Lehrer an der gleichnamigen Mal- und Zeichenschule werden.

Aus einem Brief Kardowskys an Werefkin geht hervor, dass die Adressatin Kandinsky für überheblich hielt und zunächst Zweifel an dessen künstlerischen Fortschritten hegte. Kardowsky nannte ihr Urteil »ungerecht«: »Ähnliches würde ich auch über Sie sagen: in Ihnen ist viel von der gleichen russischen Hoffart … Aber ich will Ihnen noch etwas über W. W. Kandinsky sagen … Er hat mich einfach in Erstaunen versetzt mit dem, wie stetig und stark er sich als Künstler entwickelt. Sie wissen, er hat mir seine Skizzen gezeigt, da muss ich Ihnen sagen, die sind so reizend, dass man sich die Finger danach abschlecken kann.«[69] Nach und nach rückte die Baronin von ihrer negativen Meinung ab. Sie erkannte in Kandinsky den kongenialen Gesprächspartner: Konversation auf hohem Niveau als Verstandesübung.

Wir sehen die beiden in dem um Werefkins Teetisch versammelten Kreis der *Lukasbrüder*. Wir hören ihn sagen: »Der das *Schöne* liebt, sollte sich daran erinnern, dass eine allzu bearbeitete und genaue Zeichnung zu seinem Feind wird. Und je intensiver die Farbe ist, desto intensiver muss die Zeichnung in ihrer Einfachheit sein, desgleichen die Form. Man muss wissen, wo man die Form vernichten *soll!*«[70] Wir vernehmen Werefkins Einwurf: »Die Originalität muss stärker sein als alles andere. … Vielleicht spreche ich dieses als Erste aus. Der Stil der Persönlichkeit ist der Stil des Ausdrucks. Ausdruck ist die Persönlichkeit. … Je einfacher das Element des Gefühles wiedergegeben wird, umso mehr ist es eins mit der Form eines Ausdrucks.« Um Kummer und Leid bildlich darzustellen, so Kandinskys Sparringspartnerin im Kunstdiskurs ergänzend, bedürfe es weder einer trauernden Jungfrau noch einer Urne. »Es genügt eine erfühlte Linie des Horizontes und zwei erfühlte Töne des Himmels und der Erde.«[71]

Ihr selbst, der abstinenten Malerin, war es nur möglich, Kummer und Leid in Worte zu fassen. Am Ende eines mit lebhaft geführten Kunstdebatten ausgefüllten Abends schrieb Werefkin in ihr Tagebuch: »[Meine] Freunde verwirklichen meine Wünsche, sie verhelfen meinem Ideal zum Triumph. … Das ist das Werk meines Lebens, selbstbewusst, überzeugend, zu dem ich weder Zustimmung noch Unterstützung brauche. Darin bin ich ganz, stark, groß, wahr. Aber, mein Gott, ich bin auch eine Frau mit einem armen kindlichen Herzen, durstig nach ein bisschen mitfühlender Liebe, die wirklich mich meint, die Art, die ich niemals hatte. Alle schätzen meine geistigen Fähigkeiten. Niemals hat jemand meinen armen müden Kopf genommen und ihn an seiner Schulter gewiegt. Ich bin die starke Jungfrau, die man im Kampf liebt, die man besingt. Ich bin nicht die, um die man sich sorgt, die man behütet, die man liebkost.«[72]

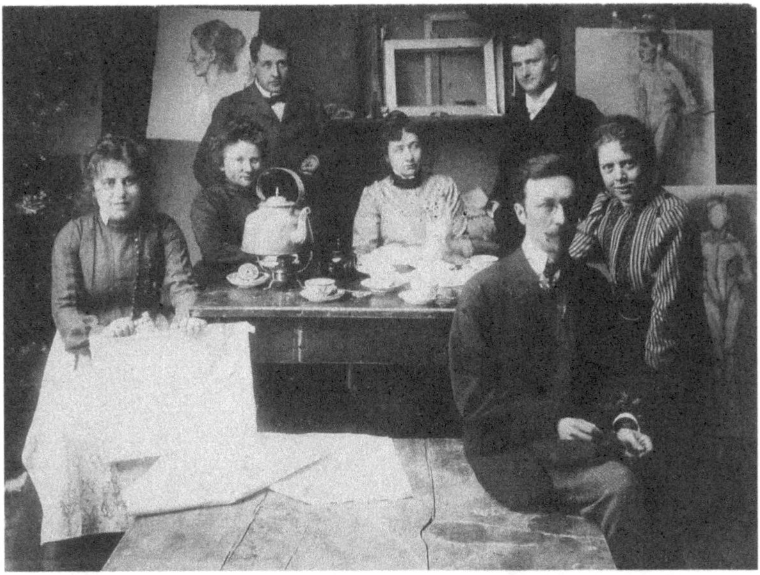

Kunstschule »Phalanx«, 1902.
Von links: Olga Meerson, Emmy Dresler, Wilhelm Hüsgen, Gabriele Münter, Robert Kothe, Wassily Kandinsky, Maria Giesler

WAS AUCH IMMER SICH WEREFKIN von den Frühlings- und Sommermonaten in Anspaki versprochen hatte, es blieb ein Traum. Ende April 1901 dorthin abgereist, trafen sie, Jawlensky und Helene Anfang September wieder in München ein.[73] Besser, die Baronin hätte bereits am Ferienort von der Schwangerschaft erfahren. So aber hieß es: schnellstens retour. Helene erwartete ein Kind von Alexej. Heirat indiskutabel. Diskretion unumgänglich. Nur Konstantin Gulkewitsch musste eingeweiht werden. Er war mit der unverzüglichen Rückkehr seiner drei Gäste nach Anspaki einverstanden. Kandinsky[74] übernahm erneut die Betreuung der nun länger als ein Jahr verwaisten Wohnung in der Giselastraße 23.

Am 5. Januar 1902 kam in Anspaki Alexej Jawlenskys Sohn Andreas Nesnakomoff zur Welt. Die Anwesenheit des Erzeugers bei der Geburt seines Kindes steht in Frage. Hatte er doch in Sankt Petersburg ins neue Jahr hineingetanzt und eine von ihm gezeichnete *Ballszene*, noch an ihrem Entstehungsort, einer jungen »faszinierenden« Kaufmannstochter geschenkt.[75]

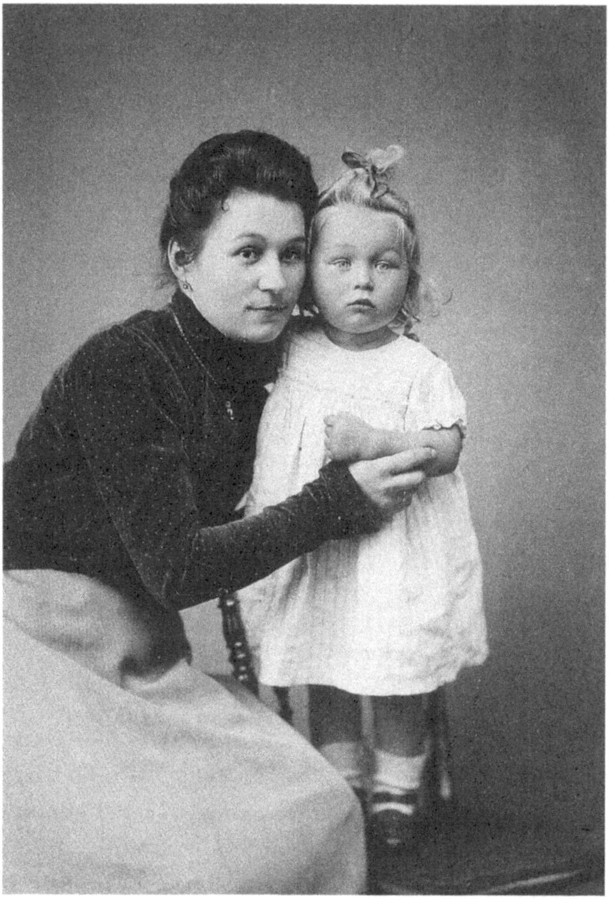

Helene Nesnakomoff mit Sohn Andreas im September 1903

Die junge Mutter bekam Unterstützung durch ihre herbeigerufene Schwester Maria. Demnach blieben Helene und der Säugling nicht allein in Anspaki zurück, als Werefkin mit Jawlensky auf Russlandtour ging. Zuerst reisten sie in Richtung Krim. Jawlensky musste eine Typhuserkrankung auskurieren. In dem Luxusbad Alupka an der Schwarzmeerküste trafen sie mit Dimitrij und Olga Kardowsky zusammen. Das Ehepaar wollte auf Dauer in Russland bleiben.

Im November, gerade noch rechtzeitig vor Wintereinbruch, kehrten Werefkin, Jawlensky sowie Helene mit Kind und Schwester nach München zurück. Für die nächsten zwei Jahre etwa[76] verstärkte Maria

Nesnakomoff das Personal eines in seinen Grundfesten erschütterten Haushalts.

Möglicherweise um Helenes Jugend zu vertuschen, wurde Ende 1902 mit Hilfe eines ahnungslosen Mitarbeiters des Münchner Fremdenamts ein Identitätstausch vorgenommen. Zuerst meldete Werefkin Helenes Legitimationsblatt als verloren. Das machte die Ausstellung eines Ersatzdokuments erforderlich. Nunmehr um die Angaben zur Person ihrer beiden Bediensteten, der alten und der neuen, gebeten, ließ die Baronin unter Helenes Namen das Geburtsjahr, den Geburtsort und so weiter von deren vier Jahre älterer Schwester eintragen, während Maria, solange sie in Deutschland weilte, mit den Daten der Jüngeren leben musste.[77]

Und das Anspaki-Mitbringsel Andreas wurde forthin in München als ein Neffe von Jawlensky ausgegeben.

BLEIBT NOCH NACHZUTRAGEN, dass im zurückliegenden April ein gewisser Dr. jur. Jourdanoff, alias Meyer, sein letztes Versteck in Schwabing verlassen und am Münchner Hauptbahnhof den Zug bestiegen hatte, um über Köln und Lüttich nach London zu gelangen. Die meisten kennen den Herrn unter dem Pseudonym Lenin, tatsächlich hieß er Wladimir Iljitsch Uljanow. Wenige hundert Meter von der Giselastraße 23 entfernt hatte er bei der Arbeit an seiner Schrift *Was tun*? einen revolutionären Operationsplan entworfen. Mit schicksalhaften Folgen. Auch für unsere Protagonistin.

KAPITEL V
1902 – 1905

Auswege

Wird wirklich der Künstler in der Frau die Oberhand gewinnen,
oder wird das Schaffen, an das ich so glaubte, in mir umkommen?
Ja, ich habe mich so unsichtbar, so zu einem Nichts gemacht,
dass etwas Stolzes in mir rebellierte.[1]

IN MÜNCHEN GAB ES VERDRUSS mit Jawlenskys »Familie«. Vielfach bereute Werefkin ihre Großzügigkeit. Wie sich wehren, wenn Helene und Maria unverhohlen Front gegen die Dienstherrin machten? Einfach weghören, wenn das Knäblein Andreas enervierend brüllte, weil es zahnte oder einfach nur unterhalten werden wollte, während Mutter und Tante des Kindes anderweitig beschäftigt waren? Keine Hilfsanstalten machen, wenn Essenszubereitung und Service hintanstehen mussten, weil ein hungriger Säugling Vorrang hatte? »Ich bin .... zur Küchenmagd [geworden], zur Krankenpflegerin und zur Gouvernante.« – »Schwer ist es mir, zwischen Kinderstube und Anrichte zu atmen.«[2] Sprach sie in Auseinandersetzungen mit Jawlensky von fehlender Hochachtung und von Mangel an Solidarität, wurde ihr kurz und knapp beschieden: »Wir sind unter einem Dach – und Schluss.«

Werefkin hatte verstanden: »*amore niente*«! Ihre erste Überlegung: »Ich werde versuchen, fortzugehen.« Ihre zweite Überlegung: Oder doch nicht? Denn: »Ich liebe ihn mit dem Herzen und habe so sehr den Wunsch, dass er beginnen würde, mit dem Herzen in meiner Sprache zu reden.«[3] Jawlensky für immer verlassen – eine solche Überlegung zu Ende zu bringen, war sie nicht imstande. Sich selbst eine Mitschuld an der Misere einzugestehen, fiel der Baronin leichter. »Warum kann ich die Dinge nicht einfacher nehmen? Dies ist meine ewige Sünde. Zu Anfang meiner Beziehung mit Alexej Georgijewitsch wollte ich gar nichts, aber nachher: dieser Wahn, nach meinen eigenen Vorstellungen einen Künstler zu erschaffen. Auf Erden ist er nicht erfüllbar.«[4]

Jawlensky taugte nicht zum Medium.

Insgeheim längst desillusioniert und im Spätjahr 1901 Helenes Niederkunft in Anspaki entgegensehend, hatte Werefkin den vollkommenen Ersatzpartner in ihr Leben gerufen – mittels Imagination: »Mein Schöner, mein Einziger! Du, den ich immer gesucht habe, ohne dich zu finden! … Du der du immer gegenwärtig bist, ohne doch zu sein, dir schreibe ich jetzt. Du, das bin im Grunde ich, aber auch ein ganz anderes Ich, edel und groß … Meine Gedanken haben ihren Ursprung in dir, mir aber gehören meine Handlungen und mein Herz. … Du mein Gedanke, ich deine Verwirklichung.« Ihre sogenannten *Briefe an einen Unbekannten* respektive *Lettres à un Inconnu* sind vorwiegend in französischer Sprache geschrieben, damit niemand aus ihrer unmittelbaren Umgebung sie heimlich lesen konnte.[5]

Gleich zu Anfang war dem Anonymus die Rolle eines sittlich höher stehenden Alter Ego zugewiesen worden. Damit kam Marianne von Werefkin sogar Sigmund Freud zuvor. Der Begründer der Psychoanalyse entwarf das »Über-Ich« erst zwei Jahrzehnte später – jene moralische Instanz im menschlichen Bemühen, durch die Beobachtung seiner selbst das eigene Verhalten in Übereinstimmung mit dem Idealbild zu bringen.

Eine Schrift von René Descartes, dem Begründer des modernen Rationalismus im Hinterkopf, erklärte Werefkin ihrem *Unbekannten* seinen Part: »In Ihrem Spiegel ist es, dass ich mich sehe, so, wie ich sein möchte, und in Ihrem Blick ist, dass ich mich sehe, wie ich eigentlich bin. ›Ich denke, also bin ich.‹ [im handschriftlichen Original: ›Je pense, donc je suis.‹]«[6] Der berühmt gewordene Satz aus dem vierten Teil von Descartes' *Discours de la méthode*, 1637 veröffentlicht, kennzeichnet einen Neuansatz in der Philosophie des Mathematikers und Naturwissenschaftlers. Der Fortschritt damals bestand in der Aufstellung eines sicheren Wahrheitskriteriums für alles Erkennen nach vorausgegangenen Zweifeln.

Werefkin, der auch theologisch Gebildeten, muss der Einfluss von Augustinus[7] auf Descartes bewusst gewesen sein. Ganz ähnlich wie später Descartes, hatte den christlichen Kirchenlehrer die Frage beschäftigt, wie der Mensch überhaupt zu einer unwiderlegbaren Einsicht gelangen könnte. Und wie Descartes fand Augustinus als sichersten Weg denjenigen in persönliche Innenwelten: »Geh nicht hinaus, betrachte dich selbst, in dir ist Wahrheit.« Descartes teilte mit Augustinus weiterhin die Einsicht, dass es am Ende nicht ohne die Rückbindung an den Vater aller Dinge geht: »Kennt man den Urheber seines Daseins nicht, ist keine Erkenntnis möglich.«[8] Marianne von Werefkin war, seit sie denken konnte, eins gewesen mit »Gott, der in allen Wesen lebt, die das Gute, das Schöne suchen«.[9]

Wladimir Solowjows Vorlesungen *Über das Gottmenschentum*, einstmals an der Moskauer Universität gehört, hatten sie in ihrer Auffassung nur noch bestärkt.

Wie ein roter Faden zog sich die Orientierung an Verstandesriesen durch das Leben der Baronin: »Wenn du die Sprache eines der Großen sprechen willst, so begebe dich in seine Schule.«[10] Es war, als ob die Dinge in ihrem Unterbewusstsein weiter wüchsen, schöpferisch und fruchtbar. Entsprechend breit ist das Spektrum der Inhalte ihrer *Briefe an einen Unbekannten*. Reales findet Platz neben Visionärem. Hinweise auf Tagesereignisse stehen im Wechsel mit Anleihen an die Vergangenheit. Manchmal folgen auf bemerkenswerte Aphorismen Binsenweisheiten wie »Der Alltagsmensch genießt seine Existenz und ist sich immer gleich, ob er auf den Pariser Boulevards lustwandelt oder Bier im Münchner Hofbräu trinkt.«[11]

Viel Raum nehmen in den *Briefen an einen Unbekannten* Deutungen und Umdeutungen ein. Hier einige ihrer Definitionen in Bezug auf die Kunst und die Rolle des Künstlers:

»Kunst entspringt aus dem Kontakt des künstlerischen Ich mit der Außenwelt.«

»Kunst ist ein Gedanke, der Gestalt annimmt.«

»Kunst findet ihren Ausdruck in Religion, … Musik, Literatur, Malerei, Architektur, Skulptur.«

»Kunst ist das, was ihr die technischen Mittel eingeben: der Klang, die Farbe, die Form, die Linie, das Wort.«

»Kunst ist nichts weiter als eine Möglichkeit, auf die eine oder andere Weise auszusagen, was im Leben missfällt, was man ändern möchte, was an Hässlichem schön werden soll.«[12]

»Die Künste sind die Orchideen der Civilisation. Wem die Kartoffeln fehlen, der würde sich keine Orchideen wünschen.«[13]

»Kunst ist kein Delirium, sondern eine Philosophie.«[14]

»Künstler sein heißt, von allen Dingen eine andere Auffassung und eine andere Vorstellung haben als jedermann.«

»Der Künstler ist ein Gebender, der Rest [der Menschheit] nimmt [auf].«[15]

»Der Künstler ist insofern einzigartig, als die neue Note, die er in die Kunsterkenntnis bringt, nur ihm allein gehört.«

»Der Künstler trifft seine Wahl, er ist es, der die Auffassungen des Schönen und Hässlichen schafft, das heißt, er bestimmt, was bewahrt, was geändert wird. An die Stelle der Dinge, die es zu verändern gilt, setzt er seine Wünsche, seine Sehnsüchte, in einem Wort, seine Persönlichkeit.«[16]

MIT JEDEM MONAT, den Werefkin länger ihre Malwerkzeuge unangetastet ließ in dem irrigen Glauben, sie selbst könne nichts Bahnbrechendes mehr schaffen, war das ungestillte Verlangen nach der Realisierung ihrer Vorstellungen mächtig und mächtiger geworden. »Ich will arbeiten«, brach es aus ihr heraus. »Das ist eine Besessenheit. … Alle Bilder, die ich seit Langem in mir trage, stehen wieder auf. Visionen und Farben, alles dreht sich in mir und um mich. Heute am Morgen brannten die Pinsel in meinen Händen. Oh, welche Qual!«[17]

Eine nächtliche Traumgestalt bereitete der Qual zwar kein Ende, nahm aber die Last der schnellen Entscheidung von den Schultern der Baronin. Im Schlaf war es ihr, als höre sie jemanden sagen: »Nur das hat Wert, was Sehnsucht weckt.«[18] Und so kam es, statt zum Neuanfang zur Erneuerung ihrer Verzichtserklärung. Sie ist mit den Worten »Ich liebe die Dinge, die nicht sind« überschrieben. Poesie zum Weinen schön:

Ich liebe die Liebe, die nicht ist,
die über mir schwebt wie ein unsichtbarer Flügel,
wie ein unfassbarer Geruch,
eine Liebe, die Verlangen nach verzauberten Ländern weckt,
die den Kopf mit Wunderbildern füllt,
die stark macht, die groß macht,
die alle Wesen zur Vollendung treibt,
die dir das prächtige Kleid verleiht,
das Vorstellungskraft gewoben,
die dich zum König aller Ziele krönt,
die dich zum Schöpfergotte macht.

Ich liebe die Leidenschaft, die es nicht gibt,
die mit einem Blick eine Welt erstehen lässt,
die in den Druck einer Hand legt alle Lust,
die wortlos ist,
die stets verspricht.

Ich liebe die Kunst, die es nicht gibt,
von der nur einzelne Facetten
glänzen in den Werken der Meister.

Ich liebe die Gedanken, die nicht sind,
die manchmal allen Ausdrucks bar erscheinen,
um dir einen flüchtigen Begriff
der verborgenen Unendlichkeit zu geben
und die der erste Versuch des Gehirns, sie zu fassen,
im Unendlichen verschwinden lässt,
aus dem sie hergekommen.[19]

AM 24. FEBRUAR 1903 schrieb Ilja Repin an Marianne von Werefkin. Er dankte für ihren Bericht aus München, den ersten seit einer Ewigkeit, reagierte jedoch verständnislos auf die Nachricht von der Fortsetzung der Selbstkasteiung: »M. Werefkina wäre ein bedeutender Name eines originellen Künstlers.« Und er seufzte resigniert: »Ach, diese Frauen!« Er wünschte, sie käme nach Sankt Petersburg, um wieder einmal trefflich mit ihm zu streiten. Dieser Brief Repins an Werefkin schließt mit dem Satz: »Meine Empfehlung an Velasquez-Whistler-Goya-Zuloaga«. Der Gruß galt dem vermeintlich unoriginellen Jawlensky. [20]

Ersetzen wir streiten durch disputieren, dann hatte Werefkin bekanntlich mit Kandinsky in München das bessere Los gezogen. Schuldig blieben sich die beiden Wortführer, die Querdenkerin und der Querdenker, im Kreise der Salonbesucher dennoch nichts. Wem von beiden, ihr oder ihm, die Urheberschaft an welchem Geistesblitz oder an welchem Erkenntniszuwachs zukommt? Wer von ihnen, sie oder er, Argumente des jeweils anderen aufgriff und in die eigene Denkstruktur einpasste? Egal. Kooperation nährt die Wissenschaft. Ohne Adaption kein Zeitgeistwandel. Nehmen wir es also als ein gutes Zeichen, dass damals in beider Schrifttum, wie Fata Morganas am Horizont der europäischen

Kunst, Vorstellungen erscheinen, die den Wert epochaler Umwälzungen in sich trugen.

Damals brachte das bloße Aussprechen des schlichten Wörtchens »Farbe« den Meinungsaustausch ordentlich in Gang.

W.: »Je starkfarbiger ein Eindruck ist, desto weniger ist reale Form möglich. Die Farbe löst die bestehende Form auf. Man muss eine ihr eigene Form finden. … Die Farbe entscheidet über die Form.«[21]

K.: »Es wurde früher die Farbe dem Gegenstand unter[geordnet] …: da wurde der Gegenstand, wenn seine Farbe in die Komposition nicht paßte, einfach nicht genommen, es wurde ein anderer Gegenstand, der besser paßte (wegen seiner Farbe), hineinkomponiert. … Wenn man die ganze psych.[ische] Kraft der Farben ausnutzen will, soll man sich keine Grenzen setzen. Und nicht die Farben unterordnen, sondern alles *der Farbe* zu Füßen legen.«[22]

W.: »Wer einen sichtbaren Eindruck in einen Gesang von Farben verwandeln kann, ist Meister der Vorstellungskraft. Wer einen sichtbaren Eindruck mit dem einfachen Mittel des Farbengesanges zur Realisation seiner Gedanken machen kann, ist der Meister seiner selbst.«[23]

K.: »Eine isolierte Farbe ist ein leerer Klang, und eine zweite, gleich einem zweiten Klang, kann einen Eindruck von Energie oder Langeweile und Ohmacht hervorbringen. Deshalb darf man, wenn man zwei Farbflecken anbringt, die so zwischen zwei einfachen Farben geschaffene Wechselbeziehung nicht verlieren.«[24]

LEIDER HIELT SICH KANDINSKY zunehmend seltener in München auf. Bald würde er die Stadt fast ständig meiden. Mit Rücksicht auf seine Ehefrau zwang Kandinsky seine Geliebte zu Aufenthalten an Orten, die von der bayerischen Metropole möglichst weit entfernt lagen; vorerst im Inland, später im Ausland.

Gabriele Münter, geboren 1877 in Berlin, war das jüngste Kind eines Zahnarztes, der lange in den Vereinigten Staaten gelebt hatte. Beim Tod des Vaters war Münter neun Jahre alt und zwanzig als die Mutter starb. Sie unterbrach das in Düsseldorf begonnene Kunststudium für zwei gemeinsam mit ihrer Schwester bei amerikanischen Verwandten verbrachte Jahre. Im April 1901 war die feinsinnige, empfindsame und was Geldfragen anbetraf relativ sorgenfreie junge Frau nach München gekommen. Zunächst ging Münter in die Schule des *Künstlerinnen-Vereins*, dann wechselte sie zu Wassily Kandinskys *Phalanx*[25]. Im Sommer 1902 waren Schülerin und Lehrer einander erstmals näher gekommen, und zwar in Kochel, dem pittoresken Dorf mit den pittoresken Umgebungen auf der Grenzlinie zwischen Alpenvorland und Gebirge. Kochel bot hundertfach Möglichkeiten zum Erlernen der Malerei vor der Natur – verfügte aber auch über viele versteckte Winkel.

1903 VERABSCHIEDETEN SICH Igor Grabar und Nikolaj von Seddeler von den Giselisten. Abgeleitet von der Giselastraße war das mittlerweile Werefkins und Jawlenskys eingeführtes Markenzeichen.

Grabar hatte eine Professur in Sankt Petersburg angenommen. Aus Russland schickte er ein Exemplar der italienischen Zeitschrift *Emporium* mit einem Beitrag über ihn, den »zeitlosen Künstler«, nach München. Ihr ist eine Widmung beigefügt: »An die lieben Freunde meiner glücklichsten Tage, Alexej Georgijewitsch Jawlensky und Marianna Wladimirowna Werefkin, im Zeichen meiner innigen Liebe zu ihnen und mit der größten Dankbarkeit für all das Gute, was sie für mich taten ...«[26] Später wurde Grabar Kurator der Tretjakow-Galerie und leistete als solcher Großes in der Repinforschung, erkaufte aber seinen Aufstieg mit inakzeptablen politischen Zugeständnissen.

Seddeler, seit Längerem Mitglied der deutschen Sozialdemokratischen Partei, schloss sich zuerst in Frankreich und danach in Italien linksgerichteten Gruppierungen an. In die östliche Heimat zurückgekehrt, verdiente er seinen Lebensunterhalt mit der Herstellung von Stummfilmdekorationen. Nach der Oktoberrevolution und der Gründung der Sowjetunion, 1917 respektive 1922, tat er sich aus Abenteuerlust als Testpilot hervor und aus Überzeugung als Propagandist der Kommunistischen Internationale. 1937 wurde Nikolaj von Seddeler Spionage für die Trotzkisten vorgeworfen. Er starb im Moskauer Staatsgefängnis, hingerichtet (wie etwas später seine Ehefrau) ohne Prozess, als eines der unendlich vielen Opfer willkürlicher »Säuberungen« in der Stalin-Ära. Wohingegen sein Kumpan vergangener Zeiten, Igor Grabar, 1941 den Stalin-Preis verliehen bekam.

Doch kehren wir zurück in noch friedliche königlich-bayerische Lande. Und richten unseren Blick auf eine neue Gästegeneration in Werefkins Salon. Während ihres gemeinsamen Aufenthalts in Russland hatten Jawlensky und sie dort einem jungen Studenten die Kunststadt München schmackhaft gemacht. Nun besuchte Wladimir von Bechtejeff[27] an Stelle der Moskauer Akademie die private Malschule von Heinrich Knirr und: je länger er dazu gehörte, desto lieber die Gesprächsrunde in der Wohnung der Baronin. Zum damaligen Zeitpunkt schätzte diese am meisten die Unterhaltungen mit Alfred Kubin. »Das ist einer, mit dem man sich austauschen kann, einer, der deine Gedanken versteht.«[28] Seit Kubin den Weg in seine alptraumhaft-phantastische Ausdruckswelt gefunden hatte, befand sich der umstrittene, ja angefeindete österreichische Grafiker in einem regelrechten Schaffensrausch. Sein Frühwerk umfasst Tausende Blätter mit sorgfältig ausgeführten Federzeichnungen zu den Themen Übermacht und Ausgeliefertsein. Kubins Bilder halfen ihm bei der Überwindung von Angst- und Zwangsvorstellungen.

Der Neuzugang Alexander Salzmann war von Wassily Kandinsky in Werefkins Salon eingeführt worden. 1870 in Tiflis als Sohn eines angesehenen Architekten[29] aus Moskau und einer hoch gebildeten Sankt Petersburgerin[30] geboren, wuchs Salzmann in einem Elternhaus auf, das als Treffpunkt des elitären Teils der georgischen Gesellschaft galt. Er sprach Französisch, Englisch und Deutsch so gut wie Russisch. Bevor Salzmann im Jahr 1898, der Anziehungskraft Münchens erlegen, in die Malklasse Franz Stuck eintrat,[31] hatte er in Moskau Kunst studiert. Seine Liebe galt der Karikatur. Er war ein Meister der Ironie. (Der zur Korpulenz neigende, figürlich untersetzte Jawlensky fand sich auf dem Papier in Mopsgestalt wieder – mit aufs Hundejäckchen applizierten Initialen seiner »Halterin«: *MW*, darüber Marianne von Werefkins Adelskrönchen.) Regelmäßig erschienen Salzmanns Bildbeiträge in der Zeitschrift *Jugend*. Von Kandinsky wurde er zur Beteiligung an *Phalanx*-Ausstellungen aufgefordert. Gelegentlich schleppte Salzmann Werke junger Sezessionisten in Werefkins Salon – Anschauungsmaterial und Diskussionsstoff. Er wohnte in der Findlingstraße und teilte sein Atelier mit Berufskollegen.[32] Niemand außer Werefkin vermochte das Zukunftweisende in Salzmanns Flächenmalerei zu erkennen.[33] Rein menschlich betrachtet stand seinem ungewöhnlichen Zartgefühl im Umgang mit anderen (»alles verstehend und vieles verzeihend, untrüglich in dem Scharfblick, mit dem er stillschweigend fremde Seelen durchschaute«[34]) die unerhörte Vernachlässigung sich selbst gegenüber. Körpergeruch wie sichtbare Versäumnisse der Körperflege, die unmäßigem Alkoholkonsum geschuldet waren, hatten ihm die nicht wirklich böse gemeinte, aber wenig schmeichelhafte Titulierung »Schweinigel« eingebracht.

Marianne von Werefkin scheint mit Alexander Salzmann eine Übereinkunft getroffen zu haben. Sie könnte folgendermaßen gelautet haben: Ich leiste Ihnen Beistand auf dem Weg *in* die Drogenabstinenz, und Sie helfen mir auf dem Weg *aus* der Malabstinenz. Sowie aus nervlicher und körperlicher Erschöpfung. Denn hinter ihr lag »eine schwere Zeit«;[35] sie war unter der Last des konfliktreichen »Familien«lebens zusammengebrochen. Vor ihr lag eine Reise nach Frankreich. An einem der letzten Tage des Monats August 1903 packte sie ihre Koffer.

Am 3. September erreichte die, salopp gesagt, aus zwei Personen bestehende Selbsthilfegruppe das Seebad in der Normandie. Carteret[36] lag am Endpunkt der Touristen-Kleinbahn zu einem von der Sonne verwöhnten Abschnitt der Kanalküste. Einzelheiten aus Werefkins und Salzmanns Feriengeschichte finden sich in Briefen der Baronin an Jawlensky. Zwischen ihrer Ankunft am französischen Zielort und ihrem ersten, an den in München Zurückgebliebenen adressierten Bericht lagen nur Stunden. »Mein Liebster, ich schreibe Dir, mein Herzchen, nach der ersten Nacht in dem von Gott geschickten Carteret.«[37]

Im Unfrieden waren sie demnach nicht geschieden.

Und anders als bislang vermutet, reiste Jawlensky ihr keinesfalls nach.

Salzmann schickte ihm aus Frankreich heitere illustrierte Berichte. Einmal versprach er dem Freund, sofort nach München zurückzukehren, falls es Marianne gesundheitlich schlechter statt besser gehen sollte. Obwohl Werefkin und und ihr Begleiter, nach allem, was bekannt ist, keine Affäre miteinander hatten, konnte ein bisschen Eifersüchtigmachen in Richtung Jawlensky nicht schaden[38]: »Vor allem der Schweinigel, dieser gütige und unschuldige Engel – er zieht mich an und aus, liest mir vor, geht mit mir spazieren –, spielt die Rolle eines gezähmten Schimpansen vorzüglich. Aus München nach Avricourt fuhren wir wie Frischvermählte. In Avricourt wechselten wir in den Alltag, d. h. in eine voll gepferchte französische 2. Klasse – aber auch da hatten wir Glück, weil die Zustände nicht lange andauerten. Wir fuhren durch eine schöne Landschaft, überall alte Bauten, beeindruckende Kathedralen, unendliche Kanäle, auf ihnen von schwarzen Maultieren gezogene Kähne. In

Paris – wurden wir schier wahnsinnig. Immer zu Fuß, das ganze Paris wurde durchlaufen.«[39] Salzmann wäre ihr auch in Frankreichs Hauptstadt nicht von der Seite gewichen. Sie seien im Quartier Latin gewesen, hätten dem Louvre einen Besuch abgestattet und leider das Musée du Luxembourg erst kurz vor Toresschluss erreicht. »Gleich rechts von dem Saal mit den Skulpturen befindet sich ein getrennter Raum mit Whistler, Zuloaga, Manet, Monet, Pissarro, Renoir, Cézanne. Alles wunderbare Meisterwerke.«[40] Überraschend, so Werefkin weiter an Jawlensky, wie wenig sich deren impressionistische Werke voneinander unterschieden, »eben weil eine gemeinsame Aufgabe sie verbindet. Das heißt, Du verstehst mich, sie alle können nebeneinander Wände füllen, ohne dass sie sich gegenseitig niedermachen.« Käme aber »Repin dazu – man müsste ihn unverzüglich wieder entfernen«. Noch etwas sei ihr in Paris klar geworden: »Menschen, die Antworten auf reine Fragen in der Kunst suchen, gibt es nicht viele.« Auserwählte eben, wie sie und er: »Wir sind Mitglieder der Gesellschaft der Einzigartigen«![41] Auch scheinbar Nebensächliches bekam Jawlensky mitgeteilt: »Als Salzmann und ich müde waren, setzten wir uns in ein Café und schauten den Damen auf die Beine … Schade, dass Du nicht dabei warst.«[42]

Paris machte Werefkin »trunken«. »Es ist eine wunderbare, wunderbare Stadt.« Mit einer kleinen Einschränkung: Die Auffassung der Franzosen von Ordnung erinnere sie manchmal an den Fatalismus der Bewohner russischer Elendsviertel. »Eingedenk der deutschen Gepflogenheiten und der deutschen polizeilichen Aufsicht fühlt man sich hier wie der Willkür des Schicksals überlassen. Alle laufen herum, machen etwas, wie es ihnen gerade einfällt …«[43]

Und wie gefiel ihr Carteret? Carteret wirkte auf Werefkin wie eine Symphonie aus den Farben der Natur. Zartrosa Dünen. Dunkelgrüne Hügel. Himmelsstreifen in reinstem Blau. Goldfarbener Sand. Im Kopf arrangierte die Baronin alle Töne immer wieder neu. Bis ihr, am 28. September, eine »Komposition« sondergleichen vorschwebte: »Ich überlege, ob man mit einem Akkord roter Baum, blaue Erde, grüner Himmel – denselben Eindruck von der Wirklichkeit bekommen kann, wie mit der üblichen Zusammenstellung grüner Baum, rote Erde, blauer Himmel. Demzufolge kann das Gesetz des real Seienden auf keinen Fall der Kunst dienen. Es ist möglich, dem Leben mit der Kunst nachzujagen, es nur mit den Mitteln des Scheinbaren zu erfassen. Alle Anstrengungen, das Leben fotografisch zu zitieren, abzubilden – sind sinnlos.« Für den Fall, dass sich vor dem inneren Auge des Künstlers Himmel und Meer abbildeten wie ein »weißes Tuch auf einem schwarzen Tisch«, dann sei »das hundert Mal wahrhaftiger als irgendeine Suche nach möglichst naturgetreuer Wiedergabe eines Farbtons«.[44] Einmal gedanklich in Fahrt gekommen, führten ihre Überlegungen sie auf möglicherweise unerschlossenes Kunstterrain. »Man sagt, 2 x 2 = 4, aber zwei Äpfel mal zwei Äpfel sind nicht vier gleiche Äpfel, sondern vier unterschiedliche Äpfel, und die mathematische Regel ist dadurch nicht weniger gültig. … So ist es auch in der Kunst. Ihre Ergebnisse stimmen mit den Fakten nicht überein, obwohl sie aus den Fakten hervorgehen. … Die Kunst – auch sie basiert auf der Mathematik. Ich weiß nicht, ob sich irgendein schöpferisches Genie, bewusst oder unbewusst, an die folgende Gesetzmäßigkeit hält:

1. der Farbakkord
2. die Fläche – für seine Entfaltung
3. die Begrenzungen – gezogen lediglich in Übereinstimmung mit der Zusammensetzung und der Kraft der Farben. … Das heißt, je stärker die Farben im ideellen Entwurf, desto größer darf die Leinwand sein …«[45]

Sie schreibe ihm, Jawlensky, all das nur, meinte Werefkin am Ende ihres geistigen Vorstoßes ins Neuland moderner Malerei, »um es schwarz auf weiß festzuhalten, und nicht, um Dich damit zu erschlagen«.[46]

Im Großen und Ganzen herrschten während der insgesamt zehn Therapiewochen in Carteret vergleichsweise erholsame Beschäftigungen vor. Werefkin und Salzmann hatten im Hotel direkt am Hafen, dem Ausgangspunkt von Dampferfahrten, zwei Zimmer genommen. Sündteuer trotz Nachsaison. Werefkin musste, die Situation war für sie ungewohnt, ausschließlich für sich selbst bezahlen. Von ihrer Unterkunft aus fiel der Blick auf eine schmale Landzunge mit einem ins Wasser vorgeschobenen Leuchtturm. Ansonsten, so weit das Auge reichte, nur Strand und Dünen. Werefkin an Jawlensky: »Man kann nackt herumlaufen, der Sand ist, wie von mir erträumt – so liege ich entzückt vor Glückseligkeit.«[47] Salzmann zeichnete sich und die Baronin in knielangen Badeanzügen. Ständig unternahmen die beiden Wanderungen, nicht einmal Stürme hielten sie davon ab. Pfade führten Hänge hinauf, bewachsen mit Brombeerbüschen voller reifer Früchte. Oben hatte irgendwann irgendein Künstler ein

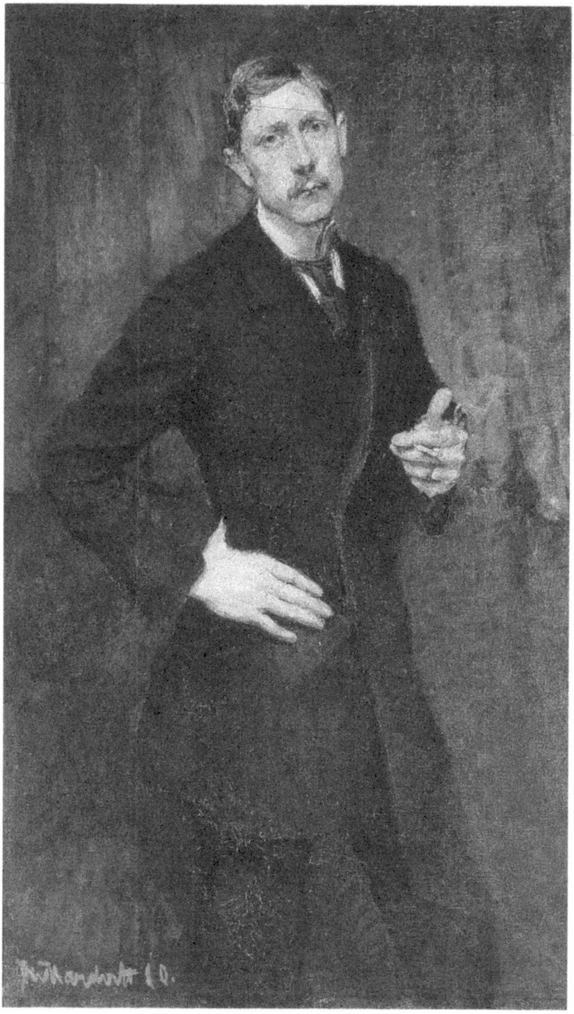

Konrad von Kardorff: »Bildnis des Alexander Salzmann«,
um 1905

»chateau« errichten lassen. Werefkin: »mit riesigem Atelier!!«.[48] Es stand zum Verkauf. Die Villa mit den angebauten Türmen konnte auch wochenweise gemietet werden. Genau das Richtige für den geplanten Malurlaub mit den Kardowskys, wurde Jawlensky informiert.

Gewisse Einschränkungen in puncto Freizeitgestaltung mussten in Carteret dann aber doch noch vorgenommen werden. Salzmanns

Geldvorräte bedurften der Ergänzung. Außerdem bestand Werefkins Aufgabe ja darin, ihn zu einem geordneten Arbeitsleben zurückzuführen. Mitte September konnte die erste Erfolgsmeldung nach München abgesetzt werden: »Mit Salzmann geschehen Wunder, er macht große Fortschritte. … Ich habe seinen künstlerischen Tätigkeiten einen Zeitplan verordnet. Jetzt zeichnet er 5 Stunden täglich.« Zwölf Oktoberfestszenen waren vom *Simplicissimus* bestellt.[49]

Für die Zukunft traf sie mit Salzmann eine – später vielfach missverstandene, das heißt als ein Zeichen von Salzmanns Hörigkeit fehlgedeutete – Abmachung: An jedem, buchstäblich jedem Tag des Jahres musste er zu fest vereinbarter vorgerückter Stunde, einerlei wo der Freund sich gerade aufhielt, zum Nachweis seiner Nüchternheit einen Brief an Werefkin schreiben. Und zur ständigen Erinnerung an das Versprechen, die Finger vom Alkohol zu lassen (er würde es halten!), einen Ohrring tragen.

Ohne einen Halt in Paris konnte auch ihre Rückfahrt nicht vonstatten gehen. Wie lange sie dieses Mal dort blieben, ist nicht mehr feststellbar. Wir wissen nur, dass Werefkin am 1. November 1903 das zweite Heft der *Briefe an einen Unbekannten* zur Hand nahm, nachdem sie, in der Abenddämmerung, allein durch den Schlosspark von Versailles gegangen war. Es hatte nach modrigen Blättern gerochen und sie sich froh und frei gefühlt. »Oh, ich bin ein Stück weiter gekommen. … Ich bin nicht mehr so naiv, wie ich war, … die erwachsene Person in mir hat die Oberhand gewonnen.« Unter Aufbietung aller »bewußten Kräfte« wollte sie »sich von der um den Hals gelegten Schlinge befreien«.[50] Das klang wie ein Vorsatz für das kommende Jahr. Viel später, sie ging schon auf die Siebzig zu, blickte die Baronin zurück und resümierte: »Seit 1904 bin ich [wieder] Marianne v. Werefkin.«[51] Eine selbstgewisse Malerin war sie aber leider noch immer nicht.

JAWLENSKY ERWOG AUS UNS UNBEKANNTEM ANLASS im März 1904 eine Rückkehr nach Russland. Mitsamt Familie und ohne Sponsorin. »Doch ein Umzug ist schwer, man muss Geld verdienen, und das ist auch nicht leicht.«[52] Demzufolge blieb es bei München. Er schuf fast nur noch Stillleben. Diese Kunstgattung interessierte Werefkin nur am Rande. In ihrem eigenen Œuvre spielte sie keine Rolle. Zehn Stillleben aus Jawlenskys letztjähriger »Sommerproduktion« waren an Paul Cassirer, Verleger, Galerist und Sekretär der *Berliner Secession*, geschickt worden. In den Monaten danach, erfuhr Kardowsky von Jawlensky, seien ihm noch weit bessere Stillleben gelungen.[53] Wie es scheint, hatte Werefkins Frankreichtrip auch ihn in seinen eigenen Emanzipationsbemühungen ein Stück vorangebracht. Künstlerische Anerkennung auf breiterer Front tat ein Übriges.

Dem erwähnten Bilderversand war nämlich ein überraschender Besuch vorausgegangen.

22. Februar 1904: Jawlensky beendet gerade eine lebensgroße Darstellung Helenes in kräftiggrüner Taille, leuchtend rotem Rock und ebensolchem Schultertuch,[54] als es an der Türe läutet. Ein stattlicher Herr betritt das Atelier und sagt mit kräftiger Stimme: Mein Name ist Lovis Corinth.[55] Der berühmte und einflussreiche Vertreter des deutschen Impressionismus betrachtet aufmerksam die Werke des Kollegen. »Begeistert« von Jawlenskys jüngeren Arbeiten, stellt Corinth dessen Beteiligung an der *Neunten Kunstausstellung der Berliner Secession*[56] in Aussicht, zu deren Vorstandsmitgliedern er gehört. Werefkin ist »entzückt«.[57] Vergessen sind Lamenti und Unstimmigkeiten.

Von »Jawlensky, Alexej, München« wurden im Ausstellungshaus, Berlin, Kantstraße 12,[58] zwei nicht genauer bezeichnete »Stilleben« und eine »Skizze« gezeigt. Die Exponate waren im Katalog mit einem Sternchen versehen, somit käuflich. »Kandinsky, Wassily, München«, mit *Spazierende Gesellschaft*, *Gewitterstimmung* sowie *Kind und Hund* vertreten, wollte mit seinen Bildern ebenfalls Geld verdienen.

Bei Jawlensky war das Wunder bereits geschehen. In Sankt Petersburg. Das hatte Werefkin »glücklich« gemacht.[59] Kein Geringerer als Großfürst Wladimir Alexandrowitsch[60] hatte drei Jawlenskys gegen Goldrubel eingetauscht. Dem Onkel des amtierenden Zaren waren die Zeichnungen in der *Historischen Ausstellung von Kunstgegenständen unter der Schirmherrschaft ihrer Hoheit Zarin Alexandra Fjodorowna zum Nutzen verletzter Soldaten* aufgefallen.[61]

In Werefkins ehrliche Freude über Jawlenskys Erfolge mischten sich Betrübnis und Sorge. Unweit des Münchner Faschingstreibens (»Sie werfen Konfetti, als ob sie eine Pflicht erfüllen müssten«) stand sie inmitten einer Traube von Menschen vor einem Zeitungsanschlag mit Extrameldungen. In der Nacht vom 8. auf den 9. Februar 1904 hatten zehn japanische Torpedoboote zwei russische Liniendampfer und einen

Panzerkreuzer mit Torpedos angegriffen. »Die Stadt hat heute etwas Neues. ... Die ersten Nachrichten sind verheerend für uns. Drei Schiffe außer Gefecht gesetzt. Hinter mir machen sich Stimmen lustig über die Ereignisse. Da erfasst mich eine blinde Wut, eine unerschöpfliche Traurigkeit und das Verlangen, dieses Vaterland ... ans Herz zu pressen.«[62]

Der russisch-japanische Krieg war ein Krieg um Einflussbereiche in Ostasien. Beiden Mächten ging es um die Annexion fremden Territoriums, der chinesischen Mandschurei und Koreas. Werefkin nannte die Japaner zwar »blutrünstige Bestien«, attestierte ihnen aber zugleich großes Kunstinteresse und »Durst nach Kultur«. Daneben tadelte sie die Expansionsbestrebungen der russischen Führungskräfte und beklagte »die Dumpfheit unseres Volkes«.[63]

EINE ZWISCHENBEMERKUNG: Strategisch brauchten die Japaner nur die Fehler der politischen Führung des gegnerischen Landes auszunutzen. Der Zar und seine Militärstrategen schickten zu Beginn des Jahres 1905, die Niederlage war längst besiegelt, viele Schiffsladungen junger Russen in eine letzte Seeschlacht und damit in den sicheren Tod. Der 9. Januar 1905 wurde zum Schicksalstag des Zarenreiches. In Sankt Petersburg demonstrierten Menschen in unübersehbar großer Menge für mehr Freiheit, eine Volksvertretung, wirtschaftliche Erleichterungen und Frieden im Krieg gegen Japan. Es war ein friedlicher Demonstrationszug, angeführt von einem orthodoxen Priester. Soldaten schossen grundlos in die Menge. Offiziell wurden mehr als hundert Tote eingeräumt, tatsächlich waren es Tausende. Der ›blutige Sonntag‹ löste die erste Welle der Revolution in Russland aus. Überall kam es zu Streiks. Meuternde Matrosen machten Odessa unsicher. In mehr als fünfzig Städten des Landes wurden Revolutionskomitees zusammengestellt. Nikolaus II. sah sich gezwungen, Zugeständnisse zu machen, nahm die schriftlich eingeräumten bürgerlichen und konstitutionellen Rechte jedoch schnellstmöglich wieder zurück und stellte, gewaltsam, die alte Ordnung her. Nur die Duma, das gewählte Parlament, blieb bestehen, doch konnte der Zar alle dort getroffenen Entscheidungen mit einem einzigen Federstrich außer Kraft setzen.

Werefkin besuchte am 3. Februar 1905 in München einen Vortrag, der sich kritisch mit der Situation in Russland auseinandersetzte.[64]

SEIT IHRER AUSZEIT IN DER NORMANDIE war die Baronin von der heilsamen Wirkung zeitweiligen Abstandnehmens vom Alltagsleben überzeugt. Drei Ferienmonate, Juni, Juli, August, in Reichertshausen an der Ilm sollten im Jahre 1904 die günstigen Entwicklungen in künstlerischen und persönlichen Bereichen weiter fortsetzen. Helene, deren Schwester Maria und der zweieinhalbjährige Andreas hatten daheimbleiben müssen. Werefkin und Jawlensky stand in Reichertshausen ein komfortables Logis zur Verfügung. Der hübsche Ort war einer der Zielpunkte im Aktionsradius Münchner Landschaftsmaler. Das Eintauchen in die natürliche Sphäre mit allen Sinnen, man möchte es das Blagodat-Verlangen nennen oder vielmehr den Blagodat-Reflex, war Werefkins Art der Wahrnehmung stadtferner Räume. »Die lachende Landschaft sieht zum Fenster herein.« Wiesen und Felder. Wogendes Korn. Vergissmeinnicht an den Ufern des Flüsschens. Die Häuser weiß und manchmal himbeerfarben. Bauernblumenduft aus Gärten. Ein altes Wasserschloss am Dorfrand. »Der Horizont erstreckt sich weit und offen.« Dampfeisenbahnzüge tauchen auf und verschwinden wieder, »aus einer anderen Welt gesandt, selbst eine andere Welt« – im oberbayerisch-bäuerlichen und auch mystisch-katholischen Kosmos.

Fronleichnam: »Seit vier Uhr in der Frühe Böllerschüsse.« Volles Glockengeläut. »Eine strahlende Sonne leuchtet auf den goldenen Priestergewändern, und das Murmeln des ›Ave-Maria, bitt' für uns‹« rhythmisch im Einklang mit schleppenden Schritten.

Totenkult: Auf einem ihrer Streifzüge durch die Natur gelangen sie in einen finsteren Wald. »Und dort etwas, das unser Herz stocken lässt.« An den Stämmen uralter Bäume lehnen, dicht an dicht, Leichenbretter. Auf denen waren, bis zum Begräbnis, Verstorbene aufgebahrt. Hier, am Wegrand, sind die hölzernen Zeugen der Vergänglichkeit aller irdischen Dinge eine Aufforderung zum Innehalten und zu stillem Gedenken im Gebet. Mitten im Leben vom Tod umgeben. Werefkin: »Ich hatte Angst … Die Nacht wirft ihre Schatten überall hin, und die Farben vergehen.« Abends am Piano spielt sie das »traurige Lied der Norma« aus Vincenzo Bellinis gleichnamiger Oper.[65]

Im Verlauf eines anderen Ausflugs, zum Kloster Scheyern vielleicht, nahm Werefkin folgendes Bild in sich auf: »Ein Mädchenpensionat geht über die Straße, die Kleinen vorneweg und die Großen zum Schluss. Weiße Strümpfe, schwarze Kleider, gelbe Strohhüte. Das ist wie ein

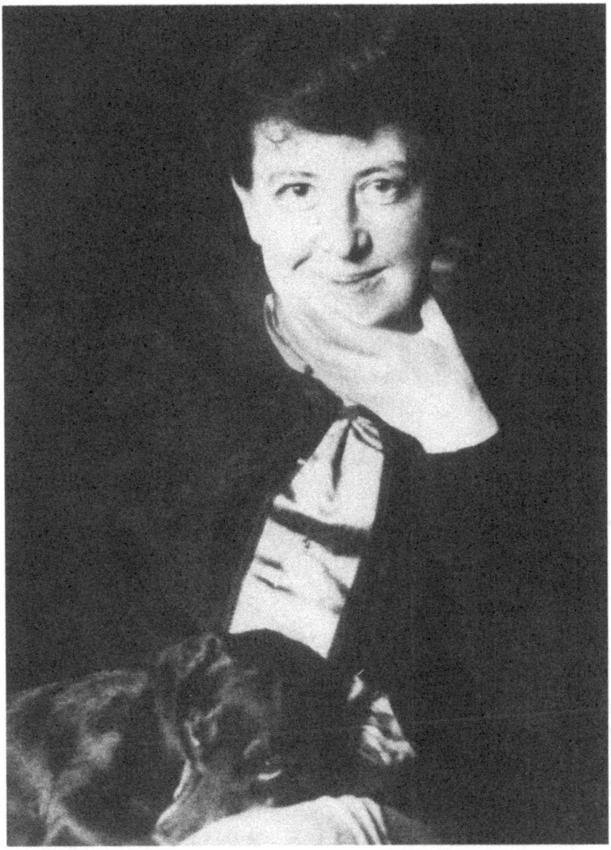

Marianne von Werefkin mit Dackel Moritz, München um 1905

schwarzes Reptil mit gelbem Rücken, das auf weißen Pfoten sich an den grauen Häusern entlangwindet.«[66] Eines nicht mehr allzu fernen Tages sollte sie es, leicht abgewandelt, auf eine Leinwand bannen.

Jawlensky setzte die optischen Eindrücke des friedvollen Reichertshausener Sommers direkt in Kunst um. Im Bemühen um einen unverwechselbaren Stil wird seine Malerei farbiger und trockener. Relativ kurze Striche, Farbflocken und Farbhäkchen ersetzen allmählich die Pinseltechnik aus Ažbe-Zeiten.[67]

Derweil Jawlensky die Konversion vom Impressionismus zum Neoimpressionismus vorantrieb, spendete Werefkin, ihm einen Schritt voraus, dem Postimpressionisten Paul Gauguin[68] Beifall. Dessen Gemälde *Reiter am Strand von Tahiti* hing im Münchner Wohnzimmer des mit ihr befreundeten Musikers Felix vom Rath[69]. Sie konnte sich nicht sattsehen an dem Werk des genialen Franzosen: »superbe!!! Es ist zweidimensional nach der Natur gemalt, es strahlt den Eindruck des Erfühlten, den Eindruck des Gewollten aus«. Anders gesagt: »den wohldurchdachten, bewussten Willen des Meisters.«[70] Werefkin sah in Gauguins Malerei ihr Reden und Schreiben seit Jahren bestätigt: »Sobald die Farbe der Hauptgegenstand der Beobachtung wird, verschwindet die [wirklichkeitsnahe] Wahrnehmung der Form, die nebeneinanderstehenden Farbflächen beeinflussen gegenseitig ihre verschiedenen Werte, sie fressen sich, dehnen sich aus, gehen ineinander auf.« »Die Farbe hat einen inneren Wert.« »Die Farbe entscheidet über die Form.« »Die Farbe löst die bestehende Form auf. Man muß eine ihr eigene Form finden.«[71]

In den Bildern von Vincent van Gogh fand die Baronin ihre Philosophie der Verbannung von Beleuchtungseffekten aus der modernen Malerei bestätigt. »Ich verstehe so gut die Idee van Goghs, das Weiße und das Schwarze als zwei Farben zu behandeln und nicht als den Schatten, der dem Licht entgegengesetzt ist.«[72]

1904 ist das Gründungsjahr der *Zeichen- und Malschule A. Jawlensky.*[73] Ihre Existenz ist bis 1912 nachgewiesen. Gabriele Münters Absicht,[74] eine Zeitlang unter Jawlenskys Korrektur zu arbeiten, scheiterte am Einspruch Kandinskys. Die Schwabinger Freigeistin Franziska zu Reventlow musste niemanden um Erlaubnis fragen. Ihr Probebild wurde vom Lehrer Jawlensky so überaus freundlich bewertet, dass es der Schülerin, die um ihre nur mäßige Begabung wusste, peinlich war, während alle anderen Eleven um das Werk herumstanden und es andächtig betrachteten.[75] Nicht nur, weil nun in Jawlenskys Atelier reger Unterrichtsbetrieb herrschte, wollte das Kommen und Gehen im dritten Stockwerk des Hauses Giselastraße 23 schier kein Ende nehmen. Auch der Salon nebenan zog mehr Menschen denn je an. Sonntags kamen besonders viele.[76]

Im Februar 1904 machte Werefkin einen Hausbesuch bei Franziska zu Reventlow. Ihre Medizinkenntnisse waren gefragt und ferner ihre menschliche Anteilnahme. Sie fand die Kranke »in jammervoller Umgebung«. »Ein polnischer Maler, dessen Mutter eine Prinzessin war und der die Hosen eines anderen trägt, weil er keine eigenen mehr hat, küsste mir zur Begrüßung die Hand.« Bogdan von Suchocki, meistgeschätzter

Liebhaber der weiblichen Zentralgestalt der Münchner Boheme, ging voraus. »Endlich ein Zimmer, von dem man spürt, dass es bewohnt ist. Auf einem kleinen Eisenbett liegt die reizende Frau mit den Augen eines jungen Mädchens und mit ihrem armen, vom Leben – ein aus der Bahn geworfenes Leben – gezeichneten Gesicht.« Der Mann mit den auffallend guten Manieren brachte Reventlow Suppe ans Bett. »Diese beiden Kinder, so einfältig und arm wie Lot und doch so reich an Hirngespinsten, unglücklich, ohne es zu spüren, deklassiert, ohne darunter zu leiden, scheinen mir aus einem Traum gekommen. Und mein Herz öffnet sich ihnen …«[77]

Daheim blieb ihr gegen Ende des Jahres nichts anderes übrig, als hart durchzugreifen, zumindest partiell. Helenes schwesterliche Verbündete Maria Nesnakomoff musste nach Russland zurückkehren.[78] An ihre Stelle trat eine unparteiische Münchnerin namens Christel. Helene und Andreas Nesnakomoff war ihr Platz im Werefkinschen Haushalt sicher. Obwohl die Baronin nicht selten auch Mutter und Kind sonstwohin wünschte.[79] Doch ohne seine Familie wäre Jawlensky nicht geblieben. Allerdings hatte er sich mit der Limitierung seiner Apanage abzufinden. Für die dringend gewünschte Reise nach Moskau im März 1905 war jedenfalls kein Geld da.[80] Unter den zirka sechstausend Exponaten der Ausstellung des *Verbandes russischer Künstler* befanden sich auch Bilder von ihm. Weitere schickte Jawlensky im gleichen Jahr nach Paris. Sechs wurden für die russische Abteilung des 3. *Salon d'Automne* angenommen.[81] »Voilà«, frohlockte Werefkin, »das ist eine wahre große Freude für mich.«[82] Aber auch Frankreich musste warten. Vermutlich hielt die Baronin das Geld zusammen, weil sie und der Gefährte nach einer Immobilie im Münchner Umland Ausschau hielten. Anfang September 1905 schrieb der Architekt Albert Hornig nach einem Besuch in der Giselastraße an Jawlensky: »Lieber Alexej Georgijewitsch, als Sie mich heute Abend fragten, was in Murnau besichtigt werden könne, habe ich vergessen, Ihnen das ›Schloss‹ von Oberleutnant Fritz Brey vorzuschlagen – ein recht typischer Bau von [Emanuel von] Seidl mit schlichtem Äußeren und von, wie mir scheint, wohltuend konsequenter Schönheit, ohne selbstgefällige Schnörkel … Das alles ist letztlich kein Palais, aber ein Blick darauf lohnt – das Haus steht am [Staffel]See im Südwesten des Ortes, jeder Bauer kennt es. Ich weiß nur nicht, ob man es auch innen besichtigen kann. Fritz Brey scheint abwesend zu sein, und seine Liebenswürdigkeit ist nicht gerade unbegrenzt.«[83] Murnau wurde, weshalb auch immer, vorerst ad acta gelegt.

Dass sie und Jawlensky 1905 definitiv nicht zum *Pariser Herbstsalon* reisten, dürfte Werefkin nachträglich sehr bedauert haben. Den vom geschlossenen Auftritt der *Fauves* ausgelösten Kunstskandal aus nächster Nähe mitzuerleben, hätte ihr gewiss gefallen. Und: Sie hätte wiederum eine ihrer Kunstprophetien in praxi zu sehen bekommen!

Die kleine Gruppe gleichgesinnter Maler,[84] angeführt von Henri Matisse und André Derain, verdankte ihren Namen dem spöttischen Ausruf eines Zeitungskritikers. Mit Blick auf sowohl deren avantgardistische Bilder als auch auf eine im gleichen Raum befindliche, der Antike entlehnte italienische Bildhauerarbeit, hatte der Mann vernehmlich gestöhnt: »Tiens, Donatello au milieu des Fauves (Oh je, da ist ja ein Donatello unter die wilden Tiere geraten).« Ohne Rücksicht auf die Gesetze der herkömmlichen Farbenlehre hatten die *Fauves*, Spiegelungen subjektiver Empfindungen, Gelb neben Violett gesetzt, Rot neben Grün, Blau neben Orange …; des weiteren sorgte die gleichmäßige Sättigung aller Farben für leidenschaftliche Diskussionen,[85] zumal die *Fauves* sowohl Landschaften als auch Gegenstände und menschliche Figuren auf die genannte Weise malten.

Jawlensky, weniger avantgardistisch als die Baronin, schuf 1905 noch ganz unter dem Einfluss van Goghs das Bildnis *Werefkin im Profil*. Stilistisches beiseitegelassen, geht von der porträtierten Person eine androgyne Wirkung aus. Es muss Zufall gewesen sein, dass Werefkin gerade in jener Zeit ihre femininen und maskulinen Anteile gegeneinander aufwog, um zunächst festzustellen: »Ich bin mehr Mann als Frau. Allein das Bedürfnis zu klagen und das Mitleid machen mich zur Frau.« Oder? Ein Moment des Innehaltens brachte das spontane Urteil ins Wanken. Ach was: »Ich bin weder Mann noch Frau – ich bin ich.«[86]

KAPITEL VI
1906 – 1908

Neubeginn

Meine Kunst kehrt größer denn je zu mir zurück.

IM FEBRUAR 1906 SCHRIEB SIE DEN LETZTEN ihrer *Briefe an einen Unbekannten*. Er markiert einen Wendepunkt und endet mit den Sätzen: »Ich habe in mein Herz geschaut und dort Ruhe gesehen. Ich kann dieses Heft schließen.«[1] Die zeitliche Eingrenzung des Übergangs vom inaktiven zum tätigen Künstlertum nahm Werefkin in der Rückschau vor: »Ich ging für ein Jahr nach Frankreich, fing alles von Neuem an, und in einigen Monaten hatte ich den Weg gefunden, den ich [seither] gehe.«[2]

Doch bevor diese Reise beginnen konnte, musste Jawlensky aus Russland zurück sein. Nach Sankt Petersburg hatte er seinen Bildern folgen können. Damit die eigenen Schöpfungen in der Masse der Ausstellungsstücke im *Trawitscheski Palast* nicht untergingen, hatte er den mit ihrer Hängung beauftragten Personen die Arbeit gleichsam aus der Hand genommen. Nach Abschluss des gesamten Aufbaus waren zwischen den auf sieben riesige Räume verteilten Exponaten, sie gingen in die Tausende, so gut wie keine freien Wandflächen mehr auszumachen. Jawlensky hatte für seine Gemälde im fünfundsiebzig Meter langen und fünfzehn Meter breiten Katharinensaal bestmögliche Plätze gefunden. Die Auswahl der Bilder lag einige Wochen zurück; Sergej Diaghilew hatte sie während eines Besuches bei den alten Freunden in München vorgenommen. Wobei er, für Werefkins Geschmack, ein wenig zu sehr den Kunstmann von Welt herausgekehrt hatte. Bisher habe sich Diaghilew nur in Russland einen Namen gemacht, gab sie Jawlensky zu bedenken.[3] München war für Diaghilew eine Zwischenstation auf seinem Weg nach Paris gewesen. Zuhause Günstling der Zarenfamilie, war er mit der Vorbereitung der unter der Schirmherrschaft des Großfürsten Wladimir Alexandrowitsch stehenden *Expositon de l'Art Russe* innerhalb des nächsten *Salon d'Automne* beauftragt worden. In die auf nicht weniger als dreizehn Säle des Kulturwarenhauses *Grand Palais* verteilte Pariser Werkschau russischer Künstler der Neuzeit sollte Jawlensky ebenfalls Bilder geben.

Doch lassen wir zunächst einmal die Baronin und ihn mit Helene und Andreas in die Bretagne reisen. Das Datum ihres Eintreffens in Carantec lässt sich nicht ermitteln. Es muss ein Vorfrühlingstag gewesen sein. An der Unterbrechung der Hinfahrt in Paris besteht kein Zweifel. Neugierig und gespannt ging Werefkin mit Jawlensky zwischen dem Place de la Pigalle und dem Place de la Madeleine auf Entdeckungstour. Auf so kurze Distanz konnte man sich bei nicht einmal einer Handvoll – noch heute berühmter – Galeristen einen Überblick über die aktuellen Kunstrichtungen verschaffen. Die Kunsthändlerin Berthe Weill mit ihrem Gespür für nonkonformistische Talente wie einen Pablo Picasso zum Beispiel, hatte immer auch Werke von Henri Matisse vorrätig. Auch die Brüder Josse und Gaston Bernheim-Jeune[4] waren auf Avantgardisten spezialisiert. Galerist Ambroise Vollard hütete seine Perlen modernster Malerei wie einen Schatz, nur ausgewiesene Fachfrauen und Fachmänner bekamen bei ihm Cézannes, van Goghs, Gauguins, Munchs, Rousseaus und dergleichen zu sehen. Weniger moderne Bilder hielt er im Keller versteckt. Werefkin stand 1906 bei Vollard zum ersten Mal dem Werk eines »jungen Wilden« (sprich *Fauve*) gegenüber.[5] Maurice de Vlamincks rote Bäume waren für sie ein Déjà-vu-Erlebnis! Wir gehen in ihren Briefen an Jawlensky zurück bis in das Jahr 1903 und bringen uns den folgenden Satz in Erinnerung: »Ich überlege, ob man mit einem Akkord roter Baum, blaue Erde, grüner Himmel – denselben Eindruck von der Wirklichkeit bekommen kann, wie mit der üblichen Zusammenstellung grüner Baum, rote Erde, blauer Himmel.«[6]

EINER DER REIZE DES KÜSTENORTES CARANTEC an der Spitze der Bucht von Morlaix bestand in dem optischen Wechsel von steilen, felsigen und ebenen feinsandigen Gestaden. Seit mehr als hundert Jahren war das Seebad eine beliebte Sommerfrische mit charmanten Villen und attraktiver Meerespromenade. Jawlensky kam während der Monate in der Bretagne – auch als Folge des Anschauungsunterrichts in Paris – tüchtig voran. In Carantec, steht in seinen *Lebenserinnerungen* zu lesen, habe er »zum erstenmal verstanden zu malen, nicht das, was ich sehe, aber das, was ich fühle«.[7] Werefkin, unermüdliche Predigerin der Umsetzung von Emotion in Form und Farbe, sah die Fortschritte des Gefährten mit Freuden.

Im September 1906, als auffrischende Winde an der Atlantikküste die Zeit der Herbststürme ankündigten, schien es ratsam, den Frankreichaufenthalt in klimatisch günstigeren Gefilden fortzusetzen. Noch stand das neue Ziel nicht endgültig fest. In Paris würde man Landeskundige um Rat fragen können.

Jawlensky fuhr voraus, bei sich eine Kiste mit *Bretagne-Etüden*[8]. »11 Sachen« seien für die russische Abteilung des *Herbstsalons* in die engere Wahl gekommen, schrieb er Anfang Oktober an Werefkin, und neun letztlich aufgehängt worden: »bessere Landschaften, Köpfe, außer dem Buckligen[9] und der Greisin im Profil[10] (sehr schade), dazu Stillleben«.[11] Dass die diesmal nach eigenem Gutdünken zusammengestellte Kollektion sowohl dem Hauptverantwortlichen Diaghilew als auch Mitorganisator Benois[12] ausnehmend gut gefallen habe, bekam die Baronin mit gleicher Post mitgeteilt.[13] Ferner berichtete Jawlensky ihr von seinen Eindrücken kurz vor Ausstellungsbeginn: »Bei den Russen gefiel mir wenig, so wenig, beinahe niemand.... Dagegen fand ich unter den Franzosen traumhaft schöne Sachen – Gauguin, ein Wunder! ... Und dann dieser junge Wilde, Vlaminck. Du erinnerst Dich an seine herrlichen Bäume bei Vollard?«[14] Was für eine Frage! Kandinsky war mit einundzwanzig Bildern im *Herbstsalon* vertreten; sie blieben in Jawlenskys Brief an Werefkin unerwähnt.[15] Das Gleiche gilt für Kandinsky selbst, der seit Mai, gemeinsam mit Münter, unweit der französischen Hauptstadt wohnte. Auch nach Werefkins Ankunft in Paris kam es dort, soweit bekannt, zu keinem Treffen der Paare.

Bevor die Baronin zu ihm stieß, hatte Jawlensky – ein großer Freund von Kleidung à la mode – sich noch rasch einen neuen Hut[16] und neue Hemdkragen zugelegt.[17] Auch dass er, in Carantec in die zweite Wagenklasse gesetzt, unterwegs gegen zehn Franc Aufschlag in einen beheizten Waggon der ersten Wagenklasse umgestiegen war und außerdem das verwanzte Zimmer im vorbestellten Pariser Billighotel eigenmächtig gegen ein teureres, aber saubereres eingetauscht hatte, musste der zunehmend sparsamen Werefkin (ein von ihrem Vater ererbter Wesenszug) gebeichtet werden.[18]

Netzwerke können nützlich sein. Beziehungen pflegen, heißt in die

Zukunft investieren. In diesem Sinne war die Auffrischung der Bekanntschaft mit Alexander Chruschtschow, vorübergehend in Paris ansässig, bedeutungsvoller als aktuell vorstellbar. Man kannte sich aus München.[19] Genau genommen war der vermögende ukrainische Gutsherr in vielen Ländern Europas zuhause, unter anderem in der Schweiz.

Die Ursprünge von Werefkins Freundschaft mit dem in Wien gebürtigen Maler Robert Eckert[20] liegen im Dunkeln. Im Vorjahr hatte er sie, in einem Korbsessel sitzend, porträtiert. Auf keinem anderen Gemälde, auf keiner Fotografie oder Zeichnung wirkt sie ähnlich weiblich. In Paris stand Robert Eckert in Verbindung mit Pierre Girieud, ein *Fauve* der ersten Stunde.[21] Girieud war in der Nähe von Marseille aufgewachsen. Er kannte sich gut an der provencalischen Mittelmeerküste aus, so gut wie in der sprichwörtlichen Westentasche.[22] Er könnte Sausset-Les-Pins als vorzügliche Residenz für die restliche Zeit des Jahres 1906 empfohlen haben. Außerdem bekam Werefkin von Girieud einen mit Widmung versehenen Vorentwurf zu seinem Gemälde *Ruth und Boas* geschenkt.[23]

Von Paris wollten die Baronin, Helene und Andreas gemeinsam mit Jawlensky gen Süden weiterziehen. So jedenfalls war es abgesprochen. Dann aber fuhren die Frauen und das Kind, aus uns nicht bekanntem Anlass, ohne ihn nach Sausset-Les-Pins. Auf einen männlichen Reisebegleiter mussten die drei dennoch nicht verzichten. Robert Eckert leistete ihnen auch in der Provence Gesellschaft. Er scheint ein sehr umgänglicher Mensch gewesen zu sein. Eckert lehrte Andreas in Sausset-Les-Pins das Spielen auf dem Zymbal, einem dem Hackbrett ähnlichen Instrument, und brachte dem Kleinen Lieder auf Französisch bei.[24] Ob er der Baronin den Hof machte? Und sie seine denkbaren Avancen genoss? Man weiß es nicht, liest aber aus ihrer Korrespondenz mit Jawlensky zufriedene Gelassenheit heraus.

Sausset-Les-Pins, den Namenszusatz verdankt es seinen Pinienhainen, liegt vierzig Kilometer westlich von Marseille zu Füßen der Chaîne de l'Estaque, jener aus Kalkgestein aufgebauten Bergkette, welche die sogenannte Blaue Küste gegen den von Nordwesten wehenden Mistral abschirmt. Das Fischerdorf war – eine der wichtigsten Voraussetzungen für die Ankurbelung des örtlichen Tourismus – ans Eisenbahnnetz angeschlossen. Überall in Europa betrachteten es damals die Presseorgane als ihre Pflicht, auf in schneller Folge neu eingerichtete Strecken aufmerksam zu machen.

Werefkin reagierte erstaunlich abgeklärt auf Jawlenskys Ankündigung, von Paris aus direkt nach Bayern zurückzukehren: »Wie aus Deinem Brief hervorgeht, möchtest Du sehr gerne nach München abreisen. In diesen, Deinen Wunsch möchte ich mich nicht einmischen.« Ihre Antwort auf ein zusätzliches Begehren Jawlenskys lautete hingegen kategorisch: Nein. »Ich finde, dass es unmöglich ist, Lelja vorher hinzuschicken.« Sie könne auf Helene nicht verzichten, denn schließlich habe man in Sausset-Les-Pins ein großes Haus gemietet. Er möge an das Dienstmädchen Christel schreiben und es um das Herrichten des heizbaren »blauen Zimmers« bitten. Einkaufen und Kochen sei deren Aufgabe jedoch nicht. Zum Mittagessen könne er in die »Gisela-Pension« gehen. Und das Schlafzimmer müsse, vor Benutzung, frisch tapeziert werden. Eine Abreise zeitgleich mit ihm, Jawlenskys nächster Vorschlag, wies Werefkin weit von sich. »Ich meine, dass es für mich keinen Sinn macht, mich hier loszureißen. … Ich bedauere es sehr, dass Du unsere gemeinsamen Pläne über Bord geworfen hast. Aber was soll man machen?«[25]

Robert Eckerts Liebenswürdigkeit und die Schönheiten Sausset-Les-Pins genießen!

»Mit jedem Tag bezaubert mich die hiesige Natur noch mehr. Die Farben rundum sind für einen Künstler eine unerschöpfliche Quelle. … Ewig könnte ich das Bild der Dünen genießen, die sich im aufblitzenden Licht des ersten Sterns rosa färben, … das Reich der Edelsteine über den wie ein breiter Teppich wirkenden Pinienkronen …; ich möchte die Sonne hier gegen den Nebel in München nicht früher eintauschen, als wir es verabredet hatten.« An einem Tag, an dem Eckert nach Marseille gefahren war, hatte sie, wie so oft in stadtfernen Gegenden, die »Illusion, in Blagodat zu sein«. »Es war sehr angenehm. Der Ofen knisterte, ich habe auf ihm Äpfel gebacken, um mich ungestörte Stille, durchs Fenster schaute eine seltsame Mondnacht herein. Meine Erinnerungen entschwebten in meine Jugend, ich dachte an meine Träume und Träumereien, mein Bestreben, meine Kunst … Wahrlich, Sausset setzt sich zu einem großen Eindruck zusammen.«[26]

Groß genug, um dem »schier unbezähmbaren Verlangen« wieder zu malen,[27] endlich, endlich nachzugeben.

In der Provence griff Werefkin zu Skizzenbuch, Buntstiften und Pastellkreiden. Fast beiläufig, in einem Nebensatz, bekam Jawlensky gegen Ende des Monats Oktober den Neubeginn mitgeteilt. »In diesen Tagen hatte ich einen Traum: In einem großen Haus brach Feuer aus, dort war eine Galerie untergebracht, und in ihr eine Ausstellung mit Gemälden von Goya. Um die Gemälde zu retten, hatte man begonnen, sie hinauszutragen. Eine ganze Prozession von Menschen war unterwegs, sie liefen in einer langen Schlange, und jeder trug ein Bild. Die Bilder waren schrecklich, hatten mit dem echten Goya nichts gemein, und ich zeichne sie gerade.«[28] Etwas Ähnliches vielleicht wie jene suggestiven, gespenstischen, »alpdruckartigen«[29] Skizzen *Geisterhand und Segelboote*, *Geisterhand und Mensch* oder *Luftwesen*, welche an Bilder Alfred Kubins erinnern? Mit Sicherheit entstanden um die genannte Zeit ihre *Pinien bei Sausset*. Glücklich schrieb sie ins Tagebuch: »Meine Kunst kehrte größer denn je zu mir zurück.«[30] Viele von Werefkins später entstandenen kleinformatigen Studien sind vergnügliche Momentaufnahmen. Zeichnungen mit leichter Hand meisterlich hingeworfen – geschwinde Inbesitznahme flüchtiger Sinneseindrücke bei musikalischen Veranstaltungen oder im Theater oder auf Rummelplätzen oder im Zirkus.

Es könnte sein, dass Jawlensky eingedenk der von Werefkin in Aussicht gestellten Unbequemlichkeiten auf die einsame Rückkehr an die Isar verzichtete. Vorstellbar ist aber auch, dass er letztlich den Verlockungen des Mittelmeers erlag. Seine Reise von Paris in die Provence fiel wohl in den Monat November. Die zu viert (ohne Robert Eckert) in Sausset-Les-Pins verbrachte Zeit ging um den Jahreswechsel zu Ende. Doch bevor es so weit war, unternahmen der Maler Jawlensky und die Malerin Werefkin einen Ausflug nach Arles. Fünfundsiebzig Kilometer landeinwärts gelegen, war dieser Schaffensort van Goghs auf direktem Wege mit dem Zug erreichbar.

Januar 1907. Unterbrechung der Rückreise nach München. Ein Hotel in Genf. Werefkin und Jawlensky und das Ehepaar Hodler[31] sitzen einander beim Nachtmahl gegenüber. Berthe Hodler hat zum Thema des Abends, Kunst, wenig beizutragen. Marianne von Werefkin ist in ihrem Element. Auch Ferdinand Hodler, gebürtiger Berner und vielfach ausgezeichnetes Mitglied der *Münchner*, *Berliner* und *Wiener Secession*, spricht fast nur über Malerei – aber leider kein Russisch. Alexej Jawlensky, ohnehin mehr Zuhörer als Redner, fällt es noch immer schwer, sich präzise auf Deutsch auszudrücken. Und flüssiger Austausch auf Französisch kam für ihn erst recht nicht in Betracht. Unnötig, die Zwangsläufigkeit der Hauptgesprächsachse genauer zu erörtern.

IN MÜNCHEN ENTSTANDEN 1907 die ersten provokant expressionistischen Farbklangkompositionen à la Marianne von Werefkin. Ihr Instrumentarium:

- *reine* Primärfarben Gelb, Rot, Blau;
- *reine* Sekundärfarben Violett (Rot + Blau), Grün (Blau + Gelb), Orange (Rot + Gelb);
- *schmutzige* Töne, dissonant und deshalb für das Auge »unbequem«[32];
- *unbunte*, von den Koloristen gemeinhin geschmähte, Nichtfarben (Weiß und Schwarz).[33]

Zusätzlich machte sich die Malerin ein physiologisches Phänomen zunutze, den sogenannten komplementären Schimmer. Zur Erläuterung: Betrachtet man aufmerksam, aber unverkrampft eine Farbfläche, erscheint mit einer gewissen Zeitverzögerung vor unserem Auge die, im Farbenkreis gegenüberliegende, Komplementärfarbe als eine von selbst entstehende, virtuelle Ergänzung. Um die Farbe Rot legt sich zum Beispiel eine Aura von hellem Grün.

In Werefkins Bild *Herbst/Schule* – seit Reichertshausen war es in ihrem Kopf gespeichert![34] – ist leuchtendes Weiß in Form von Tupfern eingestreut. Weiß sind die angedeuteten Blumen, weiß sind die Strümpfe und Kragen der von einer Erzieherin begleiteten Pensionatsschülerinnen. Schwarz sind deren uniforme Kleider und Hüte. Das Violett des Weges wird vom Gelb und Grün der Wiese, das Gelb und Grün der Wiese vom tiefen Blau des Sees, das tiefe Blau des Sees vom noch tieferen Blau der Berge, das noch tiefere Blau der Berge vom flammenden Orange des wolkenlosen Abendhimmels, das flammende Orange des wolkenlosen Abendhimmels vom schwärzlichen Violett der aufziehenden Gewitterwolken begrenzt. Die Stämme hoher blattloser Bäume sind das vertikale Element im horizontalen Aufbau der Landschaft. In Werefkins farblicher Zusammenstellung ist die Tatsache berücksichtigt, dass alle Farben, die den Charakter des Blauen in sich tragen, bei längerer Betrachtung alle Helligkeit verlieren können, bis sie, optisch vorgetäuscht, in Schwarz übergehen.

Ihr Gemälde *Die Steingrube* ist »eines der fortschrittlichsten und revolutionärsten Bilder, das 1907 in München gemalt wurde«. Nämlich in »schmutzigen Tönen«, und das zu einer Zeit, als Jawlensky noch van Gogh nacheiferte »oder Kandinsky und Münter noch unsicher in Spachteltechnik nach einem eigenen Stil suchten«.[35]

Werefkins neue Bilder sind ein Bekenntnis zum flächenhaften Farbauftrag, zur Reduktion der Formen, zu deutlicher Konturierung und strukturierender Linienführung.

In ihrer Wirkung sind sie bunten Bleiglasfenstern vergleichbar. Kunstauffassung und Sujet der französischen *Nabis (Propheten)* flossen damals in Werefkins Œuvre ein. Zum anderen orientierte Werefkin sich zu jener Zeit am Cloisonismus,[36] einer Strömung innerhalb der Malerei der Moderne, die im Kreis der Gauguin-Nachfolger aus der Schule von Pont Aven entwickelt worden war. Eindeutig cloisonistisch ist Werefkins junge *Witwe auf einer Bank*. Obwohl ganz in Schwarz gekleidet, kommt sie uns, nebenbei bemerkt, kein bisschen unfroh vor. Das Karikaturhafte lag Marianne von Werefkin von Jugend an im Blut, außerdem könnte sie es sich von dem unbestechlichen Beobachter Henri de Toulouse-Lautrec, den sie sehr schätzte, abgeschaut haben.[37] Zu den die Menschen durchschauenden Überzeichnern gehörte aber auch, wir erinnern uns, Alexander Salzmann.

Der Freund fehlte ihr sehr. Gegenwärtig war er, dauerhaft drogenfrei, an der Entstehung des Freskenzyklus *Die vier Jahreszeiten* im Muschelsaal des Wiesbadener Kurhauses beteiligt. Danach ging Salzmann nach Hellerau bei Dresden, entwarf für das Festspielhaus der von der Lebensreformbewegung geprägten Gartensiedlung[38] ein System indirekter Beleuchtung sowie begehbare Dekorationsmodule. In Hellerau lernte er Jeanne Allemand, seine zukünftige Ehefrau, kennen. Über die Schweizerin kam Alexander Salzmann mit Emile Jaques-Dalcroze in Verbindung; er unterstützte den Komponisten und Tanzpädagogen bei der Gründung einer Bildungsanstalt für rhythmische Gymnastik.[39] Die deutsche Uraufführung von Paul Claudels geistlichem Stück *Verkündigung* unter Salzmanns Leitung erregte großes Aufsehen. Daraufhin bot ihm das Pariser *Théatre des Champs-Élysées* eine Stellung als Regisseur an. Seine futuristischen Bühnenlichtinstallationen machten Furore. 1916 kehrte Salzmann, mit Frau und zwei Kindern, in seine Heimat Georgien zurück. In Tiflis schloss sich das Ehepaar dem »Weisheitslehrer«[40] Georges Gurdjieff an und begründete ein *Institut zur harmonischen Entwicklung des Menschen*[41]. Später folgte es seinem Guru nach Avon bei Fontainebleau, wo Alexander Salzmann 1933 starb.[42]

WEREFKINS SUCHE NACH einer individuellen Handschrift hatte System. So wie Versuch und Irrtum eine in der experimentellen Wissenschaft gebräuchliche Problemlösungsmethode ist, unterzog sie, wie schon beschrieben, die Vorgaben anderer Künstleravantgardisten praktischen Prüfungen. Auch Edvard Munch kam noch im Jahre 1907 an die Reihe. Mit Blick auf die Charakteristika seiner Darstellungen ging die Baronin zu einem additiven Ausprobieren über: Flächenmalerei plus Tiefenwirkung.

Während der Malsommertage mit Jawlensky in und um Wasserburg am Inn erreichte die Testreihe »forcierte Perspektiven« sichtbare Höhepunkte. Straßen und Wege, teils schluchtartig angelegt, ziehen den Betrachter förmlich in Werefkins Bilder hinein. Ende der zwanziger Jahre wird der Münchner Kunsthistoriker Hugo Kehrer die Baronin fragen, ob sie die bei Vorlesungen von ihm gewöhnlich hergestellte Verbindung ihres Gemäldes *Die Landstraße/Drei litauische Frauen* mit Edvard Munchs Darstellung *Der Schrei* zutreffend fände. Und Werefkin wird ihm zur Antwort geben, er läge mit seiner Vermutung vollkommen richtig.[43]

Ähnlich planvoll wie an die illusionistische Herstellung von Dreidimensionalität ging sie an das räumliche Gestaltungselement Diagonale heran. Summa summarum führten ihre Vergleichsarbeiten zu einem bemerkenswerten Praxisvorsprung gegenüber den Münchner Freunden. Doch bevor wir uns der momentanen Situation rund um die *Zeichen- und Malschule A. Jawlensky* zuwenden, soll noch von einem Ereignis am Rande berichtet werden.

Es trug sich unweit Donauwörth zu, exakt am Egerbuck, Gemarkung Kaisheim. Auf der Kuppe des Hügels betrieb Johann Jung die Waldschenke *Egerwirt* mit Kegelbahn und Schießstätte. Dort fanden in den Sommermonaten »fröhliche Waldfeste« statt mit Musik, Bierausschank, Preiskegeln und Preisschießen. Letzteres vollzog sich unter Aufsicht der *Zimmerstutzengesellschaft Einigkeit*, später in *Schützengesellschaft Einigkeit Kaisheim* umbenannt. Mit Zimmerstutzen wurde – bei Schlechtwetter auch in ausreichend großen Räumen – zur Unterhaltung geschossen, stehend auf eine Entfernung von fünfzehn Metern. Es gibt ein Foto. Darauf sind zwölf Herren, sechs Damen, zwei Knaben und ein Mädchen abgebildet, gestaffelt in drei Reihen. Manche halten Gewehre mit gezogenem Lauf, andere eingerollte Fahnen. Ganz vorn, im Wiesengrund abgestellt, die handbemalte Schützenscheibe. Rund um den unvermeidlichen röhrenden Hirschen das Spruchband: »Gewonnen am Egerbuck den 29. August 07 von …«. Den Namen des Schützenkönigs oder der Schützenkönigin erfährt man, weil hinter Grashalmen verborgen, leider nicht. Der ehemalige Meisterschütze Jawlensky präsentiert sich in Siegerpose. Die ehemalige Meisterschützin Werefkin lächelt fein. Auf welchem Wege sie an den Schauplatz der ergötzlichen Unternehmung gelangten? Mit Ausnahme des Lichtbilds sind alle Spuren verwischt.[44]

Schon vor ihrem und Jawlenskys einjährigem Frankreichaufenthalt 1906, so Werefkin, »kamen Erbslöh und Kanoldt … als grüne Jungs zu uns ins Atelier … wo man ihnen die Augen öffnete für eine Kunst, die sie nicht ahnten«.[45] Die Formulierungen *zu uns* ins Atelier und wo *man* ihnen die Augen öffnete, sprechen für gemeinschaftliches Unterrichten. Adolf Erbslöh, geboren 1881 in den USA, aufgewachsen im rheinländischen Barmen, belesen und musikalisch, war 1905 nach Oberbayern gekommen, um in München sein in Karlsruhe begonnenes Kunststudium fortzusetzen.[46] Er entstammte einer alten Kaufmannsfamilie. Sein Vater leitete bis 1887 in New York die Firma Dieckerhoff-Raffleur, Export-Import. Der vermögende Erbslöh hatte in der Vergangenheit Reisen zu verschiedenen europäischen Kunstzentren unternommen. Seinem gleichaltrigen, weniger begüterten Freund Alexander Kanoldt, Sohn eines angesehenen Karlsruher Landschaftsmalers, [47] waren immerhin zwei Jahre Italien vergönnt gewesen. Kanoldt hatte in seiner Geburtsstadt zunächst eine kunstgewerbliche Lehre als Dekorationsmaler absolviert und sich danach der Bildnismalerei zugewandt. Regelmäßig kam 1907 auch ein gewisser Rudolf Czapek in die Lehr- und Lernanstalt der Giselisten. Wie Erbslöh hatte der Zweiunddreißigjährige aus Prag bisher die Malklasse von Ludwig Herterich besucht. Den Ziehkindern des fortschrittsscheuen Verfechters altväterlicher Malerei die Akademieroutine auszutreiben, war eine echte Herausforderung für Werefkin und Jawlensky. Die verbale Heranführung an moderne Kunst fiel definitiv in Werefkins Ressort, hilfreiches Begleiten von Übungen auf dem Papier und an der Staffelei war wohl vorwiegend Jawlenskys Sache.

Erbslöhs Abkehr vom Schablonendenken zeigt sich in seinen Bildern. Czapeks Œuvre gilt als verschollen. Gleichwohl ist Werefkins Einfluss auf ihn dokumentiert, ließ er ihre Anschauungen doch in sein schriftstellerisches Werk *Grundprobleme der Malerei* einfließen. Gleich

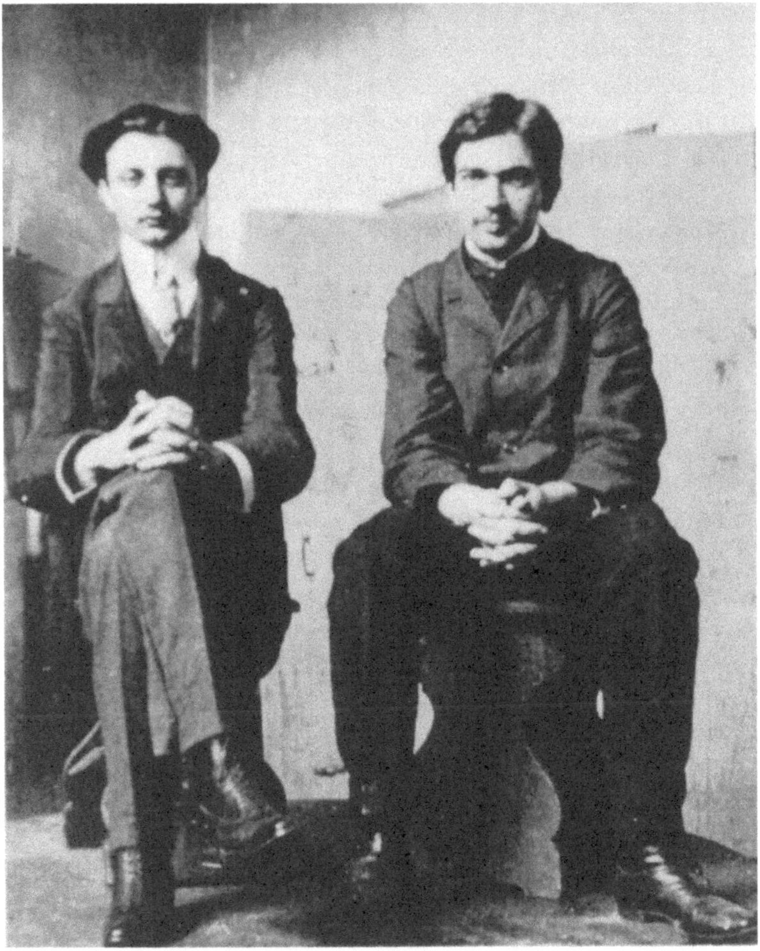

Adolf Erbslöh (links) und Alexander Kanoldt, 1902

zu Beginn dieses *Buches für Künstler und Lernende*, 1908 in Leipzig erschienen, sagt Czapek dem Althergebrachten in der Malerei den Kampf an. Manche Passagen stehen im Verdacht einer nahezu wortgetreuen Wiederholung von Instruktionen seiner Kunsterzieherin. Im Abschnitt *Die Malerei als Flächenkunst* kommen Czapeksche Aussagen als Zitate Werefkinscher Erläuterungen zum »Farbengesang« daher, beispielsweise wenn er anmerkt: »Der einfache Farbenreiz kann genau wie ein musikalischer Ton schon für sich allein elementare Schönheit haben. Es ist eine bezaubernde Naturgewalt, die nicht an ein zufälliges Objekt als Farbenträger gebunden ist. Man sollte den Ausdruck ›Ton‹ in der Malerei besser in dieser klingenden Bedeutung gebrauchen. Die physiologische Seite der Farbenwirkung ist gleichzeitig die Grundlage der ästhetischen Seite und somit auch der aufs Gemüt wirkenden Farbenkraft.«[48]

Dass Czapeks *Grundprobleme der Malerei* von Kandinsky in den Bestand seiner Bibliothek aufgenommen wurden, ist bekannt. Und ebenso, dass Kandinsky seit geraumer Zeit eifriger Sucher nach und Sammler von Gedanken[49] *Über das Geistige in der Kunst* war. Bei ihm finden sich ähnliche Überlegungen wie bei Werefkin und Czapek. Selbstverständlich entstand Kandinskys 1910 weitgehend abgeschlossenes und 1911/12 publiziertes schriftliches Hauptwerk »nicht im luftleeren Raum« und gelangte er »nicht ohne die zeitbedingten Problemstellungen zu seinen Erkenntnissen«.[50] Jedoch weitaus bekannter als Czapeks, mit Werefkins Denkanstößen angereicherte Veröffentlichung war die 1908 in München gedruckte Doktorarbeit eines jungen Kunsthistorikers. Das Echo auf Wilhelm Worringers Dissertation *Abstraktion und Einfühlung* war kolossal. Enthusiastisch besprochen, wurde sie damals als »Programmschrift« der Avantgarde deklariert. Eher ein Entdecker der Kunst als ihr Erneuerer, sah sich der Autor gegen seinen Willen zum Vorreiter erklärt. Alle Versuche Kandinskys, ihn späterhin unter die Frontleute der modernen Kunst zu bringen, wurden von Worringer mit spöttischer Ironie zurückgewiesen.[51]

JAWLENSKYS BEKENNTNIS ZUM EXPRESSIONISMUS sollte unwiderruflich sein, und nichts hatte Werefkin sich mehr gewünscht. Trotzdem gab es da einen Wermutstropfen: Die endgültige Konversion des Gefährten war nicht ihr Verdienst.

Unmittelbar nach beider Rückkehr aus Südfrankreich hatte ein Benediktinermönch mit Priesterweihe, Pater Willibrord, den Kreis um die Giselisten erweitert. Mit bürgerlichem Namen hieß der vierzigjährige Niederländer Jan Verkade. Seinem Eintritt ins Kloster Beuron war ein Kunststudium an der Amsterdamer Akademie vorausgegangen. In Frankreich hatte er Paul Gauguin kennengelernt und in engem Kontakt mit den *Nabis* gestanden. Ende Oktober 1906 war Verkade, der die Beuroner Kunstschule leitete, von seinem Abt zur Fortbildung in figürlichem Zeichnen nach München geschickt worden. Gewöhnlich arbeitete er im

Atelier von Karl Hornung in der Kaulbachstraße, verbrachte aber viele Stunden bei Jawlensky in der Giselastraße.

Verkade über Jawlensky: »Ein lieber, taktvoll-bescheidener Mensch, der das Natürlich-Naive der russischen Seele unverfälscht bewahrt hatte. Er besaß einen gesunden Sinn für die Freuden des Lebens.«[52] »Ich habe selten in meinem Leben jemand kennengelernt, der ein so vortreffliches Urteil über Kunst hatte wie Jawlensky, der so sicher immer das Beste auszuwählen wusste und solch eine feine Spürnase für das Nächstkommende in der Malerei besaß.«[53]

Jawlensky über Verkade: »In meinem Atelier malte Verkade auch Akt. Als er ins Kloster zurückkam [im Frühjahr 1908], musste er seinem Prior alles beichten und ... als Buße nach Jerusalem, um eine Kirche auszumalen.«[54]

In einer bestimmten Art von Männerbund können Frauen vom Schlage Marianne von Werefkins nur Fremdkörper sein. Vielleicht gönnte Verkade ihr deshalb in seinen autobiografischen Aufzeichnungen nur wenige Zeilen; sie behandeln einen gesellschaftlich bemerkenswerten Verwandtenbesuch; ganz München nahm vom Auftritt Iwan Loggi-nowitsch Goremykins, Aristokrat vom Scheitel bis zur Sohle, im Salon der Baronin Notiz. In Russland war ihr Onkel, damals als leitender Staatsanwalt tätig, ein Mann zum Fürchten. Von April bis Juli 1906 hatte er das Amt des Ministerpräsidenten innegehabt und sollte es während der Jahre 1914 bis 1916 noch einmal übernehmen. 1917 von Revolutionären verhaftet und in der Petersburger Peter-und-Paul-Festung festgesetzt, wurde Goremykin zwar bald darauf freigelassen, aber noch im gleichen Jahr unter ungeklärten Umständen erschlagen.

Ungeachtet der Suggestivkraft Jan Verkades hinsichtlich Alexej Jawlenskys Loslösung vom Neoimpressionismus, bedurfte es eines zweiten männlichen Gauguin-Jüngers, der ein noch versierterer Gauguin-Erklärer war, um ihn von seiner Van-Gogh-Manie abzubringen.

Wladislaw Slewinsky hielt sich ebenfalls nur vorübergehend in München auf. Monatelang in Schwabing zu wohnen, Maler zu sein und nichts von den sonntäglichen Jours Fixes der Baronin zu wissen, war schlechthin ausgeschlossen. Insgesamt stellte der Pole – nie ohne die zwei Gauguins aus eigenem Besitz im Gepäck unterwegs – der örtlichen Kunstszene schlechte Noten aus, in erster Linie vermisse er kühnes Voranschreiten. Stillstand sei der Tod der Kunst. Und sprach Slewinsky abfällig von »Farbklecksern«, dann fühlte Jawlensky sich ertappt. »Er wechselte nach der Begegnung mit Slewinsky seinen Malstil radikal, … wandte sich der Flächenmalerei zu, und van Gogh wurde als Leitfigur durch Gauguin ersetzt.«[55]

Noch im ersten Quartal des Jahres 1908, kurz vor seiner Richtungsänderung, bekam Jawlensky in München[56] ein Gemälde Vincent van Goghs angeboten. Wie es scheint, wollte die Witwe von dessen Bruder Theo einen Abschlag bar auf die Hand, für den Rest wurde eine Ratenzahlung vereinbart. Nur der Baronin war es möglich, am Tage der Heimholung der *Straße in Auvers/La maison du père Pilon* Geldscheine in ausreichender Menge hinzublättern. Und tatsächlich ging das Bild in das Gemeinschaftseigentum von Jawlensky und Werefkin über. Ihr Anteil am Verkaufserlös, dereinst in Schweizer Währung ausbezahlt, sollte mit viertausend Franken zu Buche schlagen.[57] Aber das ist ein anderes Kapitel.

EXKURS I

Wunderwochen

Ländliches expressionistisches Symposion Murnau

EIN TREND IST EINE NEUE AUFFASSUNG, die eine Richtungsänderung auslöst. Viele gleich lautende Signale lassen einen Trend entstehen. Menschen und Menschengruppen, welche Bewegungen von Punkt A nach Punkt B in Gang setzen, werden Avantgardisten, Pioniere, Vordenker, Vorkämpfer, Vorreiter oder Verkünder einer neuen Zeit genannt. In der Wendeepoche vom 19. zum 20. Jahrhundert hießen Wegbereiter der Moderne in der Architektur Peter Behrens, in der Musik Arnold Schönberg, in der Dichtkunst Georg Trakl, in der Bildhauerei Auguste Rodin, im Tanz Alexander Sacharoff, in der Malerei Marianne von Werefkin …

TIEF HÄNGENDE PERLMUTTFARBENE WOLKENGEBILDE vor schwärzlich-violetter Bergwaldkulisse, tropfnasses glänzendes Laub, von Feuchtigkeit leuchtende rote Dächer – hält die Schönheit eines Ortes den Angriffen einer Regenfront stand, verbietet sich die Frage nach dem Malerischen bei Sonnenschein.

1904, als Kandinsky während einer Schlechtwetterperiode durch das Werdenfelser Land radelte, hatte er Murnau »entdeckt« und schwärmerisch kommentiert. Im Jahr darauf besuchten Werefkin und Jawlensky den Marktflecken und nahmen ihn kritisch unter die Lupe, da sie ihn ja vorübergehend als Zweit- oder vielleicht sogar als Hauptwohnort in Erwägung zogen. Datierte Skizzen Werefkins sind Beweise für einen Arbeitsaufenthalt in Murnau schon 1907.

Unser Hauptaugenmerk liegt auf den Wunderwochen 1908 und 1909.

Als Kandinsky und Münter, rastlos auf der Suche nach einer gemeinsamen Bleibe außerhalb Münchens, während einer kurzen Stippvisite im Juni in der Stadt die Vorzüge des kürzlich besuchten Marktfleckens im Alpenvorland einmal mehr Revue passieren ließen, erzählten sie den Freunden also durchaus nichts Neues. Dass Werefkin und Jawlensky schon zuvor im *Griesbräu* Zimmer für sich hatten reservieren lassen, ist anzunehmen. Solange der Strom der Sommerfrischler anhielt, gaben sich in Murnaus Fremdenquartieren die Gäste die Klinke in die Hand. Im Juli des Jahres lud, gemäß den Gepflogenheiten, ein Hausknecht des ersten Gasthofs am Platze das Gepäck der beiden am Bahnhof um auf einen Hand- oder Pferdewagen. Kaum zwei Stunden hatte die Eisenbahnfahrt auf der Strecke München-Garmisch gedauert.

Ihre Anziehungskraft verdankte die Zweitausend-Seelen-Gemeinde am Staffelsee nicht allein der bezaubernden geografischen Lage. Gerade war das unter der Leitung des Architekten und Professors Emanuel von Seidl geschaffene Gesamtkunstwerk der »Fassadenbemalung« abgeschlossen worden.[1]

Um die Mitte des Monats August trafen Münter und Kandinsky in Murnau ein. Just von einer ihrer Besichtigungsrundreisen nach München zurückgekehrt – zuletzt hatten sie den Chiemgau und das Salzkammergut inspiziert –, können zwischen Werefkins dringender postalischer Aufforderung, nach Murnau nachzukommen, und der Vereinigung zum Künstlerquartett nur wenige Tage gelegen haben. Fortan logierten beide Paare im *Griesbräu* und eroberten im Geschwindschritt die Welt expressionistischer Malerei. Angeführt von Werefkin – bewegte sie sich doch seit vielen Jahren, zunächst intensiv theoretisch und zuletzt auch intensiv praktisch, im Kosmos der französischen Kunstrevolutionäre. Skizzen aus der Zeit von 1907 bis 1910 machen deutlich, wie entscheidend sie »zur Weiterentwicklung der Künstlergemeinschaft beigetragen hat«.[2] Überhaupt war die Baronin die Erfahrenste, und auch die Älteste. Im Jahre 1886 zum Beispiel, als Ilja Repins damals sechsundzwanzigjährige Vorzeigeschülerin schon den Ehrentitel »Russischer Rembrandt« trug und bereits jede Menge Lorbeeren erntete, war Münter noch ein Kind, stand Kandinsky am Anfang seines Studiums der Nationalökonomie sowie Jurisprudenz und übte sich Infanterist Jawlensky im dilettantischen Kopieren Alter Meister.

In Murnau »kam nun in der gemeinsamen Arbeit auch bei Jawlensky, Kandinsky und Münter ein neuer Malstil zur Wirkung, der die Bildmotive in flächige Grundformen fasste und leuchtende, kontrastreiche Farben in breiten, großzügigen Pinselstrichen wiedergab«.[3] Eindruckvolle expressionistische Orts- und Landschaftsbilder, Porträts und

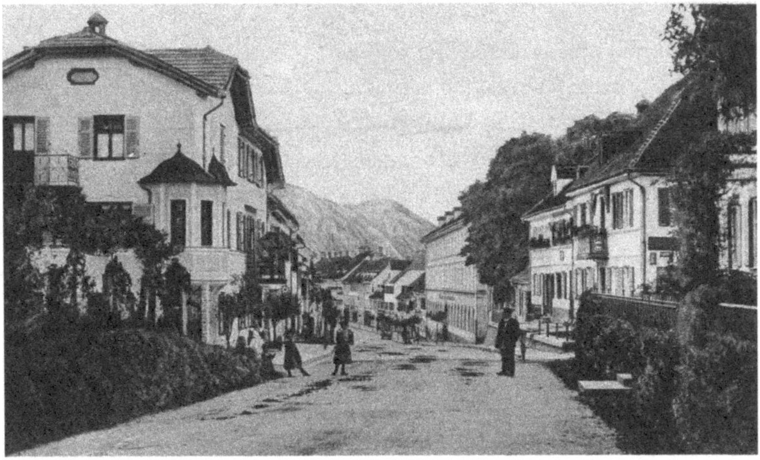

Murnau – Marktstraße mit Gasthof Griesbräu

Stillleben aller vier Künstler sind in jener folgenreichen Umbruchzeit entstanden.

Münter gelang der grundlegende Wandel, noch bevor auch Kandinsky eine »wundervolle Entwicklung« nahm. »Ich habe«, beurteilte sie retrospektiv den Murnauer Anschauungsunterricht, »nach einer kurzen Zeit der Qual einen großen Sprung gemacht – vom Naturabmalen – mehr oder weniger impressionistisch – zum Fühlen eines Inhalts, zum Abstrahieren – zum Geben eines Extraktes. Es war eine schöne, interessante, freudige Arbeitszeit mit vielen Gesprächen über Kunst mit den begeisterten ›Giselisten‹.«[4]

Viele Stunden täglich wurde im Bemühen um einen modernen künstlerischen Ausdruck diskutiert, kommentiert, experimentiert. Werefkin dürfte, wie gewohnt, den Part verbaler Belehrung mit philosophischem Einschlag übernommen haben. Auch Jawlensky, bekennender Expressionist bekanntlich schon seit dem Frühjahr und ein hervorragender Motivator außerdem, hatte maßgeblich Anteil an der Überzeugungsarbeit. Ihm zeigte Münter ihre Schöpfungen am liebsten: »Einerseits lobte er gern und viel, andererseits erklärte er mir auch manches – gab mir von seinem Erlebten und Erworbenem und sprach von ›Synthès[e]‹. Er ist ein netter College.«[5] Einmal, als sie mit einer Landschaftsstudie unterm Arm in den *Griesbräu* zurückkam, rief der charmante Frauenkenner anerkennend aus: »Tausend Mark!« Nicht einmal für fünfzig hätte ihr damals irgendjemand irgendetwas Gemaltes abgekauft. Münters kleines Bild *Der blaue Berg*[6] entstand im Verlauf einer Motivsuche »mit Jawlensky *allein*«. In ihren Aufzeichnungen berichtet sie von dem anrührenden Moment des Erkennens ihrer künstlerischen Bestimmung: »Da sah ich von oben das Gasthaus Berggeist liegen u. wie der Weg aufsteigt u. dahinter den blauen Berg u. rote Abendwölkchen am Himmel. Ich schrieb das Bild, das sich mir bot, schnell hin. Dann war es mir wie ein Erwachen u. ich hatte das Gefühl, als wenn ich ein Vogel wäre, der sein Lied gesungen hat. Ich habe nicht von dieser Empfindung gesprochen, wie ich überhaupt nicht viel schwatze.« Diesbezüglich sah Münter in Jawlensky ebenfalls einen Verbündeten. Gefühlswallungen machten den Schweiger elegisch. Beim Betrachten eines anderen Bildes in Münters neuer Handschrift wurde er, ihre Worte, »wieder so nett ›welk‹ vor Begeisterung«.[7] Werefkins missionarischer Eifer und deren immer und überall zur Schau gestellte intellektuelle Überlegenheit machten der um siebzehn Jahre Jüngeren – ungeachtet gegenseitiger Wertschätzung – offensichtlich ein wenig Angst. Kandinsky malte die ungleichen Frauen nebeneinander auf einem Sofa sitzend, Münter in die Ecke des Sitzmöbels gekauert, die Baronin mit hoch aufgerichtetem Oberkörper. Münter befand in einer undatieren Notiz: »Die Werefkina … war eine pompöse Erscheinung, selbstbewusst, herrisch.«[8] Ihre 1909 entstandene, auch farblich ausdrucksstarke Werefkin im Halbprofil mit prächtig garniertem Hut und modischem Schal erweckt den Anschein einer Stilikone.

Gemeinsam mit Jawlensky ging Werefkin in Murnau gegen den »falschen Glanz der Ölfarbe« vor. In der Tat fallen an Münters und Kandinskys Schwellenbildern *Dorfstraße* beziehungsweise *Grüngasse* die matten Oberflächen auf.[9] Kandinsky fand, laut der rascheren Münter, zwar »langsam«, aber »folgerichtig zu unmittelbarer Farbenwirkung und mächtig zusammengefasster Gegenstandsgestaltung«.[10] Indessen er, 1906 und 1907 in Frankreich in melancholischer Unentschlossenheit gefangen, künstlerisch kaum von der Stelle gekommen war, hatte es sie schon vorwärtsgedrängt.[11] Anders als beim Maler Kandinsky hielt beim Privatmann Kandinsky der Zustand des Zauderns an. Das Heiratsversprechen, das er Gabriele Münter gegeben hatte, sollte, notabene, ein Lippenbekenntnis bleiben. Um in Schwabing eine angeblich nur für ihn und sie bestimmte Wohnung in der Ainmillerstraße 36, Gartenhaus, zu beziehen, unterbrach Kandinsky kurz den Murnauaufenthalt. Als dieser im September für alle zu Ende ging, war überraschenderweise auch Kandinskys Ehefrau Anna unter der genannten Münchner Adresse gemeldet – und seine Verlobte Gabriele sah sich gezwungen, in eine Pension auszuweichen.[12] Soweit der Abstecher in die nahe Zukunft. Ein Blick über sie hinaus offenbart, dass sich zwischen den Künstlerpaaren Werefkin/Jawlensky und Münter/Kandinsky zeitlebens keine Duzfreundschaft entwickelte. Die Damen beließen es bei Frau Baronin beziehungsweise Fräulein Münter, die Herren sprachen einander auf gut Russisch mit ihren zwei Vornamen (dem eigenen sowie dem Vatersnamen) an. Unter dem Eindruck der nationalsozialistischen Verfolgungspolitik schrieb Wassily Wassiljewitsch an Alexej Georgijewitsch, ihrer beider »-sky« im Nachnamen sei eine »sehr ungünstige Endsilbe«. »Nun ist es zu spät, unser Schwänzchen abzuhacken … Sie hätten vor 30 Jahren Monsieur Javlens und ich Kandin (hier wie da mit nasalem ›n‹) werden sollen, dann liebte man uns vielleicht mehr.«[13]

1908 war jedoch in Murnau die politische Welt noch in ihrer monarchistischen Ordnung.

Mittlerweile gewohnt an den »Fremden«verkehr, nahmen die bäuerlich-zweckmäßig oder bürgerlich-konservativ gewandeten Einheimischen allenfalls von den modischen Extravaganzen städtischer Sommerfrischler Notiz. Vielleicht machten sie sich lustig über die wagenradgroßen Hüte mit ihrem hohen dekorativen Aufbau, welche aus unerfindlichen Gründen selbst dann nicht in Schieflage gerieten, wenn ihre Trägerinnen – so Werefkin und Münter – beim freundlich nickenden Grüßen auf Murnaus Straßen und Gassen nach links und nach rechts ihre Häupter neigten. Und wer der Natur mit Zeichenstift und Pinsel so sichtbar schrecklich Gewalt antat, wie die genannten Damen samt männlichen Begleitern, wäre, hätte man davon Notiz genommen, höchstens für närrisch gehalten worden. Wohingegen deren Begeisterung für unzweifelhaft bodenständige Artefakte bei der Mehrzahl der Murnauer auf absolutes Unverständnis stieß.

Münter meinte im Nachhinein, es sei Jawlensky gewesen, der seine drei Kollegen auf Heinrich Rambold[14] aufmerksam gemacht habe. Dabei konnte den ortsansässigen Hinterglasmaler eigentlich niemand übersehen. Denn der zog mit seinen Kunstwerken auf dem Rücken von Tür zu Tür, die Kraxe voll mit gerahmten Jesuskindlein, Madonnen, Heiligen,

Trachtlern und Handwerksleuten. An Volkskunst älterer Art bestand kaum noch Interesse. Angesichts der unaufhaltsamen Ausbreitung der Unsitte, handgemalte Bilder für den Herrgottswinkel durch billige Lithografien zu ersetzen,[15] hatte der Murnauer Braumeister Johann Krötz[16] seit Langem die aus der Mode gekommenen Hinterglasbilder gesammelt.[17] In seinem Haus am Burggraben aufbewahrt und zur Schau gestellt, lockte die mittlerweile auf zirka tausend Bilder angewachsene Sammlung auch Touristen an. Wie tief Werefkin, Jawlensky, Münter, Kandinsky von den Exponaten beeindruckt waren, kommt im unverzüglich einsetzenden Nachahmungstrieb zum Ausdruck. [18] Die Übereinstimmung der Sprache der traditionellen Volkskunst – flächig, vereinfacht, ausdrucksstark – mit ihrer expressionistischen Malerei war freilich sinnenfällig.

Von Kindesbeinen an mit der Volkskunst vertraut, hatte Werefkin von Haus aus auch Zugang zur Bildersprache eines Heinrich Rambold. Ihre Liebe zum Kunsthandwerk war dem Einfluss von Mutter und Vater geschuldet. Man denke nur an die reichen Verzierungen der Holzhäuser in Blagodat und an die bis nach München mitgenommenen Möbel und Teppiche aus der Manufaktur von Abramzewo. In den Augen westlicher Besucher verlieh die Vielzahl altrussischer Gegenstände dem Interieur ihrer Wohnung in der Giselastraße einen musealen Charakter. Schon die fünfjährige Marianne hatte einem Fotografen in Tracht Modell gestanden. Unter ihren eigenen frühen Gemälden befindet sich das eines bäuerlich-festtäglich gekleideten Mädchens mit traditionellem Kopfputz und Halsschmuck.[19] Und: Anders als bei Jawlensky, Münter und Kandinsky war Volksnähe für Werefkin bekanntlich ein Bedürfnis oder gar ein Lebenselixier.

Allerdings hatte auch Kandinsky, im Zusammenhang mit einem Forschungsauftrag, Erfahrungen mit östlichen Sitten und Gebräuchen gesammelt. 1889 war der Zweiundzwanzigjährige im bis an den Ural heranreichenden Gouvernement Wologda archaischen Rechtsnormen und Kultformen auf der Spur gewesen. Die im Lebensraum einer finnougrischen Minderheitsbevölkerung entdeckten, dekorativen ethnologischen Eigentümlichkeiten hatten bei ihm einen nachhaltigen Eindruck hinterlassen.

1909 WURDE DAS EHRGEIZIGE PROJEKT KUNSTKOLLEG auf dem Lande fortgeführt. Nach ihrem Eintreffen im Frühjahr in Murnau logierten die beiden Paare Wand an Wand in der Pfarrgasse 235a[20]; im Erdgeschoss des Gebäudes befand sich ein Laden, »Echters Volks-Basar«. Zeitweilig gesellte sich die Malerin Emmy Dresler zu ihnen.

Am 20. Juni bezogen Münter und Kandinsky ein kleines Haus in beglückend schöner Lage.[21] Es war das einzige Bauwerk auf dem Hügel jenseits der Eisenbahnschienen, ohne ausgebauten Zugang. Zwei Monate und einen Tag später unterzeichnete Münter den Kaufvertrag. Schreinermeister Xaver Streidl hatte die Immobilie mit Garten zur Vermietung an Feriengäste bauen lassen. Ihr Eigentum vermittelte Münter ein Gefühl von Sicherheit und ungestörter Zweisamkeit. Kandinsky bemalte das Treppengeländer mit einem Reiterfries. Wasser gab es an der Handpumpe, Licht spendeten Kerzen und Petroleumlampen, Küchenherd und Kachelofen wurden mit Holz oder Torf beheizt. Münters und Kandinskys Entscheidung, vom Land in die Stadt zu wechseln, fiel mit dem Einsetzen herbstlich kühler Witterung zusammen. Sie kehrten im Oktober 1909 nach München zurück.

Werefkin und Jawlensky hatten das Staffelseeidyll, soweit feststellbar, im Spätsommer verlassen.

Ob der Geist von Murnau auf München übertragbar war?

Man wird sehen.

EXKURS II

Wechselspiele

Die Neue Künstler-Vereinigung München und Der Blaue Reiter

IM DEZEMBER 1908, nach dem ersten und vor dem zweiten Murnautreffen also, war in Werefkins Münchner Salon die Idee eines formalen Zusammenschlusses geboren worden. Neben ihr und Jawlensky waren Adolf Erbslöh und der Kunsthistoriker Oscar Wittenstein anwesend, möglicherweise auch Alexander Kanoldt und Wladimir von Bechtejeff. Auf der Basis des von der Baronin vor Jahren ins Leben gerufenen *Lukasbundes* nahm das Gedankengebäude ziemlich rasch Gestalt an. Die Benennung des angestrebten Vereins fiel offensichtlich schwerer als das Entwerfen von dessen Statuten.

In der vorweihnachtlichen kreativen Runde in der Giselastraße waren Gabriele Münter und Wassily Kandinsky nicht dabei gewesen. Den Anlass für das Fehlen der beiden in der entscheidenden Stunde des geistigen Ursprungs der Gemeinschaft kennen wir nicht.[1] Doch am 22. Januar 1909 setzten erstaunlicherweise nur sie beide ihre Schriftzüge unter eine Gründungsurkunde[2] mit der Präambel: »Die Unterzeichneten haben heute in München einen Verein unter dem Namen [...] gegründet. Und weiter: »Das Ziel dieser Vereinigung ist es, Kunstausstellungen in Deutschland wie im Ausland zu veranstalten.« Die Zahl der Mitglieder sollte nach oben offen sein und ihre Wahl eine Stimmenmehrheit erfordern. Als Jahresbeitrag wurden zehn Mark festgelegt. Als erster Vorsitzender war Kandinsky, als zweiter Vorsitzender Jawlensky vorgesehen.[3] In einem frühen, von Münter erstellten und später erweiterten Mitgliederverzeichnis sind einundzwanzig Namen aufgeführt: »Wassily Kandinsky, Alexej Jawlensky, Hugo Schimmel [1909 gestrichen], Paul Baum, Wladimir von Bechtejeff, Th. E. Butler [1909 gestrichen], Adolf Erbslöh, L. Frank [1909 gestrichen], Alexander Kanoldt, M. Kanoldt-Zerener [Kanoldts erste Ehefrau; 1909 gestrichen], Moissey Kogan, Gabriele Münter,

Charles Palmié [1909 gestrichen], Alfred Kubin, Karl Hofer, Marianne von Werefkin, Dr. Oscar Wittenstein, Johanna Kanoldt, Dr. Heinrich Schnabel, Thomas von Hartmann, Dr. Gustav Freytag.«

Die achtseitige Broschüre *Neue Künstler-Vereinigung München. E. V. Satzungen* wurde unter dem Datum 22. März 1909 gedruckt. Paragraph 3, Rechte und Pflichten der Mitglieder, enthält – Kandinsky hatte auf ihm bestanden – einen Passus, der einmal besondere Bedeutung erlangen sollte. Er billigte jedem ordentlichen Mitglied zu, »zwei Werke jury-frei auszustellen, sofern diese zusammen die Fläche von 4 qm (2 mal 2 m) nicht übersteigen und die Raumverhältnisse es gestatten …«[4]

Am 10. Mai 1909 wurde die *Neue Künstler-Vereinigung München* (*NKVM*) ins Vereinsregister eingetragen.

DOCH WOHER IN MÜNCHEN Ausstellungsräume für expressionistische Bilder nehmen? Erste Versuche scheiterten kläglich. Hugo von Tschudi musste um Unterstützung gebeten werden. Erst vor Kurzem war der aufgeschlossene, promovierte Museumswissenschaftler zum Direktor der Bayerischen Gemäldesammlungen berufen worden. Er bestand auf einer Vorbesichtigung; sie fand in der Wohnung der Giselisten statt. Die Gemäldeauswahl überzeugte. Hugo von Tschudi gelang es, dem Kunsthändler Franz Josef Brakl[5] eine Zusage abzuringen. Eine halbherzige Zusage, um genau zu sein. Denn dieser machte im letzten Augenblick einen Rückzieher. Darum ruhte im November alle Hoffnung auf Heinrich Thannhauser. Brakls ehemaliger Kompagnon hatte kürzlich in der Theatinerstraße, in erstklassiger Innenstadtlage, seine *Moderne Galerie* eröffnet. Thannhauser sollte sein Entgegenkommen zwar vorübergehend bereuen, aber zu seinem Versprechen stehen.

So fand vom 1. bis zum 15. Dezember 1909 im Oberlichtsaal des *Arcopalais* die erste Ausstellung von Mitgliedern und Gästen (darunter Robert Eckert und Pierre Girieud) der *NKVM* statt.[6] Mehr als hundertachtzig Werke gab es zu sehen. Ihr jeweils vorab festgelegter Marktwert war im Katalog aufgeführt.

Werefkin hatte fünf Gemälde der mittleren Preiskategorie beigesteuert: *Waschfrauen* (siebenhundert Mark), *Kruzifix* (vierhundert Mark), *Schuhplattler* (vierhundert Mark), *Sturm* (vierhundert Mark), *Im Gebirge* (fünfhundert Mark), *Freilicht* (hundert Mark).[7] Gabriele Münters obere Grenze lag bei fünfhundert Mark für ihre *Schneelandschaft*.

Das Teuerste von Jawlensky, *Die weiße Feder*[8], sollte tausend Mark kosten. Kandinsky wollte für sein *Bild mit Reifrockdamen* dreitausend haben. Damit war er auch preislich in Führung gegangen.[9]

Analog zu seinem Engagement für die *NKVM* setzte sich Kandinsky mit wachsendem Eifer und Erfolg individuell in Szene. Vorzugsweise in Russland. Dehnte die Werbung jedoch, was nicht selbstverständlich war, auf seines Erachtens hochbegabte Berufsgenossen aus. Unter anderem auf Jawlensky.

Das Vorwort des Katalogs zur ersten Ausstellung der *NKVM* ist ihrer Satzung entnommen: »Wir gehen aus von dem Gedanken, daß der Künstler aus den Eindrücken, die er von der äußeren Welt, der Natur erhält, fortwährend in einer inneren Welt Erlebnisse sammelt und das Suchen nach künstlerischen Formen, welche die gegenseitige Durchdringung dieser sämtlichen Erlebnisse zum Ausdruck bringen sollen – nach Formen, die von allem Nebensächlichen befreit sein müssen, um nur das Notwendige stark zum Ausdruck zu bringen, – kurz, das Streben nach künstlerischer Synthese, dies scheint uns eine Losung, die gegenwärtig wieder immer mehr Künstler geistig vereinigt …«[10]

Kulturredakteur Fritz von Ostini von den *Münchner Neuesten Nachrichten* konstatierte in der Ausgabe vom 9. Dezember Wortgeklingel: »das Streben nach künstlerischer Synthese. Heiliger Bimbam: Die Synthese! … Was hat dieses hohlste aller Worte aus dem Phrasenschatz der Kunstsnobs nicht schon alles angerichtet!« Einig waren sich die Kritiker nur in ihrer strikten Ablehnung. Die Urteile reichten von unfreiwillig komisch, herzzerreißend lächerlich, bizarr, bestürzend, beschämend bis hin zu absurd, pathologisch, pervers. »Uns haben sie in allen Zeitungen reißerisch verrissen«, klagte Jawlensky, »unschön, unendlich viel Bösartiges und ohne Verständnis für die Werke.«[11] Das Publikum ging noch viel weiter. Es reagierte nicht nur verbal mit Spott und Häme, es spuckte auf die Bilder. Jeden Tag nach Toresschluss musste Veranstalter Thannhauser sie trocken wischen lassen. Ohne Hugo von Tschudis Durchhalteparolen hätte er alle Werke schleunigst abgehängt.[12] Kandinsky schlug eine Befragung des Publikums vor. Es könne auf ausliegenden Zetteln »seine Kritik notieren, gute Kritik solle abgedruckt werden, schlechte Kritik im Papierkorb landen«.[13]

Dem ernüchternden Debüt zum Trotz ging die erste Ausstellung der *NKVM* auf Wanderschaft. Zwischen Brünn zu Jahresbeginn und Frankfurt am Main im Frühherbst 1910 lagen sechs weitere Stationen: Elberfeld, Barmen, Hamburg, Düsseldorf, Wiesbaden, Schwerin. Am Ende der Rundreise war an ihrem Ausgangspunkt der Angriff auf empfindliche Traditionalistengemüter in die nächste Runde gegangen.

Am 1. September, dem Eröffnungstag der bewusst multinational zusammengesetzten zweiten Ausstellung der *NKVM*,[14] fehlten noch ein paar der im Katalog aufgelisteten Exponate. Einige trafen verspätet ein, manche gar nicht. Dieses Mal hatte bei Drucklegung noch keine Preisliste vorgelegen. Thannhauser, eingedenk der vorausgegangenen unliebsamen Vorkommnisse ohnehin verschreckt, signalisierte Verdrossenheit. Das Aufsichtspersonal gab seinen Unwillen offen zu erkennen. Abermals allabendlich die eklige Hinterlassenschaft angewiderter Ausstellungsbesucher beseitigen? Kein angenehmer Gedanke.

Werefkin hatte aus ihrem Fundus die Gemälde *In die Nacht hinein*, *Fleischbänke*, *Sonnenuntergang*, *Dunkler Hof*, *Herbst/Schule* und *Am Brunnen* ausgewählt.[15] Das Presseecho nunmehr? Ebenso verheerend. Bis zum Ende der Ausstellung am 14. September nichts als Verrisse. Georg Jacob Wolf von der Zeitschrift *Die Kunst für Alle* konnte an den Wänden des *Arcopalais* lediglich Phantastereien von »Fieberkranken« und »Morphium- oder Haschisch-Trunkenen« entdecken, deren »Prusten und Keuchen« ihm vorkam wie das »Gackern einer lahmen Henne, die nicht mit den Flügen schlagen kann, aber partout ein Ei legen muß«. Das abschließende Verdammungsurteil des Kritikers lautete: »Von Euch wird uns kein Heil kommen, westöstliche Apostel einer neuen Kunst!«[16]

Solcherlei Diffamierungen konnte ein gewisser Franz Marc, »Tiermaler«, gebürtig in München, wohnhaft mit Freundin Maria Franck in Sindelsdorf[17] (eine gut zweistündige Fußwanderung von Murnau entfernt), mit seiner großen Begeisterung für alles, was er sowohl in der ersten als auch jetzt, in der zweiten Ausstellung gesehen hatte, nicht unwidersprochen lassen. Marcs kenntnisreiche und sprachgewaltige schriftliche Gegenrede[18] gelangte via Thannhauser und Erbslöh in die Hände von Kandinsky. Von da bis zur Aufnahme des mutigen Verteidigers ihrer Ideale in die *NKVM* war es nicht weit.[19]

Gewarnt durch Besucherreflexe und Journalistenschelte, von denen auch der zweite Turnus der Ausstellung von Anfang an begleitet war, bekam ein Teil der vertraglich gebundenen, auswärtigen Veranstalter, salopp gesagt, bereits im Vorfeld kalte Füße. Andere zogen die Notbremse erst, als es dafür eigentlich schon zu spät war. »Was sind das für Idioten, die die Ausstellung nehmen, ohne zu wissen, was es ist!!«[20], schimpfte Kandinsky in einem Brief an Münter, nachdem der Vorstand des *Badischen Kunstvereins* Karlsruhe dem in seinen Augen unwürdigen Spektakel nach nur fünf Tagen ein Ende gemacht hatte und vom *Kunstverein Mannheim*, wo man auf ein vorzeitiges Entfernen aller Bilder gnädigerweise verzichtet hatte, massive Klagen gekommen waren. Paul Cassirer in Berlin, wahrlich kein Galerist von gestern, musste mittels richterlicher Verfügung zum Vorzeigen der heftig umstrittenen Kollektion gezwungen werden. Das gleiche Exempel noch einmal zu statuieren, erschien den Entscheidungsträgern innerhalb der *NKVM* dann doch nicht opportun. Mithin wurde das rigorose Nein der Vertreter des *Kunstvereins Leipzig* zähneknirschend hingenommen.[21] Einziger Lichtblick: die positive Aufnahme der Objekte modernster Kunst im *Museum Folkwang* in Hagen.

Misserfolge leisten Unfrieden Vorschub. Alfred Kubin verband die Suche nach den Hauptschuldigen am Debakel mit der Forderung nach einer Grundsatzdiskussion. Derart extrem von der Norm abweichende Bilder auf einem Haufen darzubieten wie bisher, hielt er für wenig zweckdienlich. Überhaupt lasse die personelle Zusammensetzung der *NKVM* zu wünschen übrig. Qualität müsse vor Quantität gehen.[22]

An die Stelle von Kandinskys Anfangseuphorie war ebenfalls Ernüchterung getreten: »All diese Ausstellungsgeschichten sind mir zu fad.«[23] Sowieso dachte er neuerdings an eine Exklusivpartnerschaft. Wozu noch die desillusionierende Vereinsarbeit, wenn ein ungleich effizienterer Zweierbund möglich schien? Hatte er doch in dem vierzehn Jahre jüngeren Marc sein Pendant, seine Ergänzung, seinen Bruder im Geiste erkannt. Die Vertiefung ihrer Beziehung musste jedoch aufs Jahresende verschoben werden.

Im Oktober 1910 reiste Kandinsky nach Moskau. Er war aus München, »wo mich die Menschen so wenig mögen«, geradewegs geflohen. Die Stadt war ihm pauschal verleidet. Noch im Rückblick (in dem er von sich in der dritten Person spricht) erfährt die Frustration Verstärkung durch Schwarzmalerei und Selbstmitleid, aber auch Übertreibung und Ungerechtigkeit: »Die Kollegen, die Presse und das Publikum stempeln ihn zum Pfuscher, Betrüger und Wahnsinnigen. Manche wollen ihn einsperren, damit seine Vernichtungskraft keinen weiteren Schaden bringen kann. Der erste, der ihm die Hand reicht, ist Franz Marc.«[24] Kandinskys

Briefe aus Russland an Münter sind voller Bitterkeit. Bitterkeit auch gegenüber der zutiefst verunsicherten Lebensgefährtin.[25] Und in Bezug auf die Giselisten. Anscheinend war es zu Meinungsverschiedenheiten zwischen Werefkin und Jawlensky auf der einen Seite und Münter auf der anderen gekommen. »Laß sie nur ruhig ihre Launen haben … Möglich, dass die Entfernung zwischen uns und Gisela wachsen wird. … Alle können mir den Buckel runterrutschen.« Bei Kandinskys damaliger Tendenz zu Rundumschlägen konnte selbst aus einem prinzipiellen Lob leicht einmal ein Seitenhieb werden. Nach einem aufschlussreichen Gespräch mit Michail Larionow[26] in Moskau nannte Kandinsky den russischen Maler einen »Theoretiker und Denker … Also etwas wie Marianne [von Werefkin], aber viel interessanter und klüger.«[27]

Grundsätzlich blieb man einander jedoch zugetan; mit gegenseitigem Respekt. Verglichen mit der allgegenwärtigen künstlerischen Übereinstimmung, stellten menschliche Schwächen wie Empfindlichkeiten, Sticheleien und Eifersüchteleien eine Nebensache dar.

IM JANUAR 1911 TRAT KANDINSKY als Vorsitzender der – was gerade erst bekannt geworden war – mit zweitausend Mark, Tendenz steigend, verschuldeten *NKVM* zurück. Im Juni des Jahres schrieb er an Marc: »Nun! Ich habe einen neuen Plan«, eine Art Almanach, das heißt eine Art Jahrbuch, »mit Reproduktionen und Artikeln«; Reinhard Piper[28] müsse der Verleger sein »und wir beide … die Redakteure«.[29]

Marc bot Kandinsky auf andere Weise Beistand als Münter. War sie seine Befreierin vom Gefühlsstau gewesen, was der emotionalen Aufladung von Kandinskys Malerei zugute gekommen war, machte ihn Marc mit einer Vielzahl von künstlerischen, wissenschaftlichen und geschäftlichen Vertretern der Moderne bekannt. Nur für die *NKVM* war der umtriebige Münchner aus Sindelsdorf letztlich kein Gewinn. Marc züchtete ebenfalls den Spaltpilz Kollegenschelte. Er nannte Kanoldts neueste Schöpfungen »lächerliche und gewöhnliche Nachäffung kubistischer Modeideen, dass man sich einfach blamiert, wenn man so etwas ausstellt«. Marcs Erwartungen in Erbslöh? »[Mir] schwante nichts Gutes, als ich seine helle Begeisterung für die Kanoldtschen Sachen sah.« Auf Moissey Kogan[30] schoss Marc sich derzeit ebenfalls ein, dieser russische Bildhauer und Grafiker, glaubte er, werde sich »über kurz oder lang als unfähig erweisen«.[31]

Eigentlich stand Erbslöh, der an die Vorstandsspitze der *NKVM* nachgerückt war, auf verlorenem Posten, redete sich den desolaten Zustand der Vereinigung jedoch schön. Sie blühe und gedeihe, versicherte der Zweckoptimist dem Skeptiker Kubin und führte zum Beweis Kandinskys, Marcs und Jawlenskys »in der letzten Zeit ganz hübsche[n]« Verkäufe an – die in Wirklichkeit mit Separatausstellungen der drei in Verbindung standen.

Die *NKVM* insgesamt tat sich mittlerweile mit der Akquisition von risikobereiten Galeristen, Kunsthäusern und Museen schwer. Berlin war seit dem unklugen gerichtlichen Vorgehen gegen Paul Cassirer so etwas wie verbrannte Erde. Schließlich unternahmen Werefkin und Jawlensky gemeinsam mit Erbslöh einen Vorstoß bei der dortigen *Neuen Secession*.[32] Und erreichten tatsächlich, dass die Münchner zur Herbstausstellung 1911 eingeladen wurden.

Da waren die Vorbereitungen für den dritten Ausstellungszyklus der *NKVM* bereits in vollem Gange. Kandinsky wiederum steckte mit Marc bis zum Hals in den Abschlussarbeiten an ihrem *Almanach*, dem sie den Namen *Der Blaue Reiter* gegeben hatten.[33]

Womit es an der Zeit ist, sich dem historischen Ereignis »Verun-einigung der Vereinigung«[34] zuzuwenden.

Kandinskys und Marcs Unzufriedenheit mit der Ausstellungspolitik der *NKVM* hatte bekanntlich stetig zugenommen. Mehrfach hatten sie eine Loslösung in Erwägung gezogen, dann aber wieder verworfen. Ein Austritt aus freien Stücken hätte ihnen womöglich Vorwürfe wie Wortbruch oder mangelnde Solidarität oder schuldhafte Herbeiführung des Niedergangs der *NKVM* eingetragen. Besser, man konnte sich im Nachhinein die Hände in Unschuld waschen. Der Eklat war – aufmerksames Quellenstudium bringt es an den Tag – genauso von längerer Hand vorbereitet wie Kandinskys und Marcs Konkurrenzveranstaltung, die *1. Ausstellung der Redaktion der Blaue Reiter*.[35]

In ihre chronologische Reihenfolge gebracht, sprechen weit verstreute Briefaussagen eine klare und deutliche Sprache:

28. Juni 1911

Wassily Kandinsky an Gabriele Münter:

Alexander Kanoldt hätte wohl schon herausgefunden, worauf er, Kandinsky, »ziele«, nämlich »den [*NKVM*-Jury]Ausschuß stürzen«.[36]

10. August 1911

Wassily Kandinsky an Gabriele Münter:

»Vor 2 Tagen Ausschußsitzung. Als Marc davon erzählte, lachten wir wie toll, Gegenstände fielen uns aus der Hand.«[37]

10. August 1911

Franz Marc an August Macke (»*verwahre es aber in Deinem Busen*«):

»Ich sehe mit Kandinsky klar voraus, daß die nächste Jury (im Spätherbst) eine schauderhafte Auseinandersetzung geben wird und jetzt oder das nächstemal dann eine Spaltung respektive Austritt …«[38]

8. September 1911

Franz Marc an August Macke:

»Über den Fund der Hose war ich baff. Ich hatte davon keine Ahnung. Was hätte ich nur gemacht, wenn ich zu einer nach Gottes unerforschlichem Ratschluss erfolgten schnellen Beerdigung der ›Vereinigung‹ hätte gehen müssen? (Ich hör mi[ch] scho[n] gehn.)«[39] (Macke hatte Marc von einem bei ihm in Bonn vergessenen Kleidungsstück geschrieben.)

11. Oktober 1911

Franz Marc an Wassily Kandinsky:

»Wie hab ich mich gefreut, daß Ihre Seele endlich in's große Bild gefahren ist.«[40]

22. Oktober 1911[41]

Im Salon Marianne von Werefkins:

Marc ruft in großer *NKVM*-Runde mit einer gezielten Frage an die ahnungslose, aber erklärungsfreudige Baronin jene mittlerweile in Vergessenheit geratene Vier-Quadratmeter-Klausel in Erinnerung, welche einst auf Kandinskys ausdrücklichen Wunsch in die Satzung aufgenommen worden war[42]: *Jedes ordentliche Mitglied hat das Recht, zwei Werke jury-frei auszustellen, sofern diese zusammen die Fläche von 4 qm (2 mal 2 m) nicht übersteigen.*[43]

30. Oktober 1911

Franz Marc an Wassily Kandinsky:

»[Heinrich] Campendonk [ein Maler aus Krefeld, derzeit wohnhaft in Sindelsdorf] macht fabelhaft gute Sachen. Ich [möchte] gerne etwas von ihm im [Almanach] bl. Reiter und ausstellen im Dezember!«[44]

4. November 1911 (Poststempel)

Franz Marc an Wassily Kandinsky:

»… bei Thannhauser einen eigenen Saal für Dezember 2. Hälfte, neben der Vereinigung [*NKVM*] bekommen, in dem wir 2 ausstellen dürfen, was wir wollen. Also *los* und *Ernst* damit. … Mein Programm: Burljuk, Campendonk, August [Macke] …, Schönberg, Bloch, und wenn irgend möglich einen Rousseau … Dann Delaunay und eventuell zwei drei alte Sachen (Reisbilder, Glasbilder, Votiv). *Es muss was Feines werden.*«[45]

6. November 1911

Franz Marc an Wassily Kandinsky:

»Jawlensky und Baronin wie immer.«[46]

(Will sagen: Sie haben keinen Verdacht geschöpft und wissen nichts von der Vorbereitung der Absonderung sowie einer Parallelausstellung.)

10. November 1911

Franz Marc an Wassily Kandinsky:

Er wisse von Erbslöh, dass dieser in verschiedenen westdeutschen Städten eine Präsentation der NKVM-Bilder-Auswahl teils vereinbart, teils angebahnt habe. »Die strengen sich an! Nun werde ich im Winter [für die Blauer-Reiter-Bilder-Auswahl] *Berlin* versuchen.«[47]

Ohne Datum

Wassily Kandinsky an Franz Marc:

»Wenn Sie Berlin erreichen, wird's fein! Neue Sezession! nur nicht zu vergessen.«[48]

16. November 1911

Wassily Kandinsky an Arnold Schönberg:

»In Ihren Bildern (die ich erst gestern vom Spediteur bekam …) sehe ich *sehr viel*«, umwarb er den Komponisten atonaler Musiken. »Diese ›Phantastik‹ liebe ich sehr überhaupt und in Ihren Bildern ganz besonders. *Selbstportrait*, *Garten* (nicht der, welchen ich wollte, aber auch ein sehr guter).«[49] (Im Katalog zur *Ersten Ausstellung der Redaktion Der Blaue Reiter* war in der Tat Schönbergs *Selbstportrait* verzeichnet, dazu zwei von seinen *Visionen*.[50])

21. November 1911

Franz Marc an August Macke:

»Kandinsky hat ein *fabelhaftes* Riesenbild gemalt. Pfui Gott …«[51]

(Mit seiner Verquickung des bayrischen Abschiedsgrusses ›Pfüa Gott‹ – ihn rief er schon vorab der *NKVM* nach – und dem Ausspruch ›Pfui Teufel‹ – damit zielt er auf die Kabale ab – gab sich Marc im Schreiben an Mitwisser Macke – der Maler war zwischenzeitlich in den Kreis des Blauen Reiters eingetreten – als ein Meister der Ironie zu erkennen. Kandinskys »*fabelhaftes* Riesenbild«, seine berühmte *Composition V*, Untertitel *Das Jüngste Gericht*!, Ausmaße 190 x 275 Zentimeter,[52] überstieg mit 5,225 Quadratmetern allein(!) jene Größenbegrenzung, die den Statuten entsprechend auf zwei Werke insgesamt(!) bezogen war. Das machte, in Kombination mit der herausfordernden Gegenstandslosigkeit des Bildes, die Provokation perfekt.)

2. Dezember 1911. Samstag

Jurysitzung und Entscheid. Kandinskys »Riesenbild« wird abgelehnt.

Zeitgleich

Gabriele Münter an Alfred Kubin:

»Ich stelle Ihnen hiermit 3 frische u. sich sehr frisch fühlende Nicht-Mitglieder der N.K.V.M. vor: Kandinsky, Marc, Münter. Wir sind ausgetreten … Wir bitten Sie sehr, an Kandinsky *telegraphisch* Ihren *Mit Austritt* aus der Vereinigung mitzuteilen [so geschah es], um zu helfen, diesen Austritt pompös zu gestalten. … Jawlensky und Werefkin brachten es nicht übers Herz, mit auszutreten. … *Sehr* möglich, daß wir sehr bald unsere eigne, *interessante* Ausstellung (bei Thannhauser!) arrangieren werden …«[53]

3. Dezember 1911. Sonntag

Maria Franck an August Macke:

(Inwieweit Franz Marcs Lebensgefährtin in das Komplott eingeweiht war, ist unklar. Jedenfalls versorgte sie den Freund in Bonn mit einem ausführlichen Bericht über die mitunter tumultartigen Ereignisse der letzten Tage.)

»Mein lieber August. Heute fällt mir die Aufgabe zu, Dich des näheren von den ernsten und gewichtigen Begebenheiten zu unterrichten … Ich will versuchen, Dir so kurz wie möglich den ›Gang der Handlung‹ dieser Tragikomödie zu schildern … Donnerstag war Vorbesichtigung der Bilder für die Dezember-Ausstellung. Freitag Jury.

Donnerstag entspann sich ein anscheinend harmloser Streit über den Sinn der Jury; auf einer Seite Jawlensky, Werefkin, Franz (Kandinsky war nicht dabei) gegen Erbslöh, Kanoldt … etc., die nicht verstehen konnten, daß es sich bei der Jury nicht darum handeln kann, Bilder zu korrigieren oder gar dem Künstler durch Ablehnung oder Annahme den Weg, den er gehen soll, vorzuschreiben, vielmehr höchstens, sich gegen ein Mitglied zu wenden, dessen Kunst aufhört, ernste ehrliche Wege zu gehen (Kitsch), eventuell noch Rücksichten auf Raummangel der jeweiligen Ausstellungen in Frage kommen könnten.

Mittags erklärte Erbslöh den plötzlichen Austritt der Baronin aus der Vereinigung mit der Begründung, daß es ihr unmöglich sei, einem Verein anzugehören und sich wohl und frei darin zu fühlen, in dem ihre klaren selbstverständlichen Tendenzen nicht verstanden würden – im Gegenteil so bornierte Ansichten herrschten, die nie begreifen, um was es sich in der Kunst handelt. Erbslöh schien sich dabei beruhigen zu wollen und über den Fall zur Tagesordnung übergehen zu wollen, wogegen Franz und Kandinsky protestierten und sofort zur Baronin gingen und ihr erklärten, daß auch sie sofort austreten würden, wenn sie nicht bleibe und dann auch Jawlensky folgen müßte. Um das zu verhindern (weil es die Auflösung des Vereins bedeutet hätte), faßte sie [Werefkin] den Beschluß, [wieder] einzutreten.« Jedoch unter der Bedingung vollständiger Juryfreiheit sämtlicher Werke. Darauf konnte man sich dann allerdings einigen. Die Auswahlkommission trat erneut zusammen. »Das war Samstag. An diesem Morgen erhielt Kandinsky einen Brief von ihr [Werefkin] mit der Bitte, ›sich über nichts zu wundern – und *alles*, was sich ereignen würde, *stillschweigend* hinzunehmen und volles Vertrauen zu ihr zu haben.‹ – Du kannst Dir die Spannung denken, es war ja das reine Theater. Aber nun kommt der tolle und aufregende Teil. – Die maßlos erregten Sitzungen Freitag früh – Freitagnachmittag waren schon vergangen und nun kamen Samstag früh – Samstagnachmittag.

Erinnere Dich aber erst mal nebenbei der Frage, die Franz an dem Sonntag, an dem wir alle bei Jawlensky waren, an die Baronin richtete, was eigentlich der Paragraph in den Statuten bedeuten soll, der sich um die vier Quadratmeter für juryfreie Bilder kümmert.

Die Baronin erklärte, er sei aufgestellt, ganz im Anfang – von *Kandinsky* -, der sich gegen zu viel und zu große Bilder des früheren Mitgliedes Palmié wehren wollte. Aber es hätte niemals jemand darauf Bezug genommen. Franz könne also unbesorgt sein – jeder habe *zwei juryfreie* Werke.

Nun Samstag früh – Jury: alphabetisch Bechtejeff – Erbslöh etc. alles angenommen – *Kandinsky*: er wollte juryfrei das große wunderbare neue Bild *Das Jüngste Gericht*! Die Frage taucht auf: wie groß?? Über 4 Quadratmeter!!! Ist gegen die von Kandinsky selbst aufgestellten Statuten, fällt infolgedessen *unter die Jury* – das Bild muß geholt werden – wird juriert und ...... fällt *durch*. Großes Schweigen – dann steht Franz auf und erklärt – er tritt aus, weil er eine Majorität, welche einen solchen Urteilsfehler begeht, für *nicht kompetent* hält etc. etc. etc., worauf er heftig von der Baronin auf seinen Sitz zurückgezogen wird, die sagt: ›Nicht so schnell, Marc, erst hat Kandinsky das Recht, die Frage zu stellen, *warum* man das Bild ablehnt.‹ Kandinsky wird gerufen und erklärt sich dazu bereit. Peinliches Schweigen – dann stottert Erbslöh leichenblaß, es könne auch nach dem Alphabet gehen. (Bitte stelle Dir das plastisch vor, jetzt mußte jeder, der abgelehnt hat, die Hand aufheben), also Bechtejeff ist der erste. Der steht grün in einer Ecke und brummt endlich: ›Ich verstöhe es nicht‹, worauf die Baronin antwortet: ›*Das ist kein Grund, ein Bild abzulehnen*‹, und dann hält sie eine wirklich wunderbare geistvolle Rede, die schließt mit einem emphatischen Händedruck mit Kandinsky, dem sie gratuliert zu einem solchen wundervollen Werk. Franz war hingerissen (ihm hing ja schon das Maul schief vom Reden), die anderen waren alle furchtbar aufgeregt. Es wurde weiter examiniert – Erbslöh hielt es in gewundener Rede für Kunstgewerbe – Kanoldt fauchte wütend, nachdem er von Marc für inkompetent erklärt wäre, hätte er keine Veranlassung, sich zu äußern ... Stell Dir das mal alles vor. – Es gab noch die verschiedensten Zwischenszenen. Dr. Schnabel sprang der Baronin beinah in's Gesicht und schrie und brüllte sie an, bis ihn die Drohung einer Ohrfeige von Kandinsky in den Hintergrund drängte – vielleicht waren es auch die bereits aufgestreiften Ärmel von Franz. Erbslöh suchte und fand ein erlösendes Wort, indem er eine Nachjury in acht Tagen vorschlug; er versprach ›jeden Tag hinaufzugehen und das

Bild zu prüfen, um sich klar zu werden‹. Dr. Schnabel erklärte ›nein‹, von der Möglichkeit einer Nachjury stände nichts in den Statuten, und Franz sagte, das hätte ja alles keinen Sinn, bei der bestehenden Kluft zwischen den Parteien würde nach acht Tagen auch nichts erzielt. Er beantragte eine außerordentliche Generalversammlung zur Änderung der Statuten, also *biegen* oder *brechen*. Diese tagte Samstagnachmittag. – …

Franz stellte nun den Antrag: ›Diesmal *alle Bilder juryfrei*‹, mit der Bemerkung im Katalog, daß der Versuch der Juryfreiheit gemacht sei etc. – er wurde überstimmt.

Franz stellte den Antrag – alles bleibt beim alten bis auf die *nie* beachtete Bemerkung der vier Quadratmeter, die gestrichen werden sollte. Erbslöh gab zu, daß noch nie ein Mensch diese vier Quadratmeter beachtet hätte – bei der Abstimmung stimmte er trotzdem gegen den Antrag, der nun auch durchfiel.

Daraufhin erklärten Kandinsky, Münter, Franz ihren Austritt und gingen fort. Die Gegenpartei hatte ihren Willen, aber die Baronin sagte, als die drei fort waren: ›So, meine Herren, jetzt verlieren wir die beiden würdigsten Mitglieder, dazu ein wundervolles Bild, und wir selbst werden bald Schlafmützen auf dem Kopf haben.‹ Daß Jawlensky und die Baronin nicht mit austraten, hat persönliche, menschlich vollauf begreifliche Gründe, die wir respektieren. Sie haben sich vollkommen solidarisch mit unseren Ansichten erklärt und die Baronin, die noch abends zu Kandinsky kam, ließ keinen Zweifel darüber, daß sie die Zukunft der Vereinigung für völlig verloren hält.

Es waren schrecklich aufregende Tage – denk mal *wie* deutsch da geredet wurde. … Nun werden Ausstellungen von der Redaktion des Blauen Reiters gemacht; Du hörst bald näheres – halte Dich bereit.«[54]

4\. Dezember 1911

Wassily Kandinsky an Franz Marc:

»Die ganze Geschichte geht mir noch sehr stark durch den Kopf. … Zwei starke Gefühle habe ich dabei … Der Abscheu gegen die Art unserer ›Gegner‹ wächst im selben Maße, wie Freude und Dank an Ihrer Handlungsweise.« Endlich könne Sammlern und Kunsthändlern wie Alfred Flechtheim bekannt gegeben werden, »daß wir drei

[Kandinsky, Marc, Münter – plus Kubin] … eine Ausstellung (freie etc.) planen.«[55]

Ende Dezember 1912

Marianne von Werefkin an Richart Reiche:

(Ein Jahr nach der ersten Spaltung, das heißt um die Zeit des finalen Auseinanderbrechens der NKVM ließ die Baronin im Brief an den Vorsitzenden des Kunstvereins Barmen die bedauerlichen Ereignisse folgendermaßen Revue passieren.)

»Drei Stunden lang habe ich [Anfang Dezember 1911] offen und fest das Prinzip der Freiheit verteidigt, ich habe den Herren vor allem die Möglichkeit gegeben, offen das zu sagen, was die Triebfeder ihrer Handlung war. Sie schwiegen alle. … Kandinsky und Marc gingen von meiner ganzen Sympathie begleitet; mit ihnen ging auch die Seele unseres Vereins, sein belebendes Prinzip … Ich drehte mich zu den Gebliebenen um und sagte ihnen: ›Es war unlauter‹. …

Hier gestehe ich meinen Fehler ein, ich blieb im Verein, weil mein Austritt mir zu vorteilhaft [i. S. v. opportunistisch] erschien, weil mit mir auch Jawlensky gegangen wäre und somit Erbslöh von allen im Stich gelassen sein wäre. Er war aber gerade zu dieser Zeit in schlimmen materiellen Verhältnissen[56] und wir wollten ihm in diesem Augenblicke nichts Schlimmes antun, auch blühten damals die ersten Rosen unserer jungen Freundschaft. …

Und nun kam das Zersetzende. – Unser in einheitlicher Überzeugung geschaffener Verein, zerfiel [nach dem Austritt von Kandinsky, Marc, Münter, Kubin] in zwei Parteien. Die eine: Jawlensky, der bekehrte Bechtejeff, Kogan, Mogilewsky[57] und ich – wir hielten mit der ganzen Kraft unseres Glaubens und Wissens an dem [fest], was sich nicht zu Geld schlagen lässt: an der Notwendigkeit des freien Suchens, des Vorwärtsgehens, ungeachtet jeder Kritik und jeder praktischen Rücksicht.«[58]

22. November 1938(!)

Wassily Kandinsky an Emmy Scheyer[59]:

»Ich schreibe Ihnen auf dem Papier der N.K.V.M.« Der seit Jahrzehnten ungültige Briefkopf habe ihn an die »alten Zeiten« erinnert. Und: an den »hübschen Krach«. »Sofort darauf veranstaltete ich mit Hilfe von Franz Marc eine Ausstellung der Redaktion des B. R. bei Thannhauser. … Es war eine Sensation. Da ich rechtzeitig den

›Krach‹ voraussah, hatte ich ein reiches Ausstellungsmaterial für den B. R. vorbereitet. So fanden in der ›Modernen Galerie‹ im Arcopalais die beiden Ausstellungen gleichzeitig statt.«[60] (Auf unterschiedlichen Etagen.)

IN MEHREREN RÄUMEN des ersten Stockwerks prangten an schwarz bespannten Wänden die *Blauer Reiter*-Exponate – dreiundvierzig laut Katalog, von vierzehn verschiedenen Künstlern.[61] Im zweiten Zimmer hing Kandinskys umstrittene *Composition V* in Sichtweite der Gemälde von Robert Delaunay, in Frankreich ein gefeierter Farbenpoet. Münter behauptete sich in der Ausstellung mit sechs Bildbeiträgen.

IM OBERLICHTSAAL der *Modernen Galerie Thannhauser*, unterm verglasten Dachgewölbe, in der Auftaktausstellung des dritten Turnus[62] der *NKVM*, waren vom 18. Dezember 1911 an insgesamt achtundfünfzig Werke von Erma Bossi[63], Wladimir von Bechtejeff, Adolf Erbslöh, Pierre Girieud, Alexej Jawlensky, Alexander Kanoldt, Moissey Kogan und Marianne von Werefkin zu sehen. Die Bilder der Letztgenannten hießen: *Dame am Strand*, *Porträt*, *Styx*, *Tourbillon rose*, *Segelboot*, *Abendfest*, *Blauer Eimer*, *Kirchgang*. Ihre Entstehungsorte lagen teils sehr weit auseinander. Zudem waren sie unter dem Einfluss stark schwankender Gemütsverfassungen entstanden.

Nun ja, auch die hier vorübergehend ausgeblendeten, ganz persönlichen Erfahrungen der Baronin – und diejenigen ihrer Weggenossen – bieten reichlich Erzählstoff.

KAPITEL VII
1909 – 1910

Schnittstellen

*Die Kunst ist nicht da, um Bilder zu verkaufen,
aber dafür zu verstehen, dass auf der Welt schöpferisch
gearbeitet wird und: was die Werke sagen, womit die Erde atmet,
worum es eigentlich im Leben geht.*[1]

BESTIMMT ZOG DAS UNGLEICHE PAAR, mit Hund, die Blicke der Passanten auf sich, sooft die Dame mittleren Alters mit der leicht ins Maskuline spielenden Physiognomie und ihr junger, artifiziell femininer Begleiter der Innenstadt zustrebten: Giselastraße, Leopoldstraße, Ludwigstraße, Odeonsplatz …

Hinter den Rundbogenarkaden des »Basars«, dem klassizistischen Gebäude am Westrand des Hofgartens, boten nicht weniger als zehn Geschäfte ihre Waren feil. Vorbei am Marienplatz, mit kürzlich fertig gestelltem Neuen Rathaus, und nach der Überquerung des Stachus[2] endete eine Besorgungstour durchs Zentrum gewöhnlich in der Münchner Filiale der Kaufhauskette Hermann Tietz gegenüber dem Bahnhof. Von Bändern und Seidenblumen, »von denen sie zu Hause schon Schubladen voll besaß«, konnte Marianne von Werefkin nie genug bekommen. Während sie sich in der Mode- und Galanteriewarenabteilung Hut- und Kleiderschmuck vorlegen ließ, hielt Alexander Sacharoff den »berühmten Dackel Moritz« der Baronin an der Leine. Der »beflissene Kavalier« war ein angenehmer Gefolgsmann, »gütig, freundlich, immer höflich und zuvorkommend«.[3]

Die Abende, »fast alle«, verbrachte der umfassend gebildete gebürtige Ukrainer Sacharoff, Jahrgang 1886, in Werefkins Salon, alsbald gemeinsam mit seiner Freundin und Bühnenpartnerin. Bei Werefkin habe sich die »Münchner Kolonie russischer Aristokraten und Künstler« getroffen, resümierte Clotilde Derp[4], ein »buntes und seltsames Rußland«. Während einem feierlich, »als handele es sich um eine Hostie«, eine

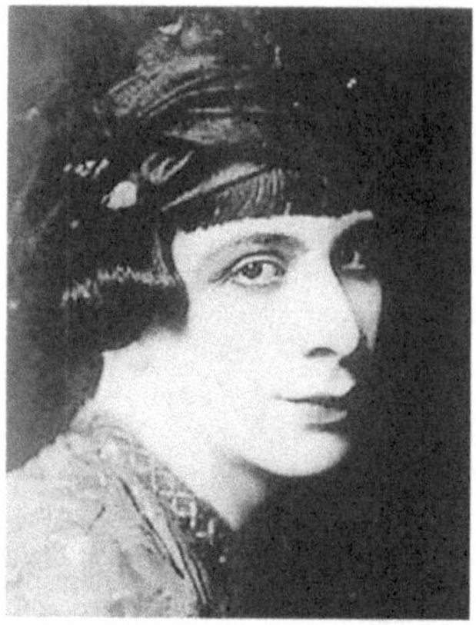

Alexander Sacharoff

Rechte Seite: Clotilde Derp, um 1915

Tasse Tee gereicht wurde, habe man »wie geblendet« den »vollkommen neuen Gesprächen gelauscht«. Um technische Perfektion, wie man es hätte erwarten können, sei es nicht gegangen. »Sie wollten aus dieser Kunst eine neue Sprache machen, Ausdruck einer Vision, einer inneren Offenbarung. Ich trank diese Worte förmlich.« Am meisten beeindruckt zeigte sich Sacharoffs Begleiterin von Werefkins Verstandesschärfe und analytischer Begabung. »Ihre klare und intelligente Auffassung in Kunstsachen war erstaunlich.« Auch mimisch habe die Vordenkerin dem Auditorium ihre Überlegenheit signalisiert. Alle die »langen Erörterungen« der Baronin »über Malerei und Kunst im Allgemeinen« seien von dem »ihr eigenen halb amüsierten, halb herablassenden Lächeln« begleitet gewesen.[5]

Samstags lud Sacharoff die – noch nicht zerstrittene – Clique um Werefkin und Jawlensky zu sich ein. Zeichnerische Bewegungsstudien dienten dem Mitbegründer des Ausdruckstanzes zur Klärung der Choreografien. Entweder trat er in phantastischen Kostümen auf oder in direkt auf der Haut getragenen losen Gewändern. Gesicht, Arme und Beine waren weiß gepudert. Kajal, Rouge, Lippenrot setzten Akzente. Jeder seiner Schritte, jede seiner Drehungen, jede seiner Gesten war, in Anlehnung an die Ikonographie der Antike oder an das japanische Kabukitheater, bis ins Einzelne durchgestaltet.

Werefkins Momentaufnahmen seiner Posen gehören zum Besten aus ihren Skizzenbüchern. Sie stellte ihn am häufigsten dar. 1909 saß Sacharoff der Freundin in Frauenkleidern[6] Modell. Travestie in Formvollendung. Ihr im gleichen Jahr entstandenes Ton-in-Ton-Bildnis – der

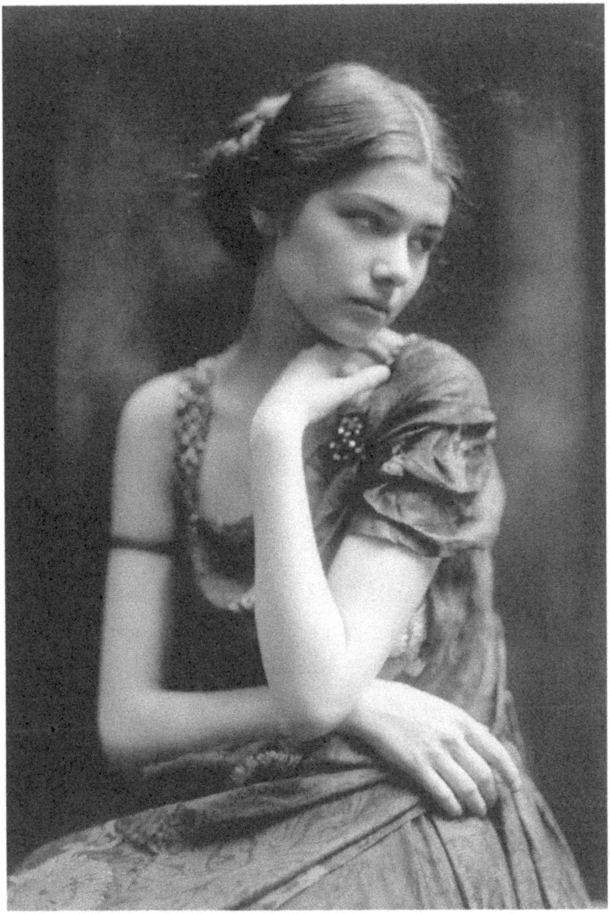

Tänzer vor blauem Hintergrund in blauem Kimono[7] – ist das stilistisch meisterhafte Gegenstück zu Sacharoffs getanzter expressionistischer Pinselschrift.[8] Ihre Würdigung mit Worten, die spirituelle Einbettung seines Beitrags in die Ganzheit der »großen befreienden Bewegung der modernen Kunst«, gerät Werefkin zur Laudatio auf den Bruder im Geiste: »Die Bewegungen unserer Seele durch die Bewegungen unseres Körpers geäußert, können in die Ewigkeit gehen, indem sie den unsichtbaren Linien folgen, die die geringsten irdischen Vibrationen mit den kosmischen Vibrationen, den ewigen Vibrationen, vermählen.« Diese Anstrengung des menschlichen Geistes, »Grund und Basis jeder echten Kunst«, läge den Tänzen Sacharoffs zugrunde, »mehr als ein Schauspiel, mehr als eine schöne Erscheinung«: Gottesdienst in höchster Vollendung.[9] Überirdisch. Vergeistigt. Entgrenzt. Jenseits grober Reize. Erotik, die keine Handgreiflichkeit kennt. Ahnung. Andeutung.

Sie sollten einander noch lange eng verbunden bleiben, und Jahrzehnte nach dem Tod der Baronin auf deren Einfluss auf ihn angesprochen, urteilte Sacharoff: »Mir persönlich wird sie immer fehlen, weil sie allein die Kunst besaß, über die Dinge zu reden auf eine Art, wie es mir noch nie im Leben begegnet war. Mir kam sie immer wie eine moderne Diotima vor, die sogar dem Sokrates imponierte.«[10] Diotima, eine literarische Figur, wird vom Philosophen Platon als Priesterin und Seherin beschrieben. In dessen Dialog *Symposion* erklärt sie dem jungen Sokrates die Welt.

Marianne von Werefkin begleitete Alexander Sacharoff auf seinem Weg zum gefeierten Bühnenstar. Eines Tages, aus der Not heraus, sogar wortwörtlich.

In der Absicht, sich dem Studium der bildenden Kunst zu widmen, war er zunächst nach Paris gegangen. Für München hatte Sacharoff sich 1905 entschieden, auf Anraten seines Freundes Moissey Kogan. Hier begann er eine Ballettausbildung, ließ sich von Zirkusartisten in Akrobatik unterrichten und trat, kurz nach ihrer Gründung, der *Neuen Künstler-Vereinigung München* bei. Sein tänzerisches Debüt gab er im Juni 1910 im *Odeon*. Die Reaktionen auf das spektakuläre Programm schwankten zwischen Faszination und Entrüstung.

Von Kandinsky wurde Sacharoff zum Mitwirken an einer spannenden Zusammenführung benachbarter Kunstgattungen eingeladen. »Der Musiker [Thomas von Hartmann[11]]«, so der Maler Kandinsky im Rückblick, »suchte aus einer Reihe meiner Bilder dasjenige aus, das ihm in musikalischer Hinsicht am klarsten erschien. In Abwesenheit des Tänzers [Alexander Sacharoff] spielte er dieses Bild. Dann kam der Tänzer dazu, ihm wurde das Musikwerk vorgespielt, er setzte es in Tanz um und erriet danach das Bild, das er getanzt hatte.«[12]

Kandinsky experimentierte, wie geschildert, mit dem Zusammenspiel von Farben, Tönen und Bewegungen. Auf die Variabilität des Ergebnisses kam es unter anderem an. Infolgedessen scheint er – obwohl landläufig angenommen – kein genuiner Synästhet, kein »echter« Farbhörer also gewesen zu sein. Synästhesie ist unfreiwillig und kann weder unterdrückt noch willentlich herbeigeführt werden.[13]

Kandinskys nahezu abstraktes Bühnenarrangement *Der gelbe Klang*[14] war aus dem kurzen Spiel *Riesen* hervorgegangen. Das Werk befindet sich im Manuskriptheft zwischen den Entwürfen *Schwarz und Weiß* und *Grüner Klang*. Bis zur Veröffentlichung 1912 im Almanach *Der Blaue Reiter* wurde *Der gelbe Klang* mehrmals überarbeitet. Seine Aufführung hat Kandinsky nicht erlebt.[15] Er stellte das Projekt zurück, nachdem Sergej Diaghilew und sein Choreograf Michail Fokin eine ähnliche Inszenierung angekündigt hatten.[16] Gattungsübergreifende Projektionen waren damals vielerorts im Schwange. Von Jawlensky wissen wir, dass Kandinsky im Freundeskreis aus einem Vortragstext der russischen Geigerin Alexandra Unkowskaja »über das Malen von Bildern nach der Musik und umgekehrt« vorlas.[17]

Werefkins schriftliches Schweigen in Bezug auf dergleichen Kunstemulsionen wurde hier und da mit grundsätzlicher Ablehnung gleichgesetzt. In Wirklichkeit schloss ihre nach allen Seiten offene Definition von Kunst – »jeder Gedanke, der Gestalt annimmt«[18] – weder Sektionen noch Kombinationen aus.

IM MÄRZ 1908 WAREN KANDINSKY und Münter in Berlin erstmals mit dem Goetheforscher, Philosophen und Weisheitslehrer Rudolf Steiner in Berührung gekommen. Der Leiter des deutschen Zweiges der *Theosophischen Gesellschaft* hatte im Rahmen einer öffentlichen Vortragsreihe eine methodische Einführung in die »Geheimwissenschaft«[19] und in seine Auseinandersetzung mit den großen Motiven der Geistesgeschichte vorgenommen. Für Steiner bedeutete der Tod eines Menschen nicht dessen physisches noch geistiges Ende, sondern dessen Übergang in eine höhere Daseinsebene. Am Schlusspunkt der Kette von Wiedergeburten des unsterblichen Ichs stehe die Wiedervereinigung der geläuterten Seelen mit Gott.

Münter hielt Esoterik für verzichtbar.

Kandinsky fühlte sich unmittelbar angesprochen.

Er ergänzte seine Bibliothek um weiterführendes Schrifttum und fand darin Bemerkenswertes.

Schon 1904 hatte Rudolf Steiner die Künstler in der Rolle von Wegweisern ins Zeitalter des Geistigen gesehen. Künstler, so der charismatische Autor, könnten besser als andere für spirituelle Erfahrungen und Weltdeutungen sensibilisieren: »Man hat sich nur vorzustellen, dass alles, was als ›Bild‹, als ein ›Leuchtendes‹ beschrieben wird, zugleich ein Klingendes ist. Jeder Farbe, jeder Lichtwahrnehmung entspricht ein geistiger Ton, und jedem Zusammenwirken von Farben entspricht eine Harmonie, eine Melodie.«[20]

Werefkin kam mit den Lehren der Theosophie ebenfalls in Berührung – ohne von ihnen beeindruckt zu sein. Maria Strakosch, geborene Giesler, eine vollkommen überzeugte Rudolf-Steiner-Jüngerin und in der Phalanxschule eine Wassily Kandinsky-Schülerin, entsann sich gegen Ende ihres langen Lebens mancher Einzelheiten aus Jugendzeiten. Einst sei es ihr »vergönnt« gewesen, mit dem Zirkel der Giselisten »in nähere Beziehung zu kommen«. »So gewann ich einen gewissen Einblick in die innere Haltung, welche dieser Kreis der Anthroposophie [Theosophie bis 1913[21]] gegenüber hatte, und fand, dass ein gewisses spontanes Interesse für diese festzustellen war. Werefkin äußerte einmal, dass sie mich um die innere Ruhe und Zielstrebigkeit auf dem Gebiete der Farben und der Malerei beneide; sie selbst könne aber diesen Weg nicht gehen; warum, sagte sie nicht.«[22] So tiefgründig Werefkins Denken und Fühlen, so fest ihre religiöse Verwurzelung in der russischen Orthodoxie. Was ihrem Spaß an irdischen Freuden bekanntlich keinen Abbruch tat.

Wesentlicher Ausdruck des Lebenshungers des Münchner Künstlervolkes waren Festivitäten zu jeder sich bietenden Gelegenheit. Vor allem im Fasching verging fast kein Abend ohne Maskenzug oder Ball, Gauklerfest, Gespensterfest oder Hexensabbat. Offenbar nahm Werefkin mit, was Schwabing im Januar und Februar an Vergnügungen zu bieten hatte. Sie stand, ohne im strengen Sinne dazuzugehören, in Kontakt mit den *Kosmikern*, als da waren Stefan George, Ludwig Klages, Alfred Schuler und Karl Wolfskehl. Eine seltsame Mischung aus Zivilisationskritik, Exzentrik, Ekstase und Überschwang einte die Herren. Man traf sich in der Wolfskehlschen Wohnung in der Leopoldstraße, deren Tür nachweislich auch der Baronin offen stand. *Kosmiker*, die Bezeichnung ging auf eine Forderung Friedrich Nietzsches zurück: Den Egoismus als Irrtum ansehen und als Gegensatz ja nicht Altruismus verstehen. Kosmisch empfinden, das bedeutete, über sich und andere hinauszuwachsen. Die *Kosmiker* schwärmten für prähistorische Mythen, schwelgten in gnostischen Kulten und verbanden geistiges Begehren nahtlos mit dem des Fleisches.

EIN BRIEF DER IHR »STETS ZUGETANEN WOLFSKEHLS« an die »liebe und verehrte Baronin« ist erhalten. Leider könnten sie den »Runenball« nicht besuchen. »Schade, denn gern hätten wir die Werefkin dort getroffen.«[23]

Mitsamt Dienstbotin?

Zwei Fotografien, aufgenommen um 1909, führen uns die Verschärfung der Konfliktsituation Ménage à trois vor Augen. Mal hat sich ein Grüppchen von sechs, mal von sieben Frauen und Männern vor der Kamera aufgestellt. Alle sind ausgehfein gekleidet, teils in Faschingskostümen, teils in Ballgarderobe. Wir sehen Marianne von Werefkin, Alexej Jawlensky, Wladimir von Bechtejeff, Alexander Sacharoff, dessen Schwester, zwei Unbekannte und: Helene Nesnakomoff.

Ihre Einbeziehung ins gesellschaftliche Leben hatte vor geraumer Zeit begonnen. Zuerst nutzte Jawlensky die Abwesenheiten Werefkins zur demonstrativen Aufwertung der Mutter seines Sohnes, etwa wenn er mit ihr durch eine *Secessions*-Ausstellung im *Glaspalast* schlenderte. Er wollte Helene geachtet wissen, weil er Andreas liebte; Münter skizzierte den Siebenjährigen, väterlich von Jawlensky umarmt.[24] Er ließ von sich und »Andrjuscha« im Münchner Kaufhaus Hermann Tietz ein Lichtbild machen,[25] regte den Knaben zur »Mitarbeit« in seinem Atelier an und präsentierte Besuchern voller Stolz, was der Schulbub künstlerisch Beachtenswertes zustande brachte.

Zu beneiden war Helene trotzdem nicht. Daheim machte die Baronin von ihrem Hausherrinrecht Gebrauch. So konnten Besucher bei den Giselisten folgende Beobachtung machen: »In einem kleinen Nebenzimmer lebte … eine junge, hübsche Person, die still und unbemerkt den Haushalt versorgte und alle täglichen Arbeiten verrichtete, aber nie am Tisch saß, wenn Gäste anwesend waren.«[26]

Waren die Gäste verschwunden, flammte der Stellungskampf der Frauen wieder auf.

Tragische Stimmung – die weibliche Person im Vordergrund von Werefkins Gemälde hält ihre Arme, trotzig und abweisend, vorm straff gespannten Körper verschränkt; sie wendet der winzigen Figur im Hintergrund, ein Nichts von einem Mann, den Rücken zu. Im Gegenspiel der Farben lässt die Malerin Rot und Blau in unterschiedlichen Mischungen als Dissonanzen aufeinander treffen.

»Bei den ziemlich häufig ausbrechenden Familiendramen«, erinnerte

Clotilde Derp, »kam Jawlensky zu Sacharoff, um sich zu beklagen. Die diplomatische Neutralität Alexanders half, die Geister zu beruhigen.«[27]

Doch am Ende des Jahres 1909 fiel, wie es scheint, selbst dem erprobten Friedensstifter nichts Besänftigendes mehr ein. Endlich griff Werefkin zum bewährten Heilmittel: Trennung auf Zeit. Die erste Ausstellung der *NKVM* war noch in vollem Gange, als sie am 10. Dezember ein Billett für die Strecke München-Kaunas löste.[28] Vor ihr lagen ungefähr eintausendfünfhundert Eisenbahnkilometer.

Kaunas[29], am Zusammenfluss von Nemunas (Memel) und Neris, gehörte seit 1831 zum Russischen Reich. 1879 hatte Alexander II. den Ausbau der Stadt zur Festung eingeleitet. Acht Forts und neun Batterien umschlossen die mehrheitlich von Litauern bewohnte Provinzhauptstadt, nicht groß und nicht klein, in der Marianne von Werefkins Bruder seit 1904 als Generalgouverneur lebte.[30] Generalgouverneure durften sich, im Gegensatz zu Gouverneuren, direkt an den Monarchen wenden. Dass Peter von Werefkin mit Nikolaus II. gelegentlich zwanglos zu Tische saß, ist verbürgt.[31]

Ungeachtet der Kalamitäten daheim und der herzlichen Aufnahme durch ihre Verwandten, schrieb Marianne von Werefkin am 17. Dezember an Alexej Jawlensky: »Seit meiner Abreise ist eine Woche vergangen, dazwischen waren alle meine Gedanken in München, obschon hier alle zu mir sehr lieb sind, weiß und fühle ich, dass mein Platz in der *Giselastrasse* ist.«[32]

Gewohnt an abwechslungsreiche Begegnungen und Gesprächsführung auf hohem Niveau, hatte sie in Kaunas, für ihre Begriffe, intellektuelles Ödland vorgefunden. Wenige Schlagworte reichten aus, die Begrenztheit der Berührungspunkte beim Namen zu nennen: erstens Kirche und Gottesdienste, zweitens Polizei (ohne uniformierten Schutzmann ließ Peter von Werefkin die Schwester nicht aus dem Haus), drittens Theater. Akteure mit großen Gesten in »kleinrussischen Stücken«, manche Karikaturen ihrer selbst, bevölkern Werefkins Skizzenbücher oder finden sich auf ihren Gemälden wieder.[33] Desgleichen traurige Nachtschwärmergestalten vor und in Restaurants mit Amüsierbetrieb. Auch die nichtssagend-geschwätzigen weiblichen Anhängsel provinzieller Prominenter, in der Taille geschnürt bis zur abstrusen Deformation, forderten zu bildlichen Persiflagen heraus, so die Matronenversammlung *Damen in Schwarz* im Speisesaal des Gouverneurspalais.

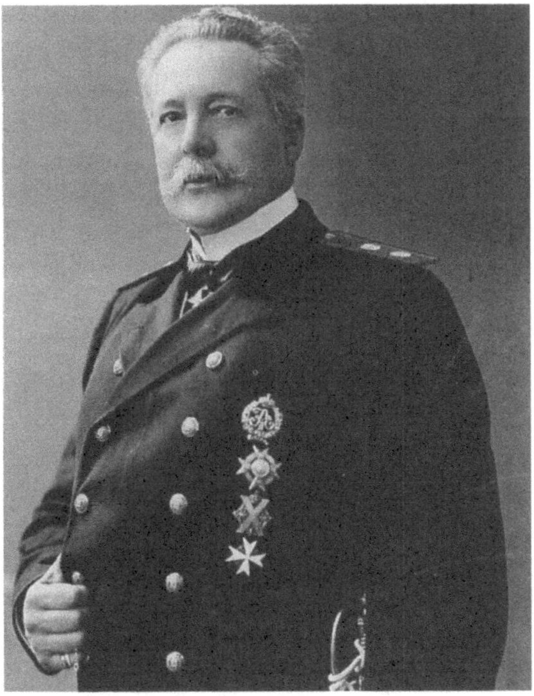

Peter von Werefkin als Gouverneur von Kaunas, um 1910

Geistige Unterforderung ging in Kaunas Hand in Hand mit Wehmut und Nachdenklichkeit. »Ob er [Jawlensky] glücklich ist? Bin ich zufrieden?«, fragte sich Werefkin im Gespräch mit ihrem Tagebuch. Ihre ehrliche Antwort: Nein. »Warum dem so ist? Wen die Schuld trifft, wie alles gelaufen ist? Damit werde ich mich befassen.«[34] »Du schreibst so lieb, tiefschürfend und ernsthaft«, kommentierte Jawlensky ihre brieflich fortgesetzte Grübelei. In Wahrheit hatte er genug von fruchtloser Gewissenerforschung und endlosen Diskussionen. Er riet zu Ablenkung: »Russland ist herrlich, wenn man es mit dem Gemüt aufnimmt, und Du verstehst das besser als sonst wer.«[35]

Wie gut er die Freundin doch kannte.

Mit der, für Jawlensky bestimmten, Transformation ihrer subjektiven Eindrücke von Kaunas in sprachliche Bilder schrieb Werefkin Expressionismusgeschichte[36]:

»Das Pittoreske treibt einen fast in den Wahnsinn. Eine Schönheit –

unglaublich. … Diese niedrigen Bauwerke in Rosa, Rot, Gelb, Strohgelb, Taubenblau, fliederfarben! Ihre Umrisse, bizarren Dächer, Dachrinnen, Eingangstreppen, Galerien, alles bunt, alles mit Schwarz grundiert.« Jedes Ding schreit nach bildlicher Umsetzung: Droschken rasen vorbei an Kaschemmen. Fantastisches Schattenspiel in den Speichen. Treibeis auf der Memel. Schwarze Krähen auf den Schollen. Alte Kirchen, weiß und geheimnisvoll. Glutrote Gebäude, dem Verfall preisgegeben. Enge Gassen in der Altstadt. Schlammige Hinterhöfe. »Schmutz, der an die Palette eines großen Koloristen erinnert.« »Malerische Zufälle, ersinnen kann man sie nicht, flugs vergessen auch nicht, man muss darangehen wie ein erfahrener Übersetzer. … Linien, Farben, Formen, auch die Komposition *im Raum,*[37] etwas Ähnliches habe ich nirgends gesehen.« Straßen stürmen gen Himmel. Vom Berg fallen die Häuser herab. Dazwischen türmt sich eine Lawine aus blauem Schnee, darin stecken schwarze Baumgerippe, Furcht erregend wie Kraken. »Und gerade dort, wer weiß warum, steht ein Jude mit einem riesigen Korb, der voll ist mit von der Verwesung violett gefärbten Äpfeln.« Wohin Werefkins Auge fiel: Drangsal, Kümmernis, Not. »Ringsumher elende, elende Menschen. Die Erkenntnis der allgegenwärtigen Armseligkeit lässt mich nicht los.« Viel deutlicher als je zuvor erkannte sie, dass ihre Kunst, all ihre Kunst, ihren Ursprung in ihrer russischen Seele hatte. Einer Seele, »die versteht, was Leben auf Russisch heißt – ein Synonym für Grauen«. Das Leben auf Russisch in Kaunas war »peinigend«. »Jede alte Frau, die Wasser holt, jeder Alte, der einen Schlitten zieht. Man muss sie nur malen, damit aus jedem Eindruck ein Drama entsteht, ein schreckliches Drama. … Mir scheint, dass ich aus all dem Meisterwerke machen könnte.«[38]

Es gibt sie: Gemälde wie *Rote Stadt, Vorstadt, Die Frau mit der Laterne, Wäscherinnen, Mondnacht, Feierabend, Heimkehr, Der Krämer* sind Spiegel der Sinneskraft ihrer Schöpferin im russisch-litauischen Winter und Vorfrühling 1909/1910.

Bruder und Schwägerin hatten wenig Zeit für sie. »Das Rad des von der Administration geregelten Lebens«, befand Werefkin in einem ihrer Briefe nach München, »treibt und dreht den Tag meiner lieben Gastgeber so, dass sie gar nicht zu sich selber kommen.«[39] »Peter und Sofia machen kolossal viel für die gesamte Bevölkerung. Dank ihnen lebt in der Gesellschaft das Bewusstsein für die Wohltätigkeit.« Marianne nannte das Engagement des Gouverneurs und seiner Frau zwar gut und

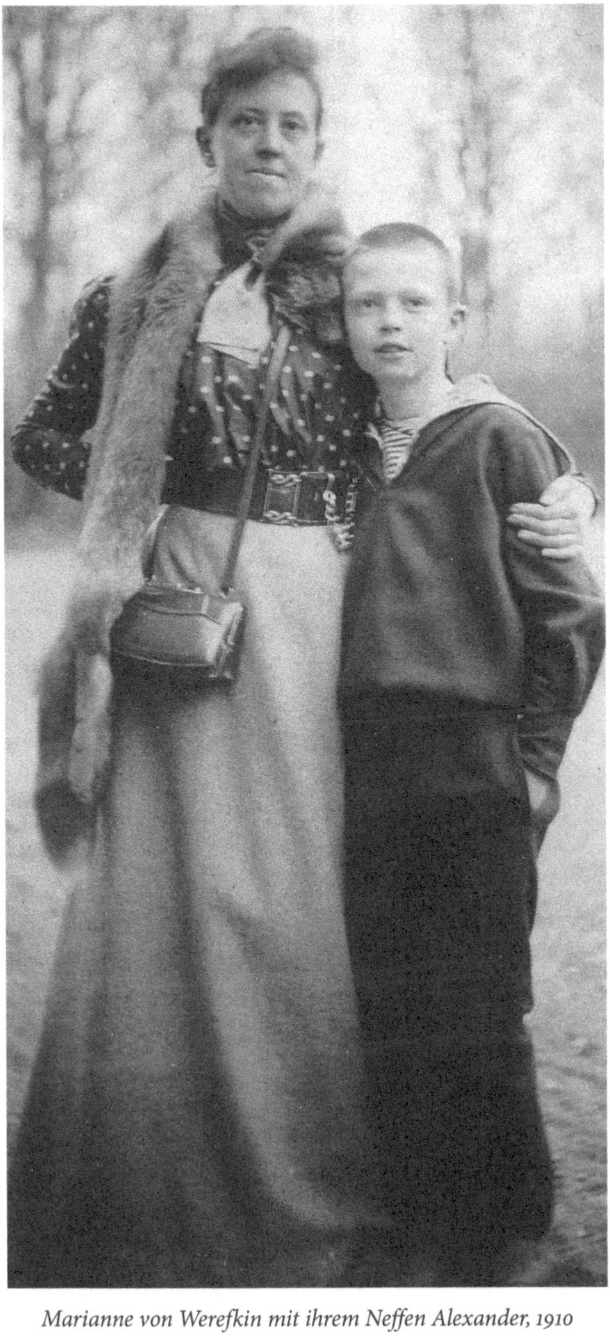

Marianne von Werefkin mit ihrem Neffen Alexander, 1910

richtig, die Beschränkung der Konversation auf soziale Themen aber schade: »andere Gespräche sind nicht zu hören«.[40] Nur wenn die Geschwister abends einmal allein beisammen saßen, waren das Stunden »voller Poesie und persönlichem Verständnis«.[41]

Dank der Aufzeichnungen einer deutschsprachigen Schriftstellerin russischer Herkunft können wir uns eine genauere Vorstellung von Peters Geisteshaltung und Amtsführung machen. Der Generalgouverneur, schreibt Tatiana von Metternich in ihrer Autobiografie, sei ein »allgemein beliebter« Ehrenmann mit politischem Fingerspitzengefühl gewesen – »in Kaunas, einer Stadt mit so heterogen zusammengesetzter Bevölkerung, immerhin eine Leistung«. Sofia von Werefkin, Vorsteherin verschiedener Hilfswerke und mehrfache Mutter, wird von der Autorin als eine »sympathische, energische und tüchtige Person« bezeichnet.[42]

Deren jüngste Sprösslinge, »zwei ungetrübt bubenhafte« Knaben, nutzten eine vorübergehende Abwesenheit ihrer Mutter weidlich aus. Im Brief an Alexej Jawlensky zeigte Marianne von Werefkin Verständnis für die kleinen Nervensägen: »Du weißt, so sind die Kinder. Die beiden sind kein Andreas – sie sind vollkommen unfähig, sich selbst zu beschäftigen. Die Tür ist zu – hinter ihr schallt es: Tante, Tante. Die Tür ist auf – sie sind bei mir, schreien und lachen, dass einem die Ohren schlackern. Sie tun mir leid – und ich verjage sie nicht.«[43] Eine der beiden wilden Rangen, Neffe Alexander, war ihr besonders ans Herz gewachsen. Die Zuneigung beruhte auf Gegenseitigkeit. Aber auch den Nichten Maria und Anastasia wird es in kommender Zeit ein Bedürfnis sein, empfangene Liebe mit gebender Liebe zu vergelten.

Leider machte der Baronin in Kaunas ein gesundheitliches Problem zu schaffen, weswegen der für Januar 1910 geplante Abstecher nach Sankt Petersburg nicht zustande kam. Eines ihrer Beine war stark geschwollen. Jeder Schritt, ja jede Berührung, tat höllisch weh. Nachts waren die Schmerzen kaum auszuhalten. Ihrer Beschreibung der Symptome nach könnte eine Thrombophlebitis vorgelegen haben. Heutzutage besteht die Behandlung einer Entzündung der oberen Venen aus viel Bewegung. Zur Linderung der Beschwerden werden entzündungshemmende Salben und Tabletten verschrieben sowie ein fester Verband angelegt. In manchen Fällen ist der Einsatz von Medikamenten zur Blutverdünnung notwendig – woran zu Beginn des zwanzigsten Jahrhunderts noch gar nicht zu denken war.

Der Mediziner in Kaunas war ein Stümper, die Kranke buchstäblich eine Besserwisserin. Man einigte sich auf Jodeinreibungen und Kompressionswickel. Der ärztlichen Anordnung absoluter Ruhigstellung der betroffenen Extremität handelte die quirlige Patientin schon von Natur aus zuwider.[44] Wir wissen von einem vermutlich mehrtägigen Ausflug in die weitere Umgebung. Werefkins Gemälde *Mondnacht* zeigt einen Landschaftsausschnitt nahe Trakai.[45] Der Ort westlich von Wilna war im Mittelalter für kurze Zeit Hauptstadt des Großfürstentums Litauen gewesen.

Der zweiten uns bekannten Kurzreise wird sie regelrecht entgegengefiebert haben. Im Februar fuhren Schwester und Bruder, unter anderem in amtlicher Mission, die zirka hundert Kilometer von Kaunas nach Utena. Je näher die Stadt kam, und somit auch Blagodat, desto gebannter schaute Marianne aus dem Fenster des Eisenbahnabteils. »Draußen die vertraute liebliche Ebene, wie mit einem Bügeleisen glatt gestrichen.« Zehn Jahre waren seit ihrem letzten Aufenthalt auf dem ländlichen Familiensitz vergangen. Zuerst aber mussten in Utena eine Lehranstalt eröffnet und eine weitere Errungenschaft bestaunt werden. »Wir kamen um 4 Uhr an – Besichtigung eines neuen großartigen, aus Steinen errichteten Krankenhauses mit Wasserklosetts, Operationssälen, Wannen etc. So wurde mein alter Traum [der Traum der jungen, medizinisch ambitionierten Gutsbesitzertochter von der Einrichtung eines professionellen Versorgungszentrums für ihre Schutzbefohlenen] verwirklicht …« Tags darauf ging es, zu Fuß, von Utena nach Blagodat: »auf der Straße herzliche Begrüßung durch bekannte Juden«. Im Gutshaus, »bei uns zuhause«, war ein festlicher Empfang vorbereitet. Nach dem Essen und ein paar Schnäpsen ließ sie sich zu einer richtig großen Rede vor den zur Begrüßung Herbeigeeilten hinreißen. »Ich spürte, wie meine Worte ihr Innerstes erreichten.« Werefkin sah, derweil sie redete, Jawlensky vor sich, »in der Vergangenheit und jetzt«. »Alles, was wir hier Fürchterliches miteinander erlebt haben, alle Hoffnungen und Sehnsüchte, alles Jugendliche, alle Schrecken, aller Kummer: das alles vereinigte sich zu Worten, die über erfüllten Glauben sprachen.« Sie erzählte den Anwesenden, »wie viel und wie bitter ich weinte und wie über allem Durchlebten feierlich und siegesgewiss eine Religion aus Glaube, Liebe und Kunst stand«. Jene Dreieinheit eben, die »im Grunde genommen die einzige Grundlage menschlicher Existenz darstellt«. Einen jungen Priester und zwei Lehrerinnen rührte ihr Vortrag beinahe zu Tränen. Einen Nachbarn, einen deutsch-baltischen Adligen, brachten ihre Worte dazu, mit aufgeregter Stimme schöne Verse vorzutragen.

Sie selbst griff am Ende des denkwürdigen Tages zur Feder. »Ich habe mich hingesetzt«, schrieb Werefkin an Jawlensky, »um Dir zu sagen, wie traurig ich ohne Dich bin und wie es mich zu Dir und dem hinzieht, was wir gemeinsam sind.« [»Liebe mich wie in der Jugend, … das ist nicht beschämend«, hatte sie ihm, von Kaunas aus, in einer verzweifelt einsamen Dezemberstunde zugerufen.[46]] Sie schloss ihren Brief mit den Worten: »Christus beschütze Dich und unsere ganze, durch blutige Tränen verbundene Familie. Ich umarme Euch alle kräftig und innig.« Küsse an Andreas und Helene weiterzugeben, trug sie Alexej ebenfalls auf. Außerdem Grüße an Kandinsky, Münter, Hartmann, Erbslöh und, »spezielle«, an Sacharoff.[47]

Vergessen konnte sie die fernen Freunde schon deshalb nicht, weil Jawlensky unentwegt von ihnen und den gemeinsamen Unternehmungen berichtete. Nach Hinweisen auf Sehnsucht seinerseits suchte Werefkin, auch zwischen den Zeilen, vergebens. Höflichkeitsfloskeln nicht mitgezählt. Jawlenskys Briefe gaben der Baronin zu verstehen, wie wunderbar es sich ohne sie – aber vorwiegend mit ihrem Geld – in München leben ließ:

Im Dezember.

> Sitzung der *NKVM* »im Esszimmer«. »Ich habe ein einfaches Teetrinken mit Samowar vorbereitet.« Es ging hoch her. Fragen zur Ausstellung in Weimar wurden besprochen. »Dann wurden Kritiken gelesen, endlose Schmähreden. … Uns haben sie in allen Zeitungen reißerisch verrissen, unschön, unendlich viel Bösartiges und ohne Verständnis für die Werke.«
>
> In Thannhausers Galerie Freundschaft mit Cuno Amiet geschlossen. Der international beachtete Schweizer war Mitglied sowohl von Gauguins Kreis in Pont Aven als auch der *Brücke*. »Was ist das für ein Künstler?«, fragte Amiet. »Wir standen vor meinen, gerade von der Wand abgenommenen Bildern, ›das sind doch wirklich interessante Sachen‹. Ich stellte mich als ihr Urheber vor. Und dann ging es los. … Seine Meinungsäußerungen sind aufrichtig, leidenschaftlich … Mein Gott, sehen Sie, stammelte er und fasst sich an

den Kopf, wie meine Sachen im Vergleich zu Ihren brav sind. … Du kennst das, es war wie in Paris.«

Thomas von Hartmann kam »hereingesegelt«. »Furchtbar erstaunt, dass Du in Russland bist.«

Museumsmann Hugo von Tschudi war auf der *NKVM*-Ausstellung, »hat meine Bilder sehr gelobt«. »Morgen gehe ich zu ihm, um ernsthaft über eine eigene Ausstellung zu reden.«

Abends ganz häufig bei Erbslöh, »er ist zu mir sehr, sehr nett …, verbringe dort einfach und gut die Zeit«.

Mit Hartmann und Kandinsky die Amiet-Ausstellung besucht. »Um 4 Uhr gab es Tee bei uns, anwesend waren Amiet, Giacometti[48], Bossi, Hartmanns, Kandinsky, Erbslöh, Kogan. Es war schön und herzlich. … Die Schweizer [Amiet und Giacometti] waren sehr erfreut, uns näher kennen gelernt zu haben, sie sind reizend …, dankten liebenswürdig und versprachen, alles Hodler zu berichten.«

Treffen mit Tschudi. »Habe mit ihm sehr gestritten …, sagte ihm zu dem Gauguin, den er mir gezeigt hat, dass er falsch ist (bin davon überzeugt); und er bat mich (forderte mich wirklich auf), zu ihm in die [Neue] Pinakothek zu kommen, um die van Goghs zu begutachten.«

Heiligabend.

Morgens im Museum alte Meister angesehen, darunter ein »grandioser El Greco«. Nachmittags im Konzert: Johann Sebastian Bachs *Weihnachtsoratorium*. Abends zuhause. Helene, Andreas und den Kindern der Hausmeisterin Geschenke überreicht. Bechtejeff kam mit Sacharoff, »der uns unterhielt und mit allerlei Einfällen für eine heitere Note sorgte«. Anschließend bei Kandinsky, »haben viel über die Ursprünge der Kunst diskutiert«.

Erster Weihnachtstag.

Zuerst Feier beim Ehepaar Erbslöh, später Bescherung unterm Christbaum in Herrn und Frau Hartmanns Wohnung. »Alle waren dabei.« Danach ins *Deutsche Theater*. »Von dort gingen wir in ein Restaurant, und ich kam ziemlich spät zu Fuß nach Hause.«

Zweiter Weihnachtstag.

Spätvormittags zu Hartmanns mit Kandinsky und Münter, »gingen gemeinschaftlich in den Kunstverein, Ausstellung der Unabhängigen«. »Alles ist schrecklich außer [Edwin] Scharff. Der ist ein wirklicher Künstler und hat einen Bezug zu Hodler (jeder hat seinen Vater).« Nach der Ausstellung, »wo auch Sacharoff und Bossi waren«, zu Hartmann, »diskutierte bis 4 Uhr, die haben mich kaum weggehen lassen«. Abends will Sacharoff in die Giselastraße kommen, »heute ist Sonntag«. Und somit Jour fixe im Salon wie immer. Noch eine Versammlung des Vereins »bei uns«. »Nun klingelt es, ich laufe.«

31. Dezember.

Morgens Besuche bei Alexander Kanoldt und Erma Bossi, nach dem Essen zu Erbslöhs, »von dort zogen wir zu den Wittensteins«. Frau Erbslöh kam, »um mich zur Silvesterfeier einzuladen, und es tat mir leid, absagen zu müssen. Wir [Jawlensky und Helene], Kandinskys und Hartmanns gingen ins Theater und dann ins Café Luitpold. … So haben wir es vorher ausgemacht.« In einer »fröhlichen Familie«, »wie es die Erbslöhs nun einmal sind«, hätte sich »Lelja [Helene] wohler gefühlt«.

»Sehr langweilige« Silvesterfeier. Frau Hartmann indisponiert, Herr Hartmann unleidlich, weil er zu lange aufs Essen warten musste. »W. W. [Kandinsky] weilte in anderen Welten«, »Mü[nter] saß wie ein Frosch da«. Eine russische Dame namens Anna Filippowna »belegte Lelja mit abgehobenen Reden«. »Ich versuchte anfangs, alle zu unterhalten, wurde allmählich still«. Zuhause mit Helene noch bis zwei Uhr in der Früh geplaudert.

Neujahr.

Trotz Brummschädel nach »so einer wilden Sauferei(!)« Fortsetzung der Rundumvisiten.

Januar bis März.

Besuch bei Elisabeth Stolypin, Gattin des russischen Gesandten Nikolaus Stolypin (und Werefkins Freundin). Besuch von Alfred Kubin. »Wir saßen bis 6 Uhr zusammen …, bedauerte sehr, dass er Dich nicht sehen konnte. Brachte viele Zeichnungen mit – Illustrationen zu seinem neuen Roman.«[49] Im Anschluss daran zu Kandinsky, Vertragsbesprechung im Hinblick auf auswärtige Ausstellungen der *NKVM*. »Dort trafen sich Erbslöh, Frau Kanoldt und die Gastgeberin [Münter]. Kand[insky] bemalt große Leinwände, an einem Tag eine, sehr schön, aber wenig verständlich, obwohl alle gut sind, das gewisse Etwas ist dort eben vorhanden.« Zum Ausklang des Tages ein Opernbesuch.

Einen »Chopin-Abend« versäumt. »Sehr ärgerlich.« Zwanzig Bilder von Julius Exter bei Thannhauser angesehen.

»Mein Gott, was für ein Jammer!« Vorher waren dort Lovis Corinth, Max Slevogt und Ulrich Hübner zu sehen gewesen, »alles Berühmtheiten aus Berlin – der erste ausdruckslos, banal, der zweite ein Mensch absolut ohne Geschmack, der dritte halb Liebermann halb Franzose aus einer versunkenen Schule.«[50]

Und so weiter, und so weiter …

Vorübergehend wäre Jawlensky sogar aus eigener finanzieller Kraft recht gut über die Runden gekommen. Ermano Cecconi, ein Münchner Zahnarzt und Ehemann der Literatin Ricarda Huch, hatte seinen *Berg* haben wollen.[51] Erbslöh hatte sich zunächst zwei Arbeiten erbeten, eine *Landschaft bei Murnau* und einen *Blumenstrauß*, beide von 1908, für zusammen sechshundert Mark. Dann aber kaufte er dem Malerfreund noch »die weit gereisten Köpfe« (möglicherweise in Frankreich entstandene Bilder) für das »Schloss«[52] seiner Schwiegereltern ab.[53] *NKVM*-Mitglied Oscar Wittenstein, Kunsthistoriker, war von Jawlenskys »Sachen so begeistert, dass er um 1200 Mark« seine Sacharoff-Darstellung *Rote Lippen* erwarb.[54]

Weder neidete Werefkin dem Gefährten seinen augenblicklichen wirtschaftlichen Erfolg noch seinen künstlerischen Durchbruch. Jawlensky anerkannt zu sehen, war ja eines ihrer höchsten Ziele. Grundsätzlich aber war sie der Meinung: »Die Kunst ist nicht da, um Bilder zu verkaufen, sondern dafür zu verstehen, dass auf der Welt schöpferisch gearbeitet wird und: was die Werke sagen, womit die Erde atmet, worum es eigentlich im Leben geht.«[55] Richtig. Und trotzdem: Dergleichen denkt, sagt und schreibt sich leicht, solange Geldnot für einen selbst ein Fremdwort ist.

Im April 1910 kehrte Werefkin aus Kaunas nach München zurück.

KAPITEL VIII
1910 – 1914

Gipfelpunkte

Mariannes Bilder sind Geschöpfe, sie atmen und voller Leben strömen sie, und wie ein Meer und wie ein Wald bergen sie auch tiefsten Frieden in sich.[1]

AM 11. SEPTEMBER 1910 hätte Marianne von Werefkin einen runden Geburtstag feiern können, unterließ es aber aus bekanntem Grunde. Erma Bossi malte die Fünfzigjährige: verkörperte Noblesse. Und aus dem um die gleiche Zeit entstandenen Selbstporträt der Baronin blickt uns, mit magisch roten Augen, eine wirklich starke Frau entgegen. Klug und konsequent eingesetzte gestalterische Mittel machen es zu einem der »wichtigsten Selbstporträts des Expressionismus«.[2]

Ihre Meinung zählte. Mit einer einzigen Bemerkung habe »Fräulein Werefkin« ihn jüngst von letzten kunsttheoretischen Zweifeln befreit, schrieb Anfang Dezember 1910 Franz Marc an seine Lebensgefährtin. »Alles stand bisher bei mir auf einer organischen Basis, nur die Farbe nicht.« Nach den Worten der Russin bestehe der Kardinalfehler der Deutschen darin, »das Licht für Farbe zu nehmen, während Farbe etwas ganz anderes ist und mit Licht, d. h. Beleuchtung, überhaupt nichts zu tun hat«. Seither ginge ihm das Urteil der Baronin nicht mehr aus dem Sinn, träfe es doch »in der ganzen Frage den Nagel auf den Kopf«.[3]

Zu einer ersten Visite bei den Giselisten waren Franz Marc, dreißig, und August Macke, dreiundzwanzig, Mitte November erschienen.[4] Nehmen wir ihren Antrittsbesuch zum Anlass für eine kurze Personenbeschreibung:

Ursprünglich schwankend zwischen evangelischer Theologie (eine Einflüsterung des Gemeindepfarrers) und Philologie (vorgemacht von Bruder Paul), hatte der gebürtige Münchner Franz Marc der Profession seines Vaters, des Landschafts- und Genremalers Wilhelm Marc, den Vorzug gegeben. Im Mai 1900 schrieb sich der Abiturient an der Münchner Kunsthochschule in die Naturklasse von Gabriel Hackl ein, um im zweiten und definitiv letzten akademisch unterstützten Studienjahr in den Kurs des Historienmalers Wilhelm Diez zu wechseln. Eine Reise im Jahr 1903 über Paris in die Bretagne – ein reicher Kommilitone[5] ermöglichte Marc den Auslandsaufenthalt – führte zu keinen nennenswerten Ergebnissen auf künstlerischen Gebieten. Marcs Fazit nach Fühlungnahme mit der Dachauer Künstlerkolonie: nichts für mich. Die Beschäftigung mit der Freiluftmalerei der Scholle-Maler war ebenfalls nur eine Station des rastlos Suchenden auf dem Weg zur unverwechselbaren Identität.[6] 1908 hatte der Münchner Galerist Franz Josef Brakl, eher aus Gefälligkeit als aus Überzeugung, ein paar von Marcs Bildern in Kommission genommen. Im Februar 1910 gab er dem eigenwilligen Maler Gelegenheit zu seiner ersten Einzelausstellung. Wie Marc in jenem Jahr zur *NKVM* fand, wurde schon beschrieben.

Lange Zeit war Unentschiedenheit das hervorstechende Merkmal auch seiner privaten Existenz gewesen. 1904 lernte er Anette Simon kennen, eine geborene von Eckardt, Malerin, Kopistin, Textilkünstlerin, Kunstschriftstellerin. Als der Mittzwanziger auf die rund zehn Jahre Ältere traf, machte Schwermut ihm das Leben zur Last. Die Frau von Professor Richard Simon, Mutter zweier Töchter, ließ sich ganz auf diesen melancholischen Menschen ein. Statt die zwar leidenschaftliche, aber auch zusätzlich belastende, weil unbedingt geheim zu haltende Bindung an eine Verheiratete sobald als möglich zu lockern, manövrierte sich Marc unversehens in eine Mehrfachbeziehung. Im Verlaufe des Faschings 1905 traf er auf der sogenannten Bauernkirchweih in der Schwabinger Brauerei die vier Jahre ältere, gründlich ausgebildete Malerin Maria Franck. Doch zunächst war es Marie Schnür, sechsunddreißig, Lehrerin an der Damen-Akademie des Künstlerinnen-Vereins, der Marc sich zuwandte – ohne Anette Simon und Maria Franck aus dem Blick zu verlieren. Und noch bevor das Jahr zu Ende ging, war auch die Letztgenannte seine Geliebte. 1907 trat Marc mit der Schnür in München vor einen Standesbeamten und 1908 vor einen Scheidungsrichter, weil die Heirat unter Vorspiegelung falscher Tatsachen zustande gekommen und, seinerseits, Liebe in Gleichgültigkeit umgeschlagen war. Nunmehr die Franck, wie gleich zu Beginn der Affäre mit ihr verheißen, zu seiner Angetrauten zu machen, scheiterte vorerst an der Rachsucht der Schnür, welche die Franck (unter Schonung der Simon) im Scheidungsprozess des Ehebruchs bezichtigt hatte. Die juristische Konsequenz war: Marc und Franck durften einander nicht heiraten, da laut Gesetz »eine Ehe nicht geschlossen werden kann zwischen einem wegen Ehebruchs geschiedenen Ehegatten und demjenigen, mit welchem der geschiedene Ehegatte den Ehebruch begangen hat, wenn dieser Ehebruch in dem Scheidungsurteil als Grund der Scheidung festgestellt ist«. Seither war jede von Marcs Bemühungen um Erlangung eines staatlichen Dispenses im Sinne einer Ausnahmegenehmigung fehlgeschlagen. 1909 verlegten Marc und Franck, unter anderem um den Anfeindungen der Schnür-Parteigänger zu entgehen, ihre Wohn- und Wirkungsstätte aus der Schwabinger Schellingstraße 33 aufs Land. Eine unkomfortable Wohnung im Obergeschoss des Hauses von Schreinermeister Joseph Niggl im ländlichen Sindelsdorf, unweit des Klosters Benediktbeuern, war ihre neue Bleibe. Bis zum Bahnhof im Bergarbeiterstädtchen Penzberg und bis nach Kochel, dem in der Vergangenheit von Marc (wie einst von Kandinsky und Münter) bevorzugten Ausgangspunkt inspirierender Malausflüge, war es nicht sehr weit.

Um die Jahreswende 1910/1911 hielt Maria Franck sich bei ihren Eltern in Berlin auf. Der Bankdirektor und seine Frau setzten die Vierunddreißigjährige mächtig unter Druck. In Unkenntnis von Marcs fatalem Geschiedensein pochten sie auf die unverzügliche Umwandlung der »wilden« Ehe ihrer Tochter in eine »reguläre«. Sie untermauerten ihre Forderung mit einer Drohung: Entweder Legitimierung des Zusammenlebens oder Einstellung der monatlichen Unterhaltszahlung, des augenblicklich einzigen sicheren Einkommens des verhinderten Brautpaares.[7]

Vorweg gesagt: Derart in die Enge getrieben, planten Marc und Franck eine Eheschließung im Ausland. Sie reisten nach London, um zu erfahren, dass sie einer Fehlinformation aufgesessen waren. In einem Bericht der *Münchner Neuesten Nachrichten* war nämlich behauptet worden, dass für sie und die vielen anderen, gleichermaßen Betroffenen eine Heirat in England, unter Umgehung des deutschen Rechts, möglich sei. Davon felsenfest überzeugt, hatten sie den Überraschungscoup in wenigstens einer Hinsicht bestens vorbereitet. Im Juni 1911 verschickte Franz' Bruder Paul auf das vereinbarte Signal hin in Deutschland die im Vorhinein gedruckten Hochzeitsanzeigen. Die nach wie vor Dauerverlobten hatten noch von London aus grünes Licht gegeben. Nicht einmal die Mackes, auf der »Hochzeitsreise« in Bonn besucht, durften von dem

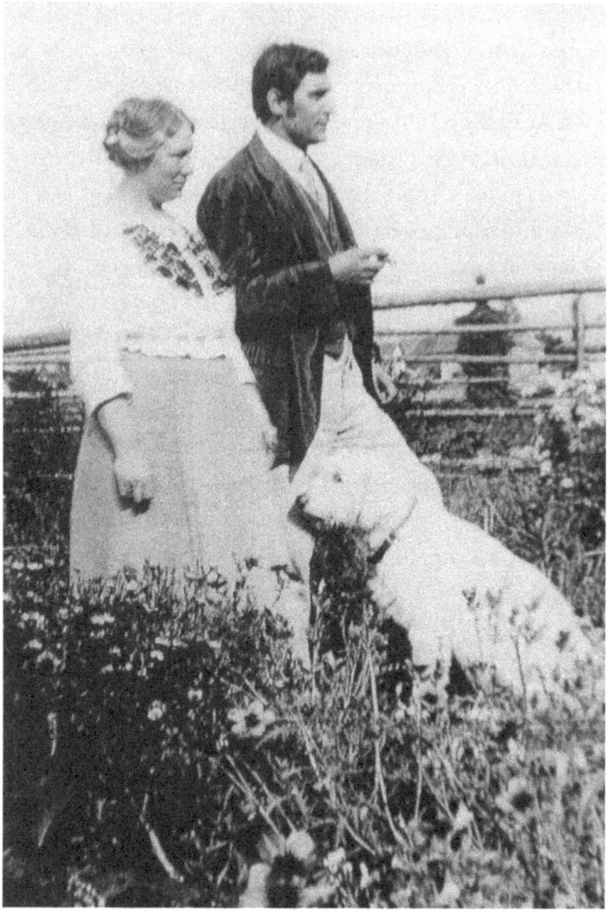

Franz Marc und Maria Franck, Sindelsdorf, 1911

gewagten Betrugsmanöver erfahren. Entsprechend heimlich musste, auf den Monat genau zwei Jahre später, in München die wirkliche zivile Trauung der *Marcs* vollzogen werden. So lange nämlich dauerte es noch bis zur positiven behördlichen Einzelfallentscheidung.

Die Künstlerfreundschaft zwischen Franz Marc und August Macke war im Januar 1910 begründet worden. Zuvor hatten der Rheinländer und sein neunzehnjähriger Cousin Helmuth Macke[8] beim Kunsthändler Brakl, hinter einem Schrank, die gerahmte Lithografie *Pferde im Walde* entdeckt und unbedingt deren Urheber kennen lernen wollen.

August Macke, von Haus aus besitzlos, hatte sich, nach zweijährigem Studium an der Kunstakademie und Kunstgewerbeschule in Düsseldorf, für vorwiegend freies Arbeiten entschieden, in Berlin aber die Möglichkeit genutzt, unter der Korrektur von Lovis Corinth zu malen. Mehrere Reisen hatten ihn in nahezu alle Kunstzentren Europas geführt. Nun schauten er und seine Frau sich in München um. Elisabeth Macke, geborene Gerhardt, stammte aus einer Bonner Unternehmerfamilie. Ihre verwitwete Mutter war dem lebensfrohen talentierten Schwiegersohn sehr gewogen. Den jungen Eheleuten fehlte es folglich an nichts, zumal sich ein Onkel Elisabeths ebenfalls spendabel zeigte. Als vermögender Geschäftsmann, Hersteller von Metallwaren, Stempeln und Gravuren für den Industrie-, Büro- und Schmuckwarenbedarf, hatte Bernhard Koehler nicht nur Mackes Studienfahrten bezuschusst, sondern in seiner Eigenschaft als altruistischer Mäzen das Ego August Mackes durch wiederholte Bildkäufe massiv gestärkt.

IM GEGENSATZ ZU dem gezielt unterstützten, aufstrebenden Maler aus Bonn, stand es mit Gabriele Münters Ichgefühl nicht zum Besten. Die negative Selbstwahrnehmung tritt in ihren Selbstporträts zutage: Bangigkeit gepaart mit Resignation kennzeichnen die Mimik der Frau über dreißig. Nicht erst seit Wassily Kandinsky – wir befinden uns auf der Zeitachse im ausgehenden Jahr 1910 – in Moskau seine Wunden leckte (und Erfolgsbäder nahm), stand die quälende Frage im Raum, wie es mit ihr und ihm weitergehen sollte. Der Freund litt an München, dem Ort schlimmster Enttäuschung. Litt an dem Reinfall der ersten *NKVM*-Ausstellung. Fühlte sich verletzt durch Kollegen, Presse, Publikum. Außerdem schmerzten ihn die Vorwürfe Münters. Sie hatte ihm, allen Mut zusammennehmend, Überempfindlichkeit, Unberechenbarkeit, Unnahbarkeit vorgeworfen. Grundsätzlich gab Kandinsky ihr Recht. Am Streben nach Harmonie fehle es ihm nicht. »Aber da kommt immer ›was‹ oder ›wer‹ und legt leise den Finger, die Spitze des Fingers auf die Schale, und fort ist der Gleichgewichtsklang.«[9]

Um Weihnachten 1910 herum hatte Münter den »glühend«[10] geliebten Mann zurück. Für wie lange? Das blieb abzuwarten. Kandinskys Scheidung, im Oktober 1911 gerichtlich vollzogen, würde Münter keinen Schritt näher an das Ziel ihrer Träume bringen.

DIE VERTIEFUNG DER FREUNDSCHAFT zwischen Wassily Kandinsky und Franz Marc nahm ihren Anfang an Silvester in Marianne von Werefkins Salon.

Am Abend des 2. Januar 1911, ein Montag, pilgerte »die ganze« *NKVM*,[11] mit Helmuth Macke im Schlepptau (er leistete Strohwitwer Franz Marc in Sindelsdorf Gesellschaft), erwartungsvoll zum Festsaal des Hotels *Vier Jahreszeiten*.[12] »Zukunftsmusik« von Arnold Schönberg[13] war plakatiert:

»1. Zweites Streich-Quartett op. 10
2. Drei Klavierstücke op. 11
3. Fünf Lieder
4. Erstes Streich-Quartett op. 7«[14]

Abkehr von musikalischen Formvorgaben!
Radikaler Ausdruckswille!
Expressionismus auf kompositorischer Ebene!

Einhellige Meinung der Münchner Malerpioniere im Nach(t)-gespräch bei »einigen Fläschlein Wein«: »Schönberg scheint, wie die Vereinigung, von der unaufhaltsamen Auflösung der europäischen Kunst- und Harmoniegesetze überzeugt.«[15] Kandinsky beschloss, dem Gesinnungsbruder zu schreiben und ein paar seiner jüngeren Arbeiten mitzuschicken. So fremd dem gewöhnlichen Publikum die evolutionäre Atonalität Schönbergscher Werke war, so verständnislos starrte Helmuth Macke im *Ratskeller* auf das der Baronin servierte Nahrungsmittel. »Lotos«? Nein, Artischocke.[16] Besonders wenn sie die Frau von Welt herauskehrte, schüchterte Werefkin den unerfahrenen Jüngling ein, dann wirkte die Aristokratin auf ihn wie »ein wahres Ungeheuer«, aber auch wie »die Seele des ganzen Unternehmens«.[17]

In seinem noch vollkommen unter dem starken Eindruck des Schönberg-Erlebnisses verfassten Report für Lebensgefährtin Franck hatte Marc nur eines zu beklagen: den »ungezogenen Protest« der überforderten Konzertbesucher. »Unruhe, Kichern und Scharren *während* des Spielens. Wobei sie einen hinterher ruhig applaudieren ließen.« Man schäme sich, ein Münchner zu sein.[18] Da traf es sich gut, dass er kein Wiener war. Denn die Uraufführung von Schönbergs *Quartett für zwei Violinen, Viola und Violoncello op. 7* in dessen österreichischer Geburtsstadt hatte 1907 in einem Tumult geendet; zuhauf waren die Zuhörer, noch während der Aufführung, aufgebracht zischend nach draußen geströmt. Besonders Witzige wählten den Notausgang. »Sie haben nicht zu zischen«, wandte sich Gustav Mahler empört an einen der Flüchtenden. Er zische bei seinen Symphonien ebenfalls, hielt der Traditionalist dem auf seine Weise neuzeitlichen Komponisten und Dirigenten entgegen.

Schönbergs anfängliche Hoffnung, dass die Premierenbesucher seines *Zweiten Streichquartetts op. 10* ein Jahr später höflicher reagieren würden, erwies sich als trügerisch. Kaum waren die ersten Takte des zweiten Satzes erklungen, ging das mühsam unterdrückte Glucksen in Feixen und schließlich das Feixen in lautes Gelächter über. Im dritten und vierten Satz übertönte es den Gesang der Sopranistin.

Unter Werefkins Münchner Freunden gab es viele, die von Jugend auf ein Instrument spielten, sie selbst bekanntlich Piano, ebenso Gabriele Münter und Maria Franck. Wassily Kandinsky übte regelmäßig auf seinem Cello. Paul Klee, der sich ihnen im Herbst zugesellen sollte, war ein hervorragender Violinist, und Lily Klee, seine Frau, hielt ihre dreiköpfige Familie mit professionellem Klavierunterricht über Wasser. Alle erlagen sie dem Faszinosum Klangwelt. Alle waren sie Wagnerianer. Freilich nicht nur. »Großartig« nannte Werefkin die Musik von Berlioz. Die Kompositionen des Begründers der modernen Orchestrierung waren in ihrer Epoche, der Romantik, auf wütende Ablehnung gestoßen. Um 1903 hatte die Baronin in München die Bekanntschaft von Max Erdmannsdörfer gemacht. Der künstlerische Leiter der Akademiekonzerte[19] wusste ihre Sachkenntnis zu schätzen. »Ich war so froh, dass gerade Sie zugehört haben«, sagte er zur Baronin gewandt, als sie einander wenige Tage nach der Aufführung eines Requiems von Berlioz begegneten. In ihrer Bewertung der Berlioz-Oper *Benvenuto Cellini* machte sie feine Unterschiede: »Zwischenspiele bewundernswert, das Orchester großartig, die Partitur entzückt weniger«. Unvergesslich ihre Erfahrung spontaner Umwandlung von Tonkunst in innere Bilder. Das geschah während eines Konzerts des Geigenvirtuosen Kubelik[20]: »Diese Musik begann mit Sinnlichkeit und nahm das Herz gefangen. Ich habe deshalb Visionen gehabt.«[21]

AM ZWEITEN TAG DES MONATS FEBRUAR 1911 fuhren Werefkin, Jawlensky, Erbslöh und Kanoldt fünfzig Kilometer weit gen Süden. Marc erwartete sie am Bahnhof von Penzberg. Er lud ihr Gepäck auf einen Schlitten. »Wir stapften dann durch tiefen Schnee zu mir.« Am Sindelsdorfer Haus angekommen, ging es gleich hinauf ins Atelier. Der Freund hatte es auf dem eiskalten Dachboden eingerichtet. Wie schnell den auf seine Bilder neugierigen Besuchern warm geworden sei, brauche er ihr nicht zu erklären, schrieb Franz seiner Maria: »Sie waren einfach weg …«[22] Auch August Macke, zurückgekehrt nach Bonn, musste sofort von der Begeisterung des Gutachterquartetts benachrichtigt werden: »Als sie sich nun auf meinem Speicher plötzlich angenehm überrascht sahen, gebärdeten sie sich wie wahnsinnig, Erbslöh tanzte, Werefkin riss immer an meinem Biceps herum, Jawlensky balzte sein säärrh gut, sääärrrh gut heraus. Es war zu komisch!«[23] Mit der Qualität ihrer Verpflegung waren die Gäste offenbar weniger einverstanden. Schnellstens expedierte die Baronin eine ihres Erachtens tüchtige städtische Köchin ins bayerische Oberland.

Für Ende Februar war in München die Ankunft von Bernhard Koehler angekündet. Vieles nahm der Kunstmäzen in Augenschein, um – früher oder später – seine Expressionistensammlung um Gemälde von Marc, Kandinsky, Münter, Jawlensky[24] zu erweitern. Weshalb er kein einziges von Werefkin erwarb? Niemand weiß es mehr zu sagen. Mag sein, die Baronin hatte den Metallwarenfabrikanten aus Berlin-Kreuzberg ihren künstlerischen, und sonstigen, Hochmut spüren lassen. Von Einladungen zu Ausstellungen konnte sie hingegen nie genug bekommen.

Die *IV. Ausstellung der Neuen Secession Berlin* – eine in ihrer Bedeutung oftmals unterschätzte Zusammenführung verschiedener Gruppierungen[25] – fand vom 18. November 1911 bis 31. Januar 1912 statt. Marc, mit seiner »Frau« zu Besuch bei seinen »Schwiegereltern«, schrieb kurz vor Jahresende an Kandinsky: »Waren heute in der Neuen Sezession: *famoser* Eindruck. … Am stärksten wirkten auf uns *Sie* – und Werefkin.«[26]

Am 12. März 1912 startete der Berliner Verleger und Kunsthändler Herwarth Walden (eigentlich Georg Lewin)[27] mit der Ausstellung rundreisender Bilder aus dem Kreis des *Blauen Reiters* – unter Einbezug von Werken Werefkins, Jawlenskys, Klees und Kubins – sein Galerieunternehmen *Der Sturm*. Entgegen anders lautenden Vermutungen[28] war die Baronin auch auf der *Internationalen Kunstausstellung des Sonderbundes westdeutscher Kunstfreunde und Künstler* von Mai bis September 1912 in Köln[29] vertreten, mit einem nicht näher beschriebenen Bild. Macke, gerne einmal unverhohlen respektlos, schrieb im Juni an Marc, weder gefiele ihm Werefkins Beitrag noch Jawlenskys Exponate. Die Münter fehle überhaupt – »Gott sei Dank« – und werde »infolgedessen recht geflattert haben«.[30] Kandinsky hatte die vermeintliche Geringschätzung der Gefährtin mit einer Absage seinerseits quittiert. Dass man in Köln von Werefkin nur ein Bild zu sehen bekam, hing mit ihrer Einzelausstellung im Juli des Jahres in der *Ruhmeshalle*[31] in Barmen zusammen. Vollkommen von den Arbeiten der Baronin überzeugt, hatte Richart Reiche, Jurist, promovierter Kunsthistoriker, Konservator des örtlichen Kunstvereins (sowie »maßgeblicher Organisator«[32] der genannten *Sonderbund*-Ausstellung!) nicht weniger als dreiundvierzig ihrer Werke für Barmen reserviert.[33] Einige Wochen zuvor im Atelier in der Giselastraße zusammengestellt, war Werefkins Auswahl von den Freunden begutachtet worden. Sie sei, hatte Anfang Mai Marc an Kandinsky geschrieben, »wunderschön«.[34] Franck hielt die Mackes auf dem Laufenden: »Vor zwei Tagen sahen wir eine Kollektion von der Werefkin, die uns *sehr* gefallen hat.«[35]

Ebenfalls 1912, zum Ende des Sommers, präsentierte *Sturm*-Galerist Herwarth Walden die »zurückgestellten Bilder des Sonderbundes«, darunter Werke von Werefkin, Jawlensky, Kandinsky, Marc, Münter, Bloch.

Im Oktober des Jahres eröffnete der Buch- und Kunsthändler Hans Goltz in München seine *Galerie Neue Kunst* mit einer aufsehenerregenden Gesamtausstellung der Maleravantgarde Europas. Werefkin gehörte zu den zweiunddreißig Auserwählten. Ein Mitarbeiter der *Münchner Neuesten Nachrichten*, zwangsverpflichtet zur Berichterstattung, trieb mit – seinem – Entsetzen Scherz: »Der Herr, der die Ausstellung Goltz am Odeonsplatz verließ, rief nach einem Auto: ›Fahren sie mich rasch‹, sagte er zu dem Chauffeur, ›der Herr Moosburger [vermutlich Jawlenskys *Prophet/Mann mit grünem Bart*[36]] und die gelbe Kuh [von Marc] verfolgen mich …‹ Der Chauffeur lächelte und verschwendete Gas die Ludwigstraße hinab gegen Schwabing zu. Der Herr Moosburger und die gelbe Kuh blieben zurück bei Goltz. Herr Moosburger, der Mann mit dem grünen Bart und dem blutigroten Gesicht, hängt rechts an der Wand, die gelbe Kuh links. Die Kuh ist wütend geworden, weil man sie mit Eidotter bemalte, der Herr Moosburger zeigt seine Schamröte wegen seines stattlichen grünen Vollbartes. … Der Zufall hat einen Schirmständer daneben gestellt, raffinierter Gedanke: Hier einen Schirm zu stellen, ihn aufzuspannen, mit ihm die Augen zu beschatten und dem Ausgang zuzueilen. An der Kasse sagt man dann: ›Fräulein, verstehen Sie das?‹ und das ehrliche kleine Fräulein sagt: ›Nein.‹ Es sitzt den ganzen Tag dem Herrn Moosburger gegenüber …«[37]

1913, genaue Daten fehlen, nahm Werefkin an einer Kollektivausstellung im *Neuen Kunstsalon* Dr. Paul F. Schmidt und Max Dietzel in München teil.[38]

Im Juni des Jahres stellte Richart Reiche verschiedenen *NKVM*-Mitgliedern und *Blauer Reiter*-Expressionisten die Barmer *Ruhmeshalle* zur Verfügung. Kandinsky brachte fünf Arbeiten ein, Werefkin drei, Jawlensky zwei, Bechtejeff und Erbslöh je eine.[39]

Zwei Monate später forderte Hans Goltz das Münchner Ausstellungspublikum erneut heraus. Dass Werefkin ihren Teil zum Querschnitt von Bildern aus fast sechzig Ateliers beisteuerte, verstand sich anscheinend von selbst.

Nahtlos ging es weiter.

Vom 20. September bis zum 1. November gab Herwarth Walden im *Ersten Deutschen Herbstsalon Berlin 1913* »einen Überblick über die neue Bewegung in den bildenden Künsten aller Länder«. Kunst, erklärte der Veranstalter im Vorwort zum Katalog, »ist die persönliche Gestaltung eines persönlichen Erlebnisses«. »Der Maler malt, was er schaut mit seinen innersten Sinnen, die Expression seines Wesens, alles Vergängliche ist ihm nur Gleichnis, er spielt Leben, jeder Eindruck von außen wird ihm Ausdruck von innen.« Marianne von Werefkin war mit den Exponaten *Am Ende der Welt*, *Herbstidyll* und *Rhythmen* vertreten. Ebenso viele Bilder waren von Marc Chagall (eigentlich Moishe Zakharovich Shagalov)[40] gekommen: *Meiner Braut gewidmet*, *Golgatha oder Christus gewidmet*, *Für Russland, für Esel und für andere*. Man habe die Werke dieser beiden »ernsthaft vergleichen« können, merkte rückblickend der mitbeteiligte Maler Richard Seewald[41] an, lebte doch sowohl in den Gemälden »der russischen Aristokratin« als auch den Gemälden »des russischen Juden« »etwas von der echten russischen Volkskunst fort«.[42] Wollte meinen: Bild gewordene Poesie und Prosa. Insgesamt stellten damals vierundachtzig Künstler[43] bei Walden aus. Jawlensky hatte *Rote Lippen*, einen *Männerkopf*, einen *Frauenkopf* und seine *Kreolin* eingesandt. Derzeit beherrschten menschliche Häupter sein Œuvre, Meisterwerke, denen sich spätere Abfolgen wie *Mystische Köpfe* und *Heilandsgesichte* anschließen sollten. Werefkin und er reisten eigens nach Berlin, die Chance der Bestimmung ihrer Position innerhalb der europäischen Kunstlandschaft nutzend.

Schon jetzt mit der Vorbereitung des kommenden Ausstellungsjahres beschäftigt, griff der Galerist aus der Reihe der Künstler des *Ersten Deutschen Herbstsalons* zwei Frauen heraus: Marianne von Werefkin und Jacoba van Heemskerck[44]. Deren Exponate behielt Walden zurück für eine separate Werkschau Anfang 1914.[45] Im Nebeneinander ihrer Werke traten die Unterschiede zwischen den emotional aufgeladenen, expressiven Bildgeschichten der Russin und der spirituell überhöhten Symbolsprache der Niederländerin klar hervor.

Ende 1913 flatterte den Giselisten die endgültige Bestätigung einer Auslandsofferte ins Haus. Unter dem Datum 8. Dezember besiegelte der skandinavische Maler Oskar Björck[46] die Teilnahme von Werefkin und Jawlensky an der *Großen Baltischen Ausstellung*, geplant für die Zeit vom 15. Mai bis 4. Oktober 1914 im Pildammspark von Malmö, Schwedens drittgrößter Stadt. Nur Künstler aus den Anrainerstaaten der Ostsee kamen in Frage. Auch Repin, Kandinsky und Bechtejeff sollten Bilder für die »russische Abteilung« schicken. Jeder der Maler werde, erläuterte Björck den Giselisten, Gelegenheit bekommen, sich in einer »Entwicklungskette« vorzustellen.[47] Schirmherr der *Großen Baltischen Ausstellung* war der schwedische Kronprinz Gustav Adolf. Eine Weltausstellung gleichsam im Kleinen, verteilten sich die leuchtend weißen Gebäude mit ihren roten Schieferdächern und für die Region typischen Stufengiebeln auf einer Fläche von einundfünfzig Hektar. Man konnte sich, einige wenige Beispiele herausgegriffen, über Neuheiten aus Gewerbe und Industrie informieren, Einblicke in so unterschiedliche Bereiche wie »Gartenkultur«, »Schulwesen« oder »Bestattungswesen« gewinnen, die Existenz von »Frauenrechten« zur Kenntnis nehmen, Nahrungs- und Genussmittel in Hülle und Fülle kosten, im Pavillon »Häuslichkeit« dem Sitzgefühl auf Polstersofas und Küchenstühlen nachspüren. Die deutschsprachige *Illustrirte Zeitung* (Leipzig, Berlin, Wien, Budapest, New York) widmete der *Baltischen Ausstellung* ein Sonderheft. Anschaulich schilderte ihr Korrespondent seinen Gang über das weitläufige Gelände. »So erreichen wir auch den hübschen, 15 600 qm großen Kunsthallensee, an dessen Gestade sich die Kunsthalle, vornehm und stattlich, wie es einem Palais der Kunst gebührt, erhebt. Die Fassade ist hier 100 m lang, und der imposante Turm hat eine Höhe von 41,5 m. Im Innern findet man Säulenhalle, Skulpturenhallen und etwa fünfzig Säle und ein Teezimmer mit einem offenen Bassin, von einer herrlichen Blumenpergola umgeben. In der Halle stellen sämtliche vier Länder – Schweden, Dänemark, Deutschland, Rußland – gemeinsam ihre Kunst aus.«[48] Welche Bilderfolge respektive »Entwicklungsreihe« Werefkin für Malmö ausgesucht hatte, entzieht sich unserer Kenntnis. Aber wir wissen, dass es ihr wichtig war, zu gegebener Zeit nach Schweden zu fahren.[49]

Doch es sollte anders kommen.

ZURÜCK INS JAHR 1911. Die wichtigsten Ereignisse des Frühjahrs im Zeitraffer: Ilja Repin machte auf seinem Weg nach Rom Station in München. Wir stellen uns vor, wie der Siebenundsechzigjährige seiner ehemaligen Meisterschülerin von der Absicht, seine Memoiren zu schreiben, berichtet. In Erinnerungen schwelgt. Werefkin ihr Malen à la Rembrandt ins Gedächtnis ruft. Sich einmal mehr in Rage redet eingedenk und angesichts ihres künstlerischen Wandels. Wir hören aus Repins Vorhaltungen leise Trauer heraus, wenn er jetzt von der Malerin »als dem schönsten Märchen der Welt« spricht.[50]

In Erbslöhs Atelier wurde eine Bilderauktion zugunsten der verschuldeten *NKVM* durchgeführt. Mindestgebote zwischen fünf und sechzig Mark. Die Mitglieder der Vereinigung ersteigerten einander reihum. Viel Geld kam nicht in die Kasse.

In diesen Tagen stattete Pierre Girieud den Giselisten einen Besuch ab und wohnte auch bei ihnen.[51] Bis zum vereinbarten Wiedersehen in der französischen Kunstmetropole war noch Zeit für einen Malsommer im Grenzbereich von Mecklenburg und Pommern.

Rückblickend glaubte Jawlensky, sich von Frühjahr bis Herbst 1911 mit Werefkin, Helene und Andreas im Ostseebad Prerow auf der Halbinsel Darß aufgehalten zu haben. Tatsächlich war der Aufenthalt kürzer, begannen doch die Schulferien des Sohnes erst am 15. Juli und endeten am 14. September. Sie logierten in der *Villa Seestern*[52] – fünf Zimmer, verglaste Veranda. Vermutlich hatte Werefkin ihre Adelsbeziehungen spielen lassen. Gewöhnlich stand die komfortable Unterkunft Mitgliedern des Hofes von Preußenprinz Eitel Friedrich zur Verfügung, immer dann nämlich, wenn der zweite Sohn Wilhelms II. in der Küstenlandschaft Jagd auf Hasen machte.[53]

Im Ortsgebiet von Prerow trennt ein bewaldeter Dünenstreifen den Sandstrand vom Prerowstrom, einst natürliche Fahrrinne für Schiffe auf ihrem Weg von den südlich gelegenen Binnenseen zum offenen Meer. »Die Natur hat Prerow vieles verliehen«, stand in einem zeitgenössischen

Fremdenführer zu lesen. Zum Beweis wurden »die zahlreichen jährlich dort verkehrenden berühmten Maler und Malerinnen« herangezogen.[54] Unter anderen Erich Heckel aus dem Kreis der *Brücke*-Maler. Werefkin und Jawlensky waren ohnehin, auch über Prerow hinaus, in guter Kollegengesellschaft, hatten sich doch in Zingst und Ahrenshoop regelrechte Künstlerkolonien herausgebildet.

Werefkins Ausbeute der arbeitsintensiven Urlaubswochen: »einige Gemälde und eine Vielzahl von Skizzen«, »die sich wie ein … Tagebuch lesen«.[55] Oder wie eine Dokumentation. Wir erblicken heiteres Strandleben in mannigfaltiger Gestalt. Und: Wir entziffern die Bilder von Menschen im Joch unentrinnbarer Fron. Feldarbeiterinnen in schmerzhaft gebückter Haltung. Und Wäscherinnen, immer wieder Wäscherinnen. Auf Knien große schwere Leinentücher durchs Wasser ziehend, sie rubbelnd und wringend. Auf dem abendlichen Heimweg tief gebeugt unter dem Gewicht der schweren nassen Bündel. In Prerow entstand auch Werefkins Gemälde *Styx*.[56] (Styx ist der Name jenes Flusses, welcher in der griechischen mythologischen Unterwelt das Reich der Lebenden vom Totenreich des Hades trennt.[57]) Ein Kahn wird entladen. Frau und Mann teilen sich die Last der Säcke. Ein Schritt noch, und sie verlassen das Bild der Eintracht, gehen ins Leere sozusagen. Gibt man der weiblichen Person den Namen Marianne und der männlichen den Namen Alexej, wird die Andeutung zur realen Gefahr.

Helene und Andreas nahmen von Prerow den kürzesten Weg nach München. Auf Werefkin und Jawlensky hingegen wartete dessen erste Einzelausstellung in der Barmer *Ruhmeshalle*. Sechzehn der achtzig gezeigten Bilder wurden verkauft.[58] Werefkins bereits erwähnte erste Einzelausstellung am gleichen Ort fand ein Dreivierteljahr später statt. Jetzt ging es von Barmen weiter nach Frankreich. Mittlerweile war es wohl Oktober geworden.

Zwei Wochen Paris bedeuteten für Werefkin und Jawlensky zwei Wochen Museums-, Galerie- und Atelierbesuche. Gewiss trugen die guten Französischkenntnisse der Baronin dazu bei, aus der Bekanntschaft mit Henri Matisse ein großartiges Erlebnis zu machen. Erstmals standen sie dem großen Erneuerer der europäischen Malerei persönlich gegenüber.

Derweil Werefkin und Jawlensky in Paris auf den Spuren des Expressionismus wandelten, arbeiteten Kandinsky und Marc bekanntlich in München mit Hochdruck an ihrem Almanach *Der Blaue Reiter*. Noch waren die Giselisten als Beiträger zu dem Jahrbuch im Gespräch. So wie Matisse, dem das offizielle Gesuch um Druckerlaubnis bereits vorlag. Gut möglich, dass sich seine beiden Besucher für das Projekt starkmachten. Jedenfalls traf in jener Zeit die Zusage des umworbenen Malers bei Kandinsky ein. Am 9. Oktober 1911 schrieb er an Marc: »Von Matisse sehr nette Antwort: ich darf alles reproduzieren, was ich will.«[59]

Inspiriert und voller Tatendrang waren Werefkin und Jawlensky früh genug zurück in München, um in den Strudel des, bereits ausführlich erläuterten, Niedergangs der *NKVM* zu geraten.

Mitte Dezember 1911 lag Kandinskys programmatische Schrift *Über das Geistige in der Kunst* als Druckwerk vor. Dass sich Vorformulierungen Werefkins »nicht nur an Kandinskys Malerei bestätigen, sondern auch in seinem theoretischen Konzept eine – systematisierte – Entsprechung finden«, steht außer Zweifel.[60] Den Freund und Mitstreiter des Plagiats zu beschuldigen, wäre der Baronin nicht eingefallen. Vielmehr dürfte sie die partielle Verwertung ihres Gedankengutes durch Kandinsky befriedigt haben – fußte doch auch ein Teil ihrer Philosophien auf Denkanstößen intellektuell Ebenbürtiger.

In der ersten Jahreshälfte 1912 herrschte in Werefkins Salon reger Betrieb. Neben vielen anderen prominenten Besuchern kamen der Tanzsolist Waslaw Nijinsky sowie die Primaballerinen Tamara Karsawina und Anna Pawlowa zu ihr zum Tee, eingeführt durch Sergej Diaghilew. Im Frühjahr brachte der alte Freund, Kulturvermittler und Impresario mit dem untrüglichen Gespür für die Bedürfnisse des Publikums die enthusiastisch bejubelten *Ballets Russes* nach München. Das Geheimnis ihres Erfolges: Exotik und Erotik.

Mit Eintritt des Hochsommers reisten Werefkin, Jawlensky, Helene und Andreas nach Oberstdorf. Man war mit Dimitrij und Olga Kardowsky verabredet, die ihre Tochter Ekaterina in das Allgäuer Bergdorf mitbrachten. Vor faszinierender Naturkulisse entstanden Landschaftsbilder in Serie. Werefkin aber machte Täler, Höhen, Wälder, Wiesen zur wirkungsvollen Staffage für die sozialkritischen Elemente im Vordergrund ihrer Darstellungen. Ohne grundsätzlich gegen den technischen Fortschritt zu sein, brachte sie, einmal mehr, ihre Aversion gegen menschenverachtende Arbeitsbedingungen zum Ausdruck. In Oberstdorf malte sie die große Baumwollspinnerei am Ortsrand. Im frühmorgend-

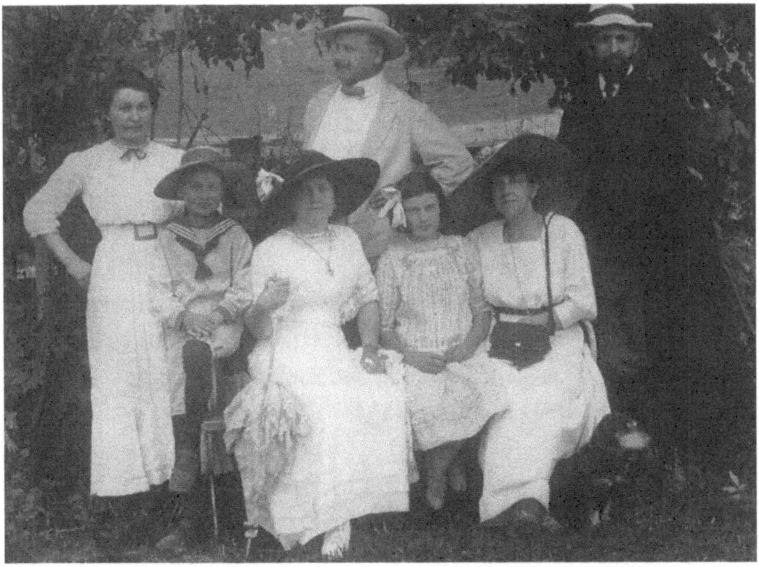

Sitzend von links: Olga Kardowsky, Ekaterina Kardowsky, Marianne von Werefkin. Stehend von links: Helene Nesnakomoff, Andreas Nesnakomoff, Alexej Jawlensky, Dimitrij Kardowsky, Oberstdorf 1912

lichen Licht sind Männer schleppenden Schrittes unterwegs zu zwölfstündiger Fabrikmonotonie. Keine Zweite, kein Zweiter aus ihrem Umfeld setzte sich künstlerisch eindeutiger und konsequenter mit dem Hauptproblem des ausgehenden neunzehnten und beginnenden zwanzigsten Jahrhunderts auseinander: der Sozialen Frage.

Zwar wirkte die Bismarcksche Reformengesetzgebung der Verelendung breiter Bevölkerungsschichten entgegen. Dennoch war die Politik durchgreifenden Maßnahmen zur Überwindung jener gesellschaftlichen Missstände schuldig geblieben, die mit dem Übergang von der Agrar- zur Industriegesellschaft in Verbindung standen.

Hinsichtlich Werefkins persönlicher Situation entdeckt uns eine in Oberstdorf entstandene Fotografie den praktisch unüberwindlichen innerfamiliären Konflikt. Olga und Marianne, seit ihrer Jugend befreundet, haben am Spazierweg auf einer Ruhebank Platz genommen, zwischen sich das Mädchen Ekaterina. Dimitrij, leicht im Abseits, scheint eine bewusst neutrale Stellung einzunehmen, wohingegen Alexej, mittig stehend, demonstrativ könnte man meinen, nur Augen für Helene hat, welche am linken Bildrand mit Andreas eine optische Einheit bildet. Die Mutter des Zehnjährigen schaut zufrieden drein, seiner Ziehtante, sozusagen, steht Bitterkeit ins Gesicht geschrieben.

Wieder in München, wurde Werefkin durch ein publizistisches Ärgernis von den häuslichen Kalamitäten abgelenkt. Ihre Wut richtete sich gegen eine von der *NKVM* in Auftrag gegebene Veröffentlichung. *Das Neue Bild* von Otto Fischer – aus heutiger Sicht »eine Quellenschrift von hohem Wert«[61] – erschien im November 1912 im Münchner Delphin-Verlag in limitierter Auflage[62] und sollte im Zusammenhang mit der geplanten, aber nicht zustande gekommenen, vierten Ausstellung der *NKVM* stehen. Das schmale Buch, auf Halbpergament gedruckt, mit goldgeprägtem Rückentitel, enthält Abbildungen in hervorragender Qualität von Werken der Künstler Bechtejeff, Bossi, Erbslöh, Girieud, Jawlensky, Kanoldt, Kogan, Mogilewsky und Werefkin *(Der Schnitter)*. Otto Fischer, selbst Mitglied der Vereinigung, machte aus seiner Parteinahme für die Kunstauffassungen ihres neuen Vorsitzenden Erbslöh kein Hehl. Ohne Erbslöhs Vorgänger Kandinsky beim Namen zu nennen, rügte er massiv dessen Streben nach Abstraktion: »Ein Bild ohne Gegenstand ist sinnlos … Dies sind Irrwege von leeren Schwärmern und von Betrügern.«[63]

In einem Brief an Richart Reiche machte die Baronin aus ihrem Herzen keine Mördergrube: »Haben Sie das Buch gelesen«, fragte sie den unerschrockenen Förderer moderner Kunst, »haben Sie gelesen, dass wir [vertreten durch Otto Fischer] Leute wie Picasso, Kandinsky etc. Betrüger schimpfen? Haben Sie gelesen, dass wir, d. h. die N.K.V.M., eine gegenständliche Kunst bedingen? Haben Sie gelesen von der Notwendigkeit, dass die Glieder Körper bilden, oder dass Flecken, Farben und Linien nicht an und für sich ein Kunstwerk ausmachen können?« Erbslöhs Verbrechen, so Werefkin weiter, bestünde darin, dass er »in unserem Namen« diese Niederträchtigkeiten in einem bleibenden Werk habe stehen lassen. »Was sagen Sie dazu? Mich hat das Buch wie ein Peitschenhieb gelähmt. Die gelogene Freundschaft, die gelogene Einigkeit, das gelogene Kunstverständnis, haben mich so empört, dass ich die ganze Geschichte wie einen schmutzigen Handschuh abgestreift habe. – Nun sind wir damit fertig.«[64] Fertig mit der *NKVM*. Von Werefkin zur Rede gestellt, brachte Fischer zu seiner Rechtfertigung vor, er habe das Manuskript sowohl Bechtejeff als auch Jawlensky vorgelegt, ja sogar vorgelesen und kein einziges Wort des Widerspruchs zu hören bekommen. Ihr selbst sei die Urschrift nach Oberstdorf nachgeschickt worden, aber unkommentiert geblieben.

Sich bereits ein Jahr zuvor, anlässlich des von Marc und Kandinsky provozierten Eklats, von der *NKVM* zu trennen, wäre der Baronin wie ein Verrat insbesondere am Freund Erbslöh vorgekommen. Dem mittlerweile zum Feind gewordenen Erbslöh ihre und Jawlenskys Kündigung mitzuteilen, fiel um vieles leichter. Im Übrigen musste einer klugen Frau wie ihr niemand erzählen, dass das Modell mit Zukunftsperspektive nicht *NKVM*, sondern *Blauer Reiter* hieß. Die *NKVM* starb still und leise. Inaktiv seit Jahren, wurde sie 1920 aus dem Münchner Vereinsregister gestrichen. Das Schicksal des *Blauen Reiters* sollte sich anderswo entscheiden: in den Sphären machthungriger Monarchen und Militärstrategen.

In einem Brief vom 28. Dezember 1912 an Marc begrüßte Kandinsky Werefkins und Jawlenskys Austritt aus der *NKVM*. »So schließt das Jahr für den bl. Reiter wenigstens versöhnlich und ruhig. Ich bekam heute einen sehr netten Brief von der Baronin, in dem sie schreibt, sich wirklich bei dem Gedanken sehr wohl zu fühlen, nun singen und malen zu dürfen ohne Angst vor Vereinskommissionen und Kritik und sich nicht mehr um den im Verein ›obligaten Rhythmus‹ kümmern zu müssen.«[65]

Am 15. Februar 1913 erschien im *Hamburger Fremdenblatt* ein übler Hetzartikel gegen Kandinsky. Werefkin protestierte heftig gegen das Pamphlet. Abgesehen davon scheint es, als hätte sie in jener Zeit mehr zu ihm gestanden als beispielsweise Macke. Der schrieb im Herbst des Jahres an Koehler: »Eine Tischplatte ist mystischer als seine [Kandinskys] Bilder.«[66]

Im Februar lernten die Giselisten die erste Ehefrau des Berliner Galeristen Herwarth Walden kennen: Else Lasker-Schüler, dreiundvierzig, merkwürdig genial, mysteriös, klein, knabenhaft schlank, pechschwarze, unzeitgemäß kurz geschnittene Haare, rabenschwarze bewegliche Augen mit ausweichendem Blick, aufsehenerregende Röcke oder Hosen, unmögliche Obergewänder, Hals und Arme behängt mit Ketten, an den Fingern Talmiringe. »Man konnte weder damals noch später mit ihr über die Straße gehen, ohne daß alle Welt stillstand und ihr nachsah.«[67] Franz Marc hatte Lasker-Schüler ins stille Sindelsdorf eingeladen.[68] Dort hatte es die exzentrische Städterin in schlechter nervlicher Verfassung nicht lange ausgehalten. Von München war die Dichterin beeindruckt. Und fast noch mehr von

Marianne von Werefkin[69]

Marianne spielt mit den Farben Rußlands malen:
Grün, Hellgrün, Rosa, Weiß,
Und namentlich der Kobaltblau
Sind ihre treuen Spielgefährten.

Marianne von Werefkin –
Ich nannte sie den adeligen Straßenjungen.
Schelm der Russenstadt, im weiten Umkreis
Jeden Streich gepachtet.

Ihren Vater, der Verweser Alexanders,
Trägt sie im Medaillon um ihren Hals.
Marianne malte ihn, achtjährig war sie erst:
Hier fiel vom Himmel eine Meisterin.

Goldene Saat wächst auf ihrer Landschaft,
Wenn gottgefällig sich ein Bauernvolk[70]
Im Kreise um die reiche Ernte freut.
Man hört vom Turm Geläut, malt sie den Sonntag.

Mariannes Bilder sind Geschöpfe,
Sie atmen und voller Leben strömen sie
Und wie ein Meer und wie ein Wald
Bergen sie auch tiefsten Frieden in sich.

Mariannes Seele und ihr unbändig Herz
Spielen gern zusammen Freud und Leid,
Wie so oft die Melancholie
Hinmalt mit zwitschernden Farbtönen.[71]

Einmal kündigte Else Lasker-Schüler (»der blauen Reiter-Reiterin Freundin«) ihren Besuch bei der Baronin mittels Billett an: »Ich freue mich auf die Süßigkeiten ihrer Bilder.«[72] Ihr zuliebe setzte sich Werefkin für die Befreiung von Senna Hoy (eigentlich Johannes Holzmann) ein.

Dieser Anarchist war Mitbegründer des *Bundes für Menschenrechte* und ein Kämpfer für die Legalisierung der Homosexualität. In Deutschland vorbestraft, drei Jahre in der Warschauer Zitadelle inhaftiert und anschließend zwei Jahre in Einzelhaft im unbeschreiblich schrecklichen Moskauer Staatsgefängnis, vegetierte er jetzt, todkrank, in der noch entsetzlicheren »Irrenanstalt« der Kriminalabteilung des russischen Innenministeriums in Metscherskoje. Hoy überlebte sein Martyrium nicht. Das Gnadengesuch, von einem in der zentralen russischen Administration beschäftigten einflussreichen Cousin der Werefkin in die Wege geleitet, war abgelehnt worden.[73]

Anfang März 1913 trafen Herwarth Walden und seine zweite Ehefrau in München ein. Alle seine dortigen Künstlerfreunde hatten sich zur Begrüßung am Bahnhof eingefunden. Nell Walden erinnerte sich später vor allem an den Empfang durch »Marianne von Werefkin, die russische Malerin der Blauen Reitergruppe«.[74] Bis zur Sperrstunde, nachts um drei, saß man im *Café Odeon*, Brienner Straße 56, zusammen.

Aus dem Sommer 1913 gibt es ebenfalls Positives zu berichten. Der niederländische Diamantenhändler und Kunstliebhaber Willem Beffie, »ein angenehmer Sammlertyp«, kaufte Werefkin, Jawlensky und Marc eine Reihe von Bildern ab.[75]

Offenbar erreichte im Weihnachtsmonat die Kontroverse Werefkin/Jawlensky/Helene einen ihrer unrühmlichen Höhepunkte. Schnell sprach sich die Abreise der Baronin ins litauische Russland herum. Maria Marc (seit Juni rechtswirksam verheiratet) wusste von vorausgegangenen schweren Kämpfen zu berichten. Paul Klee erfuhr durch seine Frau vom unerwarteten Verschwinden der Werefkin aus München. Seine Reaktion: »Ich sehe für mich hier einen erheblichen Verlust.«[76] Auch Kubin bedauerte zutiefst die »traurige« Entwicklung.[77] Kandinsky versuchte bei Walden Geld für Jawlensky lockerzumachen, dieser brauche es dringend, weil er sich von der Baronin trennen wolle.[78]

Oder sie sich von ihm?

Immerhin hatte Jawlensky in der Vergangenheit relativ gut verdient. Eine Weile würde ihn sein Finanzvorrat über Wasser halten. Anfang Februar 1914 fuhr er, für ein paar Wochen, ins mondäne Seebad Bordighera an der italienischen Riviera.[79] Allen Unkenrufen zum Trotz stand der Alleinreisende mit der fernen Werefkin in Briefkontakt. Am 2. Januar hatte er ihr seine Flucht »in den Süden« angekündigt. Jawlenskys Psyche hatte dem Druck der Familienverhältnisse nicht länger standgehalten. »Für mich wird eine Zeit anbrechen, in der ich in meine Seele hinabtauche«. Sie möge ihm, noch vor seiner Abfahrt, aus Wilna Yoga-Bücher in russischer Sprache schicken und sich wegen der Kostenübernahme keine Sorgen machen, »ich zähle in München alles zusammen«. Ferner gestand Jawlensky Werefkin ein, dass ihm die Zukunft seines Sohnes »Kopfzerbrechen« bereite, da Andreas' Schulzeit demnächst zu Ende ginge.[80] »Tja, darüber reden wir bei unserem Wiedersehen.« Bis dahin umarme er sie »von ganzem Herzen«.[81] Schreibt so einer, der auf immer Abschied genommen hat? Beziehungsweise auf immer verlassen worden ist?

Aber schauen wir nun nach Wilna, wo seit 1912 Peter von Werefkin, wie zuvor in Kaunas, als Generalgouverneur amtierte. Neun glückliche Kindheitsjahre hatten er und seine Geschwister in Wilna verbracht. Hier war Marianne zur Schule gegangen, genauer: war sie vom Kutscher der Familie ins *Marien-Institut* gefahren worden. Hatte damals, nach der Entdeckung ihres künstlerischen Talents, den ersten ordnungsgemäßen Zeichenunterricht bekommen.

Vermutlich im Juni 1914 traf Jawlensky in Wilna ein. Angeblich hatten unaufschiebbare Verwandtenbesuche die Reise ins Heimatland erforderlich gemacht. Bestimmt ist friedliche Einigung nicht die rechte Bezeichnung für Werefkins und seine Übereinkunft. Deren Inhalt bleibt uns verborgen. Nicht aber das Elend des Mannes, dem es erkennbar schwerfällt, über ein definitives Ende der Wohngemeinschaft zu viert nachzudenken – scheint es doch so, als habe Werefkin ihn vor die Wahl gestellt: Helene und Andreas beziehen in München eine separate Unterkunft oder sie werde sich künftig für Jawlenskys Familie wirtschaftlich nicht mehr verantwortlich fühlen. Mit der Entscheidung vollkommen überfordert, kehrte er einigermaßen ratlos und ziemlich deprimiert zu den Seinen zurück. Die Baronin hatte allerdings versprochen, schnellstmöglich nachzukommen.

Jawlensky aus München an Werefkin in Wilna:

»20. VII. 1914

Meine Teure!

Mit mir zürnen und mich noch mehr schelten wegen meines Schweigens – das bedeutet, die Sachlage und die Seelenqual zu verkennen. Was kann ich Dir schon mitteilen? Nur Dummheiten. ... Ich möchte einen Frieden voller Freude erleben und weiß nicht, wo ich ihn finden soll. Meine Seele ist voller Schmerz. So viele Fragen lagen vor mir, Fragen, auf die es keine Antwort gibt. … Mein Geist ist verwirrt und nicht ungetrübt, etwas Hartes setzte sich auf seinem Grund ab. Das Vergangene verwirrt mich nicht. Eine geheilte Krankheit kann nicht verwirren. Ich habe sie nicht abgeschüttelt, sondern durchlebt. Ich bin nicht mehr derselbe wie früher – das ist offenkundig.

Entschuldige, aber über etwas anderes kann ich nicht schreiben …

Lelja bittet, mit Andrej Deine Hand küssen zu dürfen.«[82]

Es stellt sich die Frage, ob Werefkin die Fortsetzung ihres Lebens in Wilna, und zwar ohne Jawlensky, jemals ernsthaft in Betracht gezogen hatte? Die Antwort lautet eindeutig: Nein. Dauerhaft sollte sie *freiwillig* niemals auf größere räumliche Distanz zu Jawlensky gehen, dem Objekt/Subjekt ihrer Obsession.

ETWAS MUSS NOCH NACHGETRAGEN WERDEN: Werefkin war in Wilna um ihre Beteiligung an der dort stattfindenden *VI. Frühlingsausstellung der Kunstgesellschaft* gebeten worden. In einem Brief nach Berlin, er trägt im Poststempel das Datum 3. Februar 1914, bat sie Nell Walden um eine »Liste der Bilder …, die sie im *Sturm* von mir haben …, dann könnten die Sachen direkt aus Berlin nach Schließen der [Werefkin/Heemskerck] Ausstellung hierher geschickt werden«.[83] Auf ihre Rückfrage hin bekam die Frau des Galeristen zusätzlich erklärt: »Ich meinte die Bilder, die früher im *Sturm* waren. Ich weiß eigentlich nicht, wo sie jetzt sind und wie viele es sind. … Die Preise stehen auf allen Bildern nicht netto, sondern sind mit den 20 % Commission berechnet … ich bleib meinen Prinzipien treu und lass nicht mit mir handeln.«[84]

In Wilna, berichtete Werefkin im gleichen Atemzug nach Berlin, gäbe es wunderbare Dinge zu sehen und zu erspüren, die nur darauf warteten, von ihr in Kunst umgesetzt zu werden: »Jeder Baum, jedes Haus hat eine eigene Seele, und auf allem liegt ein großer Gefühlsgedanke, den vielleicht nur eine russische Seele entziffern kann.« Eingedenk der Fülle von »Anregung von außen« sei ihr der hiesige »Mangel an Kunstempfinden ganz merkwürdig«. »Vielleicht sind die Leute zu sehr mit sich selbst, mit dem Erleben des Lebens beschäftigt, um zu jener Entsagung vom eigenen Ich zu gelangen, die alles Künstlerische bedingt. … Hier braucht man Bilder, Bücher, Konzerte, aber keine Kunstideen.«[85]

So gesehen war Wilna eine Enttäuschung.

Werefkin hatte zum Jahresbeginn vor den Studierenden der Kunstschule einen Vortrag gehalten: »Über den Sinn, den Zweck und den Geist der Kunst«. »Die Zuhörer waren ausser sich als ich ihnen sagte, dass die Fähigkeit des Schaffens viel mehr sei als das Geschaffene, dass die Kunst mehr in dem liege, was noch nicht ist, als in den Schätzen der Museen.«[86]

In ihrem Nachlass findet sich ein in russischer Sprache verfasstes Manuskript von achtundzwanzig Seiten ohne weitere Angaben. Dessen Inhalt sowie der Eintrag »Anrede« in der ersten Zeile deuten auf besagtes Referat hin. Es fällt nicht schwer, sich die Wirkung von Werefkins Zentralaussagen auf ihre Adressaten, streng akademisch ausgerichtete Kunststudenten, vorzustellen:

(Kursiv Gedrucktes ist im Original unterstrichen.)

»*Die Kunst ist eine Sache der Liebe*, und man muß sich liebevoll geduldig zu ihr verhalten.«

»*Die Kunst ist Gott, der Künstler ist Priester.*«

»Jeder von uns [Maler aus dem Kreis des Blauen Reiters beispielsweise] drückt sich auf seine Weise aus, doch alle dienen demselben Gott.«

»Wenn man diese Bestimmung der Kunst untersucht, so erscheint als das *Wesen der Kunst* die reale *liebende Sehnsucht* des Künstlers, die in die verallgemeinerte, nicht reale Vorstellung übergegangen und zum Glauben erhoben ist.«

»Z. B. gefällt dem Künstler ein Teller mit Äpfeln. – Das ist sehr wenig und in keiner Weise schöpferisch. Jedem gefällt ein Teller mit schönen Äpfeln. – Doch der Künstler vertieft sich in das Wesen seiner liebenden Anteilnahme und sieht – indem er mit seinen ihm angeborenen Neigungen schaut – die Ursache dafür nicht in diesen Äpfeln auf dem Teller, sondern in den Farben und Formen, welche er immer und in allem berufen ist zu lieben, folglich im übertragenen Wesen des Gegenstandes und nicht in diesem einen Gegenstande, sondern in allen Gegenständen überhaupt. …

Für meine farbige Symbolik ist mir z. B. die Aufreihung blauer Flecken nötig, ich suche in der Natur, was als Reihe blauer Flecken dienen könnte …; in einem Falle können das Eimer sein, im anderen Studentenmützen, im dritten blaue Bäume und manchmal auch blaue Affen oder Pferde. Wenn irgendein Gegenstand seinem eigenen Wesen – seiner

Form und Farbe nach – meinem ursprünglichen Symbol entspricht, so wird er zum Sujet meines Bildes: eine riesige, schöne Kathedrale, ein schwarzer, unendlicher Schornstein, der Rhythmus weißer Häuser, eine lange Reihe von Leuten usw. …

Dabei hat jedes Ding im Laufe der Zeit schon seine eigene symbolische Bedeutung erhalten, und das dient mir ebenso als Hinweis bei der Auswahl. So ist ein weißes Pferd zweifellos symbolischer als ein weißer Hammel, obwohl manchmal auch ein Hammel nötig ist.

So schaffe ich. Viele meiner Freunde brauchen weder einen Hammel noch ein Pferd. Sie sprechen unmittelbar in der Sprache der Ursymbole, z. B. *Kandinsky* in der Malerei, *Schönberg* in der Musik; und sie haben recht, vielleicht mehr als ich.«[87]

DIE ERKLÄRUNG DES PHÄNOMENS Expressionismus im Sinne emotionaler Kunst am Beispiel der »Äpfel« war nicht neu. Es findet sich auch in einem undatierten Brief Jawlenskys an einen nicht näher identifizierten »Monsieur!«. Das Schreiben ging als sein »Glaubensbekenntnis« in die Kunstliteratur ein.[88] In französischer Sprache verfasst, kommt als die Urheberin des Textes wohl nur Werefkin in Frage, zumal die Handschrift des erhalten gebliebenen Konzepts eindeutig ihre ist.

Ende 1914 wurden in Wilna Bilder von Werefkin und Jawlensky gemeinsam mit Gemälden des jungen jüdischen Malers Bencion Cukerman (eigentlich Ben Zion Zuckermann) aus Paris gezeigt. Doch ein Weltenbrand lenkte die Giselisten von dem Ausstellungsereignis ab.

In buchstäblich letzter Minute, am 26. Juli des Jahres, kehrte die Baronin in die Giselastraße zurück. Sechs Tage später wurden, quasi über Nacht, aus russischen Mitbürgern unerwünschte Feinde des Deutschen Reiches.

Nahezu einen Monat zuvor war in der bosnischen Hauptstadt das österreichische Thronfolgerpaar im Auftrag einer pro-serbischen Geheimorganisation erschossen worden. Die Krisen der jüngeren Vergangenheit, der Rüstungswettlauf der europäischen Großmächte, die Probleme des Vielvölkerstaates Österreich-Ungarn auf dem Balkan, Russlands eindeutiges Votum für Serbien und dasjenige Deutschlands für die Monarchie der Habsburger, die Unfähigkeit, eine Lösung auf dem Verhandlungswege zu finden – all das hatte den einen mehr, den anderen weniger Angst gemacht. Jetzt nahm das Unglück seinen Lauf.

Am 15. Juli zog Serbien seine Truppen zusammen.
Am 28. Juli erklärte Österreich-Ungarn Serbien den Krieg.
Am 30. Juli gab Russland die Generalmobilmachung bekannt.
Am 31. Juli stellte Deutschland Russland ein Ultimatum.
Am 1. August erklärte Deutschland Russland den Krieg.
Zwei Tage später erklärte Deutschland Frankreich
(mit Rußland verbündet) den Krieg.
Danach griff das Töten über auf Belgien, Großbritannien, Japan,
die Türkei, Italien …

AM 3. AUGUST, EINEM MONTAG, stieg die Schicksalsgemeinschaft Marianne von Werefkin, Alexej Jawlensky, Helene und Andreas Nesnakomoff am Bahnhof in München in den Zug nach Lindau – »ohne Sachen, ohne Geld«.[89] Sie hatten ihr Heim Hals über Kopf verlassen müssen. Doch selbst wenn es der Baronin gelungen war – denn so scheint es tatsächlich gewesen zu sein –, am vorausgegangenen Samstag, dem Tag der folgenschweren Kriegserklärung, oder in kluger Voraussicht vielleicht schon ein oder zwei Tage zuvor, Geld vom Konto abzuheben sowie an den Inhalt ihres Safes bei der *Bank für Handel und Industrie* am Lenbachplatz heranzukommen statt nur auf die Schnelle ihr Portemonnaie mit daheim verwahrten Scheinen zu füllen, hielt sich die mitgeführte Barschaft in Grenzen.

Paul und Lily Klee hatten versprochen, auf das zurückgelassene Eigentum der Exilierten, all die Einrichtungsgegenstände, den Hausrat, Erinnerungsstücke, Kleidung, Bilder, Staffeleien, Pinsel, Farben etc., aufzupassen. Werefkins kleinformatige Skizzenbücher nahmen sie vorsichtshalber mit zu sich nach Hause.

Von der Eisenbahnstation in Lindau bis zur Anlegestelle des Bodenseedampfers war es nur ein kurzer Weg. Soldaten mit Gewehren, ihre Eskorte, schützten die aus Deutschland Ausgewiesenen, bei dieser Überfahrt waren es zwanzig, vor Übergriffen einer national aufgeladenen, wütenden Menschenmenge. In Sicherheit fühlten sie sich erst auf dem Schiff. Es fuhr auf das Schweizer Ufer zu.

AM GLEICHEN TAG STREBTEN KANDINSKY und Münter in dasselbe neutrale Land.[90] Er hatte seine Kriegsgegnerschaft schon viele Monate zuvor in prophetische Worte gekleidet: »Ich fühle so stark die Teu-

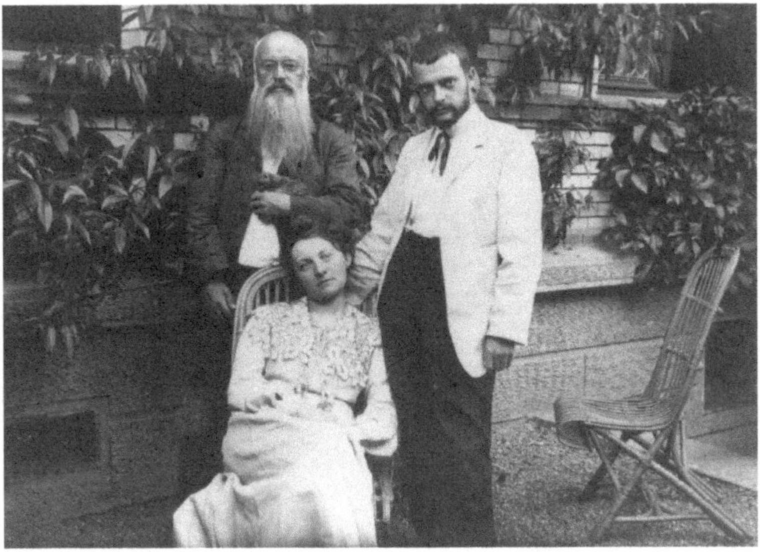

Lily und Paul Klee mit dessen Vater

felshand darin, daß es mir kalt wird. Die schrecklichen Möglichkeiten können sich in's Unendliche entwickeln, und die schmutzigen Folgen werden ihre stinkende Schleppe über den ganzen Erdball ziehen. Und … die Berge von Leichen.«[91] Auch Münter hasste den Krieg vom ersten Tag an, verdammte die Trennung von geliebten Menschen und das Morden hoffnungsvoller junger Soldaten. Im November 1914 entschwand Kandinsky ohne sie in russische Gefilde. Zuvor hatte er ihr aufgetragen, die gemeinsame Wohnung in München aufzulösen. Und ihr geliebter Schlupfwinkel in Murnau? Ohne den Gefährten – ein Graus.

Wladimir von Bechtejeff entschied sich ebenfalls für die Rückkehr in die Heimat. Er wurde dort zum russischen Militärdienst eingezogen, geriet in die Mühlen der Revolution und verlor den Anschluss an die internationale Kunstszene.

Noch bevor ihn der Gestellungsbefehl erreichte, meldete sich Franz Marc zum Dienst an der Waffe.[92] Die überzeugte Pazifistin Maria Marc verzweifelte schier ob der Kriegsbegeisterung ihres Mannes.

Auch Adolf Erbslöh konnte nicht schnell genug unter die Soldaten kommen. Bis ihm, endlich, im April 1915 die Uniform angepasst wurde, schämte er sich seiner Zivilkleider.

Die Bonner Königshusaren, darunter der zweifache Familienvater August Macke, rückten schon in der Nacht vom 1. zum 2. August 1914 unter lautem Gesang, »brennende Fackeln in den Händen« ins Feld. Elisabeth Macke stand am Fenster ihrer Wohnung, als der Reitertrupp vorbeizog: »Ich konnte und konnte keine Hoffnung aufbringen, daß August wiederkommen würde.«[93]

In Malmö nahm die *Große Baltische Ausstellung* ein vorzeitiges Ende. Nach Ausbruch des, von Historikern später so genannten, Ersten Weltkriegs wurden die Leihgaben russischer Künstler aus Sicherheitsgründen in Schweden zurückbehalten. Manche Bilder waren selbst nach dem Waffenstillstand noch unzustellbar. So kam es, dass ein Teil der Exponate in den Bestand des Kunstmuseums Malmö überging.[94]

DRITTER TEIL

In der Schweiz

KAPITEL IX

1914 – 1918

Fallhöhe

Es war zum Verzweifeln …
Wir leben auf dem Lande, in einer winzigen Wohnung,
wo man sich kaum drehen kann.[1]

DIE FÜGUNG IST DIE UNZUVERLÄSSIGE Schwester der Lebensplanung. Für Werefkin bedeutete die erzwungene Emigration erstens den Verlust gewachsener Freundeskreise, zweitens ihre Trennung von Ausstellern und Sammlern, drittens ihren jähen finanziellen Absturz.

Rasch war der Geldvorrat aufgebraucht. Aus Deutschland war nichts mehr herauszubekommen. Ein erster »Notschrei nach Russland«[2] verhallte ungehört. Es dauerte Monate, bis aus Sankt Petersburg unvorstellbar knapp bemessener Nachschub kam. Kriegswirtschaft ist restriktive Mangelwirtschaft. Staatspensionszahlungen des Zarenreiches wurden entweder, im Falle Werefkin, auf unbestimmte Zeit zurückgehalten oder, im Falle Jawlensky, halbiert. Aus dem Abstand von einem Jahrhundert lässt sich kaum noch ermitteln, ob der Baronin im Exil überhaupt noch Rubel zuflossen, bevor der Niedergang des feudalen Russland den Geldstrom endgültig zum Versiegen brachte.

Auch in der Schweiz führte das Kriegsgeschehen zu ökonomischen Engpässen. Die Versorgung des an Getreideanbauflächen und Rohstoffen armen Landes hing zu vierzig Prozent von Importen ab. Trotz behördlicher Lenkungsmaßnahmen und Rationierungen führte die massive Behinderung des internationalen Warenaustausches zu enormen Teuerungen. Trotzdem war die Eidgenossenschaft – Insel des Friedens – eine kluge Wahl. Auf den Zielort St. Prex im Westschweizer Kanton Waadt traf das eher nicht zu. Dennoch mussten Werefkin und ihre Entourage dem Helfer Alexander Chruschtschoff dankbar sein. Der polyglotte Freund nannte neben seinem ukrainischen Landgut und dem Domizil in München ein Chalet in Lausanne sein eigen. Von ihm hatten die vier aus Deutschland Vertriebenen zwar keine Einladung ins eigene Haus, aber binnen weniger Stunden die Adresse ihres Behelfsheims am Nordufer des Genfer Sees bekommen. Bis Anfang September 1914 wurden Werefkin, Jawlensky, Helene und Andreas von einer Madame Michaud aufgenommen. Mit dem Einzug bei ihr begann umgehend die Suche nach einer anderen Bleibe. Mit jeder Woche aber, die der Krieg länger dauerte, standen weniger möblierte Unterkünfte in der Schweiz zur Verfügung. Das neue, bezahlbare, Notquartier im Obergeschoss des Häuschens von Madame Rubatelle in der Rue de Motty bestand aus einem Wohnraum von fünfzehn Quadratmetern, zwei Kammern und einer Küche. Außer der Kochstelle gab es keine Heizmöglichkeit. Wer in Gemeinschaft mit wem die Nächte verbrachte, bleibt im Dunkel der Vergangenheit verborgen. Jawlensky erinnerte sich später, er habe in St. Prex kein eigenes Zimmer gehabt.

Die übersichtliche Ackerbürger- und Weinbauernsiedlung zeichnet die Dreiecksform jener Halbinsel im Genfer See nach, auf der sie im Mittelalter entstanden war. Um in alle Winkel zu gelangen, reichte ein Spaziergang von einer Viertelstunde.

Anfangs fehlte es den entwurzelten Giselisten am Allernötigsten. Werefkin an Walden: »Wir leben ganz auf dem Lande in einer winzigen Wohnung, wo man sich kaum drehen kann. Dennoch arbeiten wir beide, seitdem wir wieder zu unserer Farbe gekommen sind. … Es war zum Verzweifeln. Wir sind glücklicherweise von einem Freund aus der Deutschen Schweiz unterstützt worden.«[3] Cuno Amiet hatte Malmaterialien geschickt und zudem eine erkleckliche Summe Schweizer Franken. In Deutschland von den Klees umgetauscht, entsprach der Betrag zweitausendvierhundert Mark und sollte die Freigabe von Teilen ihres Münchner Hab und Guts ermöglichen. Letztlich wurde nichts herausgerückt. Unklar ist, aus welcher Geld- oder Sachwertequelle die Klees schöpfen konnten, wenn sie an Werefkins Stelle deren Mietzahlungsverpflichtungen in München nachkamen – über viele Jahre übrigens. Dass Madame Rubatelle auf ihren Mietforderungen für die Wohnung in St. Prex gelegentlich sitzen blieb oder sich mit einem Kunstwerk, das der Dame vermutlich gar nicht wie ein Kunstwerk vorkam, zufrieden geben musste, ist anzunehmen.

Im Herbst lag Werefkin mit einem fieberhaften Infekt krank danieder. Die Zeit der mitgebrachten Sommergarderobe war vorbei. Klees schickten aus Bayern wärmende Kleidung. Jawlensky nannte, leicht

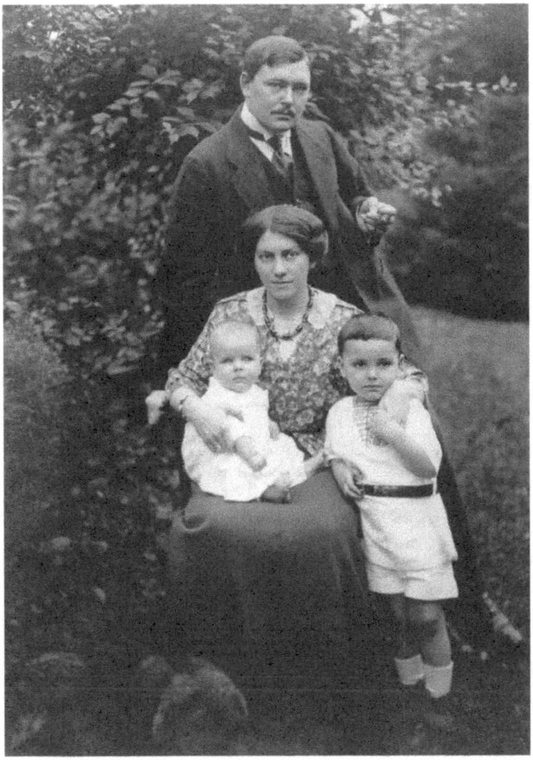

August und Elisabeth Macke mit ihren Kindern Walter und Wolfgang, 1913

übertreibend, die winterlichen Wohnbedingungen in St. Prex »lebensgefährlich«.[4]

Auf den Schlachtfeldern Europas war unterdessen das Sterben zur barbarischen Realität geworden. Durch Lily Klee erfuhren sie vom Tod August Mackes. Der Siebenundzwanzigjährige war am 26. September 1914 bei Perthes-lez-Hurles in der Champagne gefallen. Erst Wochen später erhielt seine Witwe Gewissheit. Hatte Macke zu Beginn des Mordens auf Befehl im Brief an Frau und Schwiegermutter getönt: »Ja, Ihr Lieben, jetzt erleben wir etwas. Aber wir wollen die Kerle schon vermöbeln«, schrieb er Elisabeth kurz vor seinem Sterben: »Es ist alles so grauenhaft … Der Krieg ist von einer namenlosen Traurigkeit. Man ist weg, eh man's merkt.«[5]

Wo arbeiten in St. Prex in Ermangelung eines Ateliers? Jawlensky machte ein Fenster zum visuellen Ausgangspunkt seiner *Variationen über ein landschaftliches Thema*: Vorgarten, einige Bäume, ein Weg und der Himmel, »das war sozusagen meins«.[6] Werefkin malte an diesem Exilort etwa dreißig Bilder. Tiefenpsychologische Kunsttherapie, könnte man meinen. Bewusstmacher und/oder Mutmacher. Seelenkundlich und/oder kraftvoll. Erstes Beispiel: ihre Allegorie *La Démence*; im Französischen ist der *Wahnsinn* weiblich. Unter den Hufen der Pferde apokalyptischer Reiter geht die kreatürliche Welt im Kriegsgetümmel zugrunde. Im Zentrum der Darstellung ein Sonnenrad, das Zeichen der höchsten kosmischen Macht, Zentrum des Seins und der intuitiven Erkenntnis.[7] Auf dem hell leuchtenden Banner das Antlitz Jesu Christi: Ikone des Vertrauens auf göttliche Gerechtigkeit. Mit dem Erlöser auf Augenhöhe schweben Lichtgestalten am Firmament. Eine schwarze Masse Mensch auf Erden trägt eine blutrote Fahne vor sich her. Feuer legt ein Wohngebäude in Schutt und Asche. Das Angst einflößende, sich wild aufbäumende Pferd am rechten unteren Bildrand scheint Johann Heinrich Füsslis Gemälde *Der Nachtmahr (Der Albtraum)* entsprungen. Von englischen Gespenstergeschichten beeinflusst, thematisierte der in Zürich geborene Maler der Romantik panische Träume und Visionen.

In Werefkins Bild *Schneewirbel* überspannt eine breite, bogenförmige Brücke (wie von japanischen Holzschnitten bekannt[8]) Teile eines kleinen Dorfes. Alle Häuser in ihrem Schutz sind in Pastelltönen gehalten. Gebäude außerhalb des Schildes, die den Unbilden – hier der Witterung – ausgeliefert sind, überzog der Pinsel der Malerin mit finsteren Farben.

Auf ihrer Darstellung einer *Nuit fantastique* verklärt Licht, vom Stab des Laternenanzünders in die Gaslampe am Wegesrand gezaubert, die belebte und unbelebte nächtliche Landschaft.

Leuchtkraft, die aus dem Innern eines Strandcafes nach außen dringt, nimmt dem *Sturmwind* betitelten Werk seinen elementaren Schrecken.

In St. Prex entstand auch das Gemälde *Liebeswirbel*. Umringt von Paaren in Kusshaltung, steht da eine einzelne weibliche Gestalt. »Dies bin ich«, soll Werefkin, auf die Figur in der Mitte deutend, der Käuferin des Bildes eingestanden haben.[9]

Am 14. Mai 1915 nahm sie, über ihr Tagebuch gebeugt, die soundsovielte Bestandsaufnahme ihrer Beziehung zu Jawlensky und Jawlenskys Beziehung zu ihr vor. Das negative Fazit war vorhersagbar. Die schwer entzifferbare, fahrige Handschrift der Baronin lässt auf eine nervliche

Krise schließen. Aber auch Jawlensky war am Ende seiner psychischen Kräfte. Er war, Zeugnis männlicher Hilflosigkeit, zur eigenen Rettung emotional auf Distanz gegangen, währenddessen sie, Zeugnis weiblicher Hilflosigkeit, ihr Heil in wortreichen Vorhaltungen suchte:

»Wenn er mich liebte, so würde er sagen: ›Ich bin erschöpft, aber Du bist genauso erschöpft, ich leide, aber Du leidest genauso, ruhen wir uns doch beide gemeinsam aus, einer wie der andere.‹ … Aber er sagt: ›Ich kann nicht mehr, ich leide, ich möchte Atem holen, ich ziehe mich zurück, richte mich aufs Ausruhen ein. Wenn Du schwach wirst, werde ich beginnen, Dich zu hassen, und ich werde endgültig gehen. Von Dir will ich einzig eine fröhliche und muntere Miene sehen. Blicke nicht ständig in meine Seele, alles ist wie immer, ich sage Dir nichts. Rühre nicht meine Kunst an, das ärgert mich. Von Dir brauche ich lediglich, dass Du gesund bist und meine Arbeit nicht störst. … Glaube mir, ich liebe nichts anderes als meine Malerei, ich will nichts anderes sein als Künstler …, bin nur mit meinen Gedanken beschäftigt, mit meinen Sorgen, die niemanden was angehen. Lebe doch auch so, ich mische mich in Dein Leben nicht ein … Ich gehe, ich will nicht mehr bei Dir bleiben, ich werde arbeiten, und an freien Tagen werde ich Dich sehen. Begreife, dass die Zeit vergeht, und ich muss noch so Vieles schaffen.‹ Aber wie er [Jawlensky] arbeitet! – eigentlich arbeitet er gar nicht, alles schiebt er auf mich ab, nämlich dass ich ihn nicht arbeiten lasse. Niemals, nicht einmal beiläufig, denkt er an mich … Alles, was er mir zu sagen hat ist: ›Worüber redest Du, bei Dir läuft doch alles bestens, Du bist eine vollkommene Künstlerin‹ … Er fragt, warum ich nicht nach Blagodat fahren will, ohne ihn. Er spürt nicht einmal, dass das wiederum zu Erinnerungen führt an freudige Tage … Er sagt, dass jeder Mann irgendwann das Verlangen verspürt, der Frau davonzulaufen. Er kommt nicht einmal auf die Idee, dass diese Worte meinem ganzen Leben eine Ohrfeige verpassen. … Ich bin hundeelend, an Leib und Seele, bin einsam, aber es verdrießt ihn nur, statt Teilnahme und Fürsorge läuft er davon …, kein mitfühlendes Wort, keinen Gedanken verschwendet er daran, dass ich alles verängstigt erlebe und krank, gekränkt, allein bleibe. … Ich mache mich darauf gefasst, gewöhne mich an den Gedanken, dass unter seinem gleichgültigen Egoismus nun alles beendet, beendet ist.«[10]

Nein, noch immer nicht.

Zwar war St. Prex ein ödes Nest aus der Sicht zweier prinzipiell kontaktfreudiger Menschen, doch ergaben sich in erreichbarer Nähe Begegnungen, welche die eigene Misere, zeitweilig zumindest, vergessen machten. Mit Cuno Amiet trafen sie sich in Oschwand. Paul Klee und seine Frau sahen sie in Fribourg wieder. Den hilfsbereiten Freunden aus guten Münchner Tagen war es gelungen, diverse Gegenstände aus der Giselisten-Wohnung unauffällig über die Grenze zu bringen.

Sooft es ging, fuhr man nach Genf zu Ferdinand Hodler.[11] Er habe sie und ihre Kunst schätzen gelernt, erinnerte Werefkin.

Den Komponisten Igor Strawinsky hatte der Krieg nach Morges verschlagen, sechs Kilometer von St. Prex entfernt. Sergej Diaghilew harrte in Lausanne – zwanzig Kilometer waren es bis dahin – der zukünftigen Dinge. Für ihn, respektive für sein Tanztheater, hatte Strawinsky den *Feuervogel* und *Petruschka* geschaffen. Von beiden um Unterstützung im Bemühen um die Freilassung von Waslaw Nijinsky aus einem (österreichisch)ungarischen Internierungslager gebeten, machte Werefkin das Wunder geschehen.[12] Noch waren ihre länderübergreifenden Adelsverbindungen intakt. Ausgestattet mit einem russischen Diplomatenpass durfte der geniale Choreograf und Solist über die Schweiz in die Vereinigten Staaten reisen. Alexander Sacharoff und Clotilde Derp hatten sich ebenfalls nach Lausanne geflüchtet, traten dort auf, gaben Tanzunterricht und bereiteten Tourneen vor.

1916 wurden im *Kunstsaal Audretsch* in Den Haag Expressionisten und Kubisten ausgestellt. Nachdem die Baronin von ihrer Beteiligung an der Kunstschau erfahren hatte, beauftragte sie Walden, die bei ihm in Berlin eingelagerten Bilder (darunter ihr Gemälde *Mondnacht*[13]) direkt in die Niederlande zu schicken: »Sie haben ja die Kisten.« Das Porto möge der Galerist von jenen fünfhundert Mark abrechnen, die er Jawlensky noch schulde.[14] Dessen und Werefkins Gemeinschaftseigentum, Vincent van Goghs *Straße von Auvers /Das Haus des Pére Pilon* sowie zwei Arbeiten von Jawlensky, einen *Kopf* sowie den *Buckel* und wahrscheinlich auch ein Bild von Gauguin, das allein der Baronin gehörte, hatte Amiet heimlich aus Deutschland herausgeholt. Zwei von Werefkins Aquarellen brachte Lily Klee etwas später über die Grenze.

In Zürich gab die Galerie Corray,[15] Bahnhofstraße 19, der »hochverehrten gnädigen Frau Baronin« sowie »Herrn Jawlensky« Gelegenheit zur Präsentation ihrer »neuesten Werke«. Unter dem Briefdatum 6. Dezember 1916 sind insgesamt achtzehn Exponate aufgelistet. Dreizehn von Werefkin: *Frühlingssturm*, *Sonntag*, *Phantastische Nacht*, *Fécondité (Fruchtbarkeit)*, *Grablegung*, *Morges* (zwei Bilder dieses Titels), *St. Prex*, *Bei Cuno Amiet*, *Die Bahn*, *Haltestelle*, *Schlafzimmer*, *Das gelbe Bett*. Fünf von Jawlensky: *Variation*, *Stillleben mit rosa Topf*, *Stillleben*, *Kopf*, *Blumen*.[16]

Ein halbes Jahr zuvor war von Lily Klee die Nachricht von der Einberufung ihres Mannes gekommen. Glücklicherweise durchgehend in Bayern stationiert, konnte Paul Klee nebenher als Maler tätig sein. Mit gleicher Post hatte man in St. Prex erfahren: Franz Marc war nicht mehr unter den Lebenden. »Ein furchtbarer Verlust«, klagte die Freundin, »für uns alle, ein unersetzlicher Verlust für die Kunst.«[17] 1915 hatte der Fronturlauber sechsunddreißig Bleistiftzeichnungen im Tornister heimgebracht. Verstörend wirken Marcs Darstellungen der Köpfe tödlich verletzter Pferde.[18] »Zur Zeit der grünen Äpfel bin ich zuhause. Vielleicht früher, aber spätestens dann«, hatte er seiner Frau ganz fest beim Abschied versprochen.[19] Ende Februar 1916 wurden die von ihm befehligten Soldaten der »Leichten Munitionskolonne der I. Abteilung des Bayerischen Ersatz-Feldartillerie-Regiments«[20] in die Hölle von Verdun abkommandiert, französische Linien galt es zu durchbrechen. »Von der wahnsinnigen Wut und Gewalt des deutschen Vorsturms kann sich kein Mensch einen Begriff machen, der das nicht mitgemacht hat«, berichtete er seelenwund nach Hause. »Seit Tagen sehe ich nichts als das Entsetzlichste, was sich Menschenhirne ausmalen können.« – »Es ist schrecklich – aber alle Dinge haben ihr Ende, auch die schlechtesten u. furchtbarsten.«[21]

Der 4. März 1916 war ein strahlender Frühlingstag. Es war auch der Tag, an dem Franz seiner Maria zum letzten Male schrieb. Unterhalb eines Berges bestieg er sein Reittier, um einen Weg für den Munitionsnachschub zu erkunden; nach kaum zwanzig Minuten kam sein Begleiter blutüberströmt, aber selbst nur leicht verletzt zurück. »Zwischen Braquis und Herméville bei einer Wegerkundung von einem Granatsplitter in den Kopf getroffen«, war Leutnant Marc, sechsunddreißig, in den Armen des Burschen gestorben.[22] Seine besten Arbeiten würden zwischen seinem vierzigsten und fünfzigsten Lebensjahr entstehen, hatte er kurz zuvor prophezeit – und zuletzt in einem Heustadel neun Militärzeltplanen zur Tarnung von Geschützstellungen nach, so Marcs traurig-sarkastischer Kommentar, »grob pointillistischem System u. den Erfahrungen der bunten Naturschutzfarbe bemalt – ›von Monet bis Kandinsky‹«.[23]

AUF ANDERE WEISE WAR 1916 auch für Werefkin ein Schicksalsjahr. Eine Frau namens Emmy Scheyer trat in Jawlenskys Leben. Scheyer, mit ihren siebenundzwanzig Jahren etwa halb so alt wie ihr Favorit, Schützling und Klient in spé, war als Tochter eines Konservenfabrikanten in Braunschweig aufgewachsen. Bis dato hatte die aparte junge Frau in die Optimierung *ihres* Künstlertums investiert, sich musikalisch gebildet, im angelsächsischen, frankophonen und südeuropäischen Ausland ihr Mal- und Zeichenstudium fortgesetzt sowie nützliche Fremdsprachenkenntnisse erworben. Gerade erst in München eingewöhnt, war sie bei Kriegsausbruch aus der Stadt weggegangen. Den Winter über hatte Scheyer im Atelier einer Freundin in Brüssel eine Anzahl von Werken im Stile des Impressionismus geschaffen, dann Belgien den Rücken gekehrt, um in der friedlichen Schweiz mit ihren künstlerischen Bemühungen fortzufahren.

Einerseits heißt es, sie sei anlässlich einer Ausstellung seiner Bilder in Lausanne auf Jawlensky aufmerksam geworden. Zum anderen wird gesagt, dass Scheyer seine expressionistischen Werke erst bei einem Besuch in St. Prex zu Gesicht bekam. »Sie war so begeistert«, vermerkte Jawlensky im Rückblick, »daß sie selbst nicht mehr malen wollte, sondern sich nur noch meiner Kunst widmen. Sie sagte: ›Wozu will ich noch malen, da ich doch weiß, daß ich nicht so gute Kunst machen kann wie Sie. Es ist besser, ich widme mich Ihrer Kunst und werde sie anderen Menschen erklären.«[24]

Werefkins Reichtum war dahin. Scheyers Wohlstand hatte Zukunft. Scheyer war gescheit, und sie war geschäftstüchtig. Scheyer zog bei Jawlensky – demzufolge auch bei Werefkin – ein und blieb, mit Unterbrechungen, bis 1919 fünftes Mitglied des Haushalts. Emmy wurde von Alexej vielfach und vielfältig gemalt. Als *Liegendes Mädchen* ruht sie auf einer Schlafstatt. Leicht bekleidet.

Auf Amouren des »Frauenläufers« Jawlensky konnte Werefkin wohl inzwischen gelassener reagieren und den Verlust ihrer wirtschaftlichen Vorherrschaft vielleicht ärgerlich bewitzeln. Die Machteinbuße im Sinne einer schwindenden spirituell-schöpferischen Autorität aber würde sie schmerzen.

Und Helene? Der ledigen Mutter, der Haushälterin ohne eigene Personalpapiere, dem rechtlich und gesellschaftlich schwächsten Glied innerhalb der nunmehr Ein-Mann-drei-Frauen-Ménage musste, deutlicher noch als bislang, vor Augen stehen, dass ihre einzige Chance auf

Legitimierung und langfristige Existenzsicherung in der Eheschließung mit dem Vater ihres Kindes bestand.

Andreas wiederum war so sehr Alexejs Sohn, dass er unbedingt eines Nachnamens mit ihm sein wollte und dies nach Jawlenskys Willen auch sein sollte. Der Fünfzehnjährige machte Fortschritte auf künstlerischen Gebieten. Werke von ihm, Linolschnitte und Zeichnungen, waren bereits ausgestellt worden.[25]

Während Jawlensky Mitte September 1917 gemeinsam mit Andreas in Zürich nach »etwas Gutem« zum Wohnen suchte, damit »ich wieder stark arbeiten kann«,[26] besuchte in St. Prex der sechsundzwanzigjährige Dichter Yvan Goll (eigentlich Isaac Lang) die siebenundfünfzigjährige Werefkin. Zuerst ließ sie ihre Bilder sprechen. Dann sprudelte es aus ihr selbst heraus. Was der fahnenflüchtige Deutsch-Lothringer zu sehen und zu hören bekam, gab er per Brief an seine Freundin Claire Studer weiter: »Sie [Werefkin] hat in drei Nächten hintereinander wieder ein chef d'œuvre gemalt, daß einem das Herz stockt … Weinberge, triste braune gewölbte Weinberge, in die sich ein enger Weg höhlt. Er führt in ein dunkles Geheimnis hinein, in den Bauch der Berge, der Erde, aber vorne weitet er sich und wird hellblau und umfaßt das ganze Bild. … Dieser Weg ist unser aller Weg. Auf diesem Weg, hinten, ein Mädchen, rote Bluse, nichts als kleine rote Bluse, roter Fleck … Und vorne, wie auf der Lauer, wie ein Apache, wie die Drohung des Alltags, des Fleisches, der Lust, der Irdischkeit [sic!], ein Mann, ein einfacher Mann, ein Erdarbeiter oder ein Schipper. Zwei Menschen mitten in solcher Größe und Trostlosigkeit. Marianne behauptet, das Bild sei nun vollendeter noch als alle anderen. Sie stellte daneben das ›Unendliche Gespräch‹! Sie bewies, mit welchen verzerrten äußeren Mitteln: Wolke, roter Tisch, geblähtes Segel, die ganze Katastrophe zwischen den Beiden [Werefkin und Jawlensky] verstärkt werden mußte. Aber im neuen Werk: nichts wird geschrieen, auch nichts braucht gedeutet zu werden. Die Situation *ist* schon in den Weinbergen drin, und die Menschen *sind* Schicksal: die kleine rote Bluse (groß wie ein 5-Frankenstück) herausgenommen: das Bild ist leblos und zerfällt. Welche Reife, … welche Größe. Könnten wir es so wollen, so denken, so *einfach* sein. Dahin müssen wir gelangen.« Goll und Werefkin unternahmen einen langen Spaziergang. Ruhten am Bahndamm aus. Saßen da zwei Stunden. »200 Meter von uns mußte der See sein, wir sahen ihn nicht.« Marianne erzählte Yvan ihre Geschichte.

»Ganz«. »Nun kenne ich Jawlensky und – verachte ihn.« Eine Äußerung Werefkins wurde von Goll wortgetreu wiederholt: »Die Liebe darf nicht Hintergrund sein, sondern der Grundboden, auf dem man steht und auf dem man das geistige Gewölbe seines Lebens aufbaut.«[27]

Wunschdenken!

OKTOBER 1917. Der Umzug von St. Prex nach Zürich-Wollishofen, Drosselgasse, fiel zeitlich mit weit reichenden politischen und gesellschaftlichen Veränderungen in Russland zusammen.

Im Jahre 1905 hatte Zar Nikolaus II. in Sankt Petersburg auf Demonstranten schießen lassen, dann aber, auf Druck der Opposition, die Einrichtung eines Parlaments, der Duma, zulassen müssen, umfassende Reformen jedoch abgelehnt und mehrfach willkürlich Verfassungsbruch begangen. Seither hatte die Verelendung der Landbevölkerung und des neuen Arbeiterproletariates in den Städten noch zugenommen. Wie im restlichen Europa hatte der Krieg in Russland anfänglich ein nationales Hochgefühl ausgelöst. Mit den ersten verlustreichen Niederlagen der miserabel ausgerüsteten russischen Truppen schlug die allgemeine Kriegsbegeisterung in allgemeine Friedenssehnsucht um. Das Ansehen des Hauses Romanow wurde zusätzlich dadurch geschwächt, dass Nikolaus II. das Kommando über die Streitkräfte übernommen hatte. Jeder Rückzug und jeder gefallene Soldat wurde ihm persönlich angelastet. Im ungewöhnlich eisigen Winter 1916/1917 starben in Russland unzählige Menschen an Kälte und Hunger. Am zwölften Jahrestag des Sankt Petersburger »Blutsonntags« kam es zu umfassenden Streiks und Protestmärschen. Im Februar 1917 war das Ende der dreihundertjährigen Zarenherrschaft besiegelt.

Zwei Monate später verließ Exilant Wladimir Iljitsch Uljanow, genannt Lenin, seine Zweizimmerwohnung in der Zürcher Spiegelgasse. Hier war seine politische Kampfschrift *Der Imperialismus als höchstes Stadium des Kapitalismus* als eine Lehre von der unvermeidlichen Selbstauflösung der westlichen Industriestaaten entstanden. Lenin konnte mit Hilfe deutscher Behörden unbemerkt nach Russland gelangen, um sich dort bald darauf als Galionsfigur der Bolschewiki und Sieger der Oktoberrevolution feiern zu lassen.

Vom 15. Dezember 1917 an ruhten zwischen Deutschland und Russland die Waffen. Der Friedensvertrag von Brest-Litowsk wurde am 3. März 1918 unterzeichnet. Damit war der Krieg in Marianne von Werefkins Heimatland früher als anderswo vorbei. Der innere Konflikt aber schwelte weiter. Im Bürgerkrieg der Jahre 1918 bis 1920 machte der neu gegründete Geheimdienst Tscheka gnadenlos Jagd auf wirkliche und vermeintliche Gegner des Sowjetreiches. Die Zahl der getöteten »widerspenstigen Teile der Bevölkerung« ging in die Hunderttausende. Adlige galten von vornherein als verdächtig.

Peter von Werefkin überlebte. Wilna war 1915 von deutschen Truppen eingenommen worden, woraufhin Marianne von Werefkins Bruder zwar das Gouverneursamt verlor, Blagodat aber behielt. Bauern und Gutsleute hatten sich in der Revolutionszeit für ihn eingesetzt. Seine Humanität war letztlich seine Rettung.[28] Außerdem würde Blagodat zukünftig auf nichtrussischem Staatsgebiet liegen. Litauen erlangte zu Beginn des Jahres 1918 die Unabhängigkeit.[29] Eine Zeitlang arbeitete Peter von Werefkin als Berater des Ministers für innere Angelegenheiten. Zwar wurden ihm im Zuge der Landreform neunzig Prozent der Gesamtfläche von Blagodat genommen. Die ihm verbliebenen achtzig Hektar Gutsland, so steht es in einem litauischen Zeitungsartikel aus dem Jahre 1999 geschrieben, habe er stets »loyal gegenüber der jungen Republik« »vorbildlich bewirtschaftet« und nicht zuletzt deshalb »einen wesentlichen Beitrag zum Fortschritt« geleistet.[30]

Die Spur von Vsevolod (Wolja) von Werefkin, Mariannes jüngerem Bruder, verliert sich in jener Umbruchphase.

Angeregt durch die revolutionären Vorgänge in Russland, kam es im November 1917 in Zürich (die Kluft zwischen Arbeiterschaft und Großbürgertum trat in der Stadt besonders deutlich hervor) zu größeren Krawallen mit vier Toten und einigen Verletzten. Bald darauf wurde in der Schweiz zum Generalstreik aufgerufen. Armee und Bürgerwehr kamen zum Einsatz. Nach drei Tagen war der Spuk vorbei. Ein Sechstel der Bürger des Landes lebte, vorwiegend aufgrund der kriegsbedingten Notlage, unterhalb des Existenzminimums. Die Baronin gehörte zu den Ärmsten der Armen. Mochte eine leere Geldbörse zur Folge haben, dass (trotz gelegentlicher Bildverkäufe und Zuwendungen der Scheyer) bei Werefkin & Co. der sprichwörtliche Schmalhans Küchenmeister war und auch sonst an allen Ecken und Enden gespart werden musste, so hinderte das doch nicht die reichliche Aufnahme von Geistesnahrung.

In Zürich kamen Werefkin und Jawlensky mit der Dada-Bewegung[31] in Berührung. Claire Studer lässt in ihrem Erinnerungsbuch *Ich bereue nichts* die Riege der Fackelträger des provokant Absurden und ihrer Trabanten am Versammlungsort *Café Odeon* aufmarschieren: Hans Arp, Hugo Ball, Emmy Hennings, Richard Huelsenbeck, Marcel Janco, Rudolf von Laban, Wilhelm Lembruck, Emil Ludwig, Arthur Segal, Sophie Taeuber, Tristan Tzara (eigentlich Samuel Rosenstock); bildende Künstler, darstellende Künstler, Literaten. Manche von ihnen wurden Werefkins Weggenossen. Hermann Hesse versorgte sie von Bern aus mit Zeitungsbeiträgen aus seiner Feder.

Zu ihren in den folgenden Monaten entstandenen Bildern hier einige erläuternde Worte:

Le Peine zeigt einen Mann an der Handkurbel eines Kranauslegers. Gebeugte Gestalten verschwinden im Schlund des Fabriktors. Arbeit als Mühe, Plage, Strafe. Über den Bergen erstes Morgenlicht, changierend zwischen Rosé und Zartviolett.

Mit *Le Chiffonier*, dem Lumpensammler, begegnet dem Betrachter eine Elendsgestalt, eine Strichfigur, ausgemergelt, die Kiepe auf dem Rücken, taumelt sie ihm, so scheint es, entgegen. Auch die Wäscherin am Ufer des Sees ist auf ihre Mühsal konzentriert. Über den Bergen bricht durch dunkle Wolken Sonnenlicht, ockerfarben.

Feux sacrés, das sind magisch rote Lichter: die Laterne des Hauses am Wegrand, eine Frau lugt aus der Tür, scheint jemanden zu erwarten; drei Leuchtfeuer am Gipfel der das Gemälde beherrschenden schwärzlichen Erhebung setzen verheißungsvolle Akzente. Über den Bergen tut sich der Himmel auf. Das heilige Feuer ist von kalter Pracht. In den Zyklon aus Eisblau mit Weiß hineingesetzt: glitzernde Sterne. Zwei von Tüchern verhüllte geisterhafte Wesen schauen nicht auf die Zeichen der Hoffnung.

Die unverkennbare Ähnlichkeit der wirkmächtigen luciden Bestandteile von Werefkins Bildkompositionen mit den Himmelserscheinungen auf Gemälden van Goghs kann kein Zufall sein.[32]

Jawlensky entwickelte derweil unter Scheyers Einfluss die Serie seiner *Mystischen Köpfe* weiter zu seinen *Heilandgesichten.*

Er erkrankte in Zürich so schwer, dass man um sein Leben fürchten musste. In der Schweiz starben zwischen 1918 und 1920 zirka zwanzigtausend Menschen an der Spanischen Grippe. Weltweit forderte die Pandemie, schwankenden Schätzungen zufolge, zwischen fünfundzwanzig und fünfzig Millionen Todesopfer. Ärzte rieten dem vollkommen entkräfteten Rekonvaleszenten dringend zu einem Klimawechsel.

KAPITEL X

1918 – 1922

Schmerzgrenze

Ich habe meine Seele endlos gequält, um sie zum Loslassen der Vergangenheit zu zwingen, ... ich habe mein Herz vereist und es so zum Vergessen gebracht.[1]

ASCONA. LAGO MAGGIORE. TESSIN. SÜDSCHWEIZ. April 1918. Unfreundliches Wetter zur Begrüßung. Wenn es hier auch seltener regnet, so doch umso heftiger. Es gibt zwei Regenperioden im Jahr, eine im Frühling und eine im Herbst. Ständig tropft es in munterem Stakkato auf die blanken Blätter des Feigenbaums und des Lorbeers. Von steilen Bergflanken stürzen Gießbäche in den See, sehen aus wie Lamettafäden. So plötzlich, wie sie gekommen ist, verschwindet die Sintflut. Dann treiben in halber Berghöhe langsam weiße Wolken. Unentwegt wechselt die Wasseroberfläche ihre Farbe. Palmblätter rascheln im warmen Wind. Agaven und Kakteen suchen Halt in den Spalten erhitzten Felsgesteins, Eidechsen huschen vorbei. Edelkastanienwälder spenden Schatten. In den Rinnen und auf den Gipfeln des Hochgebirges schmilzt der Schnee. »Die Hauptstraße, die mitten durchs Dorf führt, war von Weinlauben überspannt, von denen man sommers die Muskatellertrauben nur noch abpflücken mußte.«[2] Auf der lang gestreckten Piazza, Asconas steinig lehmiger Seepromenade, scharrt Federvieh, werden Kühe ins fruchtbare Delta der wilden Maggia getrieben. Brennholzsammlerinnen schleppen mit Hilfe hoher Tragegestelle und großer geflochtener Kiepen Riesenmengen an Reisig und dickerem Astwerk heim. Die Wäscherinnen am Ufer scheuern sich an der Reibfläche ihrer Kniesteine die Finger wund. Fischer flicken Netze. Boote dümpeln im Hafen, Bögen überspannen die Rümpfe, Planen schützen gegen Niederschlag und Sonnenglut. In Ruhestellung hängen die viereckigen Segel in feierlichen Falten senkrecht von der Rahe des Mastes herab. Drei- bis viermal täglich legt das Dampfschiff an, zweimal täglich bringt der Postbus Briefe, Pakete, Zeitungen und Reisende. Züge enden jenseits des Flusses in Locarno. Seit der Fertigstellung des Sankt-Gotthard-Eisenbahntunnels[3] dauert die Fahrt von Zürich bis dorthin wenige Stunden. Neuankömmlinge verlieben sich Hals über Kopf in die Bilder einer Landschaft zwischen mediterran und alpin.

HAUPTANZIEHUNGSPUNKT ABER WAR Asconas »Kuriositäten-Kabinett«[4] auf dem *Monte Verità,* obwohl die viel beschriebene Attraktion bei näherem Hinsehen ihrem Ruf nicht mehr ganz gerecht zu werden vermochte.

Vor seiner Inbesitznahme durch Kulturflüchtlinge aus dem Norden hatte das verbuschte Ödland des *Berges der Wahrheit*, ein bescheidener Hügel ehrlich gesagt, den Asconesern als Weide für ihre Schafe und Ziegen gedient und die maroden Steinhütten, ein Zwischending aus Naturhöhle und gemauerter Behausung, Tieren statt Menschen Unterschlupf geboten. Noch weiter zurückgedacht, war an den Hängen Weinbau in größerem Stil betrieben worden, ihm hatte die Reblausinvasion des ausgehenden 19. Jahrhunderts ein jähes Ende bereitet. Jetzt rückte das Ende des kurzlebigen Zukunftsunternehmens »abstinenzlerische« und »vegetabilische« Kolonie unaufhaltsam näher. Hatten es doch viele Paradiessucher, namentlich seien nur Hermann Hesse und Max Weber erwähnt, bei Proben aufs Exempel belassen. Auch ist exzessive Individualität der natürliche Feind von störungsfreiem Miteinander. Mittlerweile bereiteten Henri Oedenkoven und Ida Hoffmann – die Gründer der Kommune langhaariger Nicht-Alkoholtrinker und Nicht-Fleischesser, dafür aber Haschischraucher und Kokainschnupfer – ihre Auswanderung nach Brasilien vor. Da mögen manche Erlebnistouristen den halben Franken Eintritt zur Besichtigung von Spiritisten, Okkultisten, Utopisten, Neurotikern, Lebensreformern und – bevorzugt – Nudisten für eine unnütze Ausgabe gehalten haben. Trotzdem riss der Strom der Voyeure noch längere Zeit nicht ab.

Werefkin hielt sich offenbar an das Motto der Alteingesessenen: Distanz begünstigt Toleranz. Freundschaften mit einzelnen Monte Veritànern schloss eine solche Haltung jedoch nicht aus. So findet sich im Nachlass der Baronin, ohne weitere Hinweise, ein Porträtfoto[5] des Lungenfacharztes Raphael Friedeberg, der als »eine der legendär gewordenen Gestalten in Ascona«, »eine sympathische Persönlichkeit« und als »Mittelpunkt anarchistischer Diskussionen und anarchistischen Besu-

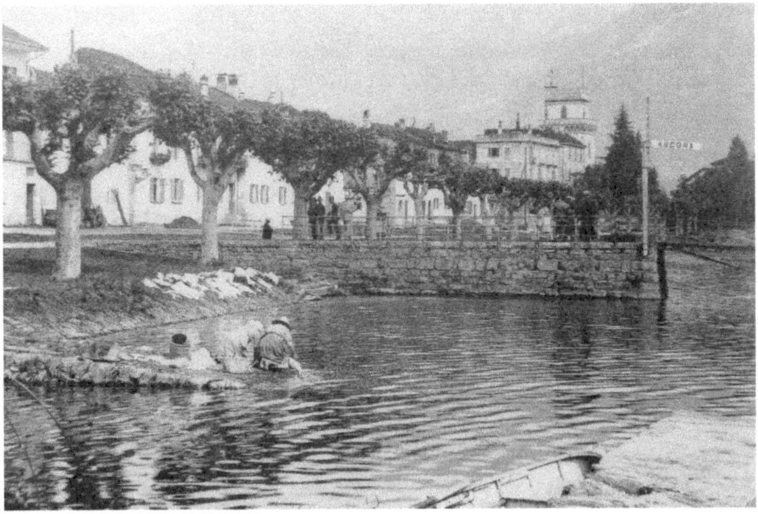

Wäscherinnen am Ufer des Lago Maggiore – im Hintergrund das Castello

cher-Verkehrs«[6] galt. Enttäuscht von der faktischen Machtlosigkeit oppositioneller Kräfte im wilhelminischen Deutschland, hatte Friedeberg eine Wandlung vom reformgläubigen Sozialisten zum Umstürzler in Wort und Schrift durchgemacht.

ALS ERSTE ADRESSE DER VIER NEULINGE in Ascona, Werefkin, Jawlensky, Helene und Andreas, wird das *Ristorante Al Lago* genannt.[7] Im Januar 1919 lautete ihre Anschrift »Casa Bezzola«.[8] Gemeint war der bewohnbare Teil eines mittelalterlichen Castellos, das jetzt Angelina Lombardi-Bezzola gehörte, einst jedoch Sitz der Adelsfamilie Ghiriglione gewesen war. Sein mächtiger Turm markierte den Übergang der Piazza in die Campagna mit ihren Wiesen und Feldern. Hinter dem »verwitterten Prunkportal« des »baufälligen Schlößchens« führte ein »breiter, mit schwarz-weißen Steinfliesen ausgelegter Flur sowohl in drei oder vier notdürftig hergerichtete Räume als auch in den von einem Säulengang umgebenen kleinen Garten, in dessen Mitte ein Springbrunnen plätscherte«.[9]

Noch herrschten in Ascona niedrige Preise vor. Offene Rechnungen stellten gewöhnlich kein Problem dar. In langmütiger Vertrauensseligkeit gewährten Geschäftsleute ebenso Kredit wie Vermieter.

Lange bevor Werefkin und die Ihren sich in Ascona niederließen, hatte die Schwabinger Boheme dort eine Art Dependance eingerichtet. Franziska zu Reventlow war einem Tipp Erich Mühsams gefolgt, der sie auf die Möglichkeit einer pekuniär vorteilhaften Verbindung hingewiesen hatte: Alexander von Rechenberg-Linten suche gegen finanzielle Beteiligung eine standesgemäße Gattin zwecks Scheinehe. Unverheiratet würde der unrettbar alkoholkranke Sprössling eines vermögenden baltischen Barons vom väterlichen Erbe ausgeschlossen bleiben. Die Hochzeit pro forma fand statt. Als Rechenberg-Linten senior starb, stellte sich heraus, dass er die Täuschung durchschaut und seinem Sohn nur den Pflichtteil vermacht hatte. Bei der Hinterlassenschaft handelte es sich größtenteils um Aktien einer russischen Eisenbahngesellschaft. Sie wurden von Rechenberg-Linten junior verkauft. Vereinbarungsgemäß überließ er seiner »Frau« die Hälfte des Erlöses. Doch leider ging die Bank, bei der Reventlow das Geld anlegte, in Konkurs. So arm, wie sie an den Lago Maggiore gekommen war, starb sie, siebenundvierzigjährig, am 26. Juli 1918 an den Folgen eines Fahrradunfalls und wurde in Locarno begraben. Dass es vor Reventlows Tod Gelegenheiten gegeben hatte, das Band der Sympathie zwischen ihr und Werefkin neu zu knüpfen, ist anzunehmen.

Fest steht, dass Mary Wigman (eigentlich Marie Wiegmann), Ausdruckstänzerin aus der Schule des Monte Veritàners Rudolf von Laban, in Ascona zum pfeilgeschwind wachsenden Kreis kreativer Menschen um die Baronin gehörte. Schriftsteller wie Emil Ludwig, Julius Schmidhauser, Bruno Goetz[10] und Friedrich Glauser suchten ihre Nähe. Der Letztgenannte erwähnt in seinen Memoiren »große Versammlungen« im *Café Central* mit Werefkin als Mittelpunkt; aber auch das *Café Verbano* ersetzte der Giselistin von gestern ihren Salon.[11] Einige der Malerfreunde in Ascona waren Ausstellungspartner aus *NKVM*- und *Blauer Reiter*-Zeiten, so Walter Helbig[12] und Richard Seewald[13], dieser zählte Werefkin zu den »geistreichsten Frauen, die ich gekannt habe«.[14] Andere Freunde stammten aus dem Zirkel der in Zürich hinzugewonnenen Künstlerbrüder und Künstlerschwestern. Denn Hans Arp und Sophie Taeuber, Hugo Ball und Emmy Hennings, Hans Richter, Arthur Segal[15] standen seit Längerem mit einem Bein, gleichsam, in Ascona. Bei den Segals wurde 1918 gemeinsam Weihnachten gefeiert; Jawlensky trug zur Unterhaltung der Gästerunde Gedichte aus der Feder von Scheyer vor.

Anfang 1919 waren die beiden in Zürich anzutreffen, *Hotel Weisses Kreuz*, Seefeldstraße, Zimmer 12.[16] In Briefen an Werefkin hob Jawlensky geschäftliche Aktivitäten hervor. Sie erfuhr von Kontaktaufnahmen mit Museumsleuten, Galeristen, Kunstsammlern,[17] Kunstkritikern, Feuilletonisten.[18]

Auf schnellem Wege kam die Gemeinschaftsausstellung *Asconeser Maler* im *Kunstsalon Wolfsberg* zustande. Eine in der *Neuen Zürcher Zeitung* vom 26. Juni 1919 erschienene Kritik verdeutlichte das Außergewöhnliche an Werefkins Gemälden: »Sie bringen doch wohl die grössten Eindrücke dieser Ausstellung. … Nicht nur weils eine Russin ist, die das malt, denkt man an Dostojewski. Merkwürdig, wie die Staffage hier bedeutungsvoll ist, wie sie mit der Umwelt verwächst. Etwas Hinreissendes tönt aus diesen Bildern: die Farbe dichtet und die Seele gestaltet. Man versäume nicht, sich diese Werke anzusehen.« Paul Klee schrieb im Juli aus Zürich an seine Frau: »Sah gute Arbeiten von der Baronin, kräftige von Lulu [Alexej Jawlensky] und André [Andreas Nesnakomoff].«[19]

Für Werefkin würde Scheyer demnächst keinen Finger mehr rühren. Sie ließ Jawlensky eine Vereinbarung unterschreiben;[20] der Vertrag legte fest, dass er ihr zur Vorbereitung einer – nie fertig gestellten – Monografie Bilder leihen werde. Scheyer holte aus München Jawlenskys – aber nicht Werefkins – zurückgelassene Bilder. Sie verkaufte dort dem Galeristen Goltz das Gemälde *Spanisches Mädchen* und machte bei ihm auch jene sechshundertfünfzig Mark locker, die er Jawlensky jahrelang vorenthalten hatte. Scheyer entwickelte Wanderausstellungspläne. Scheyer ließ Broschüren mit Abbildungen drucken. Scheyer startete eine professionelle Werbekampagne. (Bissige Randbemerkung Werefkins: »Scheyer-Schreiereien«![21]) Scheyer wurde Jawlenskys Privatsekretärin; anstelle eines Gehaltes bekam sie fünfundvierzig Prozent Verkaufsprovision auf seine Werke zugesichert. Scheyer wurde von Jawlensky bald »meine kleine liebe Galka« genannt – das russische Wort für Dohle; im Traum hatte ein solcher Vogel sich zärtlich an seine Brust geschmiegt.

Er dachte an Eheschließung. Mit Galka? Aber nein.

»Frau Helene«, notierte Jawlensky, wolle er heiraten, um »André meinen Namen zu geben, was ich für sehr notwendig finde«. Nur müsse die Trauung »vorläufig auf eine andere Zeit verschoben werden«. Sein Vorhaben, Andreas unverzüglich an Kindes Statt anzunehmen, habe er aber wieder aufgegeben.[22] Jedoch nur, weil ihm moralische Bedenken gekommen seien: Falls er den Siebzehnjährigen tatsächlich adoptierte und die Ehe mit dessen Mutter vielleicht doch nicht zustande käme, »nehme ich von Helene alles, sogar den Sohn, und das ist ganz und gar unmöglich«.[23]

Anscheinend war zunächst eine kirchliche Trauung geplant gewesen. Im Dezember 1919 informierte Werefkin die Klees von dem Fehlschlag. »Meine lieben Freunde, … Kein Pfarrer [sprich Geistlicher] gibt seinen Segen zu so was … Genf und Bern haben gerade abgesagt.«[24] Ascona-Chronist Curt Riess glaubte zu wissen: Werefkin habe die in Frage kommenden russisch-orthodoxen Priester vom Inhalt jenes Briefes unterrichtet, in welchem Jawlensky einstmals ihrem Vater sein Ehrenwort gegeben hatte, sie niemals zu verlassen.[25]

Der Versuch einer Eheschließung vorm Standesbeamten scheiterte vermutlich an einer damals unüberwindlichen bürokratischen Hürde. Jeder Heiratswillige musste den Nachweis erbringen, dass er oder sie unverheiratet war. In Anbetracht der chaotischen Verhältnisse in Russland bestand wenig Hoffnung, die entsprechenden Dokumente über kurz oder lang in die Hände zu bekommen. Greifen wir den Ereignissen ein wenig voraus: Am Nachmittag des 8. November 1920 erschien Alexej Jawlensky im Notariat Zürich-Altstadt. Mit ihm unterzeichneten Alexander Sacharoff sowie der Kunstsammler Dr. Hans Baur[26], in der Funktion als Zeugen, die öffentlich beurkundete Erklärung seines Ledigenstandes.[27] Bis zur Hochzeit sollten dennoch, laut Werefkin, noch »1½ Jahre fürchterlichen Kampfes«[28] vergehen. Ergo »schallte das Castello«, Claire Studer zufolge, weiterhin »vom Morgen bis zum Abend von zankenden Stimmen«.[29]

Zu lautstarken Auseinandersetzungen kam es bekanntlich seit Jahren. Jetzt aber gab Werefkin erstmals zu, Helene von Anfang an abgelehnt zu haben. Auch hatte das entwurzelte, anlehnungsbedürftige, lebhafte Mädchen, gerade ins Werefkinsche Haus aufgenommen, unbewusst Standesgrenzen überschritten. »Sie plapperte entsetzlich …, und als sie mir einst sagte: ›Ich bin ja beim gnädigen Fräulein eine Art Tochter‹ – antwortete ich: ›Nein, meine Liebe, wenn ich eine Tochter haben wollte, hätte ich mir eine eigene angeschafft. Du bist, was Du bist, eine kleine Dienstbotin. Das[s] ich Helene als Kind ganz missverstanden habe, bekenne ich. Dass mit den Jahren die wachsende Unsympathie mich gegen sie zu Handlungen [hin]riss, die ich niemandem mir gegenüber je erlaubt habe, ist auch wa[h]r.«[30]

Ein Unfall Werefkins und existentielle Sorgen lenkten von den familiären Grabenkämpfen ab. Aber auch zahlreiche erquickliche Begegnungen sowie unter künstlerischen Gesichtspunkten glanzvolle Ereignisse machten die Streitigkeiten, wie eh und je, zeitweilig vergessen.

Von August bis Oktober 1919 tourte die Baronin gegen Bezahlung, zur Aufbesserung der Haushaltskasse, mit den Sacharoffs durch Schweizer Lande. Alexander und Clotilde heirateten unmittelbar bevor es losging, »Bühnenmeister« Werefkin war ihre Trauzeugin. Bis nach Amerika wollte sie dem Tanzpaar dann doch nicht folgen und ließ sich stattdessen »als Geschäftsreisende … für die Merz Werke engagieren«.[31] Weder kennen wir den Beschäftigungszeitraum, noch ist bekannt, wo überall die nahezu Sechzigjährige bei Zahnärzten vorsprach in der Absicht, sie zur Anwendung des Lokalanästhetikums Novocain zu überreden.

Bereits im November traf Peter von Werefkin in Ascona ein und kehrte erst im Frühjahr nach Blagodat zurück. Endlich ein Mensch von eigenem Fleisch und Blut zum Anlehnen und Aussprechen. Insgesamt blieb der Schwester zum Malen wenig Zeit, unter anderem weil ein Radfahrer sie im Januar anfuhr und verletzte. »Ich bin drei Wochen gelegen, weil ich mir was am Knie verrenkt hatte«, bekam Paul Klee zu Beginn des Monats März 1920 mitgeteilt. »Auch jetzt nach 7 Wochen kann ich nur mit Mühe gehen. Das Alles macht, dass ich seit 7 Monaten nicht mehr arbeite, was mich sehr zur Verzweiflung bringt.«[32] Glücklicherweise wirkte der Lago-Maggiore-Zauber melancholischen Stimmungen entgegen. »Ascona … ist still und schön, man kann wenigstens für Augenblicke vergessen, wie elend alles geworden ist und wie elend man selbst ist.«[33] So elend in Bezug auf ihre wirtschaftliche Situation, dass die Baronin gezwungen war, Sozialhilfe in Anspruch zu nehmen. Unterdessen hatte der Schweizer Bundesrat mit politischen Beschlüssen[34] auf die besondere Zwangslage einer bestimmten Exilantengruppe reagiert: »Kranke, mittellose und arbeitsunfähige russische Staatsangehörige, denen die Heimreise zurzeit verwehrt ist«, wurde »in der [unerfüllt bleibenden] Erwartung, dass diese Beträge vom russischen Staate zurück vergütet werden, wenn einmal wieder geordnete Verhältnisse herrschen«, Beistand gewährt. »Das Zentralsekretariat des Schweizerischen Roten Kreuzes ist mit der Ausrichtung der Beträge und der Kontrolle der zu Unterstützenden betraut worden.«[35] Anfangs bekam Werefkin einhundertzwanzig Franken monatlich ausgezahlt. Irgendwann in den dreißiger Jahren wurde die Zuwendung auf hundert und schließlich auf neunzig Franken gekürzt. Oft deckte das Geld nur die Lebenshaltungskosten für gerade mal eine Woche. Halb tapfer, halb stoisch ihre Zwangslage akzeptierend, machte die Baronin materielle Bedürfnislosigkeit zu ihrer Maxime.

Im Juni 1919 war Rainer Maria Rilke (eigentlich René Karl Wilhelm Johann Josef Maria Rilke), aus Deutschland kommend, über Zürich ins Tessin gereist. Ein Grund für seinen achtmonatigen Aufenthalt in der Schweiz war der Wunsch, den Nachkriegswirren zu entkommen. Des Weiteren wollte er die so lange unterbrochene Arbeit an den *Duineser Elegien* in Ruhe fortsetzen und: Claire Studer wiedersehen. Im Vorjahr hatte Yvan Golls zukünftige Ehefrau dem verehrten Dichter ein Exemplar ihres ersten Lyrikbandes *Mitwelt* geschickt. Es entspann sich ein Briefwechsel. Mit dem schriftlichen Näherkommen allein nicht zufrieden, war sie zu Rilke gefahren, um eine kurze Liebe lang bei ihm zu bleiben.

Werefkin und Jawlensky kannten Rilke von München her. Auf einem im Salon der Giselisten aufgenommenen Foto sind alle drei zu sehen.[36] Nun trafen sie mit ihm entweder in Ascona zusammen oder in Locarno, wo er bis Februar 1920 wohnte.

Zu Jahresbeginn wurde im *Kunsthaus Zürich* die Gemeinschaftsausstellung mit Gemälden Werefkins und Bildhauerarbeiten von Alexander Archipenko[37] eröffnet. Hätte die Baronin so viele Franken von Käufern ihrer Exponate bekommen, wie Lobesworte in den Zeitungen standen, wäre sie zufrieden gewesen. Aber: »Die Leute haben hier kein Interesse an Ausländern, so muss man mit dem vorliebnehmen, was man hat und was für uns vier mit knapper Not langt.«[38]

Auf der ersten Nachkriegs-*Biennale* (14. April bis 31. Oktober) war sie mit den Bildern *La Démence*[39] und *Sturmwind* vertreten. Jawlensky hatte fünf Gemälde nach Venedig schicken dürfen und eine weit größere Auswahl nach Berlin. Auch er selbst reiste an die Spree. Und Scheyer ebenfalls. Im Anschluss an die Präsentation seiner Kollektion in der *Kunsthandlung Fritz Gurlitt* wanderten die Werke, unterschiedlich zusammengestellt, durch Deutschland.[40] In der pulsierenden Hauptstadt des Reiches vom Kaufrausch gepackt, berichtete Jawlensky der in Ascona jede Münze zweimal umdrehenden Werefkin von seinen modischen Errungenschaften: »Heute das erste Mal im neuen Anzug. Nicht schlecht. Nur die zweite Hose ist noch nicht fertig ..., habe auch Stiefel um 235 M[ark] erworben. Billig gerechnet. ... Ich bin kein Provinzler mehr.« Jawlensky hatte in Berlin am Galeristen vorbei an »verschiedene Leute« verkauft. Dass Fritz Gurlitt ihm am Ende der Ausstellung nach Abzug der Provision »7200 M[ark]« schulde, wurde Werefkin ebenfalls nicht verschwiegen. Wie sie über Jawlenskys gleichzeitige Vorwarnung dachte, nämlich dass er trotz allem wohl mit leeren Taschen heimkehren werde, weil die Ausgaben insgesamt höher als die Einnahmen seien, steht leider nirgends geschrieben.[41]

Für die unaufschiebbare Sommerreise der Baronin nach Bayern war dann doch genügend Geld da. Jawlensky, alle Unannehmlichkeiten scheuend, kehrte erst aus Berlin nach Ascona zurück, als das Kapitel München ein für allemal abgeschlossen und auch Werefkin schon wieder daheim war: »Bin sehr froh, dass Du es mit der Wohnung so gut hingekriegt hast.«[42]

Was geschehen war?

Verkürzt dargestellt Folgendes:

Bald nachdem die »feindlichen Ausländer« München verlassen hatten, war dem »Polizeiwach-Soldaten Friedrich Gottlieb Stoll« ein zuvor leer geräumter Teil der verwaisten Giselisten-Wohnung zugewiesen worden. Nach Kriegsende – München befand sich im revolutionären Ausnahmezustand, ferner herrschte große Hungersnot – entwendete der Genannte aus den übervollen Nebenzimmern »zwei Tischglocken aus Bronze, Schreibzeug aus Bronze mit Edelstein, 1 Kronleuchter aus Bronze, Wäsche, Kleidung« und noch einige Gegenstände mehr. Gemälde, Zeichnungen, Aquarelle nach der Art der Expressionisten blieben unangetastet, vom Plünderer wohl als wertlos eingestuft. Was Altmetallwarenhändler und Hehler verschmähten, hortete Stoll in den selbst genutzten Stuben.[43] Die Schandtat wurde entdeckt, von den Kollegen des Täters nicht weiter verfolgt und das übrig gebliebene Diebesgut achtlos auf den Gang geworfen.[44] Werefkin erfuhr durch Lily Klee von dem Frevel. Im Juli 1919 erreichte sie via Freundin eine Mitteilung des Städtischen Wohnungsamtes, der zufolge die Vergabe der seit nunmehr fünf Jahren unbewohnten Zimmer nebst Küche an Einheimische unmittelbar bevorstand. Werefkins telegrafischer Protest blieb ohne Wirkung. Doch konnte, dank der Interventionen Lily Klees, die unverzügliche Zwangsräumung abgewendet werden. Eine kleine Weile überlegte die Baronin, ganz nach Schwabing zurückzukehren; prinzipiell hätte die Möglichkeit bestanden.[45] Letztlich entschied sie sich für Ascona. Ende April 1920 setzte die Münchner Behörde ihr, beziehungsweise ihrer Vertrauensfrau vor Ort, ein Ultimatum:

»Im Anwesen Giselastraße 23/III werden ein Atelier und 3 Wohnräume lediglich zum Einlagern der Möbel verwendet. Eigentümer dieser Möbel sind russische Staatsangehörige, Familie Werefkin, in der Schweiz, als deren Vertreter Sie dem Wohnungsamt angegeben worden sind. Die Lage am hiesigen Wohnungsmarkt erlaubt uns nicht, Wohnräume ungenutzt zu lassen. Wir sehen uns daher gezwungen, die genannten 4 Räume zu beschlagnahmen und die Entfernung der Einrichtung zum 15. V. 1920 zu verlangen. Anderweitige Verfügung über die Räume ohne Genehmigung des Wohnungsamtes ist ungesetzlich.«[46]

Nun war tatsächlich Gefahr in Verzug.

Indes Jawlensky es sich mit Scheyer in Berlin gut gehen ließ, beantragte Werefkin eine Aufenthaltsgenehmigung für München. Unter dem Datum 3. Mai erstellte der deutsche Botschaftsbeauftragte Grabenstein in Locarno die zur Einreise in den Freistaat Bayern (Rechtsnachfolger von Königreich und Räterepublik) notwendigen Personalpapiere für die Baronin sowie für Helene und Andreas. Aus der Ferne hatte Jawlensky ihr aufgetragen, sicherheitshalber auch zum Bürgermeister von Ascona zu gehen mit der Bitte um die schriftliche Zusage einer späteren Wiederaufnahme aller drei.[47] Am 5. Mai nahmen Werefkin und Helene mit Sohn in Romanshorn den Bodenseedampfer nach Lindau. Am 6. Mai meldeten sie sich bei der Fremdenstelle der Polizeidirektion München. Ihre Adresse für die nächsten Wochen lautete Adalbertstraße 102/III bei Körber. Brot- und Fleischmarken gab es beim Lebensmittelkartenamt.

Schweres, fast Unmögliches war in der Giselastraße zu vollbringen. Tagebucheintrag Werefkin: »Ich habe den Schutt meines *home* weggeworfen. … Ich habe alle Wege der Vergangenheit beschritten, ich habe an alles gerührt, was war – mein gezähmtes Herz hat nicht aufgeseufzt. … Zugleich ist mir durchaus bewusst, dass die Realität dieses vergangenen Lebens für immer verschwunden ist, wie ein amputiertes Glied, dessen Nerven keinen Schmerz mehr melden, weil man gelernt hat, ohne es auszukommen, und das doch zärtliche Erinnerungen wachruft, weil es einen (teuren) Gegenstand getragen hat … [sechs] Jahre sind vergangen, seit ich aus dem rosa Salon geflohen bin. Ich habe ihn wieder gefunden, entweiht vom Enteignungskommissar, von Einbrechern ausgeraubt, von Motten und Würmern zerfressen, von Spinnweben überzogen, grau unter dem Staub, voll von zerschlagenen und verwüsteten Gegenständen, von irgend in der verwüsteten Wohnung verstreuten Sachen. So habe ich meinen Salon vorgefunden … ich will meinen Salon vergessen.«[48]

Am 10. Juni beantragte sie eine Verlängerung der Aufenthaltsgenehmigung, die ursprünglich nur bis zum 1. Juli gültig war. Die Baronin hatte das Münchner *Privat-Detektiv-Spezial-Büro Max Blüml* mit der Aufklärung des Diebstahls beauftragt. Nun lag ihr die staatsanwaltschaftliche Zeugenvorladung vor. Verhandlung und Urteilssprechung waren auf den 14. Juli terminiert.[49]

Tags darauf ließ sie – im Gepäck tragbare Kostbarkeiten (ihre Skizzenbücher, persönliche Aufzeichnungen, dazu jene broschierten unbeschriebenen Bögen, »welche ein Freund mir einst für meine Herzensergießungen geschenkt hatte«[50]) – die deutsch-schweizerische Grenze hinter sich. In umgekehrter Richtung sollte Werefkin nimmermehr gehen und für immer getrennt sein von den meisten der in ein Münchner Lagerhaus eingesperrten Schätzen:

- zwei Kisten Tafelsilber mit den Initialen der Mutter und eingravierten Krönchen
- alle ihre gerahmten Gemälde aus der Zeit vor Sommer 1914
- ihr eigenes Bildnis von Ilja Repin
- ein Werk von Paul Gauguin, dessen Namen wir nicht kennen, der *Stierkampf* von Wladimir von Bechtejeff sowie weitere Werke befreundeter Maler aus ihrer Kunstsammlung
- zwei Sessel, ein Lehnstuhl
- ein kleiner runder Tisch
- eine kleine Kommode
- ein Schränkchen mit 5 Fächern
- die große Bücherkiste
- der Farbenschrank
- die Staffelei.[51]

In München mühsam unterdrückt, wurde Werefkin in Ascona von der Trauer um alles Verlorene gleichsam überrollt. Wem das Leid klagen? Wie sich entlasten? Im Castello nahm sie ihre Gewohnheit schriftlicher

Reflexionen im stillen Gespräch mit sich selbst oder mit einem unsichtbaren Partner wieder auf. Die beste Medizin gegen Trübsinn aber war ihre Rückkehr ins pralle Leben Asconas.

»26. JULI [1920]. Ich schreibe das Jahr, das Datum, den Ort nieder – und werde von einem seltsamen Gefühl ergriffen … Die Hefte, die ich im Staub gefunden habe, … diese Hefte mit ihren verführerisch leeren Blättern versetzen mich in die Gegenwart einer Seele, die ich hatte, die es nicht mehr gibt und mit der ich nichts mehr anzufangen weiß. … Diese so weißen Seiten führen mich in Versuchung, wie mich eine auf einen Rahmen gezogene Leinwand in Versuchung führen würde. Es handelt sich um die Freude, seine Gedanken in Worte zu fassen, einer flüchtigen Regung die Tragweite einer Wahrheit zu geben, indem man sie mit tausend anderen Regungen vervielfacht, indem man den vergänglichen Augenblick als Bindestrich setzt zwischen das, was war, und das, was sein wird; mit einem Wort: es handelt sich um die Freude aus dem, was einst das Leben war, Kunst [Literatur] zu machen. … Heute wehen durch mein offenes Fenster die linden Lüfte Italiens. Der Lago Maggiore schläft pechschwarz unter einem weißen Mond, die Berge scheinen gegen den Horizont zu gleiten, Lichtpunkte markieren die bewohnten Orte; mein Freund, die Fichte, reckt ihren Wipfel in den Himmel, und ich höre die Palmen im Garten flüstern. Alles ist heute anders, nur die Sterne sind die gleichen wie zu den Zeiten, die gewesen sind …

Dienstag, 27. [Juli]

Ich lese noch einmal die Geschichten [Aufzeichnungen] von damals. Etwas beunruhigt mich, etwas sehr Menschliches, etwas sehr Zartes. Mir scheint, dass die Mauer, die sich erhoben hat zwischen mir und der Wirklichkeit draußen, bröckelt und bricht. Ich schreibe einen guten Brief an den Unbekannten der vergangenen Tage [nun »Santo« genannt, in der Bedeutung von Schutzheiliger oder Nothelfer]; ich bewege mich in der Natur, mit offenem Auge und offenem Herzen. Und am Abend trifft man sich im kleinen Café. Die jungen Italiener spielen Gitarre, singen, tanzen. Wie immer bewundere ich diese Tradition der geschliffenen Manieren, die aus einem italienischen Bauern einen Herrn der Gesellschaft machen. Die Leute an unserem Tisch sind die muntersten, trinken und lassen trinken. Und auf einmal sagt W. [ihr Asconeser Malerfreund Whitbrook?[52]]: ›heiraten Sie mich, Baronin‹. Ich fange diesen unpassen-

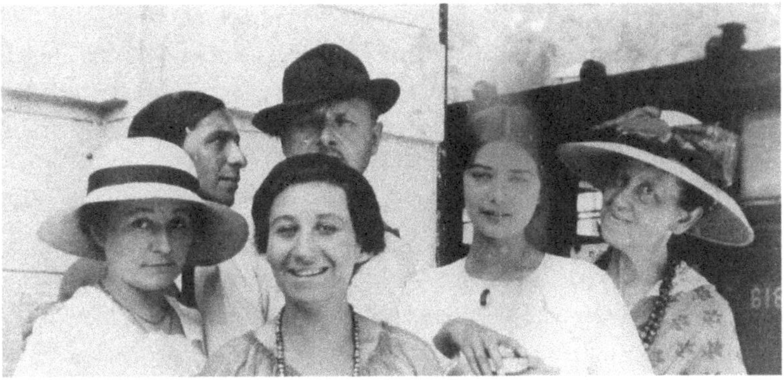

Am Bahnhof von Locarno, 1919/1920.
Von Links: Helene Nesnakomoff, Alexander Sacharoff, Alexej von Jawlensky, Emmy Scheyer, Clotilde Sacharoff, Marianne von Werefkin

den Satz wie einen Tennisball auf; wir amüsieren uns, wir lachen. Und ich registriere mit Erstaunen, dass hinter diesem ganzen Spiel etwas von dem steckt, was ich heute Vormittag erneut gelesen hatte. Ich fühle in meinen Händen die Macht von damals. Die Worte von L. [ihr russischer Verehrer Lesin?] gehen mir durch den Kopf: ›Man wird dich noch mit sechzig lieben.‹ Es scheint, als ob ich den Traum einer Sommernacht erlebe, mir ist die Realität bewusst, und mir ist das Geheimnis gegenwärtig, das meine Lektüre des Vormittags mit dem Gefühl des beschwipsten Abends verbindet. Ich fühle, dass W. froh wäre, wenn es so sein könnte, und auch H. [?] spricht das aus, was ihm seit einem Jahr die Kehle zuschnürt, und der Konsul [Christian Brockmann[53]] wird lustig und fängt zu bechern an. Wenn ich heute jung wäre wie damals, hätten alle diese Männer mein Bild davongetragen, wie man eine Rose aus einem fremden Garten mitnimmt. Dieser Abend ist eine Posse, ein Trugbild, es streift das Lächerliche. Und trotzdem ist es ganz Gegenwart. Was mich nicht loslässt, ist das seltsame Zusammentreffen zwischen dem, was ich gelesen habe, den längst vergessenen [Jugend]Impressionen, und dieser Episode. Und plötzlich glaube ich zu verstehen: Ich muss in meiner Kunst das Verlangen nach Liebe betonen. Ich habe es zu sehr vergessen. Meine Kunst verlangt nach dieser neuen Zutat, ihretwegen musste ich diesen seltsamen Tag erleben, der dem Traum Titanias [in Shakespeares *Sommernachtstraum*[54]] gleicht. Ich höre auf diese neue Stimme, auf dieses Etwas, das aus der Nacht der Zeiten auftaucht. Ich sehe die Aufgabe vor mir. Für diese urmenschlichen Angelegenheiten gilt es, ewige Gesetze zu finden, gilt es, sie den Rhythmus der kosmischen Bewegungen annehmen zu lassen. Die Welt, wie ich sie mir gedacht hatte, bringt nur Leid und Aufruhr. Ich werde sie mir so schaffen müssen, dass sie Liebe bringt.«[55]

Im Mai 1921 reiste Jawlensky von Ascona nach Wiesbaden. »Dort war«, erinnerte er, »meine große Ausstellung.« Korrekt: eine Gruppenausstellung, ausgerichtet vom *Nassauischen Kunstverein.* »In Wiesbaden hatte ich einen großen Erfolg. Ich begegnete dort sehr netten Menschen, und das bestimmte mich, meinen Wohnsitz in Wiesbaden zu nehmen.«[56]

Mit sofortiger Wirkung.

Werefkin erfuhr davon per Post.

Helene und Andreas verließen die gemeinsame Wohnung im Castello. Sie mieteten sich in der Nachbarschaft ein, und forthin speiste die Baronin im Logis ihrer »Köchin« – bis Jawlensky seine Familie zu sich rief.

Am 12. Mai 1922 griff die in Ascona Zurückgebliebene zu Feder und Papier. Werefkins Tageseintrag ins Gedankenheft beginnt mit den Worten: »Heute fängt für mich ein neues Leben an.« Und er endet mit dem Satz: »Gott befohlen, was kommen mag, soll kommen.«[57]

Am 20. Juli 1922 heirateten in Wiesbaden Helene Nesnakomoff und Alexej Jawlensky. Vielleicht jetzt, vielleicht später forderte Werefkin ihre Briefe an den Gefährten dreier Jahrzehnte zurück.

Sie sollten einander nie wiedersehen.

KAPITEL XI

1922 – 1929

Lebensfreuden

Die tiefe Wurzel der Kunst ist das menschliche Herz,
und für dieses ist sie bestimmt. …
Ich gehe, im Altwerden, noch weiter und finde diese Mission
nicht nur im Schaffen aus mir selbst,
sondern in allen Beziehungen …[1]

VON DEN ASCONESERN wurde die Baronin geachtet, ja sogar geliebt. Männer mögen an ihr Kampfgeist und Charakterstärke bewundert haben; Frauen, »die gern ihr Leid vor ihr ausbreiteten«,[2] schätzten den »unerhört klugen« Rat der »Nonna«. Großmutter wurde sie bald nicht mehr nur von den Kindern gerufen. Erschien die leicht gebeugte Gestalt auf der Piazza, fühlten Mädchen und Buben sich magisch zu ihr hingezogen.[3] Das Antlitz »voller Falten und Fältchen«, mit schalkhaften »warm-braunen« Augen, sprudelte aus ihrem »beweglichen ausdrucksvollen Mund« das schönste Italienisch, »als sei sie im Tessin geboren«.[4] Kein Tanzvergnügen, kein Dorffest, kein Karneval in Ascona ohne Werefkin in weinseliger Feierlaune. Entweder ein Tuch, oben zu einer Schleife gebunden, um den Kopf geschlungen oder das Haar unter einem Mützchen aus feinstem Gestrick verborgen, trug die Malerin vorzugsweise Kleider in »schön gewählten Tönen, stets sehr geschmackvoll zusammengestellt«. Unzählige Male gewaschen, blichen die hochwertigen, einstmals teuer bezahlten Stoffe mit den Jahren aus, waren zuletzt vom langen Gebrauch »verzipfelt und verzogen«.[5] An den Füßen trug sie die Holzpantinen der Einheimischen, besohlt mit geflochtenem Stroh. Zeitlos, heißt es, habe »die Baronessa« ausgesehen und irgendwie geschlechtslos. Ihr Lachen sei »unwiderstehlich« gewesen, versöhnlich und kameradschaftlich. Überall bekannt, war sie in Ascona »ein Begriff«.[6] »Kommt ihr heute Abend zur Werefkina?«, riefen sich untertags deren männliche und weibliche Trabanten über die Straße hinweg zu.[7] Zur

Werefkina kommen, meinte, sich im Café um sie scharen und der Chronistin lauschen. »Sie konnte stundenlang von ihren Erlebnissen mit den großen Künstlern des Jahrhunderts berichten.« Darunter fielen Begegnungen mit der französischen Avantgarde, Ernsthaftes und Anekdotisches rund um die *Neue Künstler-Vereinigung München*, Unvergessenes aus *Blauer Reiter*-Tagen. Während des Erzählens griff Werefkin zu Papier und Bleistift, würzte ihre Rede mit Karikaturen. »Da standen wir alle herum«, so ein Ohren- und Augenzeuge, »und genossen ihre saftigen, humorvollen Bildgeschichten.«[8]

Kam jemand auf die *Person* Jawlensky zu sprechen, bedachte sie diese »nur mit bitterem und ätzendem Spott«,[9] doch entschlüpfte ihr kein einziges böses Wort über den *Maler* Jawlensky. Wenigstens zwei seiner um 1915 entstandenen Bilder – *Mädchen aus St. Prex* und *Bunte Blumen*[10] – hatte sie bis zu ihrem Tode ständig im Blick.[11] Innenansichten ihrer Wohnräume liefern den Beweis.

Werefkin malte in Ascona »sehr geübt, flott und geschickt«[12] Ansichtskarten. Blanko lag ein halbes Dutzend etwa in Reih und Glied vor ihr auf dem Tisch. Zuerst fuhr sie mit blauer Farbe über alle Himmelspartien hinweg, diese leicht variierend; ähnlich ließ sie eine Seenfläche nach der anderen entstehen. Grüntöne in Folge deuteten flächenhaft Vegetation an. »Dazwischen wurden Häuschen, Bäumchen, Bänke oder sonst etwas fix und lustig hingepinselt …, es entstand eine ganze Anzahl solcher Bildchen in einer Stunde.«[13] Entweder wurden sie für fünf Franken an Touristen verkauft oder zur Tilgung von Schulden bei Ladenbesitzern verwendet. Aus der Not heraus entstanden, brauchten die kleinen Fließbandarbeiten Vergleiche mit den zauberhaften Landschaftsstudien en miniature in Werefkins Skizzenbüchern nicht zu scheuen.

Falls sie die Ausstellung ihrer Gemälde 1922 im *Kunsthaus Zürich* – zusammen mit Werken von Gustav Adolf Thormann und Oskar Lüthy[14] – mit der Aussicht auf einen finanziellen Zugewinn verbunden haben sollte, ging die Rechnung der Baronin wiederum nicht auf. Immer noch hielten die meisten Schweizer ängstlich ihr Geld zusammen; mittlerweile fürchtete man negative Auswirkungen der Hyperinflation in Deutschland auf die Eidgenossenschaft. Wohldurchdachte, tiefsinnige Kompositionen von ihrer Hand weit unter Wert herzugeben, kam für Werefkin jedoch ebenso wenig in Frage wie sie zahlungskräftigen Banausen überlassen. Eine Herabwürdigung ihrer Gemälde zu Dekorationsstücken? Welch entsetzliche Vorstellung! Fehlte Betrachtern erkennbar der Sensor für ihre künstlerische Mission, verbot sich der Handel von selbst. Bilder großzügig zu verschenken, war eine andere Sache.[15]

1922 gab sie den Anstoß zur Einrichtung eines *Museo Communale* in Ascona. Unterstützt vom Kollegen Ernst Kempter, animierte Werefkin die in und um den Ort tätigen Maler, der Gemeinde je ein Werk unentgeltlich zur Verfügung zu stellen. Sie selbst, vorbildlich freigiebig, brachte vier Gemälde in die Stiftung ein: *La Famiglia*, *Melodramma*, *Schizzo di Ascona* und *Le Jardin du Bon Dieu*, ferner Klees *Casa Rossa*, ferner ein Bild von Segal sowie eines von Amiet. Eine Bestandsliste aus der Anfangszeit benennt insgesamt siebzig Werke von fünfundsechzig Künstlern.[16] Nach und nach stieg die Zahl der Spenden auf rund einhundertzwanzig an. Der junge Schweizer Maler Willy Fries war mit seinem *Ritratto della Pittrice Marianne de Werefkine (Porträt der Malerin Marianne von Werefkin)* in der kommunalen Sammlung vertreten.[17] Sie wurde erstmals im Schulhaus von Ascona der Öffentlichkeit vorgestellt. Bis zur Einrichtung eines Gemeindemuseums, das diesen Namen verdiente, sollten noch Jahrzehnte vergehen.

Werefkins Kontakt zum *Staatlichen Bauhaus* im Jahr 1923 geht vermutlich auf Paul Klee zurück. Seit nunmehr zwei Jahren lehrte der Freund an der Weimarer »Heimstätte der Avantgarde der Klassischen Moderne auf allen Gebieten der freien und angewandten Kunst«.[18] Ihr Gründer Walter Gropius stand sowohl für die Aufhebung der Trennungslinie zwischen Handwerk und Künstlertum als auch für die Überwindung gesellschaftlicher Unterschiede. Bei Werefkin, einst durch die Schule der Peredwischniki sowie jener von Abramzewo gegangen, rannte der vorausschauende Architekt offene Türen ein. Nun also war sie zur Beteiligung an der legendären ersten *Bauhaus-Ausstellung* von Juli bis September aufgefordert. Im Mai 1923 liefen die Vorbereitungen zu der universellen Leistungsschau schon auf vollen Touren. »Gestern war eine Bilderprobe im Oberlichtsaal, um zu sehen, ob die Wandfarbe so bleiben kann«, schrieb Klee am 5. des Monats an seine Frau. Genau eine Woche später erfuhr Lily vom Schaden, den ausgerechnet die Leihgabe der Baronin erlitten hatte. »Heute Nacht fielen Werefkins ›Schlittschuhläufer‹ ½ 5 [Uhr] früh von der Wand, viele Scherben. … Das Bild ist leicht zerkratzt, wird gleich restauriert und gefirnißt, kann dann ohne Glas hängen.«[19] Zur erwähnten Überprüfung der räumlichen Situation war auch Maria Marc (sie studierte damals am *Bauhaus* Bildweberei) erschienen sowie Wassily Kandinsky. Gabriele Münter von seiner Rückkehr nach Deutschland zu informieren, hatte er tunlichst vermieden.

Eine der Triebfedern seiner Entscheidung, schon im November 1914 ins russische Heimatland zurückzukehren, war wohl die damit einhergehende Chance, sich endgültig von der ihm mittlerweile lästigen Dauerverlobten zu befreien. Und zwar ohne lange peinliche Erklärungen. Kandinsky bis nach Moskau zu folgen, war Münter aufgrund des Krieges nicht möglich. So unerwünscht wie Staatsbürger des Feindeslands Russland in Deutschland waren, so unerwünscht waren Staatsbürger des Feindeslands Deutschland in Russland. Unfähig, der Realität ins Auge zu blicken, verlegte sie ihren Wohnsitz ins grenznahe neutrale Schweden. Gegen Kandinskys Willen. Tatsächlich musste sie in Stockholm lange auf ein Wiedersehen warten. Mit immer neuen Ausreden suchte Kandinsky sich aus der Affäre zu ziehen. Münter, nahe der vierzig inzwischen, warf ihm feigen Wortbruch vor. Endlich in Stockholm eingetroffen, brachte er es wochenlang nicht fertig, ihr von Angesicht zu Angesicht klarzumachen, was sie in seinen letzten Briefen konsequent überlesen hatte: Er war ihrer überdrüssig. Unter dem Eindruck von Münters verzweifeltem Insistieren, versprach er ihr beim Abschied, keine andere Verbindung einzugehen, bis *sie* beide ein Ehepaar werden könnten. Elf Monate später startete er mit Nina Andrejewska in die Flitterwochen. Seine junge Frau, die kapriziöse einundzwanzigjährige Tochter eines Generals, war in Tula zur Welt gekommen, aber in Moskau aufgewachsen. Münter erfuhr weder von deren und Wassilys Heirat im Februar 1917 noch davon, dass die beiden im September des Jahres ein Kind bekamen. Kein Mensch im Westen wusste, dass Kandinsky einen Sohn hatte, Vsevolod. Er starb vor seinem vierten Geburtstag.

Seit Kandinskys Abreise aus Stockholm ohne Nachricht gab Münter Ende 1917 eine amtliche Suchmeldung auf. Neun Monate später wurde ihr in Kopenhagen, wo sie nunmehr wohnte und eine Ausstellung gehabt hatte, ein Dokument zugestellt, auf dem der vermeintlich Verschollene mittels Unterschrift – und keinem Wort mehr – seine Unversehrtheit bestätigte. Alle weiteren Kontaktversuche gingen ins Leere. 1920 kehrte Münter nach München und schließlich auch nach Murnau zurück, verbittert und zornig. Derweil ihr zeitweise die Kreativität verloren ging, trieb Kandinsky seine Wiedereingliederung in den deutschen Kunstbetrieb voran. Im Juli 1921 erfuhr Münter über Dritte, dass er als »Begleitkommissar« einer Ausstellung Moskauer Künstler nach Berlin kommen würde. Insgeheim war er zum Bleiben entschlossen, aber nicht sicher, ob die russischen Machthaber ihn und seine Frau komplikationslos würden ziehen lassen. Zunächst als Kulturbeauftragter der kommunistischen Regierung ein viel beschäftigter Mann und akzeptierter Künstler, hatte ihn Lenins kürzlich verkündete Neue Ökonomische Politik hart getroffen. Neuerdings galt abstrakte Malerei in Russland als unerwünscht, um nicht zu sagen gemeingefährlich. Kandinsky, nicht Mitglied der Kommunistischen Partei, litt unter seiner »künsterischen und weltanschaulichen Isolierung«.[20] Vorbei die Aussichten auf eine Professur in Moskau. Da war seine Berufung an die Weimarer *Bauhaus-Schule der Gestaltung* im März 1922 eine wunderbare Alternative.

IM GEGENSATZ ZU GABRIELE MÜNTER war Marianne von Werefkin eine Gemeinschaft stiftende, gesellige Frau. 1924 schlossen die Baronin, Ernst Frick, Albert Kohler, Walter Helbig, Otto Niemeyer-Holstein, Gordon Mallet McCouch und Otto van Rees in Ascona den Künstlerbund *Der Große Bär*, benannt nach dem nächtlichen Himmelsbild[21]. Sieben Sterne, sieben Maler aus fünf Nationen: zwei Schweizer, zwei Deutsche, ein US-Amerikaner schottischen Ursprungs, ein Niederländer, eine Russin. Auf Statuten wurde bewusst verzichtet. Was sie trotz künstlerischer Verschiedenartigkeit verband, war die intensive Auseinandersetzung mit der Landschaft des Lago Maggiore und ihrer Bewohner.

An folgenden Gemeinschaftsausstellungen der Maler aus dem Kreis des *Großen Bären* war Werefkin nachweislich beteiligt:
1924 bis zu ihrem Tod alljährlich an ihrem Wohnort Ascona;
1925 in der *Kunsthalle Bern;*
1926 im *Kunsthaus Zürich*[22];
1928 in der Berliner *Galerie Neumann-Nierendorf*;
1938 in den Kunstmuseen von Luzern und St. Gallen.

AN DER PRESSEBERICHTERSTATTUNG in jenen Jahren fällt auf, wie häufig die Exponate der Baronin lobend hervorgehoben wurden. »Auf die Kunstkritikerin Margherita Böhme-Mascetti aus Ascona machten

1931 die »Wucht« und die »Glut« und der »erschütternde Ausdruck« von Werefkins Spätwerk den stärksten Eindruck.[23]

In den zwanziger und dreißiger Jahren erweiterte Werefkin das Spektrum ihrer Bildbotschaften um den Naturschutzgedanken.[24] Einmal wird von ihr mit *Le forfait/Der Frevel* ein Pflanzendiebstahl angeprangert. Ein Mann hat sich verbotenerweise an einem geschützten Gewächs vergriffen, gerade schleicht er sich mit dem Korb voller Alpenrosen davon. Am Himmel ziehen Gewitterwolken auf. Damals glaubte man im Tessin, dass Räuber der rotblütigen Schönheit zur Strafe vom Blitz erschlagen würden.

Werefkins Protest mit Pinsel und Farbe gegen einen in Ascona allgegenwärtigen Eingriff in den Naturhaushalt hat Ähnlichkeit mit Kubins Schreckensvisionen. Während ein Arbeiter (*Der Sieger*) ungerührt den Abtransport mächtiger Kalkgerölle regelt, fletschen die Berggeister in Gestalt aus den Felsen wachsender Drachenköpfe in hilfloser Wut die Zähne. Nicht nur die Feldbahn, auch den abgebildeten Bagger gab es im Hinterland von Ascona tatsächlich. Jahr um Jahr gruben sich seine Schaufeln tiefer in das Bett der Maggia ein. Je tiefer die Abflussrinne des in den Lago mündenden Gebirgsflusses, desto größer ihr Fassungsvermögen und desto unabänderlicher der rasche Anstieg des Seespiegels. Ohnehin zur Zeit der Schneeschmelze regelmäßig von Überflutungen heimgesucht, befürchteten vor allem die Anwohner der Piazza, so auch Werefkin, stetig ansteigende Hochwasserstände.[25]

ANDERE BEVORZUGTE MOTIVE der Baronin in jener Zeit waren: Ascona und seine Menschen, der Lago Maggiore und seine Bergwelt, mal als lichthelle Gipfelreihen, mal als bedrohlich dunkles Gezack. Da bestellen Bauern ihre Felder, tauschen Frauen auf der Straße Neuigkeiten aus, hocken Alte stumm am Hafen und turteln Liebespaare im Rosengarten. Da kämpfen Fischer und Lastenbeförderer auf ihren Booten gegen die Gewalt des Sturmes an. Da treibt ein Schäfer seine Tiere durch eine scheinbar endlos lange, beängstigend enge Schlucht (*Via eterna*[26]), überragt von einer strahlend weißen Kapelle: Gott, verspricht das Kirchlein wortlos, hält die Hand über seine Geschöpfe. Der Hirte und die Schafe in unberührter Natur (*Lebensabend*) auf grüner Matte vor in gelbrotes Abendlicht getauchten Hügeln bieten hingegen ein Bild der Ruhe und des Friedens.

Große Aufmerksamkeit schenkte Werefkin auch dem religiösen Brauchtum. Mit dessen russisch-orthodoxen Spielarten von klein auf vertraut, fand sie in Ascona Gefallen an traditionellen Schiffsprozessionen (*San Giuseppe*) und Bittgängen (*Prozession, Kreuzweg I* und *II*).

1924, im November, konnte die Baronin fünfhundert Franken an Einnahmen aus einem Notverkauf verbuchen.[27] Sie hatte Jawlensky, im Vertrauen auf seine unleugbare Zuverlässigkeit in derlei Angelegenheiten, um Hilfe gebeten. Fraglich ist, für welches der in München eingelagerten Werke aus ihrem Besitz er einen Käufer gefunden hatte. Das Gemeinschaftseigentum *Straße von Auvers/Haus des Père Pilon* wartete noch immer auf einen Abnehmer. Zu Beginn des folgenden Jahres war er gefunden. Im Februar 1925 bekam Werefkin von der *Zürcher Kantonalbank* den Eingang von umgerechnet viertausend Schweizer Franken aus Wiesbaden mitgeteilt, »als Anteil an verkauftem Bild Van Gogh«.[28] Bezogen auf ihr kümmerliches Einkommen, war das eine erfreulich hohe Summe, hinsichtlich des tatsächlichen Wertes des Kunstgegenstandes aber schrecklich wenig. Jawlenskys ursprüngliche Preisvorstellung hatte bei »mindestens 40 000« Schweizer Franken gelegen, »15[000] für Mayer« (Alfred Karl Mayer, der Kaufmann und Kunstkenner sollte als Vermittler fungieren), »5[000] für mich und 20[000] für M. W.«[29]

Besagte M. W. investierte das ihr unerwartet zugefallene Geld, zumindest teilweise, in eine Reise zu zweit ins südliche Nachbarland.

Sie hatte sich verliebt – oder es war ihr, nun ja, etwas sehr Ähnliches widerfahren. Nie hätte Werefkin es für möglich gehalten, dass der Traummann ihrer Tagebücher real existierte. »Ich begegne ihm in Ascona … Gott welches Glück! – Mein Santo steht leibhaftig vor mir. Er denkt, die Alte ist verrückt geworden, aber dies ist unwichtig. … Er ist das, was ich das ganze Leben suchte.«[30] Jemanden, in dessen Armen sie sich glücklich und geborgen fühlen konnte.[31] Diese Vorstellung entspricht exakt jenem Bild, das Ernst Alfred Aye, siebenundvierzig,[32] und Marianne von Werefkin, fünfundsechzig, einem Fotografen boten.

Ein »Kunstkenner« im allumfassenden Sinn war Aye nicht, diesbezüglich machte die Baronin sich keine Illusionen, »doch liebt er meine Werke wie ein Stück meines Ich's. Er lebt in ihnen und mit ihnen, sie sind ihm das Teuerste. … Er hält mich wach in meinem Glauben an meine Ziele, er stärkt meine Freude an dem Erreichten, er erhält mir die Jugend der Tat, und mein Dank ist unbegrenzt.«[33]

Werefkins Santo war Feriengast am Lago Maggiore. Die restliche Zeit des Jahres lebte der Konzertsänger,[34] von eventuellen auswärtigen Engagements abgesehen, in Dresden. Seine Anschrift ist in Adressbüchern der Stadt mit Comeniusstraße 271 angegeben.[35] Später wohnte er in Berlin, Schloss Charlottenburg, rechter Flügel.[36]

1925 hatte Werefkin nicht nur in der *Kunsthalle Bern* ausgestellt, sondern auch – unabhängig von der Künstlergemeinschaft *Großer Bär* – in der Dresdner *Neuen Galerie Fides*.[37] Es ist denkbar, dass Aye dort Bilder von ihr gesehen und beschlossen hatte, bei seinem bevorstehenden Aufenthalt in Ascona nach der Malerin Ausschau zu halten, zumal Werefkin in dem Periodikum *Der Cicerone* besonders herausgestellt worden war. Ihre bei der *Fides* gezeigten Werke, notierte dessen Redakteur, überraschten durch die Weite der Vorstellungswelt, durch die Fremdartigkeit der Farbempfindung und durch die Freiheit der Gestaltung. »Sie malt eigentlich alles, vom feierlichen Bild bis zur Bordellgasse. Und sie verwandelt sich mit der Welt des jeweiligen Erlebnisses. Sie kann auch ganz streng in der Form sein und ist dann wieder beinahe literarisch und illustrativ. Es sind Bilder dabei von ausgesprochen russischer, bäuerlicher Farbigkeit und solche von einer Kultur, die den Franzosen nachempfunden zu sein scheint. An der Peripherie des Lebens sucht Werefkin am liebsten Begegnung für ihre Kunst. Enge Gassen, Cafés, Vorgärten, Stadtwinkel erregen ihre malerische Phantasie am erfolgreichsten. Dann fällt ihr auch stets die zwingende Farbe und die einzig mögliche Form ein, und sie erreicht in diesen Arbeiten einen Verismus, der durch die Farbe einerseits unterstrichen, andererseits visionär überhöht wird.«[38]

Ernst Alfred Aye war gut aussehend, hoch gewachsen, von schlanker Gestalt, kultiviert, zuvorkommend.[39] Ein Kavalier ohne Fehl und Tadel. Er konnte Wünsche von den Augen ablesen. Er füllte Werefkins Stube mit Orchideen und Rosen. Arm in Arm schritten sie durch Ascona.[40] »Ich bin sehr glücklich, dass es Aye gibt«, schrieb Werefkin ihrem Neffen Alexander, »wir gehen spazieren, schwatzen viel. Leider geschieht alles so selten und es ist so kurz. Wir beide sind füreinander so gerne da, dass wir jedes Mal einander näherkommen.«[41] Nächsthin sahen sie und ihr Santo sich einmal jährlich: »drei selige Wochen des Zusammenseins«. Über die langen Trennungsphasen halfen »Liebes-Briefe« hinweg; pünktlich jeden Dienstag traf der von Aye im Castello ein.[42] Schließlich wurde in Ascona von Heiratsplänen gemunkelt[43] – aber auch von homo-

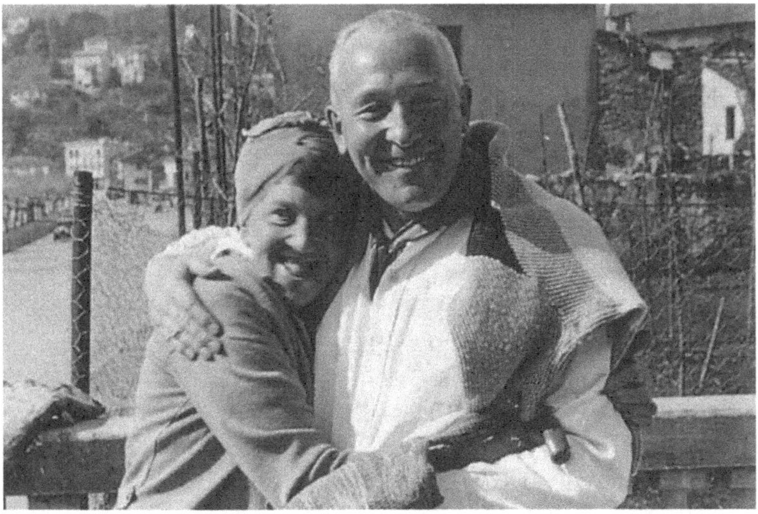

Marianne von Werefkin mit Ernst Alfred Aye, ihrem »Santo«, Ascona um 1926/1927

sexuellen Neigungen des »Schattens«[44] der Baronin. Sie machte ihn zu ihrem Sekretär und Sprachrohr, ungeachtet der räumlichen Distanz. »Frau v. Werefkin schrieb mir eben«, teilte Aye im Juli 1927 mit Brief aus Dresden dem Kunsthistoriker Hans Hildebrandt mit, »daß Sie um einige Ablichtungen ihrer Bilder bitten, ich sende sie Ihnen anbei. Sollten Sie noch irgendetwas wissen wollen ..., so teilen Sie es bitte mir mit, da ich alle Angelegenheiten in meine Hände genommen habe.«[45] Der Adressat, Professor in Stuttgart, stand vor dem Abschluss der Arbeiten an seinem Buch *Die Frau als Künstlerin*, 1928 ist es erschienen. Zwei der insgesamt dreihundertachtundzwanzig Schwarz-Weiß-Abbildungen zeigen Werke Werefkins: Ein Paar nutzt *Die letzte Stunde* zu einem einsamen Gang über den Jahrmarkt, magisch von der einzigen noch hell erleuchteten Attraktion, einem Karussell, angezogen. *Kartenspiel* versetzt den Betrachter in die Hinterzimmerwelt einiger Frauen und Männer, die einzig auf ihr gutes oder schlechtes Blatt fixiert sind. Von oben her fällt Tages- oder Lampenlicht auf die aus dem tristen Kellerraum führende Treppe, Stufen aus der Lebensferne in die Lebenswirklichkeit.

Noch aber befinden wir uns, den biografisch relevanten Abschnitt des Zeitstrahls systematisch abschreitend, im Jahr 1925. Genauer: am Anfang von Werefkins »Italienfahrt« in Begleitung von Aye alias Santo. Und weil ihre Erlebnisse unterwegs, die damals von der *Neuen Zürcher Zeitung* in Fortsetzungen publiziert wurden, uns gedruckt vorliegen, vermögen auch wir die Reise ein Stück weit nachzuvollziehen:

Mitte Juli letzte Vorbereitungen. Die Pflicht zur Beschränkung auf kleines Gepäck, notwendig zur Umgehung von Zollärgernissen, geriet zur ernsten Herausforderung. »Kleider und Wäsche« machten den geringsten Teil aus, »alles Übrige ist Malmaterial«; »eine große Skizzenmappe in der linken Hand und meine berühmte Tasche für Skizzenbuch, Stifte und Brille auf dem rechten Arm …, so stiegen wir in den Zug und addio, mein Ascona«.

Umsteigebahnhof Mailand. Am bemerkenswertesten erschienen Werefkin die mondänen Pariserinnen mit Ziel Vatikan, deren Röcke modisch kurz »nur bis an die Knie« reichten. Rom lockte im Heiligen Jahr[46] mit Hilfe spottbilliger Pilgerfahrkarten fast eine Million Besucher an. Auch Werefkin und ihr neuer Freund machten Gebrauch von dem Sonderangebot, unterlagen dadurch jedoch dem Zwang, ihr Billett in einem römischen Pilgerbüro abstempeln zu lassen.

Mit der Eisenbahn durch die Lombardische Ebene. Für die Russin mit dem im Baltikum verankerten Herzen verbanden sich die Sinneseindrücke mit dem »süßen, wehmütigen Gefühl« des Gedenkens an litauische Impressionen. »Glatt wie eine [flache] Hand, durchschnitten von schwarzen Pappelalleen«, frisch gemähte Kornäcker«, »wie flüssiges Gold«. »Darüber ein Himmel, so groß, so schön.«

Haltepunkt Bologna. Werefkins »erster Eindruck«: süße Mädels, fesch uniformierte Polizisten, Luxusgeschäfte in perfekt konzipierten Laubengängen. »Man atmet frei unter diesen unglaublichen Arkaden. Alles Beengende ist durch die Wucht des ovalen Aufschwungs genommen. … Das Auge genießt den mathematischen Aufbau der Architektur.« Bologna, findet die Baronin, »ist eine kubistische Stadt, wo die Linien, die Flächen, die Volumina, durch sich selbst bezaubern«. Auch die akustischen Wahrnehmungen fügen sich in ihrem Kopf zu einem Kunstwerk zusammen. »In meinem Bette rufe ich den Geist Strawinskys an, … dazwischen kontrapunktisch das Tutu Tutu eines Automobils, dann den Verzweiflungsruf einer Trambahnglocke und als Fermate das wahnsinnige Kreischen eines sausenden Fahrstuhls.« Spätabends nur schwer zur Ruhe kommend, komponiert sie »aus Verzweiflung« eine »futuristische Symphonie«.

Umbrien und die Toskana vom Abteil aus gesehen. Glühende Städtchen auf grauen Klippen. Schwarzgrüne, in die Landschaft eingestreute Zypressen, »wie Ausrufezeichen«. Werefkin steht am Zugfenster und skizziert, »was nur das Auge fangen und behalten« kann, »erregt, ergriffen mit Ahnungen einer neuen Welt voll Erhabenheit und Größe«. »›Wie lange bleiben wir in Rom, Santo?‹ ›Drei Tage‹.«[47]

Sie sahen in Rom weder Papst Pius XI. noch den Petersdom, noch die Museen. »Aber wir haben doch Rom gesehen und genossen.« Das Rom des antiken Ebenmaßes. »Rom ist die Stadt der Proportionen.« Werefkins Leitgedanke ist Beschränkung unter Umgehung ausgetretener Touristenpfade. Ihr Mitleid mit den Unersättlichen hält sich deshalb in Grenzen. »Der historisch gebildete Reisende muss sich viel plagen … [Thomas] Cook and son [Name eines britischen Reisebüros] erleichtern diese Qualen jenen, die sich ihnen ergeben. Überall, innen und außen, hört man schnarrende Stimmen, die lauschenden internationalen Ohren die Geschichte Roms erzählen. Ich erzähle mir auch diese Geschichte, aber anders, und sie macht, daß ich verliebt … auf den gelben Sand des Tibers, auf die Bäume der Gärten und auf die kleinen bunten Gassen schaue.« Und auf das »Entzückendste« an Rom, seine kleinen versteckten Plätze.

Nächste Station: Neapel. »Gauner, alles Gauner« schimpft der sonst eher sanftmütige Santo die Neapolitaner, kaum dass er es mit dem ersten, einem Gepäckträger, zu tun bekommen hat. Der Baronin gefällt die nimmermüde immer laute Stadt. Am großartigsten findet sie Neapel bei Nacht. »Der Handel wird weiter betrieben. Man handelt beim Schein halbblinder Laternen … Schwarze Abgründe und in allen Farben schimmernde Lichtflecke. Ja, Neapel ist nur expressionistisch zu erfassen! Wer hier nicht die Fähigkeit hat, wie ein Rechenkünstler tausende von Eindrücken in einem Moment zu einem Bild zu summieren, der soll Neapel lassen.«

Mit Pompeji hat es seine eigene Bewandtnis. Das hängt, erklärt Werefkin, mit den Unterrichtsmethoden von Großmutter Anna Daragan zusammen. »Da musste ich aus mir unbekannten Gründen eine vier Seiten lange Abhandlung des Untergangs von Pompeji auswendig lernen. Fünf Zeilen vor dem Schluß stand der Name Plinius des Jüngeren.« Sie mochte den römischen Senator und Schriftsteller besonders gern, »weil sein Name der Qual ein Ende machte«. Da Werefkin die Beschäftigung mit der Ausgrabungsstätte verleidet war, entschied sie sich für ein Kontrastprogramm. »Santo war einverstanden, und so behandelten wir Pompeji, als sei es unzerstört.« Sie lachten zum Vesuv empor, »der ganz beleidigt schien über die Gleichgültigkeit seinem gewalttätigen Ausbruch gegenüber«.

Orvieto ist berühmt für seinen Wein und für seinen Dom, ein Hauptwerk italienischer Gotik, geweiht der Himmelfahrt Mariens. »Jeden Abend saßen Santo und ich vor der mystischen Braut, schweigend, hingerissen, jeder an seine Kunst denkend.« Ob bei Sonne, ob bei Mondschein – stets überstrahlt die »jungfräuliche Kathedrale« die Häuser der Stadt. »Es ist in Stein gehauene Musik. … Ja, so kann Kunst sein. Ja, so müsste sie sein. Die Tage in Orvieto werden immer in mir klingen wie ein Halleluja …«

Weiterfahrt nach Assisi. Der Wallfahrtsort weckt in Werefkin Erinnerungen an Tambow, die Hauptstadt des gleichnamigen südrussischen Steppengouvernements zwischen Moskau und Wolgograd: »ebenso vernachlässigt«. Auf dem Marktplatz ein wüstes Durcheinander, ausgespannte Pferde, frei laufende Schweine, herrenlose Hunde. »Buden mit Honigkuchen und Rosenkränzen, dieselben bunten Weibergestalten in kurzen Röcken und unter dem Kinn gebundenen grellen Kopftüchern, derselbe Staub«. Die kleine idyllische Waldkapelle, wo Franziskus vor hunderten von Jahren den Tieren gepredigt hat? Jetzt eine Riesenkirche. Schwarz von Menschen, »wie Fliegen die Wände schwarz machen«. »Ein Tollhaus, aber auch ein wilder Akkord von leidenschaftlichen Formen und Farben.« Werefkin scheinen die Kranken und Krüppel, die Bettler und Taschendiebe, die Lebensmittelverkäufer und Devotionalienhändler den Bildern des französischen Malers Jacques Callot[48] entsprungen, eines Meisters der barocken Groteske. In den stillen Stunden des frühen Morgens allein mit Assisi, ist die Stadt ihres Lieblingsheiligen »überwältigend schön«: der Himmel grün und gelb wie Metall, am Horizont dunkelviolette Wolken, aus denen die Sonne »herausplatzt wie eine Rakete«.

Aufenthalt in einem Gasthof in Perugia. Zweimal täglich gibt es »Maccheroni« zu essen, an keiner Table d'Hôte in Italien hatten sie es anders erlebt. Santo hängen die röhrenförmigen Nudeln erklärtermaßen zum Hals heraus.

Siena um die Mitte des Monats August punktet nicht nur mit Folklore. »Alles ist dort schön, jeder Tag eine Freude. Siena muss gelebt und nicht beschrieben werden« – außer in rauschhafter Ausführlichkeit »il Palio«, eines der spektakulär gefährlichsten Pferderennen. Ginge es um die Begeisterungsfähigkeit, stünden die Russen den Italienern in nichts nach, dessen ist sich Werefkin sicher. Folglich bedarf es massiven Einschreitens von Seiten Santos, sie nach der Rückkehr in ihre Unterkunft von einer spontanen Volkstanzeinlage – der Baronin war nach so etwas wie einer Tarantella zumute – auf der Platte des Speisetisches abzuhalten.

Rückkehr ins Tessin. In einem Mietauto geht es zunächst zum Bahnhof von Arezzo. Werefkin »skizzierte links und rechts, schon um mir die Angst zu vertreiben, bei den scharfen, frech genommenen Kurven aus dem Wagen zu fliegen«.

Schließlich eine letzte Eisenbahnfahrt – »und die liebe Schweiz …, Ascona hat seine Großmutter wieder.«[49]

DIE »NONNA« BEZIEHUNGSWEISE TANTE machte keinen Unterschied bezüglich herzlicher Zuwendung. Werefkin sah der Ankunft von Alexander im Castello mit Freude entgegen. Alik, ihr Kosename für den Sohn von Bruder Peter, fühlte sich zum Künstler berufen, überlegte es sich dann aber anders. Unabhängig von gewissen Zweifeln an seinem Talent, warnte die Baronin den Neffen vor den Tücken ihres Berufsfelds: Vorsicht, vermintes Gelände! »Nirgends gibt es so viel Betrug und Neid wie in der Welt der heiligen Kunst.«[50] Aliks Schwestern Maria und Anastasia studierten erfolgreich Gesang.

DASS DER MONTE VERITÀ, seit längerem lag er im Dornröschenschlaf, dank Marianne von Werefkins Eloquenz zu neuem Leben erwachen würde, hatte niemand in Ascona vermutet. Teil eins der Episode war in das Jahr 1923 gefallen, als sie den Bankier und Kunstsammler Eduard von der Heydt in der Villa des Franzosen André Germain, einem Sprössling des Gründers der Crédit Lyonnais, kennengelernt hatte. »Bei dem Abendessen«, so von der Heydt retrospektiv, »war auch die höchst amüsante russische Malerin Baronesse Werefkin zugegen. … Sie hatte wie viele interessante Russinnen der damaligen Emigration nicht nur einen großen Charme, sondern auch eine überzeugende Art zu sprechen und einen anzusehen. Mit blitzenden Augen fragte sie mich, ob ich schon die Perle Asconas, den ›Monte Verità‹, gesehen hätte, was ich verneinte. … Wir verabredeten für den nächsten Tag einen gemeinsamen

Rundgang, und sie erzählte mir in kurzen Stichworten die merkwürdige Geschichte dieses Berges ... Als ich mit gespannter Aufmerksamkeit den Erzählungen der Frau von Werefkin lauschte und mit ihr über den Berg schritt, war ich begeistert von der Schönheit und einzigartigen Lage. Die Hütten und Gebäude der früheren Naturmenschen standen zwar noch, aber sie befanden sich alle in einem ziemlich verwahrlosten Zustande. Den Besitzern war das Geld ausgegangen.«[51]

Ursprünglich hatte von der Heydt nicht an einen Kauf gedacht. Nun aber, 1926, lag ihm eine konkrete Offerte vor: Das Objekt war für 320 000 Franken zu haben. Zunächst lehnte der immens reiche Deutsche ab. »In Erinnerung des großen Eindrucks aber, den ich von dem Monte Verità seinerzeit erhalten hatte, entschloss ich mich schließlich doch, einen Gegenvorschlag zu machen.«[52] Er bot die Hälfte der ohnehin überraschend niedrigen Forderung und bekam, was ihn noch mehr erstaunte, den Zuschlag. Anstelle des spartanisch ausgestatteten Sanatoriums ließ er auf dem höchsten Punkt des Hügels ein komfortables Hotel im Bauhausstil errichten. Gäste konnten dort Gemälde von Cézanne, Gauguin, Munch, Chagall und ein Bild von Picasso (dieses hing im Lift) bewundern.

1929 richtete sich von der Heydt auf dem Monte Verità sein privates Refugium ein. Von diesem Zeitpunkt an durfte sich die Baronin ständig eingeladen fühlen und gelegentlich die Nobelkarosse ihres Bewunderers samt Chauffeur ausleihen. Das Laufen über weite, insbesondere ansteigende Strecken fiel ihr zunehmend schwerer. Eine fortschreitende Herzinsuffizienz machte sich durch quälende Kurzatmigkeit bemerkbar. Vom Rauchen mochte sie trotzdem nicht lassen. Neben von der Heydts Fahrer sitzend, schwärmte sie diesem im Übrigen solange von den Reitpferden ihrer Jugend und von den russischen Adelskaleschen vor, »bis der Mann überzeugt war, dass Rösser bei weitem seinem Rolls-Royce vorzuziehen seien«.[53]

Im Regelfall fand sich irgendein stolzer Besitzer eines uralten Autos aus dem großen Kreis einheimischer Bekannter zu Spritztouren in die nähere Umgebung bereit. Von einem solchen Ausflug berichtet Hans Sahl; der Kunst- und Literaturkritiker auf der Durchreise gelangte allerdings zu Fuß in das Dorf mit der grandiosen Aussicht. »Ich kletterte einen Ziegenpfad hinauf, der steil durch ein Gestrüpp von Kakteen und Agaven führte und erreichte einen Höhenweg, der mich nach anderthalbstündiger Wanderung nach Ronco [sopra Ascona] brachte. … Ich ging in ein Albergo und trank einen Becher von dem herben tessinischen Wein. … An einem Tisch saß eine alte Frau, die mich anscheinend schon eine Weile beobachtet hatte. Sie trug einen turbanartig um das Haupt gewundenen grauen Schal, der ihr, zusammen mit einem abgetragenen Abendmantel … das Aussehen einer Wahrsagerin gab … ›Darf ich mich zu Ihnen setzen?‹, fragte sie über den Tisch hinweg. Ich nickte. Sie stand auf, nahm die Zigaretten, die vor ihr lagen, und setzte sich zu mir. ›Ich bin die Baronin Werefkin‹, sagte sie. ›Ich war mit den großen Malern meines Jahrhunderts befreundet, Kandinsky, Jawlensky, merken Sie sich die Namen …‹« Sahl wurde ins Castello eingeladen: »Ich werde Ihnen Bilder zeigen, wie Sie sie noch nie gesehen haben.« In diesem Augenblick fuhr geräuschvoll ein zerbeulter Ford vor, mit einem Ruck blieb das Vehikel stehen. Ein jugendschöner Asconeser stieg aus, zog artig seine Mütze und sprach: »Frau Baronin, der Wagen ist vorgefahren.«[54]

1927, IM SOMMER, kam Gabriele Münter auf der Suche nach Porträtauftraggebern nach Ascona, freudlos, mutlos, getrieben. Es sei, hatte sie zu Jahresbeginn geklagt, als lebe sie unter einer dicken Ascheschicht, die kein Aufblühen mehr zulasse.[55] Abgeschrieben von Kandinsky war für Münter gleichbedeutend mit abgeschnitten vom Markt für ihre Bilder. »Mit meiner Kunst geht es mir als alleinstehender Frau auch dreckig …, verstanden wird mein Talent ebenso wenig wie meine Person, und daß ich zu den Pionieren der neuen Kunst gehört habe, ist längst vergessen. Die mit und hinter mir standen, sind jetzt lauter Berühmtheiten, ich bin aus allem heraus – eine von tausend malenden Frauen, die nirgends dazugehört und nirgends eine Ausstellung bekommt.«[56] Zwei Monate Tessin reichten Münter zur Integration nicht aus. »Allein den Cliquen gegenüberzustehen, schmeckte mir nicht. Mit Rückhalt ist das ganz anders.«[57]

Auch von Maria Marc hätte sie lernen können.

Münters und Werefkins Freundin aus alter Zeit hatte sich neuen Aufgaben zugewandt und auf diese Weise aus dem Trauertief herausgearbeitet. Auf die *Bauhaus*-Semester war ein Studium der Bildweberei an der Kunstgewerbeschule auf Burg Giebichenstein bei Halle gefolgt. Ascona – bevorzugter Aufenthaltsort von nun an bis zum Ausbruch des Zweiten Weltkriegs – war für Franz Marcs Witwe der Inbegriff weiterführender Impulse. Außerdem versprach sie sich vom südlich-milden Klima eine Linderung rheumatischer Beschwerden. Ihr Streben nach Anschluss zeigte sich unter anderem in der Wahl ihrer Logis: Am liebsten wohnte sie in den Häusern befreundeter Künstler wie Albert Kohler, Walter Helbig, Gordon Mallet McCouch und Christian Rohlfs[58] und erschien auch regelmäßig zu den unterhaltsamen Caféhausrunden. Dass Maria Marc dabei gewesen sei, vermerkte ein Beobachter der Asconaszene, habe »den Wert dieser Abende erhöht«.[59]

Aufgrund eines Briefes der Baronin an ihren Neffen, dem sie eine Werbeschrift beifügte, haben wir Kenntnis von ihrer Beteiligung an einem privaten Kunstschulprojekt. Die erste Begegnung mit Hans Warthmann-Mosberger lag Jahre zurück. Auf der Suche nach sich selbst, das heißt nach einer unverwechselbaren Identität, hatte sich der Maler einst nach Ascona verirrt und mit Werefkins Hilfe seine Lebenskrise überwunden: »In einem Moment der Verzweiflung öffnete er mir seine Seele, ich unterstützte ihn, soviel ich nur konnte.«[60] Im Juni 1927 wurde das Castello an ihren damaligen Schützling verkauft, der infolge vorteilhafter Heirat zu einem Vermögen gekommenen war.[61] »Zu meinem Glück«, so Werefkin am Ende des Sommers an Alik, »kaufte er mir als erstes zwei Bilder ab, schenkte mir im Schlossturm ein Atelier und nahm mich als Lehrerin auf. Die Zimmer für die Akademie sind alle renoviert.«[62] Es liegt nahe, dass der Anstoß zur Einrichtung der *Academia Cavallo Rosso (Akademie Rotes Pferd)* im Castello von ihr, der ehemaligen Blauen Reiterin, gekommen war. Jedenfalls trägt das Programm Werefkins Handschrift. Die Hauptaufgabe des Instituts bestand darin, »schöpferisch begabte Menschen in freier Arbeitsgemeinschaft zu vereinen«. »Damit ist Gelegenheit geboten, in einem Klima, welches allem künstlerischen Schaffen ausserordentlich entgegenkommt unter ... der Anregung und gewissenhaften Fürsorge bekannter und anerkannter Künstler frei und ernst im Dienste der Kunst zu arbeiten.« Laut Prospekt umfasste das Unterrichtsangebot »Akt- und Modellkurse, Zeichnen, Malen und Modellieren, Porzellanmalerei, Dekorative Malerei, Plakatkunst«. Ein Ausbildungsschwerpunkt lag auf der »Weckung der schöpferischen Kräfte im menschlichen Organismus auf der Basis von Klang und Licht (Farbe)« nach Gertrud Grunows[63] »Harmonisierungslehre«.[64] Die Kostenpauschale pro Monat, »bei Wohnung und voller Pension im Schloss«, ist mit dreihundert Franken angegeben. »Die Räume sind gross, hell und hygienisch und haben herrliche Aussicht auf Park, See und Gebirge.« Beginn des ersten Semesters: Mitte September 1927. Bevor der Leiter der Kunstschule, Hanns Warthmann-Mosberger, sein Amt antrat, nahm er noch schnell ein paar Malstunden bei der Baronin. Die endgültige Verteilung der Unterrichtsressorts geht aus Werefkins Schreiben an ihren Neffen hervor:

»Modell und Akt – [Albert] Kohler, dekorative Kunst – [Otto] Nebel; Farbenlehre – Hildegard Heitmeyer-Nebel« [Otto Nebels Ehefrau hatte, gemeinsam mit Gertrud Grunow, am Weimarer *Bauhaus* den Fachbereich »Harmonisierung« betreut]; »Komposition und Landschaftsmalerei – ich selbst.«[65]

Eingeweiht wurde die *Academia Cavallo Rosso* mit einem großen Gartenfest. Wie lange die Lehranstalt ihre Pforten geöffnet hielt, geht aus den verfügbaren Archivalien nicht hervor.[66]

1928, VERMUTLICH IN DER ERSTEN JAHRESHÄLFTE, entstanden Werefkins *Ascona Impressionen*[67], eine mit Gouachen illustrierte Sammlung zum einen mokant-vergnüglicher, zum anderen nachdenklich stimmender Kurzgeschichten.

Hier nun zwei Textbeispiele:

»Ich zeige meine Bilder soliden Kennern. Das sind die schlimmsten, denn sie haben nichts davon. Nachdem ich mich recht abgeplagt habe und alle Witze über mein Werk geschluckt, reiche ich noch einen Thé und Biscuits. Im Kauen und Schlürfen werde ich gefragt, warum ich mir die sadistische Freude leiste, Gottes schöne Welt so zu vergewaltigen.«

Werefkin schlägt wütend auf den Tisch. Tassen und Gebäck geraten heftig in Bewegung. Sie zitiert die Philister ans Fenster: Violett-schwarze Boote schaukeln auf funkelndem Blutrot. »Ein Segel zittert wie eine orange-gelbe Flamme, und kleine lockige Wolken, grün wie junges Birkenkraut, sammeln sich an den türkis-blauen Streifen des Horizonts. ›Ganz wie Ihre Bilder‹«, sagt da ein weiß gelockter Herr, der sich vor Staunen beinahe an einem Keks verschluckt. »Ja, zische ich wütend: ›Der Liebe Gott macht es mir zuweilen nach.‹ Der Herr grüsst mich nicht mehr!!«[68]

Eine weitere der anschaulichen Schilderungen kreist um den Bildstock der »Madonna Nera« auf halber Höhe zwischen Lago Maggiore und Monte Verità,[70] an dem es laut Überlieferung spukte. »Ein Mensch mit schlechtem Gewissen [Jawlensky[71]] sagte mir, er sähe dort Löwen und habe sogar am lichten Tag Angst, dort vorbeizugehen. Auch an mir sind an trüben Herbsttagen, wo die schwarz-grauen Felsen wie Gespenster herumlugten, schwarze stille Vögel vorbeigeflogen. Da ich mich aber weder vor Löwen noch vor Vampyren [Fledermäusen] fürchte, habe ich dort, in den Felsen, eine Weihnachtsnacht einsam und allein verbracht, in einer jener Stimmungen, wo es einem gleich ist, ob vom Himmel Sterne oder Kürbisse fallen. Nicht mal die Kälte fühlte ich, als ich dort oben im Schnee unter den schwarzen Felsengestalten saß und einen letzten Lebenskampf auskämpfte. … Da haben wir zu zweit Weihnachten gefeiert, Gottes Welt und ich, und haben uns die Hand geboten und Treue gelobt. Als der Morgen kam und die ersten Bergspitzen goldene Mäntel um die Schultern nahmen, um dantesque[72] zu reden, da ging ich nach Ascona herunter, ein neuer Mensch …«[73]

Das Jahr 1929 war reich an Abwechslungen. Zu viele Abwechslungen mitunter für Werefkins Geschmack, kam doch vor lauter Betriebsamkeit ihre Kunst zu kurz. Auch die zeitweilige Beherbergung ihrer »singenden Nichten« war sowohl mit Vorteilen als auch mit Nachteilen verbunden. Unentwegt müsse sie »kochen, Texte übersetzen, Impresario-Dienste leisten, laufen, fahren, schimpfen«, gestand Werefkin einem befreundeten Ehepaar. Schimpfen, weil die Auffassung der jungen Damen in puncto Disziplin, zum Beispiel Pünktlichkeit, sich in keiner Weise mit ihren Vorstellungen deckte.[74] Kaum waren Maria und Anastasia abgereist, um ihre Konzerttournee *Mit Liedern ohne Geld durch die Welt* fortzusetzen (am Ende hatten sie mehr als fünfundzwanzigtausend Kilometer zurückgelegt), traf deren Vater, Peter von Werefkin, in Ascona ein. Zusätzlich hielten wachsende gesundheitliche Probleme die Baronin vom stundenlangen Arbeiten an der Staffelei ab. »Irgendwie wird es immer schlimmer, die Zeit läuft mir davon, mich plagt der Wunsch, etwas Großes anzugehen.«[75]

Einen großen Wurf kann man den *Franziskus-Zyklus* wohl nicht nennen, aufschlussreich ist er aber schon. Seit ihrer Italienreise mit Aye ging Werefkin die Lebens- und Wirkungsgeschichte des Ordensgründers Franz von Assisi nicht mehr aus dem Kopf – zumal sie ihren Santo, etwas überspitzt ausgedrückt, gleichsam als eine Reinkarnation des Wundertäters ansah. Nicht nur als Heiliger kommt Aye daher. Auf dem Bild *Ave Maria* verkörperte er einen katholischen Priester. Ungezählte Male stand Aye der Baronin Modell. Mit den bis zu lebensgroßen Santo-Surrogaten an den Wänden ihrer Wohnung allezeit vor Augen, ließen sich die Monate der Trennung von dem Freund womöglich besser überstehen.

Ernsthaft interessierten Besuchern wie Albert Steffen zeigte Werefkin gern ihre Werke. Diesen Tatbestand und noch mehr Wissenswertes hielt der Schriftsteller in seinem Reisetagebuch fest: »Sie schleppt ihre Gemälde herbei, immer neue. Es wird ihr schwer, denn sie hat eine lahme Hand … Sie zeigt mir Franziskus und den Wolf [seinem Gegenüber friedlich die Pfote reichend]. ›Ich selbst‹, sprach sie, ›bin der Wolf‹.«[76] Der Legende nach versetzte einst ein Wolf die Bewohner von Gubbio in Angst und Schrecken. Der heilige Mann wollte ihm entgegentreten, doch die Bürger warnten: Hüte dich, Bruder, er hat schon viele gefressen. Trotzdem ging Franziskus zu dem Wolf in den Wald; kraft seiner Liebe gelang es ihm, das Vertrauen des Tieres zu gewinnen.

Fotografien ihres *Franziskus-Zyklus* schickte Marianne von Werefkin an Ilja Repin. »Er war begeistert … Es war mir eine enorme Befriedigung – durch die Macht des Gekonnten – ihn, der so unbeugsam war in seinen Forderungen des Vollkommenen, zur vollen Anerkennung meines Credos gebracht zu haben.«[77] Oder hatte ihr der Fünfundachtzigjährige auf der Schwelle ins Jenseits vielleicht gnädig seine wahre Meinung verschwiegen?

An der Ehrlichkeit des Lobes aus Heinrich Thannhausers Mund besteht kein Zweifel. Eines Tages stand der Münchner Galerist – kein anderer als er war zwei Jahrzehnte zuvor das Wagnis der ersten *NKVM*-Ausstellung eingegangen – in ihrem Atelier. »Er war einfach baff!«

KAPITEL XII
1929 – 1938

Lebensneige

Ich habe ein Werk zu vollenden.
Dieses Werk habe ich mit meinem ersten Atemzug begonnen,
und es wird erst mit dem letzten vollendet sein.
Dieses Werk ist mein Leben.[1]

IN DEN SPÄTEN ZWANZIGER JAHREN traten mit dem Ehepaar Hagmann Freunde in Werefkins Leben, welche ihr bis zur letzten Stunde in mannigfacher Hinsicht zur Seite standen. Diego Hagmann war in leitender Funktion in der Versicherungswirtschaft tätig.[2] Seine Frau, die Sängerin Carmen Hagmann, war spezialisiert auf spanische und zeitgenössische Lieder.[3] Beim Gang durch eine Benefiz-Ausstellung in Zürich auf die Bilder der Baronin aufmerksam geworden, beschlossen die beiden, die Künstlerin in Ascona zu besuchen. Fasziniert von Werefkins Persönlichkeit, halfen sie fortan durch regelmäßige Bildkäufe und ebenso regelmäßige Bildverkäufe. Zwischen fünfhundert und dreitausend Franken habe die Werefkin für ein Gemälde verlangt und damit die Finanzkraft ihrer Gönner überschätzt, legte Carmen Hagmann im Rückblick dar,[4] deshalb seien zur Aufrechterhaltung der Unterstützung Weiterveräußerungen unumgänglich gewesen. Selbstverständlich ohne Wissen der Malerin, um nicht deren Zorn auf sich zu ziehen. Überdies war farbenstarker Expressionismus nicht jedermanns Sache, denn, wie sich Carmen Hagmann erinnerte, »war eigentlich fast jedes neue Werk, das sie uns zeigte, ein Schock«.[5] Werefkins Verbindlichkeiten bei Geschäftsleuten reduzieren, Kosten für Malmaterialien und so weiter übernehmen, immer ein offenes Ohr für sie haben – auch das machten der uneigennützige Protektor und seine Frau sich zur Aufgabe. »Don Diego ist großartig, er hält die Fluten ab …«![6] Dergleichen bedeutete für Werefkin, der das Wasser, um im Bild zu bleiben, beinahe ständig bis zum Hals stand, die Rettung vor dem absoluten finanziellen Untergang.

Die alltägliche Überlebensmühsal blieb dennoch ihr Problem. Im Kampf gegen aufkeimende Resignation erwiesen sich Prinzipientreue, Selbstgewissheit und Selbstironie als fabelhafte Komplizen: »Ich mache Schulden [»jede Briefmarke auf Pump«[7]] – gut, ich mache so weiter, ich lebe Monate ohne einen Centime [bisweilen sank das Guthaben auf ihrem Konto unter einen Franken[8]], ohne jeden anderen Eindruck als Ascona – gut, ich lebe so weiter.« Aus Armut ihre Bilder unter Wert verhökern? Für die Baronin nach wie vor undenkbar, »auch wenn ich daran krepiere ...«. »Ich bin ein stolzer Künstler und ein sehr bescheidener Mensch. ... Ich bin Marianne v. Werefkin, so wie Picasso Picasso ist.« Gegen keines der Werke berühmter Meister würde sie ihre Werke eintauschen mögen. »Aus diesem meinem Stolz pfeife ich auf alle Geldverhältnisse ...«[9] Hunderte von Schundgemälden auf Bestellung produzieren, weil Qualität so gut wie unverkäuflich ist? Massenhaft Lago-Maggiores, Dutzende Äpfel-Stillleben, Damen in Blau, Symphonien in Grün »oder den Coitus im Atelierfenster« für ein paar Franken das Stück abliefern? Keinen Gedanken würde sie an diese Möglichkeit verschwenden! Trotzig pochte Werefkin auf ihren universellen Anspruch: Sie stehe mit dem »grossen Eros« des Weltalls im Einklang,[10] und das ist etwas »so weit anderes als die kleinen Onanien der persönlichen Geschmäcke«. »Pardon pour l'expression«, entschuldigte sich die Baronin sofort anschließend bei den Empfängern ihrer Klarstellung, den Hagmanns.[11] »Na, wieder habe ich mich hinreißen lassen, soll keine Predigt sein ... Nun basta.«[12] Basta stand für: Schwamm drüber. Sowohl die eindeutige Positionierung als auch die sprachliche Entgleisung waren verletztem Stolz geschuldet.

Denn: Kurz vorher hatte Werefkin aus einem Brief der Zürcher Nothelfer herausgelesen, dass ihre Kunst von dem Ehepaar mehr aus Mitleid denn aus Überzeugung erworben worden war. An ihrer empfindlichsten Stelle getroffen, hatte sie in ihrer ersten Wut den Hagmanns entgegengeschleudert: »Lassen Sie ihre Wände frei. ... Quälen sie sich nicht mit meinen Bildern.«[13] Die Verstimmung war nicht von Dauer, bald darauf wurde aus dem förmlichen Sie ein vertrautes Du.

DER FAUXPAS DES LEBEMANNS Max Emden war hingegen gänzlich unverzeihlich. Seines Daseins als »Kaufhauskönig« müde, hatte der Hamburger Textilhandelsunternehmer seine Geschäftstätigkeiten eingestellt und 1927 die Isole di Brissago im Lago Maggiore erworben. Er ließ eine klassizistische Villa erbauen, umgab sich mit Kunstgegenständen sowie: bildschönen jungen Mädchen. Sammlerobjekte eben aus Fleisch und Blut. Nur für den optischen Genuss bestimmt, ließ Emden verbreiten, woran nirgends jemand glaubte und seine Gattin, sie lief ihm bald davon, erst recht nicht. Diese Informationen vorausgeschickt, wenden wir uns dem von Werefkin mit dem Furor hellster Empörung inszenierten »Riesen Scandal« zu, der brieflich von ihr festgehalten wurde.

Spätsommer 1930. Zurzeit ist in Ascona eine Auswahl der Werke der Baronin wiewohl ihrer sechs engsten Künstlerfreunde zu sehen. Werefkin wird vor dem Café Verbano, voll besetzt bis auf die Straße, von einem Bediensteten Max Emdens angesprochen: Sein Chef habe gehört, es ginge ihr »pekuniär sehr schlimm« (»was ja auch wahr ist«). Erste Reaktion der Baronin: Fassungslose Ungläubigkeit. Ausgerechnet Max Emden, der »sich nie bemüht hat, sich um die Ascona-Künstler zu kümmern, nie eine ›Bären-Ausstellung‹ besucht hat, nie bei mir gewesen ist, beauftragte einen Hofnarren – wie er ihn nennt -, eins meiner Bilder zu kaufen«. Irgendeines! Zweite Reaktion: Ersatzweise las die in Würde verarmte Malerin aus der russischen Geburtsaristokratie dem Adlatus des Geldadligen lautstark, sehr lautstark die Leviten. Ihre Bilder müssten mit »Liebe und Respect gekauft werden«. Es gäbe noch Künstler, die ihr Werk achteten, nicht wie hungrige Hunde nach jedem Bissen sprängen, »aus welcher Hand er auch sei, und ob ein Fußtritt dazu gehöre oder nicht«. Alles könne man für Geld nicht bekommen. Lieber, tausendmal lieber, ließe sie sich von Menschen durchfüttern, denen es nur wenig besser gehe als ihr selbst. »Das echte Volk von Ascona liebt mich, begreift mich, achtet mich und würde mich nicht verhungern lassen.«[14]

In einem weiteren, ganz anderen Punkt war die Baronin überaus empfindlich. Diese Art Sensibilität hing mit einer relativ weit verbreiteten Erscheinungsform weiblicher Eitelkeit zusammen. Damen, die ihr echtes Geburtsdatum konsequent verschweigen, begeben sich jedoch in die Gefahr ärgerlicher Fehleinschätzungen, Werefkin eingeschlossen. Dass ein Journalist sie eine »Frau von 75 Jahren« genannt hatte, war ihr anno 1929 zugetragen worden. »Ausgeschlossen!« Tatsächlich vollendete sie am 11. September des laufenden Jahres, 1930, ihr siebzigstes Lebensjahr. Da Werefkin aber den gutgläubigen Beamten, die ihr einst in München Personalpapiere ausgestellt hatten, bekanntlich sechs Lenze unterschlagen hatte und den schweizerischen sogar sieben, bestand sie darauf, keinen Tag älter zu sein als dreiundsechzig.

Die Erträglichkeit regenreicher Herbste und feuchtkalter Winter hing in erster Linie von der Menge des Vorrates an Heizmaterial ab. Sobald das Holz »verduftet« sei, orakelte Werefkin spöttisch, bliebe ihr nur »die Perspective des Frierens«. »Wer Geld hat, flieht, wer keins hat, heult vor Ischias, Gicht und Rheuma-Schmerzen.«[15] Sie benötigte viele Wochen, um ihre Nervenentzündung auszukurieren.

Freilich gab es Lichtblicke, nur entpuppte sich mancher Hoffnungsschimmer als schöner Schein.

Helmuth Mackes monatelanger Aufenthalt 1930/1931 an ihrem Wohnort bot der Baronin reichlich Gelegenheit zu München-, Murnau- und Sindelsdorf-Reminiszenzen. August Mackes Cousin war seinem Freund Wilhelm Schmidtbonn nach Ascona gefolgt. Der Schriftsteller aus dem Rheinland mit anhänglicher Leserschaft brachte die Herausgabe eines Buches über Werefkins Leben und Werk ins Gespräch und nannte sogar den Namen des Verlegers der Monografie beim Namen. Ein »mir ganz unerwarteter Glücksfall«, jubelte die Malerin. »Es ist eine grosse Überraschung für mich – und könnte vielleicht dem Marktwert meiner Bilder dienen.«[16] Die Verhandlungen zogen sich hin. Nach endlos langem Hin und Her stand fest: Schmidtbonn hatte den Mund zu voll genommen.[17] Daraufhin wollte Werefkin von ihrer anfänglichen Euphorie nichts mehr wissen. Ihre Bilder seien da und das genüge.[18]

Etwas später zog Diego Hagmann gemeinsam mit Ernst Alfred Aye den Druck nummerierter, von der Baronin signierter Mappen mit sechzehn farbigen und etlichen einfarbigen Reproduktionen in Erwägung. Ergänzt um einen mehrseitigen erläuternden Text. Doch ehe diese Idee Wirklichkeit werden konnte, verwandelte sich das demokratische Deutschland der Weimarer Republik in einen menschenverachtenden Terrorstaat, dessen politische Vertreter auch gegen Avantgardisten und deren Œuvre wüteten. Eine Beschränkung der von Hagmann und Aye geplanten Publikation auf den kleinen Schweizer Markt für Kunstliteratur kam aus Rentabilitätsgründen nicht in Frage. Und: Die von all ihren Freunden dringend empfohlene Vorbereitung eines Werkverzeichnisses noch zu Werefkins Lebzeiten – der Kunsthistoriker Erich E. Baumgart hätte sich dieser Aufgabe gerne gestellt – scheiterte an der Verweige-

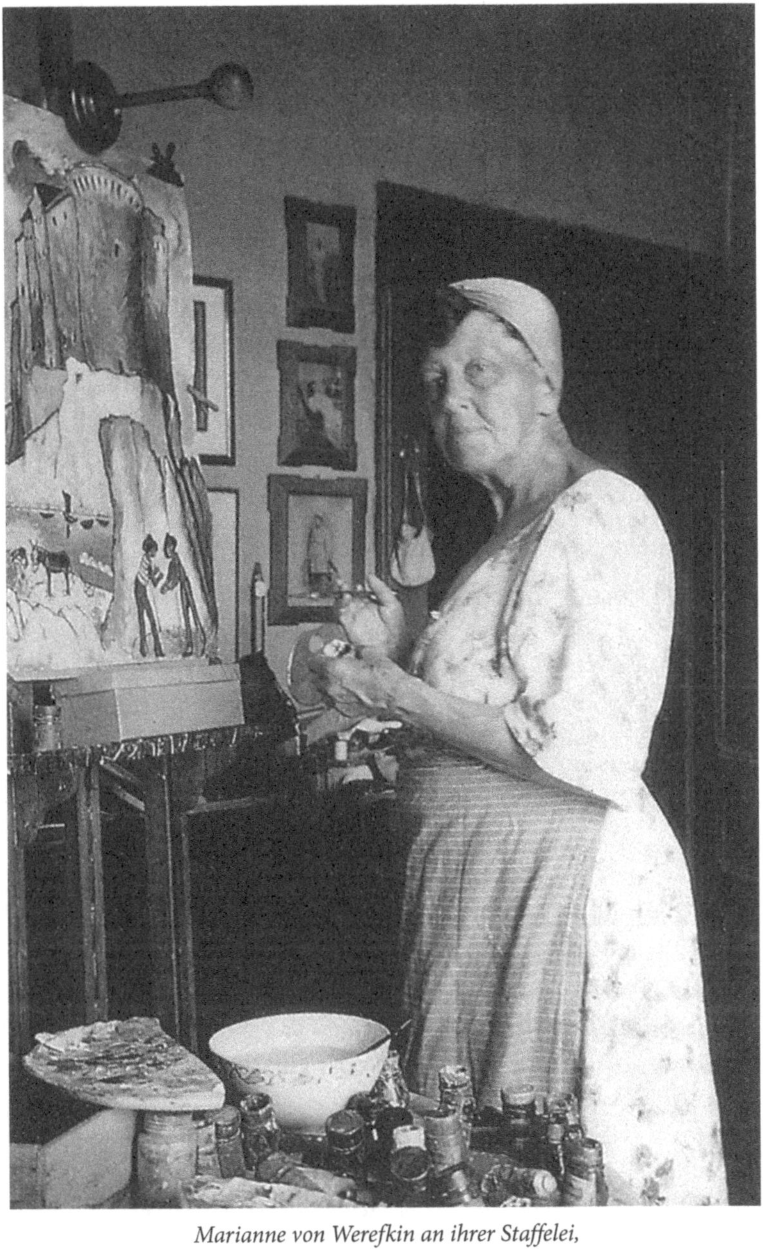

Marianne von Werefkin an ihrer Staffelei,
Ascona um 1930

rungshaltung der Künstlerin. Aus Angst vor einer neuerlichen Enttäuschung, lehnte sie, von vornherein, jegliche Mitarbeit ab.[19]

1931 wechselte das Castello abermals den Besitzer. Spätestens jetzt hörte die *Academia Cavallo Rosso* auf zu existieren. Die Baronin verlor ihre Dreizimmer-Wohnung im Erdgeschoss und ihr Atelier im Turm. Sie zog in die benachbarte Casa Perucchi.[20] Das stattliche Haus mit florentinischer Fassadenmalerei war zwanzig Jahre zuvor zu einem Hotel umgebaut worden.[21] Zunächst stand ihr nur ein Balkonzimmer im ersten Stockwerk zur Verfügung. Etwas später auch jenes hinter der Verbindungstür. Fotos gewähren Einblicke in Werefkins neue, wenig geräumige Heimstatt: Kanonenofen, elektrische Kochplatte, Bücherbord, Tischchen, Korblehnsessel, Bett, Wandschirm. Reizlose Kommoden, vollgestellt mit Dingen des täglichen Gebrauchs einschließlich Farbtuben und Farbtöpfen, verschwinden unter folkloristisch gemusterten Decken. Ein Hort für Bildchen, Figürchen, Tässchen – Werefkins Kleinodien – ist die hohe Glasvitrine. Auffallend viele Miniaturporträts weiblicher und männlicher Repräsentanten altrussischer Adelsherrlichkeit schmücken die Wände. Auch eine Wiedergabe von Raffaels *Madonna del Granduca* ist erkennbar. Werefkins Kleider hängen auf Bügeln an einfachen Haken. Ihre Bilder verwahrt sie, hintereinander gestapelt, im frei zugänglichen Korridor.[22]

Das Schild mit der Aufschrift »Nicht zu sprechen« war weithin sichtbar am Gitter des Balkons befestigt, ein weiteres mit der Aufschrift »Nicht stören« hing außen an der Wohnungstür.[23] Die Zurückweisung sollte Fremde an distanzloser Neugier hindern. Alteingesessene und assoziierte Asconeser hatten zu den Räumen der Baronin beinahe unbegrenzt Zutritt.

Im Herbst des Jahres 1932 traf Werefkin eine wichtige Entscheidung. Sie übereignete ihrem Neffen – Alik lebte jetzt »gut verheiratet mit einer Deutschen aus dem Rheinland« in Sinzig – einen Großteil ihres in München verbliebenen Besitztums. »Somit habe ich mich nicht umsonst um die Sachen gequält. Sie kommen wieder zu der Familie, wo sie hingehören.« Ihre Bilder, ihre Bücher und die beiden Kisten mit dem ererbten Tafelsilber wollte sie bei passender Gelegenheit nach Ascona befördern lassen. Außerdem, »wenn möglich, die Staffelei, weil ich seit 18 Jahren auf einer Ruine arbeite, die ich nicht mal richtig zur Arbeit einstellen kann, sowie den Farben-Kasten«.[24] Kurz darauf wurde Alik gebeten, das von

Ilja Repin gemalte Bildnis der noch jungen Tante nach ihrem Jagdunfall »an ihren grossen Freund Ernst Alfred Aye … zu senden, da sie es gern bei ihm haben wollte«.[25] Lediglich einige ihrer Vorkriegsgemälde konnten von Carmen Hagmann am Zoll vorbei in die Schweiz geschmuggelt werden, bevor in Deutschland die Lichter der Freiheit verloschen.

AM 30. JANUAR 1933 ernannte Reichspräsident Hindenburg einen berufslosen Demagogen zum Reichskanzler. Bei der Reichstagswahl am 5. März des Jahres erhielten die Nationalsozialisten 43,9 Prozent der abgegebenen Stimmen. Zusammen mit dem Anteil des Koalitionspartners Deutsche Nationale Volkspartei verfügte die Regierung Adolf Hitler über die absolute Mehrheit.

Alexej Jawlensky durfte in Deutschland nicht mehr ausstellen.

Wassily Kandinsky verließ seine Wahlheimat nach der ideologisch begründeten Schließung des *Bauhauses*. Er ging nach Neuilly-sur-Seine bei Paris.

Gabriele Münter überstand die zwölf Jahre Gewaltherrschaft, mehr schlecht als recht, in Murnau an der Seite des Kunsthistorikers Johannes Eichner, ihres neuen Lebensgefährten. Im Übrigen wachte sie über Hunderte von Kandinsky-Werken – zuerst wohlverwahrt und nunmehr gut versteckt – im Keller ihres Hauses.

Paul Klee, Sohn eines Deutschen und einer Schweizerin, entschied sich 1933 für Bern als Wohnort. Er verabschiedete sich von den Lehrerkollegen an seiner damaligen Wirkungsstätte, der Düsseldorfer Kunstakademie, mit den Worten: »Meine Herren, es riecht in Europa bedenklich nach Leichen.«

Bis hin nach Ascona reichte der verlängerte Arm der Gestapo. Die Bespitzelung machte nicht nur schutzsuchenden Flüchtlingen aus dem nationalsozialistischen Deutschland Angst. Maria Marc berichtete Elisabeth Macke-Erdmann, man müsse sich bei Unterhaltungen auf der Straße vor heimlichen Mithörern hüten.[26] Marianne von Werefkin machte keinen Hehl aus ihrer Abneigung gegenüber Hitlers, Himmlers und Goebbels' Gesinnungsgenossen. Im Haus von Eduard von Heydt hatte sie den Preußenprinzen August Wilhelm kennen und kein bisschen schätzen gelernt.[27] Seit 1930 Mitglied der NSDAP, schwang »Auwi« auf nationalsozialistischen Massenveranstaltungen große Reden.[28]

Zuwanderern ohne Daueraufenthaltsgenehmigung war es in der

Schweiz untersagt, länger als ein Dreivierteljahr an dem gleichen Ort zu bleiben. In Zürich hatte sich die Jüdin Else Lasker-Schüler aufgehoben gefühlt, soweit Erschöpfung, bittere Armut, schäbige Unterkünfte dies zuließen – und trotzdem fortgehen müssen. Den Zwischenaufenthalt in Palästina, ihrem »Hebräerland«, hatte sie mit geschenktem Geld finanziert. Zurückgekehrt nach Zürich, musste Lasker-Schüler 1935 die Stadt erneut verlassen. Ende Juli traf die »Verscheuchte«[29] in Ascona ein und fand an fast nichts dort Gefallen. Es war aber auch nicht einfach, Zuneigung zu *ihr* zu entwickeln; mehr denn je skurril, »wirkte sie meist sehr erregt und erzählte häufig wirre Dinge, die vielen unverständlich blieben«.[30] Lasker-Schüler hauste in einer winzigen Kammer gegenüber dem *Café Verbano* an der Via Borgo. Von zwei Zürcher Kaufhausdirektoren bekam sie monatlich hundert Franken, Gegenleistung zwölf Zeichnungen jährlich. Die Hälfte der Apanage ging für Mietzahlungen drauf. Eigentlich lebte Lasker-Schüler von der Freigebigkeit ausgesucht barmherziger Empfänger ihrer in alle Himmelsrichtungen ausgestreuten Bettelbriefe.

Seit ihrer ersten Begegnung in München war sie, wie man weiß, der Baronin zugetan. Die Dichterin bewunderte die Malerin wegen ihrer Souveränität – und beneidete sie um das späte Glück ritterlicher Minne:

»Marianne von Werefkin
Ihrem Santo [gewidmet]

Marianne steht schon in den Morgenstunden,
Perlenborden grüngelbrote um den Hals gewunden
An dem Autokarren mit den anderen Kunden
Und kauft Kirschen, die ihr ganz besonders munden.

Marianne kleidet sich ungezwungen
Und ihr Temperament macht Ehre allen Straßenjungen.
Doch auf ihres Herzens Balaleika,
Ist das süße Liebeslied noch nicht verklungen.

Mariannens heiße Bilder offenbaren
In der bunten Wildnatur die Tänze der Tartaren.
Zwischen Schellen der Troika
naht das Brautpaar,
Das sich auf der Zauberleinwand gerad' gefunden.«[31]

Zu Beginn des Jahres 1936 geschah etwas »Schreckliches«.[32] Else Lasker-Schüler wurde sechzig. Zumindest stand es so in den Schweizer Zeitungen, und sie konnte nicht einmal darüber schimpfen, hatte sie doch in der Vergangenheit 1876 statt 1869 als ihr Geburtsjahr angegeben. Als Lasker-Schüler am 11. Februar ins *Café Verbano* trat, schallten ihr von allen Seiten Glückwünsche entgegen. Fuchsteufelswild schrie sie in das Lokal: »Nur nicht mir gratulieren zum sechzigsten Geburtstag, das ist ja gar nicht wahr.«[33] Laut Eintrag in ihren Pass war die Siebenundsechzigjährige erst fünfundvierzig.

In der Regel nahm Werefkin keine Schüler an, »denn mir ist meine Zeit zu schade, um sie … an Dilettanten zu verschwenden«. Unabhängig davon, ob derjenige oder diejenige mit großen Geldscheinen winkte. Einmal sei eine Dame zu ihr gekommen, so die Baronin, »um in zehn Stunden (à 20 frs.) den Nil malen zu lernen, da sie ein Gut am Ufer des Nils hat«. Die Abgewiesene ließ nicht locker, stolz zeigte sie ihren »Probe-Nil« vor. Werefkin schaute auf den ägyptischen Fluss und seine Umgebungen und hätte am liebsten vernehmlich aufgestöhnt, »braun wie Bodenwichse«. Rasch holt sie ein paar ihrer eigenen Bilder herbei und fragte die Dame, »ob sie noch drauf bestehe«, von ihr »belehrt zu werden«. Die Antwort hieß: nein! – »und wir schieden in Frieden«.[34]

OBWOHL ER AUS WEREFKINS LEBEN nun endgültig verschwunden war, müssen wir noch einmal auf Jawlensky zu sprechen kommen. Bis zu seinem Ende hat ihn die Trennung von ihr geschmerzt – wie eine nie verheilende Wunde. Sowohl die »seelischen Depressionen« als auch die unaufhaltsam fortschreitende Versteifung seiner Gelenke hielt Jawlensky für eine Strafe Gottes. »Meine Krankheit ist Karma, also es muss so sein, ich habe böse Sachen gemacht, ohne [es] zu wollen …«[35] Eine Folge der als Arthritis deformans bezeichneten chronischen degenerativen Entzündung war, dass er beim Malen seiner *Meditationen* – seiner »zum Symbol reduzierten Christusköpfe«[36] – den Pinsel mit beiden Händen halten musste, »sonst geht es nicht«.[37] »Galka, meine liebe Galka«, hatte Jawlensky verzweifelt an Scheyer geschrieben, »ich möchte noch nicht zu Grunde gehen, ich möchte nicht ein Krüppel werden.«[38] Seit geraumer Zeit in den Vereinigten Staaten lebend, schickte sie ausreichend Dollars für den dringend notwendigen Kuraufenthalt des Freundes in einem Badeort.

1924, im Gründungsjahr der Ausstellungsformation *Blaue Vier*, war Scheyer, die Erfinderin der »Werbegemeinschaft« Jawlensky, Kandinsky, Klee, Feininger, über New York nach Los Angeles gegangen in der Hoffnung, vermögende Käufer für die Werke ihrer Lieblingsexpressionisten und anderer europäischer Maler zu finden. Derweil Scheyer mit mäßigem Erfolg Auslandsakquise betrieb, lernte Jawlensky in Wiesbaden zwei neue Helferinnen kennen. Die Kunstgewerblerin Lisa Kümmel erledigte für ihn die Post, machte statt seiner Notizen, erarbeitete ein erstes Werkverzeichnis und schrieb Jawlenskys *Lebenserinnerungen* auf. Auch die Malerin und Bildhauerin Hanna Bekker vom Rath unterstützte ihn, so viel sie konnte. Und Helene? Ein Besucher erlebte Jawlenskys Ehefrau »still im Hintergrund wirkend und den Haushalt versorgend«.[39] Insofern war keine Veränderung gegenüber München und Ascona zu bemerken. Allerdings hatte sich Helene fortgebildet und trug nun mit ihrer Arbeit als Kosmetikerin zur Aufbesserung des Familieneinkommens bei.[40] Andreas fand nach seiner Heirat Beschäftigung in einem Tee- und Kaffeevertrieb, war nachfolgend Filialleiter in einem Zigarrengeschäft, dann Angestellter im Landwirtschaftsamt und entwarf nebenher Plakate.[41]

Im Frühjahr 1936 sprach Karl Im Obersteg aus Basel bei Marianne von Werefkin in Ascona vor. Der Kunstsammler kam im Auftrag von Alexej Jawlensky. Er sollte die Baronin in dessen Namen um Vergebung bitten. »Jawlensky?« Das Wort schien ihr fremd zu klingen, als habe sie es seit undenklichen Zeiten nicht mehr vernommen. »Jawlensky?, ach so! Ich habe ihn vergessen, da kann ich ihm doch nicht verzeihen. Aber nun, da Sie mir sagen, dass er leidet, so bitte ich Sie, ihm zu sagen, dass ich für ihn beten werde.«[42]

ALS IM TESSIN DER SOMMER zur Neige ging, bekam die Baronin von ihrem Neffen Geld geschickt. Auch gesundheitlich war es ihr in den letzten Monaten sehr schlecht gegangen. Monatelang hatte eine Nervenentzündung sie von der Staffelei ferngehalten. Von der Luftnot bei geringster Belastung und den Ödemen, Auswirkungen der verminderten Pumpleistung ihres Herzens, ganz zu schweigen. Artig bedankte sie sich bei Alik für die »Sendung«, »ich will damit nach Milano gehen«, zu ihren Nichten. »Meine Krankheit war arg, und noch jetzt fühle ich, dass nicht alles in Ordnung ist. Wird wohl auch nie mehr werden.« Nur acht Bilder habe sie gemalt seit dem Vorjahr. Zusammen mit den vielleicht bis zum

Jahresende noch entstehenden und ein paar älteren, gerade in Ascona gezeigten Gemälden werde sie im nächsten Frühjahr, »so Gott will«, eine Ausstellung im *Kunsthaus Zürich* bestücken können.[43]

Werefkin reiste also nach Mailand. »Und hier kam das Malheur über mich. Entsetzliches Wetter, feucht, kalt, Regen, Nebel, kein Sonnenstrahl … Alles im Haus erkältet. Ich wurde sofort infiziert – Luftröhrenkatarrh. Resultat, mein Herz versagte wieder.« »Halbtot« kehrte sie an den Lago Maggiore zurück. »Gott sei Dank – hier schönster Sonnenschein.« Ende Oktober gestattete ihr der Arzt, »in den Garten zu gehen und dort zu liegen«: »eine Invalidenexistenz«.[44]

Kurz vor Weihnachten war sie dem Tode nahe. »Die ganze Bevölkerung Asconas, reich und arm, hat mich gepflegt«, schrieb sie im Januar 1937 an Diego Hagmann. Dank seiner Hilfe sei es ihr möglich gewesen, materiell zu überleben.[45] Jüngst hatte er Werefkin das Bild *Schnee über Nacht* abgekauft und außerdem die aufgelaufenen Arztrechnungen bezahlt. Dreihundertfünfzig Hausbesuche bei der Baronin in eineinhalb Jahren hatte der Mediziner aufgeschrieben. Die Tilgung ihrer Verbindlichkeiten bei noch geduldigeren Gläubigern, etwa dem Apotheker, verschob sie auf einen späteren Zeitpunkt. Für Werefkins Wohnungsmiete kamen mittlerweile Freunde am Ort auf.[46]

Nur nicht jammern, dachte sie wohl bei sich, wenn sie in Briefen an die Hagmanns auf Sarkasmus auswich: »Lese bis zum Kotzen, liege mich platt, bestehe aus Knochen, Haut und Säckchen, die an ein Känguruh erinnern … – Die Nächte, die kein Ende haben, löse ich Kreuzworträtsel. … Ohne einen Tropfen Wasser zu mir zu nehmen, schwelle ich wie ein aufgeblasenes Gummischweinchen an, bis zu Hippopotamus-Formen, und ersticke unter dieser Last.«[47] Frische Luft und eine sitzende Position verschafften geringfügige Erleichterung. Rosetta und Noemi Perucchi, die Töchter des Hauses, trugen Werefkin mitsamt ihrem Stuhl («bin an mein Fauteuil angesiegelt«[48]) auf den Balkon. In konzertfreien Wochen übernahm Maria von Werefkin die Betreuung ihrer Tante. Und der treue Santo schickte weiter Liebesbriefe. Erklärungen für Ernst Alfred Ayes Fernbleiben im vergangenen und im kommenden Sommer sind in den archivierten Schriftzeugnissen nicht enthalten.

Mitte 1937 schrieb Maria Marc an Wassily Kandinsky, es gehe der gemeinsamen Freundin ein wenig besser. Manche Abende träfen sie und die Baronin sich sogar im Café, »dann sitze ich mit ihr zusammen, das ist immer … ein Stück Zusammengehörigkeit, ich bin so froh darum, sie würde mir so sehr fehlen, wenn sie einmal nicht mehr da wäre.«[49] Es freue ihn, dass es mit Werefkin bergauf zu gehen scheine, antwortete Kandinsky postwendend. Sie trage ja eine »wunderbare Kraft« in sich und werde vielleicht die schwere Krankheit vollkommen überwinden, »es wäre schön!«[50]

Nur wenige Monate zuvor war Werefkin, gedanklich auf der Suche nach dem scheinbar nie versiegenden Quell ihrer Energie, bis in die Zeit ihrer Jugend und ihres frühen, unbeschwerten Erwachsenenlebens zurückgegangen, »da habe ich so klar die ganze Stärke meiner Existenz gespürt«.[51] Um eine Gemäldeauswahl für die *Großer Bär*-Ausstellung im Spätsommer in Ascona gebeten, entschied sie sich, neben anderem, für *Die Judenschenke*, versehen mit dem Untertitel *Erinnerung an Litauen*.[52]

Entschlossener als je zuvor trieb Werefkin jetzt die Heimholung der in München – inzwischen auf Ayes Kosten[53] – gelagerten Restbestände ihres Kunst- und Familienschatzes voran. Sie suchte an höchster amtlicher Stelle um die Genehmigung zollfreier Einfuhr nach. »Die Bilder müssen zu meinem ganzen Werk, das sich in der Schweiz befindet, und das Silber kann mir helfen, meine hiesigen Schulden zu bezahlen.«[54] Doch noch bevor ein Bescheid aus Bern bei ihr eintraf, war das Vorhaben obsolet. Der Berliner Galerist Karl Nierendorf, auf dem Absprung in die USA, hatte in Ascona ein Buch herumgezeigt, worin, so die Baronin in einem Brief an die Hagmanns, »steht, dass ich in einem Haufen mit Van Gogh!! entartete Kunst treibe«. Deshalb habe sie Angst bekommen, »die Aufmerksamkeit der deutschen Behörden auf mein stilles Werk zu lenken«.[55]

Die Wanderausstellung *Entartete Kunst*[56], erste Station Münchner Hofgartenarkaden, war im Juli 1937 eröffnet worden. Man werde »von jetzt ab einen unerbittlichen Säuberungskrieg führen gegen die letzten Elemente unserer Kulturzersetzung«, »gegen Ausgeburten des Wahnsinns, der Frechheit, des Nichtskönnertums«, hatten ihre Initiatoren in der Hetzsprache der Nationalsozialisten angekündigt.[57] Sechshundertfünfzig der in deutschen Museen und staatlichen Sammlungen beschlagnahmten Kunstwerke (sie gingen in die Tausende), darunter Bilder von Jawlensky, Kandinsky, Klee und Marc, sollten der Abschreckung dienen. Eines der fünf präsentierten Marc-Gemälde, sein mit Abstand populärstes, der *Turm der Blauen Pferde*[58], wurde nach Drängen des Deutschen

Offiziersbunds sowie Protesten jenes »Traditionsregiments, in dessen Reihen Marc gefallen war«, wieder abgehängt.[59]

Zwei Jahre später wurden in Luzern einhundertfünfundzwanzig der geächteten Objekte versteigert[60] und in Berlin mehr als eintausend Gemälde sowie über dreitausend Aquarelle, Zeichnungen und Grafiken in aller Öffentlichkeit verbrannt.

Der Angriff auf die Moderne und ihre Protagonisten betraf auch die Sparten Literatur, Film, Theater, Architektur und Tonkunst. Auf der Ausstellung *Entartete Musik* wurden Swing oder Jazz ebenso bösartig diffamiert wie die Kompositionen eines Arnold Schönberg.

AM 6. JANUAR 1938 WAR WEREFKIN nicht mehr fähig, selbst an das Ehepaar Hagmann zu schreiben. »Ich ahne schon, dass etwas passiert«, diktierte sie ihrer Pflegerin Naomi Perucchi in die Feder. »Der Arzt versichert, ich gehe der Genesung entgegen, aber meine subjektiven Empfindungen sind unter aller Kanone. Kann weder essen noch trinken, weder gehen noch stehen.«[61]

Am Ende des Monats kam Fürst Iwan Kurakin nach Ascona. Der geistliche Vorsteher der russisch-orthodoxen Gemeinde in Mailand nahm der Sterbenskranken die Beichte ab und reichte ihr, nach erfolgter Absolution, die Heiligen Gaben Brot und Wein.

Mariamna Wladimirowna Werefkina starb, siebenundsiebzigjährig, in den Morgenstunden des 6. Februar 1938, einem Sonntag.

Das Leben war reich und voller Abenteuer.
Ich habe mir ein großes, fernes, Reich erobert
und dort geherrscht.[62]

Nachlese

DR. HUGO REMUND AUS ZÜRICH, Arzt in Diensten des Schweizerischen Roten Kreuzes, dort für die Unterstützungszahlungen im Auftrag des Bundes an mittellose russische Emigranten verantwortlich,[1] war irgendwann persönlich mit der Baronin in Kontakt gekommen und schließlich zu ihrem Freund avanciert. Er reiste am Tag der Trauerfeierlichkeiten nach Ascona:

»Beerdigung Marianne von Werefkin

8. Februar 1938

Jenseits des Gotthards lag das Tal in der hellen morgendlichen Sonne des kargen beginnenden Frühlings. Auf den Bergen eine weisse, dünne Schneeschicht, fleckenweise hinunterziehend bis zur Talsohle. Auch hier überall weisse Stellen im gelben strohigen Teppich des dürren trockenen Grases. Noch nirgends Laub, aber die kahlen Bäume wie von frischem Saft geschwellt: Kätzchen auf den Zweigen, die Weidenstrünke mit ockergelben Rutenbüschen gekrönt. Die Erde in ihrem tiefen ruhigen Braun, die spärlichen Felder bestellt und ein leichter Dunst über den wartenden Schollen.

Weiter unten die besonnten Rebterrassen, die breit dahinziehenden klaren Wasser des Flüsschens Tessin, seine Ufer mit den zarten Silhouetten der Erlen in der Niederung und schließlich die strahlende Pracht des hellblauen, von leuchtenden Bergen umrandeten Sees.

Wundersame Stimmung eines solchen Februarmorgens in diesem unerhörten Sonnenglanz, gedämpft durch den feinen Dunst der atmenden Erde.

Sie lag aufgebahrt im oberen Korridor der Casa Perucchi, in dem breiten gefliesten Atrium, das sonst verstellt war durch die Stapel ihrer Bilder. Mitten im Gang stand der Sarg. Symbolisch, weil sie dieses Leben so ganz als einen Durchgang betrachtete. Sie lag im Sarg, das Gesicht von einer wächsernen gelblichen Magerkeit, … so unsagbar fern sah sie aus, in sich gekehrt, ein Häuflein Mensch in all' seiner Schwäche und all' seiner Größe zugleich – die Augen geschlossen, ohne jede Pose, ohne jedes Herausstellen eines Scheinens. So wie sie gelebt hat, stand sie im Tode zu sich selbst: Man las aus diesem Gesicht das Abgeschlossene, Vollendete.

Der Sarg war von Blumen bedeckt. Unten zu ihren Füssen unser Gebinde aus roten Nelken. Eine Menge von Kränzen und Sträussen, von Blumenstöcken, der Korridor voll davon. Zu Häupten und beiden Seiten der Toten brannten drei Kerzen auf grossen Kandelabern, am Fussende stand ein Tisch mit weissem Tuch, darauf ein grosses silbernes Kreuz mit sieben kleinen Kerzenleuchtern, mit der Bibel und anderen religiösen Gerätschaften. An der Wand neben dem Sarg hatte man drei Bilder des heiligen Franziskus aufgehängt. Bei der Treppe hatten Perucchis einen grossen grauen Teppich vom oberen Stock nach unten gebracht, der den Gang gewissermassen abschloss und dem Altartisch Rückwand bot. So war ein feierlicher Raum geschaffen für alle, die sich zum letzten Geleit versammelten. …

Um 2 Uhr erschien der Pope [Iwan Kurakin], ein grossgewachsener alter Mann mit scharfgeschnittenen Zügen, weissem Haar, buschigem Schnurrbart und weissem Backenbart. Er war eine eindrucksvolle Erscheinung. Er trug eine Art Tiara aus violettem Sammet, ein silbernes Obergewand und einen schwarzen Rock.

Man stand dichtgedrängt, immer neue Menschen kamen hinzu, Kränze und Blumen bringend. Eine bunte, vielschichtige Gesellschaft, von einfachen Männern und Frauen bis zu den Honoratioren von Ascona: Künstler mit Schlapphut und Pullover, ein Chauffeur mit Lederjacke, viele Leute im gewöhnlichen Straßenanzug, aber alle voll Wehmut und tief ergriffen. Den meisten Anwesenden gab der Pope eine Kerze in die Hand und begann eine unerhört eindringliche, wunderbare Zwiesprache mit der Toten in Form eines Gebets, das er teils auf russisch, teils auf italienisch und französisch mit weicher sonorer Stimme vorsang. Die lateinartigen, getragenen Responsionen wurden von den beiden Nichten, sowie einem jungen Russen, den sie aus Mailand mitgebracht hatten, a capella gesungen, mit wunderbar klingenden Stimmen in dem alten russischen Kirchenton. … Dreimal kniete alles nieder. Dann nahmen die nächsten Angehörigen, ihr Bruder, ihre Nichten, von Marianne von Werefkin Abschied, drückten ihr die Hand, neigten sich zu ihr, schliesslich setzte ihr der Pope ein pergamentenes Stirnband mit den heiligen

Symbolen und Inschriften auf, segnete sie nochmals und schloss den Sarg, auf dessen Deckel ein orthodoxes Kreuz und die Buchstaben M.W. in Holz schlicht aufgesetzt waren. … Nun wurden die Kerzen der Leidtragenden gelöscht, die Anwesenden nahmen die Kränze, Strāusse, Blumenstöcke, um sie mitzutragen auf den Friedhof. Der Gang leerte sich, und als die Männer den Sarg mit einer ganz italienischen Sorgfalt, als ob sie ein Kind trügen, auf den Schultern die Treppe hinunterbrachten, unter dem Chorgesang und durch das Spalier der Trauernden, strömte die Sonne durch die grossen Fenster und die Haustür …

Schlicht und gross bewegte sich der Zug über die Piazza, ein nicht endenwollendes Geleit. …

Auf dem Friedhof war die Feier wiederum ergreifend in ihrer Schlichtheit. Der Pope sprach, die Emigranten hätten jeder für sich ihr Teil der Gnade erfahren dürfen, aber Marianne mehr als alle anderen. Man könne ihre Werke verstehen oder nicht verstehen, als Mensch sei sie ehrlich, wahr und tapfer gewesen in ihrer grossen Überzeugung.

Dann kollerten Erde und Blumen auf den in die Gruft herabgesenkten Sarg. – Etwas verspätet, zugleich befangen und gerührt, schwang sich der Maler Helbig auf den von der ausgehobenen Erde gebildeten Hügel und sprach im Namen der Asconeser Künstler und der schweizerischen Maler ein kurzes Wort der Anerkennung und Würdigung für die Hingeschiedene und einen letzten Gruss an die Künstlerin. …

Nach der Beerdigung traf man sich noch in den von ihr verlassenen Räumen im Hause Perucchi, unverändert in der lässigen Unordnung, die man von Werefkin gewohnt war.

Eine kleine Gesellschaft – Peter von Werefkin, Maria und Anastasia von Werefkin, Walter Helbig, Albert Kohler, Ernst Frick, Maria Marc, Diego Hagmann, der Pope und ich – die sich Begebenheiten aus dem Leben der geliebten Verewigten erzählte, auch dabei lachte und lustig war. Es gab zum Teil russische Gerichte und man trank herrlichen tessinischen Wein, es war eine ungezwungene Stimmung, als wäre Marianne noch dabei, wie immer ein naturhaftes Zusammenrücken zu einer grossen Familie. Es wurde späte Nacht, bis wir endlich aufbrachen.«[2]

AM 17. FEBRUAR 1938 ERSCHIEN im *Eco di Locarno* ein Nachruf des Schriftstellers Luigi Menapace:

»Schwerlich lässt sich sagen, wie lebhaft und tief die Zuneigung war, die wir für die Baronessa hegten, aber eines ist gewiss: dass nur wenige menschliche Wesen es verstanden, um sich herum derart spontane und dauerhafte Bindungen entstehen zu lassen. Man mochte meinen, sie habe wirklich etwas Magisches in sich gehabt, das weniger auf die Sprache der Menschen zielte als vielmehr auf die Ursprache aller Dinge der Welt, mit denen sie kommunizierte. ... Ihre Liebenswürdigkeit und Fröhlichkeit waren sprichwörtlich. Ihre Konversation war reich, vielseitig, beweglich, leidenschaftlich, farbig, geistvoll ...«[3]

Im Wesentlichen deckt sich der Tenor dieses Nekrologs mit dem Tenor aller anderen, die landauf, landab gedruckt wurden.

DIE SCHLICHTE BEGRÄBNISSTÄTTE Marianne von Werefkins in Ascona befindet sich links vom Friedhofsportal, am Fuße der Friedhofsterrassen. Der obere Querbalken des Grabkreuzes trägt die Inschrift CHRISTOS WOSKRES (Christ ist auferstanden) – der russische Ostergruß. In die kleine Metalltafel des unteren, schrägen Querbalkens ist ihr Name eingraviert. Nicht jedoch ihre Lebensdaten.

DER MALER ALO ALTRIPP ERINNERTE folgende Begegnung: »1938 bin ich einmal zu Jawlensky gekommen. Er war ganz in sich gekehrt, abwesend und still. Nach einiger Zeit fragte ich: ›Ist Ihnen nicht gut, oder haben Sie Probleme? Soll ich wieder gehen?‹. Er antwortete: ›Oh, nein, nein. Bleiben Sie, bleiben Sie.‹ Nach einer Pause sagte er sichtlich betroffen: ›Ich habe die Nachricht, dass Werefkin gestorben ist!«[4]

Im Juni des Jahres wurde Lisa Kümmel von Alexej Jawlensky gebeten, für ihn einen Brief an den Freund Jan Verkade alias Pater Willibrord zu schreiben. Fast am Ende angekommen, diktierte er den Satz: »Vielleicht haben Sie gehört, daß im Februar Baronin Werefkin gestorben ist. Es war ein harter Schlag für mich. Ja, ja, einmal gemachte Fehler muß man früher oder später büßen. Und wie hart oft.«[5] Jawlensky konnte nicht mehr malen, war vollständig gelähmt und bis an sein Lebensende ans Bett gefesselt. Er starb am 15. März 1941 in Wiesbaden.

MARIA MARC ÜBERLEBTE FRANZ MARC um nahezu vierzig Jahre. Ihr Todestag ist der 25. Januar 1955. Bis ein Schlaganfall und eine Gehirnblutung sie spürbar einschränkten, war ihr, zurückgekehrt nach Ried bei Benediktbeuern, die Pflege ihrer eigenen Begabung, des Webens, fast so wichtig gewesen, wie die Verwaltung und Nutzbarmachung des künstlerischen Erbes, sprich die Arbeit am Ruhm, ihres Mannes.[6]

GABRIELE MÜNTERS LEBEN ENDETE am 19. Mai 1962 in Murnau. Ihre Wiederentdeckung als Künstlerin begann 1949 mit der Gedächtnis-Ausstellung *Der Blaue Reiter* in München. Von da an konnte sie es sich leisten, hinsichtlich der Präsentation ihrer Werke Bedingungen zu stellen. Sie brauche etwa achtzig laufende Meter Hängefläche, schrieb sie beispielsweise der *Hamburger Kunsthalle* vor. 1957 bekam die Stadt München von ihr (mit der Gabriele Münter-Stiftung) einen großen Bestand an Gemälden, Aquarellen, Zeichnungen, Hinterglasbildern, Skizzenbüchern und druckgrafischen Blättern von Wassily Kandinsky aus der Zeit bis 1914 geschenkt. In eine zweite Stiftung (die 1962 begründete Gabriele Münter- und Johannes Eichner-Stiftung) floss eine Vielzahl ihrer eigenen Werke sowie von verschiedenen Künstlerfreunden ein. 1958 hatte Münter den Gefährten ihres Alters verloren. Mit dreiundachtzig bescheinigte sie sich »hemmungslose Produktivität«[7] – und starb, mit dem Leben ausgesöhnt, zwei Jahre später.

WASSILY KANDINSKY STARB am 13. Dezember 1944 in Neuilly-sur-Seine an den Folgen einer Arteriosklerose. In Frankreich hatte er sich der Gruppe *Abstraction-Création* angeschlossen; es war zu Begegnungen mit Robert und Sonja Delaunay, Fernand Léger, Joan Miró, Piet Mondrian und vielen anderen progressiven Künstlern gekommen. An etlichen größeren Ausstellungen beteiligt, schuf er in seinen elf letzten Künstlerjahren neben Aquarellen und Skizzen etwa 150 Ölgemälde. Das letzte unter Kandinskys großen abstrakten Werken, *Composition X*, entstand im Jahre 1939.

MARIANNE VON WEREFKINS SANTO verließ das zerstörte Berlin in den letzten Tagen des Zweiten Weltkriegs. Ernst Alfred Ayes Wohnung in einem Seitenflügel des Schlosses Charlottenburg war im Bombenhagel untergegangen. Mitte Mai 1945 erreichte er mit letzter Kraft den

Diekhof, ein Gutshaus nordöstlich von Güstrow in Mecklenburg. Eine Frau namens Rosa Harnisch erbarmte sich seiner: »Er ging von Tür zu Tür, fragte immer vergebens, denn jeder hatte mit sich selbst zu tun und hatte Angst, den kommenden Winter zu verhungern. So kam er zu mir und bat so flehentlich, ich solle ihn aufnehmen. Ich gab ihm ein Zimmer. Sein Zustand wurde 1946 so schlimm, dass er seine Glieder nicht mehr bewegen konnte. Dieser gute, liebe Mensch hat ein trauriges Ende gehabt. Am 13. Januar 1947 kam die Flüchtlingskommission. Aye musste den Raum für eine Familie räumen. Er selbst kam ins Krankenhaus, auf offenem Wagen mit Stroh wurde er hingefahren. Am 16. ist er dort verstorben und beerdigt ohne Sarg …«[8]

Dank

EINE GROSSE ZAHL VON MENSCHEN hat zu diesem Buch beigetragen, allen voran Dr. Bernd Fäthke, der mir uneingeschränkt Archivalien zur Verfügung stellte und mit seinem enzyklopädischen Wissen über die Malerin Marianne von Werefkin eine ständige Quelle des Rats und der Anregung war. Darüber hinaus hat er sich, gemeinsam mit Ehrengard Fäthke-Born (ebenso sachkundig wie ihr Mann), den Mühen einer kunsthistorisch kritischen Durchsicht des Manuskriptes unterzogen.

Auch Dr. Brigitte Salmen hat mich von Anfang an ermutigt und mit vielen wichtigen Hilfestellungen, Informationen sowie Anmerkungen dazu beigetragen, mein Werk auf einen sicheren Weg zu bringen.

Des Weiteren war mir Dr. Michaela Röll, über ihre Aufgabe als Agentin hinaus, eine unverzichtbare Projektbegleiterin und Gesprächspartnerin.

Mit Dr. Antje Korsmeier stand mir eine urteilssichere Lektorin zur Seite.

Jiri Ort übersetzte mit großer Geduld und literarisch geschultem, linguistischem Gespür hunderte handschriftliche und gedruckte Seiten vom Russischen ins Deutsche. Ohne sein Mitdenken und seine Sucheingaben unter Verwendung kyrillischer Buchstaben wären mir bedeutende Hinweise im Internet verschlossen geblieben.

Jane und Hans Heck sowie Gerlinde Off transkribierten und übertrugen, nicht minder gewissenhaft und einfühlsam, im Ursprung französisch Geschriebenes.

Von der Letztgenannten, ferner von Anne Friedmann, Hildegard Gobrecht, Jutta Groß und Marianne Jacobs – den Leserinnen der Biografie in Arbeit – kamen viele nützliche Einwände und Vorschläge zu Stil und Darstellung.

Claudia Roßbeck unterstützte mich bei der unerlässlichen Suche nach Tipp- und Flüchtigkeitsfehlern.

Bernd Roßbeck danke ich für alles.

Anmerkungen

KAPITEL I

1 Clemens Weiler (Hrsg.), Marianne Werefkin. Briefe an einen Unbekannten, S. 37.

2 In der modernen internationalen Schreibweise für slawische Namen werden ihr Vor- und Familienname so transkribiert: Mariamna Vladimirovna Verefkina.

3 Seit Januar 1918 auch in Russland gültig. Bis zum Jahre 1900 wurden bei der Umrechnung vom Gregorianischen auf den Julianischen Kalender zwölf, danach dreizehn Tage hinzugezählt.

4 Das Gotteshaus wurde 1931 auf Befehl von Josef Stalin dem Erdboden gleichgemacht und im Jahre 2000, nach originalgetreuem Wiederaufbau, den Gläubigen zurückgegeben.

5 2008 in einem deutschen Auktionshaus angeboten, erfolgte der Zuschlag für Carl Timoleon Neffs Ölgemälde *Junge Mutter* aus dem Jahre 1843 beim Gebot von 250 000 Euro – das Fünffache des Schätzwerts.

6 Benannt nach dem Evangelisten Lukas, Schutzpatron der Maler und der Legende nach Schöpfer des ersten Marienbildes.

7 Marianne von Werefkin, Lettres à un Inconnu, Heft I. Annekathrin Merges-Knoth, Marianne Werefkins russische Wurzeln, S. 40. Übersetzung aus dem Französischen.

8 Marianne von Werefkin, Brief an Diego und Carmen Hagmann, November 1937. Bernd Fäthke 2001, S. 29.

9 Marianne von Werefkin, Lettres à un Inconnu, Heft I. Annekathrin Merges-Knoth, Marianne Werefkins russische Wurzeln, S. 40. Übersetzung aus dem Französischen.

10 Ebd. Übersetzung aus dem Französischen.

11 Bernd Fäthke 2001, S. 16.

12 Marianne von Werefkin, Brief an den Vater, 7. März 1883. Laima Laučkaitė 2007, S. 196. Übersetzung aus dem Russischen.

13 Margarita Woloschin, Die grüne Schlange. Lebenserinnerungen, S. 12f.

14 Clemens Weiler (Hrsg.), Marianne Werefkin. Briefe an einen Unbekannten, S. 36.

15 Ebd, S. 37.

16 Bernd Fäthke 2001, S. 14.

17 Nur wenige Bedienstete hatten auf die Aufhebung der Leibeigenschaft mit einer Kündigung reagiert. Sicherheit ging den meisten vor Unabhängigkeit. »So wie die Herrschaften an unsere Dienste, ohne die sie nicht zurechtkämen, gewöhnt sind, sind wir an das Sklavendasein gewöhnt und daran, ihnen auf der Tasche zu liegen, ohne an die Zukunft zu denken«, schilderte ein betroffener Lakai die Situation nach 1861. Angela Rustemeyer, Dienstboten in Petersburg und Moskau, S. 62.

18 Angela Rustemeyer, Dienstboten in Petersburg und Moskau, S. 63. Aus den Erinnerungen der Maria Bormann.

19 Litauische Nationalbibliothek Vilnius, Nachlass Peter von Werefkin.

20 Marianne von Werefkin, Autobiografische Skizze, in: Konrad Federer, Marianne von Werefkin, S. 7f.

21 Genau: Marinskoje wysscheje schenskoje utschilischtsch. Die erste Schule dieses Namens wurde im Jahr 1859 in Sankt Petersburg eröffnet.

22 Und sie fügte hinzu: »Warum soll ich jetzt, wo er in seiner vollsten Kraft ist, wo er nichts zu befürchten, nichts mit Vorsicht zu handhaben hat, nicht einige Spuren davon für andere Zeiten aufbewahren«. Marianne von Werefkin, Theorien, um 1898, Heft I, S. 28. Bernd Fäthke 2001, S. 49. Bei den von ihr zwar nicht als solche bezeichnete, aber zur Unterscheidung von anderen Notizen so genannten »Theorien« handelt es sich um unveröffentlichte handschriftliche Aufzeichnungen. Privatarchiv für expressionistische Malerei, Wiesbaden.

23 Hippolyte Adolphe Taine (1828 – 1893), vielgereister französischer Philosoph, Historiker und Literaturkritiker, gilt als Begründer einer mehr empirisch ausgerichteten Kunstsoziologie. Seine *Philosophie de l'Art* basiert auf Taines Vorlesungen an der Pariser *Ecole des Beaux-Arts.* Er war vom Positivismus beeinflusst, der philosophischen Weltverbesserungsutopie des 19. Jahrhunderts, begründet von Auguste Comte (1798 – 1857).

24 Hippolyte Taine, Der Verstand, Bd. 1, S. 186f.

25 Marianne von Werefkin, Brief an den Vater, 7. März 1883. Laima Laučkaitė 2007, S. 196. Übersetzung aus dem Russischen.

26 Bernd Fäthke 2001, S. 13 u. S. 246, Anm. 3. In späterer Zeit gehörte das Gut Iwan und Warwara Daragan, Bruder und Schwägerin von Elisabeth Werefkin. Daraus könnte man schließen, dass die Arbusows zum Verwandtenkreis gehörten.

KAPITEL II

1 Marianne von Werefkin, Brief an den Vater, 20. August 1887. Laima Laučkaitė 2007, S. 202f. Übersetzung aus dem Russischen.

2 Einst hatte Lublin sich mit dem Ehrentitel Jüdisches Oxford geschmückt.

3 Marianne von Werefkin an den Vater, 7. März 1883. Laima Laučkaitė 2007, S. 195f. Übersetzung aus dem Russischen.

4 Bernd Fäthke 2001, S. 15. Genaueres über den genannten Lehrer Heinemann konnte nicht in Erfahrung gebracht werden.

5 Auch Lisa Della Voss betätigte sich als Malerin; sie blieb allerdings Dilettantin, obwohl sie eine Zeit lang in Odessa von ausgezeichneten Lehrern unterrichtet wurde, so von Ludwig Knaus (1829–1910), königlich-preußischer Professor und Leiter der Meisterklasse an der Akademie der schönen Künste in Berlin.

6 Privatarchiv für expressionistische Malerei, Wiesbaden. Bernd Fäthke stellte der Autorin dankenswerterweise Kopien der russischsprachigen handschriftlichen Briefe von Lisa Della Voss an Marianne von Werefkin zur Verfügung.

7 Fäthke 2001, S. 188, Anm. 188, u. Albert Steffen, Begegnung und Rückschau, S. 193. Steffen über einen Besuch im Jahre 1934 bei Marianne von Werefkin: »Sie führte uns in den nahen Kunst-Laden und zeigte uns Bilder, die dort von ihr ausgestellt waren. Eine Weihnachtsgesellschaft. Einen weißbärtigen Wanderer zwischen Schluchten. Auf meine Bemerkung, er gleiche Solowjow ... erzählte sie, daß sie diesen noch gekannt und an der Universität St. Petersburg Vorlesungen von ihm gehört habe.« Hinsichtlich der Ortsangabe irrte entweder der Autor oder Werefkin. Vorlesungen hielt Solowjow einzig in Moskau, und zwar nur in den Jahren 1881 und 1882. Repin malte ihn 1890 im Salon der Baronesse Barbara Uexküll von Hildenbrandt.

8 Lisa Della Voss, Brief an Marianne von Werefkin, 6. Juli 1881. Privatarchiv für expressionistische Malerei, Wiesbaden. Übersetzung aus dem Russischen.

9 Wladimir Jegorowitsch Makowski (1846–1920) hatte sich nach dem Studium an der Moskauer Lehranstalt für Malerei, Bildhauerei und Architektur den *Peredwischniki* angeschlossen. Danach leitete er die Klasse für Genremalerei an der St. Petersburger Akademie der schönen Künste. Viele seiner Bilder sind Darstellungen aus dem Leben der kleinen Leute. Überdies wurde Makowski als Illustrator literarischer Werke bekannt, so der Bücher von Nikolaj Gogol.

10 Iwan Nikolajewitsch Kramskoj (1837–1887) kam aufgrund seiner Begabung an die St. Petersburger Akademie der schönen Künste, arbeitete als Zeichenlehrer und engagierte sich in der *Demokratischen Bewegung*. 1873 wurde Kramskoj, ein begnadeter Porträtist, von Pawel Tretjakow beauftragt, Bildnisse bekannter Persönlichkeiten anzufertigen, darunter Lew Tolstoj, Ilja Repin und Zar Alexander III.

11 Nachlass Nikolaus Daragan. Bernd Fäthke 2001, S. 20 u. 246f., Anm. 38.

12 Marianne von Werefkin, Brief an Diego Hagmann, Mitte Oktober 1932. Marianne Werefkin, Die Farbe beisst mich ans Herz, S. 176.

13 »Als Repin über die grausame Arbeit der Wolgatreidler nachdachte, nahm er sich vor, ein Bild über sie zu malen. Er fertigte Skizzen an, in denen die

Bedauernswerten bewusst als Menschen, »die an Stelle des Viehs arbeiten«, der feinen Gesellschaft vor Augen geführt werden sollten. Er sah die Wolgatreidler, machte sich mit ihnen bekannt, begann sie zu achten. Besonders zog ihn der ehemalige, seines Amtes enthobene Pope Kanin an, der später an die Spitze des traurigen Zuges rückte.« Josef Brodsky, Ilja Repin, S. 16.

14 Dargestellt ist die Familie eines Bauernjungen, der zum Kriegsdienst einberufen wurde und nun Abschied nehmen muss.

15 Brief vom 8. März 1883, Josef Brodsky, Ilja Repin, S. 47.

16 Marianne von Werefkin, Brief an Diego Hagmann, Mitte Oktober 1932. Marianne Werefkin, Die Farbe beisst mich ans Herz, S. 176.

17 Der Eigentümer des Landgutes, Sawwa Mamontow, und seine Frau Elisaweta hatten maßgeblichen Anteil an der Renaissance russischer Volkskunst.

18 Unter anderem nach Entwürfen der Künstlerin Jelena Polenowa.

19 Lisa Della Voss, Brief an Marianne von Werefkin, 31. Mai 1894. Privatarchiv für expressionistische Malerei, Wiesbaden. Übersetzung aus dem Russischen.

20 Balys Juodzevičius, Gubernatoriaus dvaras [Das Landgut des Gouverneurs], Teil 1; Übersetzung aus dem Litauischen von Stasė Kuldašyte. Privatarchiv für expressionistische Malerei, Wiesbaden.

21 Marianne von Werefkin, Brief an den Vater, 30. Mai 1885. Laima Laučkaitė 2007, S. 197. Übersetzung aus dem Russischen. Darüber hinaus sorgte Elisabeth Werefkin für die Instandsetzung der orthodoxen Kirche von Utena.

22 Die Planung der Gebäude von Blagodat hatte der Architekt Iwan Nowicki übernommen.

23 Bei der Weltausstellung 1900 in Paris weckte das im gleichen Stile errichtete »Russische Dorf« bei den Besuchern und Berichterstattern viel Sympathie und Bewunderung. Lobend wurde auch das kunstgewerbliche Interieur aus den Werkstätten von Abramzewo hervorgehoben.

24 Bernd Fäthke 2001, S. 18.

25 Genau: Alexandra Petrowna Lebedewa.

26 Marianne von Werefkin, Brief an den Vater, 1. Juli 1885. Laima Laučkaitė 2007, S. 195. Übersetzung aus dem Russischen.

27 Marianne von Werefkin, Brief an den Vater, 1. Juli 1885. Ebd., S. 199. Übersetzung aus dem Russischen.

28 Sequenz Marianne von Werefkin, Brief an den Vater, 20. August 1887. Ebd., S. 202f. Übersetzung aus dem Russischen.

29 Sequenz: Marianne von Werefkin, Brief an den Vater, 10. August 1888. Ebd., S. 208f. Übersetzung aus dem Russischen.

30 Clemens Weiler, Marianne Werefkin. Briefe an einen Unbekannten, S. 39.

31 Die beschriebenen Szenen sind den Briefen Marianne von Werefkins aus Blagodat an den Vater entnommen.

32 Marianne von Werefkin, Brief an den Vater, 1. Juli 1885. Laima Laučkaitė 2007, S. 199. Übersetzung aus dem Russischen.

33 Das erwähnte Gemälde ist neben vielen anderen aus früher Zeit verschollen. Marianne von Werefkin, Brief an den Vater, 1. Juli 1885. Ebd., S. 200. Übersetzung aus dem Russischen.

34 Im November 1581 erschlug Iwan IV. Wassiljewitsch (der Schreckliche) im Streit seinen Sohn Iwan Iwanowitsch mit der Stahlspitze (oder dem Eisenknauf) seines Herrscherstabes.

35 Marianne von Werefkin, Brief an den Vater, 11. Juli 1886. Laima Laučkaitė 2007, S. 200f. Übersetzung aus dem Russischen.

36 Marianne von Werefkin, Brief an den Vater, 1. Juli 1886. Ebd. Übersetzung aus dem Russischen.

37 Marianne von Werefkin, Lettres à un Inconnu, Heft I. S. 22f. Annekathrin Merges-Knoth, Marianne Werefkins russische Wurzeln, S. 44. Übersetzung aus dem Französischen. Um 1901/1902 notierte und erinnerte sie auch dieses: »Unter all den Paaren, die das Bett teilen …, ist es immer die Frau, die sich einer schrecklichen Prozedur unterwirft, mit schweren Folgen für sie, und es ist der Mann, der den Leib schreien lässt, das Herz protestieren … Ich habe meine Brüder von ihren amourösen Abenteuern berichten hören, die in Besitz genommene Frau wie eine Zuchtstute schildernd, ohne Respekt … Ich habe gesehen, wie Künstler ein nacktes Modell behandelten, das ihrer Arbeit dienen musste, mit einer Verachtung wie in alten Zeiten die Weißen die Negersklaven behandelten.« Marianne von Werefkin, Lettres à un Inconnu, Heft I. S. 24ff. Annekathrin Merges-Knoth, Marianne Werefkins russische Wurzeln, S. 43. Übersetzung aus dem Französischen.

38 Bernd Fäthke 2001, S. 27.

39 Marianne von Werefkin, Lettres à un Inconnu, Heft I. Annekathrin Merges-Knoth, Marianne Werefkins russische Wurzeln, S. 40. Übersetzung aus dem Französischen.

40 Marianne von Werefkin, Brief an den Vater, 30. Mai 1885. Laima Laučkaitė 2007, S. 198. Übersetzung aus dem Russischen.

41 Marianne von Werefkin, Brief an den Vater, 30. Mai 1885. Ebd. Übersetzung aus dem Russischen.

42 Am 17. Februar 1883 schickte Lisa Della Voss ein Telegramm an Marianne von Werefkins Moskauer Adresse. Privatarchiv für expressionistische Malerei, Wiesbaden.

43 »Schon als Zwanzigjähriger machte er [Illarion M. Prjanischnikow, 1840 bis 1894] auf sich aufmerksam, als er mit seinen Gemälden Anklage gegen soziales Unrecht erhob. Indem er in seinen Bildern die katastrophale Situation der einfachen Menschen zur Darstellung brachte, hatte er wesentlich zum Ruhm der Wandermaler beigetragen. Sein Gemälde *Die Heimfahrt* gilt als eines seiner ersten Werke, das mit außerordentlicher Eindringlichkeit die

hoffnungslose Lage der unteren russischen Gesellschaftsschichten vor Augen führt.« Bernd Fäthke 2001, S. 24.

44 Das Lisa etwa im März 1888 übersandte Selbstporträt Werefkins ist verschollen. Lisa Della Voss, Brief an Marianne von Werefkin, 15. Oktober 1884. Privatarchiv für expressionistische Malerei, Wiesbaden. Übersetzung aus dem Russischen.

45 Marianne von Werefkin, Brief an den Vater, 30. Mai 1885, Laima Laučkaitė 2007, S. 198. Übersetzung aus dem Russischen.

46 Marianne von Werefkin, Brief an den Vater, 21. September 1887. Ebd., S. 206. Übersetzung aus dem Russischen.

47 Marianne von Werefkin, Brief an den Vater, 10. März 1883. Ebd., S. 197. Übersetzung aus dem Russischen. Obwohl Peter der Große die Hauptstadt nach Sankt Petersburg verlegt hatte, fand die Krönung des Zaren weiterhin in Moskau statt. Dessen Einzug in die ehemalige Hauptstadt war ein wichtiger Bestandteil des Krönungszeremoniells.

48 Als Alexander II. im März 1881 mit seiner Begleitmannschaft den Michalowski-Palast verließ, wurde nur wenige Meter entfernt beim Sankt Petersburger Gribojedow-Kanal seine Kutsche von einer mit Dynamit gefüllten Dose getroffen. Der festgenommene Student Nikolai Ryssakow rief dem unverletzt gebliebenen Zaren zu: »Freuen Sie sich nicht zu früh!« Kurz darauf warf ein zweiter Attentäter eine Bombe, die vor den Füßen Alexanders II. explodierte. Wenige Stunden später erlag der Herrscher seinen schweren Verletzungen.

KAPITEL III

1 Marianne von Werefkin, Aufzeichnungen, Heft IV, S. 2. Privatarchiv für expressionistische Malerei, Wiesbaden. Übersetzung aus dem Russischen.

2 Laima Laučkaitė 2007, S. 198. Übersetzung aus dem Russischen.

3 D. W. Wassiljew, Der letzte Kommandant, S. 13. Der Memoirenschreiber D. W. Wassiljew war Wladimir Werefkins Nachfolger im Amt.

4 Lisa Della Voss, Brief an Marianne von Werefkin, 24. Oktober 1885: »Und jetzt hat Dein Leben in Petersburg begonnen!« Privatarchiv für expressionistische Malerei, Wiesbaden. Übersetzung aus dem Russischen.

5 Bernd Fäthke 2001, S. 30.

6 Marianne von Werefkin, Brief an den Vater, 21. September 1887. Laima Laučkaitė 2007, S. 206. Übersetzung aus dem Russischen.

7 Ebd., S. 49f. Übersetzung aus dem Litauischen.

8 Lange vor Werefkin hatte Repin den jungen Walentin Serow (1865–1911) privat unterrichtet, und zwar in den Jahren 1878 und 1879. Von 1880 bis 1885 besuchte Serow die Klasse von Pawel Tschistjakow an der Petersburger Akademie der schönen Künste.

9 Irina Devjatjarova, Alexej von Jawlensky in Rußland. Quellen. Moskau-St. Petersburg. Forschungsbeiträge zu Leben und Werk Alexej von Jawlenskys, Bd. 2, S. 66.

10 Igor Grabar, Pis'ma 1891–1917, S. 56. Übersetzung aus dem Russischen.

11 Unter anderem las sie Johann Caspar Lavaters *Physiognomische Fragmente zur Beförderung der Menschenkenntnis und Menschenliebe*, eine Anleitung zur Identifizierung verschiedener Charaktere anhand der Gesichtszüge und Körperformen.

12 Charles Féré, *Sensation et mouvement*.

13 Von dem Philosophen und Schriftsteller Jean-Marie Guyau las Marianne von Werefkin *Sittlichkeit ohne Pflicht* und *Die Irreligion der Zukunft*.

14 Zu den Künstlern, deren Lebensbeschreibungen sie früher oder später las, gehörten Rubens, Domenico, Ghirlandaio, Botticelli, Delacroix, Dürer, Allegri da Correggio, Veronese, Holbein d. J., Lenbach.

15 Der Brief ist verschollen, nicht aber Repins Antwort vom 20. Februar 1894 aus Neapel: »… dass [bei Flaubert] auch die Form eine Idee gebären soll, ist umso wunderlicher, als von einem Literaten behauptet.« Josef Brodsky, Ilja Repin. Pis'ma 1893–1930, S. 54. Übersetzung aus dem Russischen.

16 Ilja Repin, Brief an Marianne von Werefkin, 20. Februar 1894. Josef Brodsky, Ilja Repin. Pis'ma 1893–1930, S. 53 u. 55. Übersetzung aus dem Russischen.

17 Bismarcks Vertragssystem war Ende 1886 aufs höchste gefährdet. Die Rivalität zwischen Österreich-Ungarn und Russland verhinderte eine Erneuerung des im Sommer 1887 ablaufenden Dreikaiserbündnisses (Deutschland, Österreich-Ungarn, Russland). Es drohte Krieg in Osteuropa, denn sowohl in St. Petersburg als auch in Wien wuchs die Bereitschaft, den Bulgarienkonflikt mit nichtfriedlichen Mitteln auszutragen. Am 18. Juni 1887 unterzeichneten der russische Außenminister Nikolai Giers und der Kanzler des Deutschen Reichs eine bilaterale Abmachung: den Rückversicherungsvertrag zur Verhinderung eines französisch-russischen Schulterschlusses und damit eines Zweifrontenkrieges.

18 Marianne von Werefkin, Brief an den Vater, 20. August 1887. Laima Laučkaitė 2007, S. 203. Übersetzung aus dem Russischen. Siehe auch Lisa Della Voss, Brief an Marianne von Werefkin, 10. April 1886. Privatarchiv für expressionistische Malerei, Wiesbaden. Übersetzung aus dem Russischen.

19 Lisa Della Voss, Brief an Marianne von Werefkin, 17. Dezember 1887. Privatarchiv für expressionistische Malerei, Wiesbaden. Übersetzung aus dem Russischen.

20 Marianne von Werefkin, Lettres à un Inconnu, Heft I, S. 24 u. 31. Annekathrin Merges-Knoth, Marianne Werefkins russische Wurzeln, S. 46. Übersetzung aus dem Französischen.

21 Marianne von Werefkin, Brief an den Vater, 21. September 1887. Laima Laučkaitė 2007, S. 207. Übersetzung aus dem Russischen.

22 Marianne von Werefkin, Brief an den Vater, 21. September 1887. Ebd., S. 206. Übersetzung aus dem Russischen.

23 Marianne von Werefkin, Brief an den Vater, 21. September 1887. Ebd. Übersetzung aus dem Russischen.

24 Marianne von Werefkin, Brief an den Vater, 21. September 1887. Ebd., S. 205. Übersetzung aus dem Russischen.

25 Marianne von Werefkin, Brief an den Vater, 10. August 1888. Ebd., S. 209f. Übersetzung aus dem Russischen.

26 Bernd Fäthke 2001, S. 28. Am Ende des Rückblicks in ihren Aufzeichnungen, Heft IV, S. 4, steht der folgende, vermutlich von Marianne von Werefkin selbst dann wieder durchgestrichene, in Klammern gesetzte Satz: »Ich wusste damals noch nicht, was Leidenschaft ist.« Privatarchiv für expressionistische Malerei, Wiesbaden. Übersetzung aus dem Russischen.

27 Marianne von Werefkin hatte ihrem Vater im Juni 1888 vom Entstehen eines – nicht näher beschriebenen – Ausstellungsbildes berichtet.

28 Marianne von Werefkin, Brief an den Vater, 10. August 1888, Laima Laučkaitė 2007, S. 212. Übersetzung aus dem Russischen.

29 Deutsch: Eisenwasser.

30 Deutsch: Mineralwasser.

31 Vermutlich hatte Ilja Repin den Kontakt vermittelt. Er hatte Pawlow jüngst gemalt, in voller Aktion im Operationssaal: den Hammer in der erhobenen Linken, bringt der Chirurg mit der Rechten den Meißel in Position.

32 Marianne von Werefkin, Brief an den Vater, 11. Juni 1889. Laima Laučkaitė 2007, S. 210 u. 212. Übersetzung aus dem Russischen.

33 Marianne von Werefkin, Brief an den Vater, 11. Juni 1889. Ebd., S. 210f. Übersetzung aus dem Russischen.

34 Lisa Della Voss, Brief an Marianne von Werefkin, 29. Dezember 1889: »Nina [Lisas Schwester lebte in St. Petersburg] schreibt, dass Du jetzt mit Elektrizität gefoltert wirst und alle medizinischen Kapazitäten der Meinung sind, dass einzig diese Qual dir noch helfen kann.« Privatarchiv für expressionistische Malerei, Wiesbaden. Übersetzung aus dem Russischen.

35 Bernd Fäthke 2001, S. 30.

36 Lisa Della Voss, Brief an Marianne von Werefkin, ohne Datum. Nach Mai und vor November 1893. Privatarchiv für expressionistische Malerei, Wiesbaden. Übersetzung aus dem Russischen.

37 Bernd Fäthke 2001, S. 31. Die von Repin erwähnten Bilder gelten als verschollen.

38 Lisa Della Voss, Brief an Marianne von Werefkin, 9. September 1891. Privatarchiv für expressionistische Malerei, Wiesbaden. Übersetzung aus dem Russischen. Hier zitiert Lisa aus einem vorausgegangenen Schreiben der Freundin.

39 Alle verschollen.

40 Lisa Della Voss, Briefe an Marianne von Werefkin, 12. Februar 1892. Privatarchiv für expressionistische Malerei, Wiesbaden. Übersetzung aus dem Russischen.

41 Josef Brodsky, Ilja Repin. Pis'ma 1893–1930, S. 35. Übersetzung aus dem Russischen.

42 Ebd., S. 34. Übersetzung aus dem Russischen.

43 Lisa Della Voss, Brief an Marianne von Werefkin, 11. November 1893. Privatarchiv für expressionistische Malerei, Wiesbaden. Übersetzung aus dem Russischen.

44 Bernd Fäthke 2001, S. 32.

45 Clemens Weiler(Hrsg.), Marianne Werefkin. Briefe an einen Unbekannten 1901–1905, S. 8.

46 Ilja Repin, Brief an Marianne von Werefkin, 8. Mai 1894. Privatarchiv für expressionistische Malerei. Übersetzung aus dem Russischen.

47 Konstantin Pobedonoszew mit Namen.

48 »Nina [Della Voss] hat mir geschrieben, dass Du oft in der Akademie bist.« Lisa Della Voss, Brief an Marianne von Werefkin, ohne Datum. Nach Mai und vor November 1893. Privatarchiv für expressionistische Malerei, Wiesbaden. Übersetzung aus dem Russischen.

49 Im Range eines Leutnants.

50 Die in Anführungszeichen gesetzten Angaben zur Person, einschließlich umstrittenem Geburtsjahr, sind Jawlenskys amtlichem Dienstzeugnis entnommen, ausgestellt am 31. Dezember 1894, aufbewahrt im Russischen Militärgeschichtlichen Archiv, Moskau. Irina Dewjatjarowa, Omsk, überließ Bernd Fäthke eine Kopie, von deren Inhalt er mich dankenswerterweise in Kenntnis setzte. Übersetzung aus dem Russischen.

51 Dietrich Beyrau, Militär und Gesellschaft im vorrevolutionären Russland, S. 134.

52 Dietrich Beyrau, Militär und Gesellschaft im vorrevolutionären Russland, S. 370.

53 Jawlensky sprach von einer »Weltausstellung« in Moskau und nannte das Jahr 1880. Die Weltausstellung fand jedoch in Melbourne statt. »Eine nur dem Namen nach allgemeine, internationale Ausstellung wurde 1882 in Moskau veranstaltet. Diese Ausstellung könnte Jawlensky als Jüngling gesehen und dort jenes Schlüsselerlebnis gehabt haben.« Bernd Fäthke 2004, S. 13.

54 Bernd Fäthke 2004, S. 14.

55 Ebd., S. 16.

56 Ebd.

57 Ebd.

58 Alexej Jawlensky, Lebenserinnerungen, in: Clemens Weiler: Köpfe, Gesichte, Meditationen, S. 106.

59 Sequenz: Aufzeichnungen, Heft IV. Privatarchiv für expressionistische Malerei, Wiesbaden. Übersetzung aus dem Russischen.

60 Marianne von Werefkin, Brief an August Schädl, 1919. Bernd Fäthke 2001, S. 35.

61 Lisa Della Voss, Brief an Marianne von Werefkin, 20. Mai 1893. Privatarchiv für expressionistische Malerei, Wiesbaden. Übersetzung aus dem Russischen.

62 Ilja Repin, Briefe an Marianne von Werefkin, 7. November u. 22. Dezember 1893. Josef Brodsky, Ilja Repin. Pis'ma 1893–1930, S. 38 u. 44. Übersetzung aus dem Russischen. Während Repin auf Reisen war, durfte Marianne von Werefkin sein Atelier benutzen, hatte ihm aber versprechen müssen, niemand anderem Zutritt zu gewähren, Jawlensky vermutlich ausgenommen.

63 Ilja Repin, Brief an Marianne von Werefkin, 7. November 1893: »Ich versprach dem Redakteur der Theaterzeitung, P. I. Weinberg, über meine Eindrücke die Kunst betreffend zu berichten, ein Brief wurde bereits abgedruckt. Wenn Sie Interesse haben, lesen Sie ihn.« Josef Brodsky, Ilja Repin. Pis'ma 1893–1930, S. 38. Übersetzung aus dem Russischen.

64 Ilja Repin, Fernes und Nahes, S. 296.

65 Eigentlich James Abbott McNeill Whistler (1834–1903).

66 Ilja Repin, Fernes und Nahes, S. 308 u. 312.

67 Bernd Fäthke 2001, S. 37.

68 Lisa Della Voss, Brief an Marianne von Werefkin, 14. April 1894. Privatarchiv für expressionistische Malerei, Wiesbaden. Übersetzung aus dem Russischen.

69 Nikolaj von Seddeler, seine Schwester und sein Vater gehörten zum Freundeskreis der Familie Werefkin. Im März 1899 sprach Marianne von Werefkin in einem Brief an Alexej Jawlensky den Tod des »alten Seddeler« an. Laima Laučkaitė 2007, S. 213. Übersetzung aus dem Russischen.

70 Lisa Della Voss, Brief an Marianne von Werefkin, 15. November 1894. Privatarchiv für expressionistische Malerei, Wiesbaden. Übersetzung aus dem Russischen. »Für die Meisterklasse wurden [im Herbst 1894] aus 163 Bewerbern nur 15 ausgewählt. Unter den Durchgefallenen waren auch Schüler, die drei, vier Jahre in München oder Paris verbracht hatten.« Igor Grabar, Brief an seinen Bruder, 17. Oktober 1894. Igor Grabar, Pis'ma 1891–1917, S. 39. Übersetzung aus dem Russischen.

71 Offenbar hatte der einflussreiche General Julian Wiktorowitsch Lubowitzky der Untauglichkeitserklärung von Jawlensky nachgeholfen. Marianne von Werefkin wurde von dessen künstlerisch ambitionierter Tochter Musja sehr verehrt: »Sie sind so bewandert, unsere liebe Fee, unsere Inspiratrice.« Man traf sich regelmäßig in St. Petersburg und in Blagodat. Im Auftrag ihres Vaters war Lili Lubowitzky, Musjas Schwester, von Werefkin porträtiert worden. Karina Jagudina, Marianne von Werefkin. Ausgewählte Schriften und Briefe 1889–1918, S. 74f.

72 Marianne von Werefkin, Aufzeichnungen Heft I, S. 2 u. 8. Privatarchiv für expressionistische Malerei, Wiesbaden. Übersetzung aus dem Russischen.

73 Bernd Fäthke 2001, S. 41ff.

74 2009 zeigte die Webside des heutigen Krankenhauses von Pensa ein historisches Foto, worauf Wassily Lesin inmitten von anderen leitenden Ärzten der damals gegründeten chirurgischen Station zu sehen war.

75 Ilja Repin, Brief an Marianne von Werefkin, 8. Juli 1895. Privatarchiv für expressionistische Malerei.

76 Bernd Fäthke 2001, S. 43.

77 Ilja Repin, Brief an Marianne von Werefkin, 24. Juni 1896. Josef Brodsky, Ilja Repin. Pis'ma 1893 – 1930, S. 155. Übersetzung aus dem Russischen.

78 Gegen Ende des 19. Jahrhunderts fand vor allem in Russland die von Frankreich ausgehende facettenreiche Bewegung des mystisch-spirituellen Symbolismus großen Anklang. Der Symbolismus war Ausdruck der Beeinträchtigung menschlicher Erfahrungswelten durch gesellschaftliche Umwälzungen infolge Industrialisierung, Materialismus und Positivismus. Symbolisten sahen in der Kunst einen wichtigen Weg zur Erschließung des Universums und schrieben dem Künstler die Rolle eines Mediums gleichsam zu.

79 Ilja Repin, Brief an Marianne von Werefkin, 20. August 1895. Josef Brodsky, Ilja Repin. Pis'ma 1893 – 1930, S. 180. Übersetzung aus dem Russischen.

80 »Stilistisch handelt es sich um eine Weiterentwicklung dessen«, was sie sich »mit ihrem *Selbstbildnis in Matrosenbluse* … erarbeitet hatte«. In der Technik schlösse sich das noch unvollendete Jawlensky-Porträt »ganz allgemein einem Impressionismus à la Lovis Corinth oder Anders Zorn an«. Bernd Fäthke 2001, S. 46.

81 Marianne von Werefkin, Aufzeichnungen, Heft IV, S. 14. Privatarchiv für expressionistische Malerei, Wiesbaden. Übersetzung aus dem Russischen.

82 Bernd Fäthke 2001, S. 43.

83 Marianne von Werefkin, Aufzeichnungen Heft IV, S. 16f. Privatarchiv für expressionistische Malerei, Wiesbaden. Übersetzung aus dem Russischen.

84 Marianne von Werefkin, Aufzeichnungen Heft IV, S. 16f. Privatarchiv für expressionistische Malerei, Wiesbaden. Übersetzung aus dem Russischen.

85 Marianne von Werefkin, Aufzeichnungen Heft IV, S. 16f. Privatarchiv für expressionistische Malerei, Wiesbaden. Übersetzung aus dem Russischen.

86 Marianne von Werefkin, Aufzeichnungen Heft IV, S. 16f. Privatarchiv für expressionistische Malerei, Wiesbaden. Übersetzung aus dem Russischen. (Hervorhebungen *B.R.*)

87 Marianne von Werefkin, Aufzeichnungen Heft IV, S. 18. Privatarchiv für expressionistische Malerei, Wiesbaden. Übersetzung aus dem Russischen.

88 Marianne von Werefkin, Aufzeichnungen Heft IV, S. 18. Privatarchiv für expressionistische Malerei, Wiesbaden. Übersetzung aus dem Russischen.

89 Marianne von Werefkin, Aufzeichnungen Heft IV, S. 17. Privatarchiv für expressionistische Malerei, Wiesbaden. Übersetzung aus dem Russischen. (Hervorhebungen *B.R.*)

90 Clemens Weiler, Marianne Werefkin. Briefe an einen Unbekannten, S. 34.

91 Die Angaben zum Geburtsjahr von Helene Nesnakomoff sind widersprüchlich. Marianne von Werefkin schreibt, sie sei im Herbst 1895 zehn gewesen. Alexej Jawlensky bestätigte ihre Angabe indirekt. Er malte das Mädchen »fünfzehnjährig«, das geschah im Jahre 1900. Laut Helenes Nachkommen war sie älter und beim Eintritt in den Werefkinschen Haushalt fünfzehn.

92 Helenes Mutter hatte, laut Werefkin, auf ihr Sorgerecht verzichtet. Nachweislich blieben sie und die Tochter in Kontakt. Jahre später schickte Helene ihrer Mutter eine Fotografie von sich und Sohn Andreas. Auf der Rückseite des Bildes steht geschrieben: »Der lieben Mutter und Großmutter von Deiner Dich liebenden Tochter und Enkel, München, den 1. Oktober 1903«. Helmut Bauer, Schwabing Kunst und Leben, S. 246.

93 Marianne von Werefkin, Briefe an August Schädl, 1919. Bernd Fäthke 2001, S. 40. Die junge Frau hatte nicht mehr lange zu leben, sie starb bereits 1896. Im Juli des Jahres schrieb Musja Lubowitzky an Marianne von Werefkin: »Arme Pascha! Die Nachricht hat mich nicht überrascht, war sie doch so krank. Wie sehr der Kamerad [Jawlensky] deswegen leiden muss – er hatte so viel Freundschaft für sein engelhaftes Modell.« Karina Jagudina, Marianne von Werefkin. Ausgewählte Schriften und Briefe 1889 – 1918, S 77.

94 Marianne von Werefkin, Briefe an August Schädl, 1919. Bernd Fäthke 2001, S. 40.

95 Else Lasker-Schüler, Werke und Briefe, Bd. 1, S. 447.

96 Lettres à un Inconnu, Heft I, S. 97. Annekathrin Merges-Knoth, Marianne Werefkins russische Wurzeln, S. 59. Übersetzung aus dem Französischen.

97 Marianne von Werefkin, Briefe an August Schädl, 1919. Bernd Fäthke 2001, S. 44.

98 Musja Lubowitzky, Tochter des Generals Julian Wiktorowitsch Lubowitzky, fragte am 26. Februar 1896 (Gregorianischer Kalender) brieflich bei Marianne von Werefkin in St. Petersburg an: »Wie war Ihre lange Reise?« Demnach war die Freundin zu diesem Zeitpunkt schon wieder zurück. Karina Jagudina, Marianne von Werefkin. Ausgewählte Schriften und Briefe 1889 – 1918, S. 76.

99 Karina Jagudina, Marianne von Werefkin. Ausgewählte Schriften und Briefe 1889 – 1918, S. 61. Jawlenskys Exmatrikulation wurde am 22. April 1896 von der Kanzlei der Akademie bestätigt. Privatarchiv für expressionistische Malerei, Wiesbaden.

100 Karina Jagudina, Marianne von Werefkin. Ausgewählte Schriften und Briefe 1889 – 1918, S. 63.

101 Igor Grabar, Pis'ma 1891–1917, S. 75, 77 u. 79. Übersetzung aus dem Russischen. Schon im Sommer 1896 stand München als zukünftiger Wohnort von Werefkin und Jawlensky fest. »Ihr Leben in München wird charmant sein, mit Freunden und erfüllt von Kunst.« Musja Lubowitzky, Brief an Marianne von Werefkin, 20. Juli 1896. Karina Jagudina, Marianne von Werefkin. Ausgewählte Schriften und Briefe 1889–1918, S. 76.

102 Genau: Am 16. Oktober 1896. Vermerkt auf Nikolaj Seddelers »Legitimation« (Meldebogen). Stadtarchiv München.

103 Igor Grabar, Brief an Alexej Alexejewitsch Lugowoj, München, 14. Dezember 1896: Er und Kardowsky seien jüngst zu einem festlichen Mittagessen bei der Baronin eingeladen gewesen. Werefkin habe aus St. Petersburg nicht nur »eine russische Köchin und ein Zimmermädchen, sondern auch einen Samowar und noch viel mehr solcher Sachen mitgebracht«. Igor Grabar, Pis'ma 1891–1917, S. 80. Übersetzung aus dem Russischen.

KAPITEL IV

1 Eintrag in Marianne von Werefkins Tagebuch von 1899. Bernd Fäthke 2001, S. 53.

2 Weiterführende Lektüre zum Thema: Rolf Schneider, Deutsche und Russen. Man war sich schon mal näher.

3 Nikolaus II. war Nachfolger des im gleichen Monat verstorbenen Zar Alexander III.

4 Der Heiratsvertrag zwischen Kronprinz Ludwig (später Ludwig I.) und Katharina, Tochter von Zar Paul I., wurde auf Weisung Napoleons annulliert; und die Verhandlungen bezüglich ihrer ersatzweisen Vermählung mit dem Kronprinzen Max (später Maximilian II.) verliefen im Sande, weil sich ein württembergischer Nebenbuhler entschlussfreudiger zeigte.

5 Königinstraße 105.

6 Igor Grabar, Pis'ma 1891–1917, S. 88. Übersetzung aus dem Russischen.

7 Im Juli 1854 war die *Erste Allgemeine Deutsche Industrieausstellung* im neu errichteten Münchner *Glaspalas*t eröffnet worden. Ursprünglich sollte die Halle nach der Industrieausstellung in ein Gewächshaus umgebaut werden. In den folgenden Jahren wurde der *Glaspalast* überwiegend für internationale Kunstausstellungen genutzt. Außerdem war er Veranstaltungsort für Künstlerfeste. Im Juli 1931 fiel das Gebäude einem Brand zum Opfer.

8 Sechsundneunzig Mitglieder verließen die *Münchner Künstlergenossenschaft* und gründeten am 4. April 1892 den *Verein bildender Künstler Münchens e.V.*, welcher sich zusätzlich die Bezeichnung *Secession* gab, woraufhin der endgültige und vollständige Name *Verein bildender Künstler Münchens Secession e.V.* lautete. Zu den Gründungsmitgliedern zählten unter anderen Fritz von Uhde, Franz Stuck, Lovis Corinth, Adolph Hölzel und Max Liebermann.

9 1895 erhielt Repin für sein Gemälde *Die Saporoger Kosaken schreiben dem türkischen Sultan einen Brief* eine Goldmedaille.

10 Bernd Fäthke 2004, S. 120f.

11 Der Eintrag in die entsprechende Rubrik von Alexej Jawlenskys Meldebogen lautet: »Kunstmaler, Stabskapitän in Demission [außer Diensten]«. Stadtarchiv München.

12 Bayerisches Wirtschaftsarchiv, München.

13 Igor Grabar, Pis'ma 1891–1917, S. 103. Übersetzung aus dem Russischen.

14 Elisabeth Erdmann-Macke, Erinnerungen an August Macke, S. 238.

15 Bernd Fäthke 2001, S. 48.

16 Igor Grabar, Pis'ma 1891–1917, S. 80. Übersetzung aus dem Russischen.

17 1899 als wissenschaftlicher Mitarbeiter an die Kunsthalle Bremen berufen und ab 1905 deren Direktor, machte Gustav Pauli sie zu einer Galerie moderner Kunst. 1914 übernahm er die Leitung der Hamburger Kunsthalle.

18 Gustav Pauli, Erinnerungen aus sieben Jahrzehnten, S. 264f.

19 Igor Grabar, Moja Schisn. Automonografija, S. 115. Übersetzung aus dem Russischen.

20 Bernd Fäthke, Im Vorfeld des Expressionismus. Anton Ažbe und die Malerei in München und Paris, S. 7.

21 Igor Grabar, Pis'ma 1891–1917, S. 80 u. 120. Übersetzung aus dem Russischen.

22 Igor Grabar, Moja Schisn. Automonografija, S. 111. Übersetzung aus dem Russischen.

23 Bernd Fäthke, Im Vorfeld des Expressionismus. Anton Ažbe und die Malerei in München und Paris, S. 9, u. Bernd Fäthke 2004, S. 34.

24 Clemens Weiler, Marianne Werefkin. Briefe an einen Unbekannten, S. 38.

25 Igor Grabar, Pis'ma 1891–1917, S. 116. Übersetzung aus dem Russischen.

26 Laut Meldebogen wohnte Seddeler zuerst Giselastraße 27, danach Giselastraße 25. Stadtarchiv München.

27 »Da meine Großmutter mütterlicherseits eine Deutsche war, sprach ich schon als kleiner Junge deutsch.« Gisela Kleine, Gabriele Münter und Wassily Kandinsky, S. 138.

28 Igor Grabar, Briefe an seinen Bruder, 8. November 1896. Igor Grabar, Pis'ma 1891–1917, S. 79. Übersetzung aus dem Russischen. Dort steht auch geschrieben: »Kandinsky schlug hier drei Wochen tot und fuhr nun zu seiner Frau nach Odessa; er will sie endlich mitnehmen und ihr hier ernsthaft das Zeichnen beibringen.« Übersetzung aus dem Russischen. Wassily Kandinsky verlegte, aus großer zeitlicher Ferne zurückblickend, den Beginn seiner Aufnahme in den Freundeskreis in den Frühsommer: »Wir kennen uns seit 1897, das heißt, dass unsere Bekanntschaft in 2–3 Monaten 37 Jahre alt sein wird«, schrieb er Ende März 1934 an Jawlensky. Bauhaus-Archiv Berlin. Übersetzung aus dem Russischen.

29 Igor Grabar, Briefe an seinen Bruder, 21. März 1897. Igor Grabar, Pis'ma 1891–1917, S. 88.

30 Wera Werefkins Beteiligung an der Italienreise geht aus einem Brief von Igor Grabar an seinen Bruder hervor. Igor Grabar, Pis'ma 1891–1917, S. 89. Übersetzung aus dem Russischen.

31 Die heute als *Biennale* bekannten Filmfestspiele wurden, unter Verwendung der historischen Bezeichnung, erst nach dem Zweiten Weltkrieg ins Leben gerufen. Zu den in der *II. Esposizione Internazionale d'Arte La Biennale di Venezia* von 1897 ausgestellten Künstlern gehörten Reinhold Begas, Arnold Böcklin, Pierre Puvis de Chavannes, Lovis Corinth, Max Klinger, Wilhelm Leibl, Franz von Lenbach, Hans Thoma, Franz Stuck, Fritz von Uhde, Anders Zorn und Ilja Repin.

32 Bernd Fäthke 2001, S. 48.

33 Bernd Fäthke 2004, S. 38ff.

34 Igor Grabar hatte seinen Bruder, der nach England gereist war, gebeten, das anderswo nicht erhältliche Buch in einem der Londoner Antiquariate aufzustöbern. Igor Grabar, Pis'ma 1891–1917, S. 116. Übersetzung aus dem Russischen.

35 Igor Grabar, Pis'ma 1891–1917, S. 105f. Übersetzung aus dem Russischen.

36 Alexej Jawlensky, Lebenserinnerungen, in: Clemens Weiler: Köpfe, Gesichte, Meditationen, S. 107.

37 Igor Grabar, Pis'ma 1891–1917, S. 111. Übersetzung aus dem Russischen. In einem undatierten, vermutlich 1898, ganz sicher aber in Wien auf die Post gegebenen Brief an Werefkin, kündigte Jawlensky seine Weiterreise noch am gleichen Tage an. Wohin die Reise gehen sollte, ist nicht erwähnt. Wohl aber, dass er die Wartezeit zu einem Ausstellungsbesuch nutzen wolle. Mag sein, es war die erste Ausstellung der *Wiener Secession* gemeint. Laima Laučkaite 2005, S. 276. Übersetzung aus dem Russischen.

38 Sie wohnte in Zarskoje Selo, Sommersitz der Zaren, fünfundzwanzig Kilometer südlich von Sankt Petersburg, bei Verwandten.

39 Alexej Jawlensky, Brief an Marianne von Werefkin, März 1899. Laima Laučkaite 2005, S. 272. Übersetzung aus dem Russischen. Werefkin erklärte ihr Schweigen mit vorübergehender Krankheit.

40 Alexej Jawlensky, Brief an Marianne von Werefkin, März 1899. Ebd., S. 271. Übersetzung aus dem Russischen.

41 Igor Grabar, Brief an Marianne von Werefkin, Ostern 1899. Laima Laučkaite 2005, S. 273. Übersetzung aus dem Russischen. Das Wort »Malweiber« ist im Original deutsch geschrieben.

42 Marianne von Werefkin, Brief an Alexej Jawlensky, Mai 1899. Laima Laučkaite 2007, S. 219.

43 Sequenz: Igor Grabar, Brief an Dimitrij Kardowsky, 26. Mai 1899. Igor Grabar, Pis'ma 1891–1917, S. 124. Übersetzung aus dem Russischen.

44 Igor Grabar, Brief an Dimitrij Kardowsky, 17. April 1899. Igor Grabar, Pis'ma 1891–1917, S. 120. Übersetzung aus dem Russischen.

45 Igor Grabar, Brief an Marianne von Werefkin, Ostern 1899. Laima Laučkaite 2005, S. 273. Übersetzung aus dem Russischen.

46 Die *Ständige Ausstellung der Münchner Künstlergenossenschaft* war kürzlich in den Westflügel *des Glaspalastes* umgezogen.

47 Kernstück des *Odeon*, 1826 bis 1828 von Leo von Klenze im Auftrag Ludwigs I. errichtet, war der große Konzert- und Ballsaal.

48 Igor Grabar, Brief an Dimitrij Kardowsky, 17. April 1899. Igor Grabar, Pis'ma 1891–1917, S. 120. Übersetzung aus dem Russischen.

49 Alexej Jawlensky, Brief an Marianne von Werefkin, März 1899. Laima Laučkaite 2005, S. 272. Übersetzung aus dem Russischen.

50 Marianne von Werefkin, Brief an Alexej Jawlensky, März 1899. Laima Laučkaitė 2007, S. 213f. Übersetzung aus dem Russischen.

51 Ebd., S. 214ff. Übersetzung aus dem Russischen.

52 Alexej Jawlensky, Brief an Marianne von Werefkin, März 1899. Laima Laučkaitė 2005, S. 272. Übersetzung aus dem Russischen.

53 Am Ende gestand der Münchner »Malerfürst« den beiden Besuchern ein: Er fürchte sich vor der Temperamalerei, sie sei ihm ein Graus; da er aber wisse, dass man Vergleichbares mit Ölfarben nicht erreichen könne, versuche er es immer wieder. Alexej Jawlensky, Brief an Marianne von Werefkin, März 1899. Laima Laučkaitė 2005, S. 274. Übersetzung aus dem Russischen.

54 Bernd Fäthke 2001, S. 49.

55 Ebd., S. 22, Anm. 267, nennt mit Rihard Jakopic und Iwan Grohar zwei Ažbe-Schüler, die als Mitglieder der *Lukasbruderschaft* ebenfalls in Frage kamen.

56 Ebd., S. 49f. Eintrag in Marianne von Werefkins Tagebuch von 1899: »Wenn ein Genie und sein Publikum in Disharmonie sind, so gibt es Stillstand im Gang der universellen Kultur. – Es muss also ein Publikum gebildet werden. Dies ist die Rolle der Frau. Sie ist da, um Verkünderin der neuen Ideen zu sein, besonders in der Kunst, um das Genie der Masse zu erläutern. Es geschieht durch die Frau, dass das Genie Besitz von der Menge ergreift …« Bernd Fäthke 2001, S. 53.

57 Heute lettisch Anspoki. Um 1900 war das Gebiet ein nördlicher Ausläufer des russischen Gouvernements Witebsk.

58 Heute lettisch Preili.

59 Marianne von Werefkin, Brief an Alexej Jawlensky, Mai 1899. Laima Laučkaitė 2007, S. 221. Übersetzung aus dem Russischen.

60 Marianne von Werefkin, Brief an Alexej Jawlensky, Mai 1899. Ebd. Übersetzung aus dem Russischen.

61 Marianne von Werefkin, Brief an Alexej Jawlensky, Mai 1899. Ebd. Übersetzung aus dem Russischen.

62 Alexej Jawlensky, Brief an Marianne von Werefkin, Mai 1899. Laima Laučkaitė 2005, S. 275. Übersetzung aus dem Russischen.

63 Marianne von Werefkin, Brief an Alexej Jawlensky, Mai 1899. Ebd., S. 220. Übersetzung aus dem Russischen.

64 Marianne von Werefkin, Brief an Alexej Jawlensky, Mai 1899. Ebd., S. 220. Übersetzung aus dem Russischen.

65 Marianne von Werefkin, Brief an August Schädl, 1919. Bernd Fäthke 2001, S. 35.

66 Marianne von Werefkin, Brief an Alexej Jawlensky, Mai 1899. Laima Laučkaitė 2007, S. 219ff. Übersetzung aus dem Russischen.

67 Bernd Fäthke 2001, 53f.

68 Die Einträge ins Matrikelbuch III 1884–1920 erfolgten nacheinander: Wassily Kandinsky war Nr. 02178, Nikolaj von Seddeler Nr. 02179, gefolgt von Paul Klee Nr. 02180. Der einundzwanzigjährige Paul Klee hatte sich in der privaten Münchner Malschule des Akademiedozenten Heinrich Knirr auf die Zulassung vorbereitet.

69 Dimitry Kardowsky, Brief an Marianne von Werefkin, Ende Mai/Anfang Juni 1901. Karina Jagudina, Marianne von Werefkin. Ausgewählte Schriften und Briefe 1889–1918, S. 81.

70 Wassily Kandinsky, Gesammelte Schriften 1889–1916, S. 215.

71 Bernd Fäthke 2001, S. 51f.

72 Lettres à un Inconnu, Heft I, S. 55. Annekathrin Merges-Knoth, Marianne Werefkins russische Wurzeln, S. 49. Übersetzung aus dem Französischen.

73 Abreise- und Rückkehrzeitpunkt sind Werefkins, von der Russischen Gesandtschaft in München ausgestelltem Reisedokument entnommen. Privatarchiv für expressionistische Malerei, Wiesbaden. Übersetzung aus dem Russischen. Am 31. Mai, nach westlicher Zeitrechnung am 13. Juni 1901, schrieb Dimitrij Kardowsky aus St. Petersburg an Marianne von Werefkin, er habe die Absicht mit Olga, seiner Frau, »für ein paar Tage« nach Anspaki zu kommen. Karina Jagudina, Marianne von Werefkin. Ausgewählte Schriften und Briefe 1889–1918, S. 79.

74 Kandinsky war mit seiner Frau innerhalb Schwabings umgezogen und wohnte nun in der Friedrichstraße 1.

75 Bernd Fäthke 2004, S. 52.

76 Das ist einem Vermerk auf dem in München ausgestellten Meldebogen zu entnehmen. Bernd Fäthke 2001, S. 56.

77 Bernd Fäthke 2001, S. 55ff. u. ergänzende Auskunft des Stadtarchivs München: Denn das Verwirrspiel ging noch weiter. Als im Mai 1914 in der Giselastraße 23 ein Beamter des »B.[ezirks] K.[ommissariats]« vorsprach, um die Noch- oder Nichtmehr-Anwesenheit der Ausländerinnen Helene und Maria Nesnakomoff zu »erheben«, vermerkte er auf Helenes Legitimationsblatt, diese habe den Dienst bei Marianne von Werefkin nach zwei Jahren

etwa quittiert (tatsächlich traf das auf Maria zu), während in Marias Meldebogen Helenes(!) Emigration gemeinsam mit Werefkin und Jawlensky im August 1914 in die Schweiz und auch ihr kurzer Aufenthalt 1921 in München eingetragen sind.

KAPITEL V

1 Bernd Fäthke 2001, S. 58.
2 Ebd., S. 60 u. 62.
3 Ebd., S. 58 u. 60.
4 Ebd., S. 60.
5 Nicht immer datiert, füllen sie drei Oktavhefte.
6 Clemens Weiler, Marianne Werefkin. Brief an einen Unbekannten, S. 10. Herausgeber Clemens Weiler übersetzte, vielleicht weil er den Philosophen im Hintergrund nicht erkannte, René Descartes'(1586–1650) berühmten Satz »Je pense, donc je suis«, abweichend von der im Deutschen gängigen Version, mit »Ich denke, *deshalb* bin ich«. Was Descartes sagen wollte ist: Nur wenn ich denke, kann ich mir meiner sicher sein, denn was ich denken kann, das muss einfach existieren.
7 Augustinus von Hippo (354–430). Nicht das Zitat selbst ist bei Augustinus zu finden, aber der Grundgedanke ist bei ihm vorformuliert.
8 Die Autorin dankt Prof. Dr. Lothar Bily SDB, Fundamentaltheologe und Rektor der Philosophisch-Theologischen Hochschule des Klosters Benediktbeuern, für die Hinweise auf Überschneidungen der Denkansätze von Descartes und Augustinus.
9 Lettres à un Inconnu, Heft I, S. 144. Jelena Hahl-Koch, Marianne Werefkin und der russische Symbolismus, S. 96.
10 Bernd Fäthke 2001, S. 27.
11 Lettres à un Inconnu, Heft I, S. 123. Annekathrin Merges-Knoth, Marianne Werefkins russische Wurzeln, S. 171. Übersetzung aus dem Französischen.
12 Lettres à un Inconnu, Heft III, S. 211ff. Jelena Hahl-Koch, Marianne Werefkin und der russische Symbolismus, S. 94f.
13 Bernd Fäthke 2001, S. 53.
14 Clemens Weiler, Marianne Werefkin. Briefe an einen Unbekannten, S. 39.
15 Lettres à un Inconnu, Heft I, S. 9. Annekathrin Merges-Knoth, Marianne Werefkins russische Wurzeln, S. 133. Übersetzung aus dem Französischen.
16 Lettres à un Inconnu, Heft II. S. 8f. Jelena Hahl-Koch, Marianne Werefkin und der russische Symbolismus, S. 94f.
17 Bernd Fäthke 2001, S. 62.
18 Lettres à un Inconnu, Heft III, S. 35. Annekathrin Merges-Knoth, Marianne Werefkins russische Wurzeln, S. 53. Übersetzung aus dem Französischen.
19 Privatarchiv für expressionistische Malerei, Wiesbaden. Übersetzung aus dem Französischen.

20 Josef Brodsky, Ilja Repin. Pis'ma 1893 – 1930, S. 173f. Übersetzung aus dem Russischen.

21 (1903) Clemens Weiler, Marianne Werefkin. Briefe an einen Unbekannten, S. 42f.

22 (Um 1904) Wassily Kandinsky, Gesammelte Schriften 1889 – 1916, S. 251.

23 (1903) Clemens Weiler, Marianne Werefkin. Briefe an einen Unbekannten, S. 42f.

24 (Vermutlich 1902/1904) Wassily Kandinsky, Gesammelte Schriften 1889 – 1916, S. 241.

25 Dort arbeitete Gabriele Münter mit Emmy Dresler, Maria Giesler und Olga Meerson zusammen. Leider musste die *Phalanx*-Schule schon 1903 mangels Nachfrage wieder geschlossen werden.

26 Übersetzung aus dem Russischen. Igor Grabars Enkelin Ekaterina Grabar-Sarzinskij überließ Bernd Fäthke eine Kopie der Widmung, von deren Inhalt er mich dankenswerterweise in Kenntnis setzte.

27 Bechtejeff (1878 – 1971) hatte, wie Jawlensky, in Moskau eine militärische Ausbildung abgeschlossen, bevor er sich dem Studium der Malerei zuwandte.

28 Clemens Weiler, Marianne Werefkin, Briefe an einen Unbekannten, S. 33. Eintrag Ende November 1903.

29 Albert (von) Salzmann (1833 – 1897), deutschstämmig, evangelisch.

30 Emilia Salzmann geborene Jürgens war die Tochter eines einflussreichen Baumeisters, auch ihre Familie hatte deutsche Wurzeln.

31 Matrikelbuch III 1884 – 1920, Nr. 01959.

32 Das Atelier nutzte er gemeinsam mit Adalbert Niemeyer (1867 – 1932), Gründungsmitglied der *Münchner* Secession und des *Werkbunds* sowie mit Carl Strathmann (1866 – 1939). Strathmann war mit dem Maler Fritz Erler bekannt. Dieser holte Alexander Salzmann 1906/07 zur Mitarbeit an den Wandmalereien im Muschelsaal des Kurhauses nach Wiesbaden.

33 Bernd Fäthke 2001, S. 71.

34 Gustav Pauli, Erinnerungen aus sieben Jahrzehnten, S. 266.

35 Marianne von Werefkin, Brief an Alexej Jawlensky, September 1903. Laima Laučkaitė 2007, S. 228. Übersetzung aus dem Russischen.

36 Heute Barneville-Carteret.

37 Marianne von Werefkin, Brief an Alexej Jawlensky, September 1903. Ebd., S. 228. Übersetzung aus dem Russischen.

38 Marianne von Werefkin, Brief an Alexej Jawlensky, 4. September 1903. Ebd., S. 222. Übersetzung aus dem Russischen.

39 Marianne von Werefkin, Brief an Alexej Jawlensky, 4.September 1903. Ebd., S. 222. Übersetzung aus dem Russischen. Am 12. September 1903 schrieb Werefkin an Jawlensky, dass sich ein alter, uns nicht näher bekannter, russischer Verehrer namens Nikolaj Popow schriftlich bei ihr gemeldet habe. Er

wolle die kürzlich in München wieder aufgefrischte Freundschaft durch einen Besuch bei ihr in Carteret festigen, obwohl sie dem offensichtlich in sie Verliebten die Aussichtslosigkeit weiter gehender Bemühungen bereits klargemacht und ihm das Versprechen, sich nicht mehr zu melden, abgenommen hatte. »Du siehst, er hat nicht durchgehalten! Ich habe ihm, meinem Gefühl nach, mit einem ruhigen, lustigen Brief geantwortet.« Ebd., S. 227. Übersetzung aus dem Russischen.

40 Marianne von Werefkin, Brief an Alexej Jawlensky, 4.September 1903. Ebd., S. 222. Übersetzung aus dem Russischen. Auf Whistler und auf Zuloaga ging sie nach ihrem Museumsbesuch näher ein: »Whistlers *Mutter* blickt auf die Staffelei, was nicht von Vorteil ist, doch so sieht man, wie gut das Bild gemalt ist. *Carlos* von Zuloaga gefällt mir sehr, obwohl seine Farben hier zu üppig und zu schön sind … Dafür ist die Dreiergruppe [*Tante Luisa* in Begleitung zweier Frauen wurde im gleichen Jahr geschaffen] etwas Fabelhaftes. Das wirkt eben wie das Werk eines großen Meisters. Besonders die mittlere [ganz in Schwarz gekleidete] Figur. … Man muss den Farbton ihres Gesichtes in Harmonie mit dem Hutschmuck aus [gelben] Rosen sehen und wie dazu Lippen in hellem Rosa gewählt wurden.«

41 Marianne von Werefkin, Brief an Alexej Jawlensky, 28.September 1903. Laima Laučkaite 2007, S. 224. Übersetzung aus dem Russischen.

42 Unter Zugrundelegung des verfügbaren Briefwechsels Jawlensky/Werefkin ist davon auszugehen, dass er ihr 1903 *nicht* nach Frankreich folgte und auch keine diesbezüglichen Überlegungen anstellte.

43 Marianne von Werefkin, Brief an Alexej Jawlensky, 4. September 1903. Laima Laučkaitė 2007, S. 222. Übersetzung aus dem Russischen.

44 Marianne von Werefkin, Brief an Alexej Jawlensky, 28. September 1903. Ebd., S. 224 u. 226. Übersetzung aus dem Russischen.

45 Marianne von Werefkin, Brief an Alexej Jawlensky, 28.September 1903. Ebd., S. 225f. Übersetzung aus dem Russischen.

46 Marianne von Werefkin, Brief an Alexej Jawlensky, 28.September. Ebd. S. 226. Übersetzung aus dem Russischen.

47 Marianne von Werefkin, Brief an Alexej Jawlensky, 3.September 1903. Ebd., S. 223. Übersetzung aus dem Russischen. Jawlensky muss sich erkundigt haben, was es mit dem Nacktbaden auf sich habe, da Salzmann im Nachhinein brieflich striktes Einhalten von Sitte und Anstand beteuerte.

48 Marianne von Werefkin, Brief an Alexej Jawlensky, 3.September 1903. Ebd., S. 223. Übersetzung aus dem Russischen. Die von Werefkin beschriebene Villa gibt es in Carteret noch heute.

49 Marianne von Werefkin, Brief an Alexej Jawlensky, 12. September 1903. Ebd., S. 227. Übersetzung aus dem Russischen. Des Weiteren schrieb sie, Salzmann habe vom Kauf einiger seiner Bilder durch den Kunstsammler Alfred Wolff erfahren.

50 Clemens Weiler, Marianne Werefkin, Briefe an einen Unbekannten, S. 25 u. Bernd Fäthke 2001, S. 58.

51 Marianne von Werefkin, Brief an Diego Hagmann, 5. November 1929. Marianne Werefkin, Die Farbe beisst mich ans Herz, S. 170.

52 Jelena Hahl-Fontaine, Jawlensky und Rußland, in: Alexej von Jawlensky – das Auge ist der Richter, S. 52.

53 Ebd.

54 Jawlensky führt in seinen *Lebenserinnerungen* an, er sei um diese Zeit von dem schwedischen Maler Anders Zorn beeinflusst gewesen. In puncto Wahl der Leinwandgröße in Anpassung an die Farbintensität (wir erinnern: je eindringlicher desto raumgreifender) hatte Marianne von Werefkin aber wohl doch noch ein Wörtchen mitzureden.

55 Bernd Fäthke 2004, S. 62.

56 Die Ausstellung dauerte vom 4. Mai bis zum 15. September 1904. Unter den in diesem Jahre in Berlin vertretenen Künstlern waren: Cuno Amiet, Fritz Erler, Ferdinand Hodler, Carl Strathmann (Alexander Salzmanns Ateliergenosse), James McNeill Whistler *(Portrait des Schriftstellers Duret)*, Anders Zorn *(Portrait meiner Frau)*. Die Namen von Edvard Munch und Ignacio Zuloaga tauchen im Katalog in der Auflistung der »assoziierten Mitglieder« der *Berliner Secession* auf.

57 Bernd Fäthke 2004, S. 62.

58 1905 zog die *Berliner Secession* von der Kantstraße an den Kurfürstendamm 208/209.

59 Bernd Fäthke 2004, S. 63.

60 Großfürst Wladimir Alexandrowitsch, ein reicher Bonvivant und spendabler Mäzen, war mit Marie Herzogin von Mecklenburg-Schwerin verheiratet.

61 Die Verkaufsveranstaltung fand im Großen Ausstellungssaal des zur Lehranstalt von Baron Stieglitz gehörenden Museums statt. Ab 15. Februar 1904 wurden dort neben Porzellan, Schmuck, Möbeln, Stoffen und Waffen nahezu vierhundert Bilder und Skulpturen aus Russland sowie westeuropäischen Ländern angeboten.

62 Clemens Weiler, Marianne Werefkin. Briefe an einen Unbekannten, S. 36 u. 38.

63 Bernd Fäthke 2004, S. 77.

64 Werefkin hörte den russlandkritischen Vortrag gemeinsam mit Jawlensky und dem Historiker Ludwig Quidde, Mitglied der *Deutschen Volkspartei*. Seit Mitte der 1890er Jahre protestierten deren Vertreter gegen das Weltmachtstreben und die Aufrüstung des wilhelminischen Deutschland. Auch Quidde, seit 1893 Mitglied der Partei und von 1894 bis 1900 Herausgeber der *Münchner Freien Presse*, tat seine pazifistische Haltung öffentlich kund.

65 Sequenz: Bernd Fäthke 2004, S. 71f. Zwei Arien kommen in Frage: *Norma il predisse …*, eine Einlage Richard Wagners für Bass und Chor, oder die von

Norma selbst gesungene Klage: *Sieh' mein Sehnen, schlinge wieder der Liebe Band!*.

66 Clemens Weiler, Marianne Werefkin. Briefe an einen Unbekannten, S. 40.

67 Bernd Fäthke 2004, S. 71.

68 Eugène Henri Paul Gauguin, 1848 in Paris geboren, war am 8. Mai 1903 verstorben.

69 Felix vom Rath, mit Werefkin befreundet, nannte sie anerkennend *diavolezza*, Teufelsweib.

70 Bernd Fäthke 2004, S. 73.

71 Bernd Fäthke 2001, S. 67f.

72 Clemens Weiler, Marianne Werefkin. Briefe an einen Unbekannten, S. 45.

73 Das Emailleschild blieb erhalten.

74 April 1905: Münter, seit geraumer Zeit mit Kandinsky auf Reisen, hatte ihrem »Mann« vier Wochen München abgetrotzt, um ihre schlimmen Zahnschmerzen loszuwerden und endlich wieder einmal in einem Atelier unter Korrektur zu arbeiten, »am liebsten bei Alexej Jawlensky«. Gisela Kleine, Gabriele Münter und Wassily Kandinsky, S. 221. Fachlich-sachliche Bedenken hatte Kandinsky nicht. »Bei Jawlensky kannst Du etwas lernen«, äußerte er im gleichen Monat Münter gegenüber, obwohl ihm dessen »Tupfenmalerei« nicht so recht gefallen wollte. Bernd Fäthke 2004, S. 74.

75 Franziska zu Reventlow, Sämtliche Werke, Bd. 3, Tagebücher 1886 bis 1910, S. 372. Eintrag vom 10. Januar 1906.

76 Alexej Jawlensky, Lebenserinnerungen, in: Clemens Weiler: Köpfe, Gesichte, Meditationen, S. 111. Sergej Wolkonsky wurde sogar mit einer Soiree geehrt. Der ehemalige Direktor des kaiserlichen Theaters in St. Petersburg, aus fürstlich russischem Geschlecht, war nämlich ein exquisit vernetzter Strippenzieher in allen nur vorstellbaren künstlerischen Bereichen.

77 Clemens Weiler, Marianne Werefkin. Briefe an einen Unbekannten, S. 37f.

78 Behördenvermerk auf Helene Nesnakomoffs Meldebogen, bei dem es sich ja bekanntlich um Maria Nesnakomoffs Meldebogen handelte: »War [im November 1902 eingereist] etwa 2 Jahre in ob.[igem, d.h. Werefkins] Dienst«. Bernd Fäthke 2001, S. 56f.

79 »Immer wenn ich meine Köchin [Helene] kreischen höre oder ihr Kind plärren, oder sie Türen wirft und ihre Beschimpfungen erschallen ...« Bernd Fäthke 2004, S. 58.

80 Im März 1905 bat Igor Grabar im fernen Russland den Maler und Landsmann Alexander Gausch, dem gemeinsamen Freund möglichst bald Geld zu schicken. Jawlensky benötige es dringend. Er wolle seine in Moskau ausgestellten Werke mit eigenen Augen sehen. »Besteht in der Sache möglicherweise Hoffnung?« Wohl nicht, blieb Jawlensky doch in diesem Jahr bekanntlich zuhause. Nachdem seine Bilder in St. Petersburg gezeigt worden waren, gingen sie mit einer großen, von Kunstmanager Diaghilew zusammen-

gestellten Porträtretrospektive nach Moskau. Laut Grabar begann mit der dortigen Ausstellung des *Verbandes russischer Künstler* (entstanden durch den Zusammenschluss von *Mir iskusstwa* und der Gruppe *36 Künstler*) »eine neue Ära für das Verständnis der russischen und europäischen Kunst des 18. und 19. Jahrhunderts«. Igor Grabar, Pis'ma 1891–1917, S. 160 u. Igor Grabar, Moja Zizn'. Automonografija, S. 156. Übersetzungen aus dem Russischen. Offen bleibt, warum gerade Gausch Jawlensky Geld schicken sollte.

81 Auch Kandinsky stellte 1905 in Paris aus. Er wurde mit einer Medaille ausgezeichnet. Jawlensky ging anscheinend leer aus. Bei mindestens vier seiner Exponate handelte es sich um Stillleben: *Teller mit Äpfeln*, *Blaue Hyazinthe*, *Mixed Pickles* und *Gefäß mit Früchten*.

82 Bernd Fäthke 2008, S. 45.

83 Brigitte Salmen, Marianne von Werefkin in Murnau, S. 4. Übersetzung aus dem Russischen.

84 Pierre Bonnard, André Derain, Kees van Dongen, Raoul Dufy, André Lhote, Albert Marquet, Henri Matisse, Maurice de Vlaminck.

85 Gefragt, warum er einer weiblichen Figur eine grüne Nase verpasst habe, soll Matisse entgegnet haben, er male keine Frauen, sondern Bilder.

86 Lettres à un Inconnu, Heft III, S. 259. Annekathrin Merges-Knoth, Marianne Werefkins russische Wurzeln, S. 51. Übersetzung aus dem Französischen.

KAPITEL VI

1 Bernd Fäthke 2004, S. 87.

2 Marianne von Werefkin, Brief an August Schädl, 1919. Bernd Fäthke 2004, S. 87

3 Marianne von Werefkin, Brief an Alexej Jawlensky, Oktober 1906. Laima Laučkaitė 2007, S. 230. Übersetzung aus dem Russischen.

4 1906 hatten Josse und Gaston Bernheim-Jeune, Söhne von Alexandre Bernheim-Jeune, am Boulevard de la Madeleine eine eigene Galerie eröffnet.

5 Alexej Jawlensky, Brief an Marianne von Werefkin, Oktober 1906, Laima Laučkaitė 2005, S. 278. Übersetzung aus dem Russischen.

6 Marianne von Werefkin, Brief an Alexej Jawlensky, 28. September 1903. Ebd., S. 224. Übersetzung aus dem Russischen.

7 Alexej Jawlensky, Lebenserinnerungen, in: Clemens Weiler: Köpfe, Gesichte, Meditationen, S. 109.

8 Laut Ausstellungskatalog.

9 Catalogue Raisonné of the Oil Paintings, Bd. 1, 82.

10 Heute: *Madame Sid.* Catalogue Raisonné of the Oil Paintings, Bd. 1, 88.

11 Alexej Jawlensky, Brief an Marianne von Werefkin, Oktober 1906. Laima Laučkaitė 2005, S. 278. Übersetzung aus dem Russischen.

12 Alexander Benois (1870–1960), russischer Intellektueller, Maler, Grafiker, Bühnenbildner, Kunstkritiker und Kunsthistoriker.

13 Alexej Jawlensky, Brief an Marianne von Werefkin, Oktober 1906. Laima Laučkaitė 2005, S. 278. Übersetzung aus dem Russischen.

14 Alexej Jawlensky, Brief an Marianne von Werefkin, Oktober 1906. Ebd. Übersetzung aus dem Russischen.

15 Kandinsky (er stellte seit 1904 im *Salon d'Automne* aus) heimste beim *Herbstsalon* 1906 einen »Grand Prix« ein, während Jawlensky nach allem, was wir wissen, wie im Vorjahr leer ausging.

16 Laima Laučkaitė 2005, S. 276. Übersetzung aus dem Russischen.

17 Alexej Jawlensky, Brief an Marianne von Werefkin, Oktober 1906. Ebd., S. 278. Übersetzung aus dem Russischen.

18 Alexej Jawlensky, Brief an Marianne von Werefkin, Oktober 1906. Ebd. Übersetzung aus dem Russischen.

19 1899 hatte sich Chruschtschow an Jawlenskys letztlich vergeblicher Suche nach einem Atelier für seine damals geplante Malschule beteiligt. Alexej Jawlensky, Brief an Marianne von Werefkin, Mai 1899. Ebd., S. 275. Übersetzung aus dem Russischen.

20 Robert Eckerts Lebensdaten (1874 – ?) sind nur in Bruchstücken rekonstruierbar.

21 Derzeit war Pierre Girieud wegen seiner monumentalen, im *Herbstsalon* ausgestellten *Hommage à Gauguin* in aller Munde.

22 Den Sommer 1906 hatte Girieud in Cassis, einem Badeort östlich von Marseille, verbracht.

23 Bernd Fäthke 2004, S. 90.

24 Marianne von Werefkin, Brief an Alexej Jawlensky, Oktober 1906. Laima Laučkaitė 2007, S. 232. Übersetzung aus dem Russischen.

25 Marianne von Werefkin, Brief an Alexej Jawlensky, Oktober 1906. Ebd., S. 231. Übersetzung aus dem Russischen.

26 Marianne von Werefkin, Brief an Alexej Jawlensky, Oktober 1906. Ebd. Übersetzung aus dem Russischen.

27 Bernd Fäthke 2001, S. 62.

28 Marianne von Werefkin, Brief an Alexej Jawlensky, Oktober 1906. Ebd., S. 231f. Übersetzung aus dem Russischen.

29 Bernd Fäthke 2001, S. 74.

30 Ebd., S. 73.

31 Ab 1909 lebte Ferdinand Hodler (1858 – 1918) mit Valentine Godé-Darel (1873 – 1914) zusammen.

32 Bernd Fäthke 2001, S. 102.

33 Clemens Weiler, Marianne Werefkin. Briefe an einen Unbekannten, S. 45. Wir erinnern uns an die folgende Aussage Werefkins schon vor Jahren: »Ich verstehe so gut die Idee van Goghs, das Weiße und Schwarze als zwei Farben zu behandeln und nicht als den Schatten, der dem Licht entgegengesetzt ist. Er hielt wenig von dem Credo der Koloristen, für die das Schwarze die Abwesen-

heit und das Weiße die Vereinigung aller Farben ist. Das Weiße und das Schwarze sind für van Gogh Werte, die den leuchtendsten Farben seiner Palette gleichwertig sind, sie sind zwei positive Werte.« Bernd Fäthke 2001, S. 78.

34 Zur Erinnerung: »Ein Mädchenpensionat geht über die Straße, die Kleinen vorneweg und die Großen zum Schluss. Weiße Strümpfe, schwarze Kleider, gelbe Strohhüte. Das ist wie ein schwarzes Reptil mit gelbem Rücken, das auf weißen Pfoten sich an den grauen Häusern entlangwindet.« Clemens Weiler, Marianne Werefkin. Briefe an einen Unbekannten, S. 40.

35 Bernd Fäthke 2001, S. 99. Apropos Kandinsky: Als dieser um 1902/1904 seine Gedanken zur Wahl der Größe des Maluntergrundes in Abhängigkeit von Farbintensitäts- und Hell-Dunkel-»Gegensätzen« niederschrieb, führte er zwar als ein Beispiel die Antipoden »sauber« und »schmutzig« an, lässt aber mit keinem Wort die Absicht einer Einbeziehung schmutziger Farben in die eigene Malerei oder ihre stilistische Bedeutung an sich beziehungsweise für den heraufziehenden Expressionismus erkennen. Wassily Kandinsky, Gesammelte Schriften (1889 – 1916), S. 241.

36 Von *cloison*, Trenn- oder Scheidewand.

37 1907 waren in München bei Brakl & Thannhauser Toulouse-Lautrec-Lithographien ausgestellt.

38 In der Gartensiedlung Hellerau wurde der Wunsch nach Einheit von Wohnen, Arbeit, Kultur und Bildung Wirklichkeit.

39 Emile Jaques-Dalcrozes Aufsatz *Die Wiedergeburt des Tanzes* von 1912 ist Alexander Sacharoff gewidmet.

40 Gurdjieffs Theorien sind nicht unumstritten. Trotzdem sind Neurologen mit Forschungsschwerpunkt Gefühl und Emotion der Meinung, dass die von dem Mystiker entwickelten Bewegungsübungen auch heute noch von Bedeutung sind.

41 Thomas und Olga von Hartmann, die in München mit den Giselisten und vor allem mit Kandinsky befreundet gewesen waren, schlossen sich in Tiflis genau so eng wie die Salzmanns an Gurdjieff an. Sie trennten sich Ende der zwanziger Jahre von ihm, ohne das Gefühl der Dankbarkeit je zu verlieren. 1949 schrieb Thomas von Hartmann Gurdjieffs Grabrede und setzte ihm noch im gleichen Jahr mit einem großen Klavierzyklus ein musikalisches Denkmal.

42 Auch die Schriftstellerin Katherine Mansfield gehörte zu Gurdjieffs Schülerinnen. Sie starb 1923 in Fontainebleau und liegt auf dem Friedhof der Abtei begraben.

43 Sequenz Bernd Fäthke 2004, S. 88ff. u. 97. Exakt nimmt Hugo Kehrer in seinem Brief an Marianne von Werefkin auf Edvard Munchs Lithografie *Geschrei* Bezug.

44 Bernd Fäthke 2004, S. 99 u. Privatarchiv für expressionistische Malerei, Wiesbaden. Ein Brand im Vereinsheim 1980 hatte auch die Vernichtung der Archivalien aus der Frühzeit der Kaisheimer Schützengesellschaft zur Folge.

45 Bernd Fäthke 2004, S. 109.
46 Am 16. Mai 1905 hatte Erbslöh sich an der Münchner Akademie in die Klasse Ludwig Herterich eingeschrieben.
47 Edmund Kanoldt (1845 – 1904), zu Lebzeiten nicht unbedeutend, ist als Maler weitgehend in Vergessenheit geraten.
48 Rudolf Czapek, Grundprobleme der Malerei, S. 19f.
49 Kandinsky in seinem Vorwort zur ersten Auflage: »Die Gedanken, die ich hier entwickle, sind Resultate von Beobachtungen und Gefühlserfahrungen, die sich allmählich im Laufe der letzten fünf bis sechs Jahre sammelten.« Wassily Kandinsky, Über das Geistige in der Kunst – insbesondere in der Malerei, S. 21.
50 Max Bill, Einführung, in: Wassily Kandinsky, Über das Geistige in der Kunst – insbesondere in der Malerei, S. 13.
51 Thomas Thiel, Fackelträger der neuen Kunst, in: Frankfurter Allgemeine Sonntagszeitung vom 5. Dezember 2007. Vgl. auch Helga Grebing, Die Worringers. Bildungsbürgerlichkeit als Lebenssinn.
52 Willibrord Verkade, Der Antrieb ins Vollkommene, S. 192.
53 Ebd., S. 171.
54 Alexej Jawlensky, Lebenserinnerungen, in: Clemens Weiler: Köpfe, Gesichte, Meditationen, S. 110. Willibrord Verkade malte in Jerusalem den Kapitelsaal des Klosters Mariä Heimgang aus, sein Werk wurde jedoch abgelehnt und schließlich übertüncht.
55 Bernd Fäthke 2004, S. 111.
56 1908 machte eine von Bernheim-Jeune aus Paris kommende Ausstellung mit etwa neunzig Werken van Goghs in der Münchner *Modernen Kunsthandlung Brakl & Thannhauser* Station.
57 Privatarchiv für expressionistische Malerei, Wiesbaden.

EXKURS I

1 Emanuel von Seidl, ein erfolgreicher Architekt, war weit über die Grenzen Münchens hinaus bekannt. Die von ihm geplante Fassadengestaltung in Murnau gibt dem Ort noch heute sein farbenfrohes Gepräge.
2 Brigitte Salmen, Vor 100 Jahren – Kandinsky, Münter, Jawlensky, Werefkin, S. 120.
3 Brigitte Salmen, Vorwort zu: Vor 100 Jahren – Kandinsky, Münter, Jawlensky, Werefkin, S. 10.
4 Annegret Hoberg, Wassily Kandinsky und Gabriele Münter in Murnau und Kochel 1902 – 1914, S. 45f.
5 Ebd., S. 46.
6 Es ist verschollen, Jahrzehnte später wiederholt Münter mehrmals das Motiv.
7 Sequenz: Brigitte Salmen u. Annegret Hoberg, Um 1908 – Kandinsky, Münter, Jawlensky und Werefkin in Murnau, in: Vor hundert Jahren …, S. 26f.

1909 hielt Gabriele Münter den schweigsamen Alexej Jawlensky im Bilde fest. Rückblickend wurde die Darstellung von ihr so kommentiert: »Jawlensky war weniger intellektuell oder intelligent als Kandinsky und Klee, und ihre Theorien verirrten ihn oft. Einmal malte ich ein Porträt, das ich ›Zuhören‹ nannte und das Jawlensky darstellte, wie er mit einem verdutzten Ausdruck in seinem pausbäckigen Gesicht neuen Kunsttheorien von Kandinsky lauscht.« Annegret Hoberg u. Helmut Friedel, Gabriele Münter. 1877–1962, S. 264.

8 Annegret Hoberg u. Helmut Friedel, Gabriele Münter. 1877–1962, S. 264.

9 Bernd Fäthke 2004, S. 114.

10 Gisela Kleine, Gabriele Münter und Wassily Kandinsky, S. 320f.

11 Seinen Malkasten könne sie haben, hatte Kandinsky von Sèvres aus an die in Paris weilende Münter geschrieben, er male ohnehin nicht. Die Freundin, seiner komplizierten Wesensart und mürrischen Unentschlossenheit müde, hatte sich vorübergehend von ihm getrennt.

12 Im Laufe des Winters rückte Münter, so nahe wie es ihr erlaubt war, an den geliebten Mann heran. Sie nahm sich in der Ainmillerstraße 48 eine Wohnung und fand in der Ainmillerstraße 19 ein Atelier.

13 Wassily Kandinsky, Brief aus Dessau an Alexej Jawlensky in Wiesbaden, 1. November 1932. Bauhaus-Archiv, Berlin. Übersetzung aus dem Russischen.

14 Heinrich Rambold lebte von 1872 bis 1953.

15 Noch früher als in Deutschland hatte in Russland ein ähnlicher Verdrängungsprozess eingesetzt. Dort wurde Handgemaltes durch gedruckte Volksbilderbögen (Luboki genannt) verdrängt.

16 Johann Krötz lebte von 1858 bis 1919.

17 1922, in der Ausstellung *Murnau in der Kunst*, wurden Hinterglasbilder aus der Sammlung Krötz einem größeren Publikum vorgestellt. Zirka fünfhundertfünfzig sind heute noch im Bestand des Heimatmuseums Oberammergau.

18 Laut Bernd Fäthke 2001, S. 131, schufen alle vier Künstlerfreunde in Murnau Hinterglasbilder. Doch seien nur zwei der von ihr gemalten Werke in Werefkins Nachlass gelangt. Sowohl beim *Auf dem Kreuz liegenden Christuskind* (das Motiv geht auf eine Zeile aus dem Hohen Lied zurück: Ego dormio, et cor meum vigiliat) als auch bei *Maria als gute Hirtin* handele es sich um das leicht abgewandelte Zitat eines althergebrachten Motivs. Die Originale gingen, so Fäthke, 1982, nach dem Tod von Werefkins Neffen Alexander, verloren, doch gibt es Fotografien. Privatarchiv für expressionistische Malerei, Wiesbaden.

19 Bernd Fäthke 2001, S. 15 u. 21.

20 Heute: Pfarrgasse 16.

21 Heute: Kottmüllerallee 6.

1 Kandinsky merkte später irrtümlich an, er sei in diesem Winter mit der Münter in Berlin gewesen, in Wirklichkeit hatten sie sich 1907/1908 in der Stadt aufgehalten.

2 Die Urkunde war von Gabriele Münter handschriftlich ausgefertigt worden, ebenso wie das erste Mitgliederverzeichnis der Vereinigung.

3 Der Eintrag ins Vereinsregister nennt Wassily Kandinsky und Hugo Schimmel, welcher noch im laufenden Jahre 1909 aus der *NKVM* ausschied, als Vorsitzende.

4 Annegret Hoberg u. Helmut Friedel, Der Blaue Reiter und Das Neue Bild, S. 31.

5 Franz Josef Brakl war nicht nur Galerist, sondern auch Opern- und Operettensänger sowie Theaterdirektor.

6 An der *1. Ausstellung der Neuen Künstler-Vereinigung München* waren beteiligt: Paul Baum, Wladimir von Bechtejeff, Erma Bossi, Emmi Dresler, Robert Eckert, Adolf Erbslöh, Pierre Girieud, Karl Hofer, Alexej Jawlensky, Wassily Kandinsky, Alexander Kanoldt, Moissey Kogan, Alfred Kubin, Gabriele Münter, Carla Pohle, Marianne von Werefkin.

7 Das Landschaftsbild mit der vor einem *Kruzifix* knienden Frau und die *Schuhplattler* gehören in Werefkins Murnauer Schaffenszeit; *Sturm* hat seinen Ursprung in der Bretagne 1906. Die Zuordnung der beiden anderen im Katalog aufgelisteten Titel ist aus heutiger Sicht nicht möglich.

8 Das Bildnis des Alexander Sacharoff.

9 Dreitausend Mark wollte auch Wladimir von Bechtejeff für seine *Amazonen* haben. Zweitausend bis zweitausendfünfhundert Mark stellte sich Paul Baum als Verkaufserlös vor. Und Karl Hofer bot, ein weiterer Vergleich, sein *Selbstpo*rträt für tausendeinhundert Mark an.

10 Bayerische Staatsbibliothek. Zeitungsarchiv.

11 Alexej Jawlensky, Brief an Marianne von Werefkin, Dezember 1909. Laima Laučkaitė 2005, S. 281. Übersetzung aus dem Russischen.

12 Tschudi ließ Thannhauser durch Erbslöh ausrichten, dass er »die Kritiken gelesen habe und nun noch mehr an der Ausstellung interessiert sei«. Alexej Jawlensky, Brief an Marianne von Werefkin, Dezember 1909. Laima Laučkaitė 2005, S. 281. Übersetzung aus dem Russischen.

13 Alexej Jawlensky, Brief an Marianne von Werefkin, Dezember 1909. Ebd., S. 281. Übersetzung aus dem Russischen.

14 An der *2. Ausstellung der Neuen Künstler-Vereinigung München* waren folgende Künstler beteiligt: Wladimir von Bechtejeff, Erma Bossi, Georges Braque, David Burljuk, Wladimir Burljuk, Wassily Denissoff, André Derain, Kees van Dongen, Francisco Durio, Adolf Erbslöh, Henri Le Fauconnier, Pierre Girieud, Hermann Haller, Bernhard Hoetger, Alexej Jawlensky, Eugen Kahler, Wassily Kandinsky, Alexander Kanoldt, Moissey Kogan, Alfred

Kubin, Alexander Mogilewsky, Gabriele Münter, Adolf Nieder, Pablo Picasso, Georges Rouault, Edwin Scharff, Seraphim Soudbinine, Maurice de Vlaminck, Marianne von Werefkin.

15 Bis auf das erstgenannte Gemälde können die Titel keinem der heute noch bekannten, eventuell später umbenannten, Bilder eindeutig zugeordnet werden.

16 Lothar-Günther Buchheim, Der Blaue Reiter und die Neue Künstlervereinigung München, S. 28f.

17 Seine Wohnung in Schwabing, Schellingstraße 33, Rückgebäude, Erdgeschoss, hatte Franz Marc im Juni 1910 gekündigt, nachdem feststand, dass er und seine Freundin Maria Franck forthin auf dem Lande leben würden.

18 Franz Marc: »Zur Ausstellung der Neuen Künstlervereinigung bei Thannhauser – Gegenüber der allgemeinen Ablehnung, die die ›neue Künstlervereinigung‹ in München erfährt, ist es vielleicht angebracht, auch eine andere Stimme und Meinung laut werden zu lassen. – An etwas stößt sich hier das Publikum augenscheinlich: es sucht Staffeleikunst und wird nervös und zweiflerisch, wenn es kaum ein reines Staffeleibild von gewohntem Stil in dieser Ausstellung findet. Bei allen Bildern ist noch ein Plus im Spiel, das ihm die reine Freude nimmt, aber jedesmal den Hauptwert des Werkes ausmacht. … Die völlig vergeistigte und entmaterialisirte Innerlichkeit der Empfindung, der im ›Bilde‹ beizukommen unsre Väter, die Künstler des 19. Jahrhunderts, nie auch nur versuchten. Dies kühne Unterfangen, die ›Materie‹, an der sich der Impressionismus festgebissen hat, zu vergeistigen, ist eine notwendige *Reaktion,* die in Pont-Aven unter Gauguin begann und bereits unzählige Versuche aufweist. Was bei diesem Neuen, das die ›neue Künstlervereinigung‹ macht, uns so aussichtsreich erscheint, ist, daß ihre Bilder neben ihrem auf's Höchste vergeistigten Sinn höchst wertvolle Exempel für Raumaufteilung, Rhythmus und Farbentheorie enthalten. Ein Nebengedanke drängt sich hier auf: wird nicht vielleicht das kommende Kunstgewerbe einen glücklichen Anschluß an diese Werke, die voll Rhythmus und ornamentaler Farbe sind, finden können? Einen Anschluß, den es seit dem Biedermeier entbehrt und den wir alle sehnlichst verlangen. Dieser doppelte Sinn, der *geistige* und der *ornamentale,* sollten uns doch zur Besinnung bringen, diese echten Künstler mit dem Ernst anzusehen, den sie verdienen. Es ist schade, daß man *Kandinskys* große Komposition und manches andere nicht neben die muhamedanischen Teppiche im Ausstellungspark hängen kann. Ein Vergleich wäre unvermeidlich und wie lehrreich für uns Alle! Worin besteht unsere staunende Bewunderung vor dieser orientalischen Kunst? Zeigt sie uns nicht spottend die einseitige Begrenztheit unserer europäischen Begriffe von Malerei? Ihre tausendfach tiefere Farben- und Kompositionskunst macht unsere konventionellen Theorien zu Schanden. Wir haben in Deutschland kaum ein dekoratives Werk,

geschweige einen Teppich, den wir daneben hängen dürfen. Versuchen wir es mit Kandinskys Kompositionen – sie werden diese gefährliche Probe aushalten, und zwar nicht als Teppiche, sondern als »*Bilder*«. Welche künstlerische Einsicht birgt dieser seltene Maler! Die große Konsequenz seiner Farben hält seiner zeichnerischen Freiheit die Wa[a]ge – ist dies nicht zugleich eine Definition der Malerei? – In der großen Marées-Ausstellung empfanden wir dankbar die Erlösung vom Kleinkram unserer Staffeleimalerei; *Bechtejeff* wandelt in seinen und Feuerbachs Bahnen. Glaubt man denn wirklich im Ernst, daß Bechtejeff ein ungeschickter Aktzeichner ist? Er erkannte, was Marées Ringen tragisch hemmte und die großen Ideen Feuerbachs verdarb: Beide gingen an die Darstellung des Menschen mit den gänzlich ausgeschöpften Mitteln der italienischen Renaissance und wagten nicht die letzte Konsequenz, ihn als Linienornament in ihre ornamentalen Kompositionen einzuführen; hier liegt einer der Wege für die moderne Wandkunst. Mit welch bewußter Sicherheit wählt ihn Bechtejeff. Seine Amazonenschlacht vorigen Jahres ist wie eine heitere Erfüllung von Feuerbachs und Trübners Versuchen an demselben Thema. – Mancher tote Meister würde vor *Erbslöhs* mächtigem Frauenakt erschauern und einen fernen Stil ahnen, den er vergeblich gesucht. Die Erfüllung steht noch weit vor uns; aber diese Künstler reißen den Boden mutig auf für eine gute Saat. – Warum lacht man vor *Girieuds* köstlichen Jahreszeiten? Ich glaube, man belächelt sich dabei selber traurig. Ist die Phantasie heute so verbiedermeiert und verstopft, daß sie hier versagt? Man sammelt wütend alte Japandrucke und persische Liebesbücher – warum schreckt man vor Girieuds aristophanischer Laune zurück? – Man ist vor allem enttäuscht, auch unter den *Stillleben* nicht die gewohnten Staffeleibilder zu finden. Sie wollen es auch kaum sein. Ihre konsequent durchgeführte *Aufteilung der Fläche*, die geheimnisvollen Linien des einen, der Farbenklang des andern sucht geistige Stimmungen auszulösen, die mit der Materie des Dargestellten wenig zu thun haben aber einer neuen, sehr vergeistigten Ästhetik den Boden bereiten. Auch hieraus könnte das Kunstgewerbe, wenn es einst will – und es *wird* wollen –, die wertvollsten Anregungen holen. Vielleicht versteht man in diesem Gedankengang besser, warum *Le Fauconnier* an den Anfang seiner Kunst Zahlen und Maße setzt. – Hodler und Klimt, den großen Neuerern unserer Kunst, stehen diese Künstler verhältnismäßig fern. Es erhöht in unseren Augen ihr Verdienst, daß sie abseits von diesen Meistern einen eigenen Weg suchen. Daß sie dabei ihrerseits nicht traditionslos sind, schmälert dieses Verdienst nicht. Marées, Cézanne, Gauguin, die russische Gotik und der Orient, der heute eine der Säulen europäischer Kunsttradition geworden ist, sind ihre Manen, – ein schwer zu verwaltendes Erbe. Wir sollten mittun und helfen und nicht durch blödes Gelächter entmutigen. Die Art, wie das Münchner Publikum die Aussteller abtut, hat fast etwas Erheiterndes. Man benimmt sich, wie wenn es vereinzelte Auswüchse kranker Gehirne seien, während es schlichte und herbe Anfänge auf einem noch unbebauten Lande sind. Weiß man nicht, daß an allen Enden Europas heute der gleiche, neuschaffende Geist tätig ist, trotzig und bewußt? Man denke sich die kleine Ausstellung ergänzt durch ein paar deutsche wie Barlach, Metzner, Thornprikker, Brühlmann, Weiss, Hofer, der selbst Mitglied ist, und Ausländer wie Matisse, Minne, Manguin, Puy u.a. – Wer Augen hat, muß hier den machtvollen Zug der neuen Kunst sehen.« Maschinenschriftliches Konzept mit handschriftlichen Verbesserungen und zwei handschriftlichen Einlagen. Sieben Seiten in Quart und auf Briefbogen (eigenhändig). Nachlass Adolf Erbslöh. Privatbesitz.

19 Franz Marc trat der *NKVM* im Januar 1911 bei. Der Posten eines dritten Vorsitzenden war wohl eigens für ihn geschaffen worden.

20 Annegret Hoberg u. Helmut Friedel, Der Blaue Reiter und Das Neue Bild, S. 266.

21 Insgesamt wanderte die *2. Ausstellung der Neuen Künstler-Vereinigung München* nach Karlsruhe, Mannheim, Hagen, Berlin, Dresden, Weimar. Außerdem wurde eine Auswahl der Exponate in der *Vierten Ausstellung der Neuen Secession Berlin* vom 18. November 1911 bis zum 31. Januar 1912 gezeigt.

22 In dieser »illustren Gesellschaft in ganz Deutschland Spießruten laufen«? Das wollte Kubin sich zukünftig ersparen. Alfred Kubin 1877–1959. Ausstellungskatalog, S. 57.

23 Annegret Hoberg u. Helmut Friedel, Der Blaue Reiter und Das Neue Bild, S. 269.

24 Gisela Kleine, Gabriele Münter und Wassily Kandinsky, S. 349.

25 Münter zählte die Tage bis zu Kandinskys Wiederkehr: »Ohne Dich bin ich viel weniger, Du gehörst zu mir und machst mich reich und ohne Dich ist es hier leer.« Gisela Kleine, Gabriele Münter und Wassily Kandinsky, S. 350.

26 Michail Larionow riet Wassily Kandinsky als Einziger unter dessen russischen Freunden davon ab, auf immer ins Heimatland zurückzukehren.

27 Wassily Kandinsky, Briefe an Gabriele Münter, November 1910. Jelena Hahl-Koch, Kandinsky, S. 134f.

28 1904 hatte Reinhard Piper zusammen mit Georg Müller in München den Verlag R. Piper & Co. gegründet. In der Folge gab er unter anderem Dostojewskis *Sämtliche Werke* und zahlreiche Bücher zur Kunst heraus.

29 Brigitte Roßbeck u. Kirsten Jüngling, Franz und Maria Marc, S. 216.

30 Moissey (eigentlich Moshe) Kogan, geboren 1879 in Bessarabien, einem Landstrich am Schwarzen Meer (heute Moldawien), war 1903 zur Fortsetzung seines Kunststudiums nach München gekommen. Von seiner regelmäßigen Teilnahme an den Diskussionsrunden im Salon Marianne von Werefkins ist auszugehen. Seit 1911 lebte er hauptsächlich in Paris. Nachdem die bildhauerische Leistung von Moissey Kogan Beachtung durch Auguste

Rodin und Aristide Maillol gefunden hatte, wurde er Jurymitglied und danach Vizepräsident der Bildhauerabteilung des *Salon d'Automne*. 1943 wurde Moissey Kogan in Auschwitz ermordet.

31 Franz Marc, Brief an August Macke, 10. August 1911. Wolfgang Macke, August Macke/Franz Marc. Briefwechsel, S. 65.

32 Die Zulassungsstreitigkeiten innerhalb der *NKVM* waren kein Einzelfall. Nachdem die Jury der *Berliner Secession* unter dem Vorsitz von Max Liebermann siebenundzwanzig Gemälde expressionistischer Künstler aus dem Kreis *Die Brücke* zurückgewiesen hatte, initiierten Max Pechstein, Georg Tappert und Moritz Melzer 1910/11 die *Neue Secession*, von der sich 1914, wiederum aus Protest, die *Freie Secession* abspaltete.

33 Am 3. Oktober 1911 schrieb Kandinsky an Kubin: »Haben Sie meinen letzten Brief nicht erhalten? Mit der auf- und eindringlichen Bitte um einen literarischen Beitrag für den Almanach, welchen wir ›Der Blaue Reiter‹ getauft haben ...« Klaus Lankheit, Wassily Kandinsky/Franz Marc. Briefwechsel, S. 19f. Kandinsky zwei Jahrzehnte später: »Den Namen ›Der Blaue Reiter‹ erfanden wir am Kaffeetisch in der Gartenlaube in Sindelsdorf; beide liebten wir Blau, Marc – Pferde, ich – Reiter. So kam der Name von selbst. Und der märchenhafte Kaffee von Frau Maria Marc [exakt: Fräulein Maria Franck] mundete uns noch besser.« Wassily Kandinsky, »Der Blaue Reiter (Rückblick)«, in: Das Kunstblatt 14, 1930, S. 59. Münter widerlegte retrospektiv die anekdotische Entstehungsgeschichte. Der Titel sei keineswegs das beiläufige Ergebnis einer Kaffeerunde, sondern habe vor jener Debatte bereits für Kandinsky festgestanden. »*Blau* galt ihm im Sinne der Romantik als Symbolfarbe für eine ins Unendliche gerichtete Sehnsucht. Seit er 1904 das *Bild eines Reiters mit blauem Mantel und blauem Barett* gemalt hatte, der über die herbstlichen Felder dahinjagte, waren Reiterdarstellungen die bildliche Artikulation seiner selbst.« Gisela Kleine, Gabriele Münter und Wassily Kandinsky, S. 397.

34 Maria Marc, Brief an August Macke, 3. Dezember 1911. Wolfgang Macke, August Macke/Franz Marc. Briefwechsel, S. 83.

35 Bernd Fäthke, Inszenierung eines Krachs. Neues vom »Blauen Reiter«, in: Weltkunst Nr. 13/2000, S. 2219.

36 Klaus Lankheit, Wassily Kandinsky/Franz Marc. Briefwechsel, S. 41.

37 Jelena Hahl-Koch, Kandinsky, S. 134f.

38 Wolfgang Macke, August Macke/Franz Marc. Briefwechsel, S. 64.

39 Ebd., S. 74.

40 Klaus Lankheit, Wassily Kandinsky/Franz Marc. Briefwechsel, S. 64.

41 »Es kann sich nur um den 22. Oktober gehandelt haben, denn aus Jawlenskys *Lebenserinnerungen* läßt sich rekonstruieren, daß er kurz nach jenem Besuch mit Werefkin »auf 14 [Tage] nach Paris ging.« Bernd Fäthke, Inszenierung eines Krachs. Neues vom »Blauen Reiter«, in: Weltkunst Nr. 13/2000, S. 2219.

42 Damals hatte Wassily Kandinsky der Gigantomanie des anfänglichen *NKVM*-Mitglieds Charles Palmié Einhalt gebieten wollen.

43 Wolfgang Macke, August Macke/Franz Marc. Briefwechsel, S. 84.

44 Klaus Lankheit, Wassily Kandinsky/Franz Marc. Briefwechsel, S. 71.

45 Ebd., S. 74.

46 Ebd., S. 75.

47 Ebd., S. 76.

48 Ebd., S. 77.

49 Jelena Hahl-Koch, Wassily Kandinsky und Arnold Schönberg. Der Briefwechsel, S. 31.

50 Ursprünglich war eine etwas andere Auswahl geplant gewesen. Wassily Kandinsky, Brief an Arnold Schönberg, 15. Dezember 1911: »Von Ihren Bildern wollte ich folgendes ausstellen (die Ausstellung beginnt Dienstag, den 19-ten) Selbstportrait, Dame in Rosa, (ev[entuell] Landschaft) und 2 – 3 Visionen ... Unsere Ausstellung wird sehr interessant, verschiedene Formen.« Jelena Hahl-Koch, Wassily Kandinsky und Arnold Schönberg. Der Briefwechsel, S. 36.

51 Wolfgang Macke, August Macke/Franz Marc. Briefwechsel, S. 81.

52 Bernd Fäthke, Inszenierung eines Krachs. Neues vom »Blauen Reiter«, in: Weltkunst Nr. 13/2000, S. 2219.

53 Annegret Hoberg u. Helmut Friedel, Der Blaue Reiter und Das Neue Bild, S. 31.

54 Wolfgang Macke, August Macke/Franz Marc. Briefwechsel, S. 83 – 86.

55 Klaus Lankheit, Wassily Kandinsky/Franz Marc. Briefwechsel, S. 81.

56 Erbslöh steckte nur vorübergehend in einer finanziellen Klemme.

57 Der ukrainische Maler Alexander Mogilewsky war der *NKVM* erst im Februar 1912 beigetreten, kurz nach dem Zerwürfnis also.

58 Bernd Fäthke 2001, S. 177ff.

59 Freundin und Förderin Jawlenskys in späterer Zeit.

60 Privatarchiv für expressionistische Malerei, Wiesbaden.

61 Albert Bloch, David Burljuk, Wladimir Burljuk, Heinrich Campendonk, Robert Delaunay, Elisabeth Epstein, Eugen Kahler, Wassily Kandinsky, August Macke, Franz Marc, Gabriele Münter, Jean Bloé Niestlé, Arnold Schönberg, Henri Rousseau.

62 Wo und welchem Rahmen die Kollektion später dann tatsächlich noch gezeigt wurde, ist nicht mehr nachvollziehbar. Wir wissen von einer Ausstellung des *Deutschen Künstlerbundes* in Zürich im Februar 1912, in welche die *NKVM*-Exponate eingegliedert waren ebenso wie in die Frühjahrsausstellung der *Münchner Secession*. Vorgesehen waren im März Elberfeld, im April Mannheim, im Mai Frankfurt am Main/*Kunstsalon Ludwig Schames*, im Juni Jena, im Juli Breslau. Der *Kunstverein Heidelberg*, ebenfalls für Mai eingeplant, hatte definitiv abgesagt.

63 Die Künstlerin Erma Bossi (eigentlich Erma Barrera-Bossi) wurde 1882 oder 1885 in Pola bei Triest geboren. Um 1905 ging sie nach München und erhielt vermutlich an der *Damenakademie* des *Künstlerinnenvereins* eine Ausbildung. Im Jahr 1909 trat sie der *NKVM* bei. Um diese Zeit war die Malerin eng mit Kandinsky und Münter befreundet. Von 1910 an lebte Bossi in Paris, unternahm Reisen nach Italien und kehrte immer wieder nach München beziehungsweise Murnau zurück. Einladungen zu den alljährlich stattfindenden *Salons des Indépendants* und *Salons d'Automne* sowie zu den Münchner Ausstellungen der *NKVM* brachten sie mit der internationalen Avantgarde in Kontakt.

KAPITEL VII

1 Marianne von Werefkin, Brief an Alexej Jawlensky, 17. Dezember 1909. Laima Laučkaitė 2007, S. 233. Übersetzung aus dem Russischen.

2 Eigentlich Karlsplatz. Die volkstümliche Bezeichnung Stachus geht auf den Wirt Eustachius Föderl zurück, der dort im 18. Jahrhundert ein sehr beliebtes Freizeitparadies geschaffen hatte, eine kunterbunte Mischung aus Gasthaus, Kegelbahn und Unterhaltungsbuden.

3 Clotilde Derp-Sacharoff, La vie que nous avons dansée (unpublizierte Memoiren), zitiert nach Frank-Manuel Peter u. Reiner Stamm, Die Sacharoffs, S. 159.

4 Derp war ihr Künstlername, eigentlich hieß sie Clotilde Edle von der Planitz.

5 Clotilde Derp-Sacharoff, La vie que nous avons dansée (unpublizierte Memoiren), zitiert nach Frank-Manuel Peter u. Reiner Stamm, Die Sacharoffs, S. 161f.

6 *Sacharoff in Frauenkleidern*, Guache, 12,5 x 18 Zentimeter.

7 *Alexander Sacharoff*, Tempera, 73,5 x 55 Zentimeter.

8 »Nicht von ungefähr hat Werefkin Sacharoff mit ostasiatischen Mandelaugen dargestellt. Die Art, wie Sacharoff die Pupillen extrem in die Augenwinkel dreht und über die Schulter nach hinten schaut, erinnert an eine feststehende Formel aus dem Repertoire japanischer Schauspielkunst, die sich in vielen [von Jawlensky gesammelten] Holzschnitten wiederfindet. … Ungewöhnlich und fremd mutet auch Sacharoffs Gewandung an. … Es handelt sich um eine kimonoartige Draperie, aus der unvermittelt der linke Unterarm steil nach oben ragt. Sacharoff scheint im Bewegungsablauf für einen Moment wie erstarrt zu sein, um mit kapriziöser Hand- und Fingerhaltung – die dergestalt insbesondere im Japanischen bekannt ist – dem Beschauer eine kostbare schmetterlingsartige Blüte zu präsentieren.« Bernd Fäthke 2001, S. 135f. 1919 wird Sacharoff in seinem Tanztheaterstück *Papillon* einen Schmetterling verkörpern.

9 Bernd Fäthke 2001, S. 65.

10 Ebd., S. 135.

11 Thomas von Hartmann (1886–1956), ein russischer Aristokrat mit ausgeprägtem philosophischem Interesse, war nach seiner musikalischen Ausbildung am Konservatorium St. Petersburg und ersten Erfolgen am dortigen Hoftheater nach München gekommen, um bei Felix Mottl zu studieren.

12 »Vortrag des Malers Kandinsky«, in: Vestnik rabotnikov iskusstv (Nachrichten der Kunstarbeiter), Heft 4–5, Moskau 1921, S. 74f.

13 Echte synästhetische Wahrnehmungen beginnen in der frühen Kindheit und sind ein Leben lang unveränderlich. Ein Exempel von vielen: Es gibt Synästheten, die, hören sie einen Vokal oder einen Umlaut etwa, eine ganz bestimmte Farbe zwanghaft erblicken; da wird beispielsweise das i, lang gesprochen zu einem dunklen, kurz gesprochen zu einem lichten Gelb; das a zu einem Kornblumenblau, das u zu einem tiefdunklen Rot und das o zu einem gräulichen Schwarz. Das ü und das ä wiederum kommen als kräftiges Orange respektive Aquamarin daher.

14 *Der gelbe Klang* ist eine Bühnenkomposition in sechs Bildern. Mitwirkende: fünf Riesen, undeutliche Wesen, Tenor (hinter der Bühne), ein Kind, ein Mann, Menschen in losem Gewand, Menschen in Trikots, Chor (hinter der Bühne).

15 Eine mit Hugo Ball, dem Gründer des Kabaretts *Dada* in Zürich, geplante Aufführung am Künstlertheater München wurde durch den Ausbruch des Ersten Weltkrieges verhindert. Nina Kandinsky beschreibt in ihren Erinnerungen mehrere Versuche, das Werk auf die Bühne zu bringen. Über die Erstaufführung existieren unterschiedliche Angaben. Einmal wird sie auf das Jahr 1972 in New York datiert, wohingegen Kandinskys Witwe schrieb, dass das Werk erstmals 1975 anlässlich der dritten Musikfesttage in La Saint Baume mit Musik von Alfred Schnittke inszeniert wurde. Im Werkverzeichnis Schnittkes wird als Premierendatum Sommer 1974 genannt.

16 Das Stück wurde im Juni 1912 in Paris uraufgeführt: Musik Maurice Ravel, Dekoration Leon Brakst, Tänzer Waslaw Nijinsky und Tamara Karsawina.

17 Alexej Jawlensky, Brief an Marianne von Werefkin, Dezember 1909. Laima Laučkaitė 2005, S. 294. Übersetzung aus dem Russischen.

18 Lettres à un Inconnu, Heft III, S. 211ff. Jelena Hahl-Koch, Marianne Werefkin und der russische Symbolismus, S. 94f. Übersetzung aus dem Französischen.

19 Die Theosophie fußte auf dem 1899 veröffentlichten, zweibändigen Bestseller *Die Geheimlehre* der Russin Helena Petrowny-Lawatzky (1831–1891).

20 Rudolf Steiner, Theosophie, S. 101.

21 Aufgrund zunehmender Differenzen mit der Präsidentin der internationalen *Theosophischen Gesellschaft* kam es im Frühjahr 1913 zum Bruch. Bereits Ende 1912 war in Köln die *Anthroposophische Gesellschaft* gegründet worden, der sich nun die meisten in Deutschland lebenden Theosophen anschlossen und die bald auch in anderen Ländern präsent war. In diesem

Zusammenhang benannte Steiner seine bisherige »Theosophie« in »Anthroposophie« um.

22 Maria Strakosch-Giesler, Brief an Dr. Karl Pollmann, 5. Dezember 1960, Pollmann war Bearbeiter der Schrift »[Rudolf] Steiner in München. Zu seinem 100. Geburtstag«, herausgegeben von der Anthroposophischen Gesellschaft München, München 1961, S. 39, und: freundliche Auskunft von Dagmar von Wistinghausen, 23. Juli 2008.

23 Die Mitteilung ist undatiert und von Hanna Wolfskehl unterschrieben. Privatarchiv für expressionistische Malerei, Wiesbaden.

24 Murnau 1909: Skizze zu Münters Gemälde *Kahnfahrt*.

25 Alexej Jawlensky, Brief an Marianne von Werefkin, 25. Dezember 1909. Laima Laučkaitė 2005, S. 287. Übersetzung aus dem Russischen.

26 Elisabeth Erdmann-Macke, Erinnerung an August Macke, S. 240.

27 Clotilde Derp-Sacharoff, La vie que nous avons dansée (unpublizierte Memoiren), zitiert nach Frank-Manuel Peter u. Reiner Stamm, Die Sacharoffs, S. 161.

28 Jawlensky erwähnte im Dezember 1909 ein Schreiben Werefkins aus dem lettisch-russischen Riga an ihn. Möglicherweise hat sie den Umweg genommen, um dort Verwandte zu besuchen.

29 Russisch und polnisch Kowno.

30 Von 1901 bis 1904 hatte Peter von Werefkin im weißrussischen Grodno das Gouverneursamt bekleidet.

31 Ein Foto zeigt Peter von Werefkin, den Zaren sowie weitere Personen um einen Gartentisch gruppiert. Privatarchiv für expressionistische Malerei, Wiesbaden.

32 Marianne von Werefkin, Brief an Alexej Jawlensky, 17. Dezember 1909. Laima Laučkaitė 2007, S. 233. Übersetzung aus dem Russischen.

33 Marianne von Werefkin, Brief an Alexej Jawlensky, 17. Dezember 1909. Ebd., S. 233. Übersetzung aus dem Russischen.

34 Marianne von Werefkin, Aufzeichnungen, Heft IV, S. 14. Privatarchiv für expressionistische Malerei, Wiesbaden. Übersetzung aus dem Russischen.

35 Alexej Jawlensky, Brief an Marianne von Werefkin, Dezember 1909. Laima Laučkaitė 2005, S. 279. Übersetzung aus dem Russischen.

36 Werefkins Briefe aus Kaunas (aufbewahrt in der Litauischen Martynas Mažvydas Nationalbibliothek, Vilnius) an Jawlensky sind mit Zeichnungen angereichert. Im Werefkinschen Familienkreis wurden sie »Briefe von Rembrandt an Saskia«, seine Ehefrau, genannt. Neffe Alexander berichtete davon Bernd Fäthke, welcher die Information dankenswerterweise an die Autorin weitergab.

37 Deutsch im Original.

38 Marianne von Werefkin, Brief an Alexej Jawlensky, Dezember 1909. Laima Laučkaitė 2007, S. 232ff. Übersetzung aus dem Russischen.

39 Marianne von Werefkin, Brief an Alexej Jawlensky, 14. Januar 1909. Ebd., S. 237. Übersetzung aus dem Russischen.

40 Marianne von Werefkin, Brief an Alexej Jawlensky, 17. Dezember 1909. Ebd., S. 233. Übersetzung aus dem Russischen.

41 Marianne von Werefkin, Brief an Alexej Jawlensky, 14.Januar 1909. Ebd., S. 237. Übersetzung aus dem Russischen.

42 Tatjana von Metternich (geborene Fürstin Wassiltschikow), Verschwundenes Rußland, S. 170f.

43 Marianne von Werefkin, Brief an Alexej Jawlensky, 14. Januar 1909. Laima Laučkaitė 2007, S. 237. Übersetzung aus dem Russischen.

44 Marianne von Werefkin, Brief an Alexej Jawlensky, 14. Januar 1909. Ebd. Übersetzung aus dem Russischen.

45 Expertise Bernd Fäthke, Oktober 2008. Privatarchiv für expressionistische Malerei.

46 Marianne von Werefkin, Brief an Alexej Jawlensky, Dezember 1909. Laima Laučkaitė 2007, S. 236. Übersetzung aus dem Russischen.

47 Sequenz: Marianne von Werefkin, Brief an Alexej Jawlensky, Februar 1909. Ebd., S. 238. Übersetzung aus dem Russischen.

48 Giovanni Giacometti, Schweizer Maler, mit Cuno Amiet befreundet.

49 Alfred Kubin, Die andere Seite. Ein phantastischer Roman, München/Leipzig 1909.

50 Sequenz: Alexej Jawlensky, Briefe an Marianne von Werefkin, Dezember 1909, Januar bis März 1910. Laima Laučkaitė 2005, S. 279 – 301. Übersetzung aus dem Russischen.

51 Jawlensky scherzhaft an Werefkin: »Ich denke, er könnte mir als Preis ein Angebot machen, 10 Zähne raus und neue hinein.« Ebd., S. 281. Übersetzung aus dem Russischen.

52 Mit großer Wahrscheinlichkeit verbirgt sich hinter dem von Jawlensky erwähnten »Schloss« die Burg Calenberg (Warburg). Sie gehörte Adolf Erbslöhs Schwiegereltern. Freundliche Auskunft Andreas Erbslöh, 21. Oktober 2009.

53 Alexej Jawlensky, Briefe an Marianne von Werefkin, 24. Dezember 1909. Laima Laučkaitė 2005, S. 286. Übersetzung aus dem Russischen.

54 Alexej Jawlensky, Briefe an Marianne von Werefkin, März 1910. Ebd., S. 301. Übersetzung aus dem Russischen. Wittenstein hatte das Gemälde *Rote Lippen* in der Kunsthalle Barmen hängen sehen und sozusagen von der Wand weg erworben.

55 Marianne von Werefkin, Brief an Alexej Jawlensky, 17. Dezember 1909. Laima Laučkaitė 2007, S. 233. Übersetzung aus dem Russischen.

1 Else Lasker-Schüler in: Karl Jürgen Skrodzki, Else Lasker-Schüler. Sämtliche Gedichte, S. 344f.

2 Bernd Fäthke 1988, S. 117f.

3 Alois Schardt, Franz Marc, S. 73f. Marianne von Werefkin äußerte 1903: Dass Farbe schön ist, so wie sie ist, »ohne Rücksicht auf ihre Umgebung«, hätten sie die französischen Avantgardisten gelehrt. Der Einfluss der Beleuchtung müsse durch die Kraft des Künstlers zurückgehalten werden. Clemens Weiler, Marianne Werefkin. Briefe an einen Unbekannten, S. 33.

4 August Macke war in Begleitung seines Cousins Helmuth Macke in den Salon der Baronin gekommen.

5 Friedrich Lauer hatte früh viel Geld geerbt.

6 Zum Geburtstag Franz Marcs am 8. Februar 1905 hatte ihm sein Vater, welcher an das künstlerische Talent des Sohnes nicht so recht glauben mochte, geschrieben: »Also 25 Jahre! Soweit hättest du es wenigstens geschafft!« Alois Schardt, Franz Marc, S. 33.

7 Siehe Brigitte Roßbeck und Kirsten Jüngling, Franz und Maria Marc, Biografie des Künstlerpaares.

8 Helmuth Macke, Jahrgang 1891, hatte von 1906 bis 1909 an der Handwerker- und Kunstgewerbeschule in Krefeld studiert. Neben seiner Verbindung mit den Künstlern aus dem Kreis des *Blauen Reiters* hielt er Kontakt zu den *Brücke*-Malern. Nach Ende des Ersten Weltkriegs lebte er, ein enger Freund von Heinrich Campendonk (1889 – 1957), in Krefeld und Bonn. 1933 ging Helmuth Macke in die Schweiz, wohnte in Hemmenhofen am Bodensee, wo er 1936 ertrank.

9 Wassily Kandinsky, Brief an Gabriele Münter, 15./18. Oktober 1910. Gisela Kleine, Gabriele Münter und Wassily Kandinsky. Biographie eines Paares, S. 356.

10 Franz Marc, Brief an Maria Franck, 2. Januar 1911. Andreas Hüneke, Der Blaue Reiter, S. 280.

11 Franz Marc, Brief an Maria Franck, 2. Januar 1911. Ebd., S. 279.

12 Im so genannten Jahreszeitensaal fanden nicht nur Konzerte, sondern regelmäßig auch Lesungen statt.

13 Arnold Schönberg (1874 – 1951), weitgehend ein Autodidakt, komponierte bereits in Jugendjahren. Mit zwanzig wurde er Schüler von Alexander Zemlinsky, dessen Schwester Mathilde er 1901 heiratete. Es folgten Übersiedlung nach Berlin, Anstellung als Kapellmeister an Ernst von Wolzogens literarischem Kabarett *Überbrettl*, Erteilung von Unterricht in Harmonielehre am Stern'schen Konservatorium auf Empfehlung von Richard Strauss, Uraufführung von *Verklärte Nacht* 1902 in Wien mit anschließender reger Kompositionstätigkeit. 1907 hatte Schönberg mit dem Malen begonnen.

14 Ausführende: Marie Gutheil-Schoder, Kammersängerin, Etta Werndorff, Klavier, und das Rosé-Quartett.

15 Franz Marc, Brief an Maria Franck, 14. Januar 1911. Andreas Hüneke, Der Blaue Reiter, S. 280.

16 Franz Marc, Brief an Maria Franck, 14. Januar 1911. Ebd., S. 280.

17 Helmuth Macke, Brief an den Maler Wilhelm Wieger, 2. Dezember 1910. Ebd., S. 37.

18 Franz Marc, Brief an Maria Franck, 4. Januar 1911. Ebd., S. 280.

19 Für die Münchner Akademiekonzerte war Max Erdmannsdörfer im Winterhalbjahr verantwortlich und im Sommerhalbjahr für die St. Petersburger Gesellschaftskonzerte.

20 Jan Kubelik (1880 – 1940), tschechischer Violinist und Komponist, tourte ab 1898 als Solist durch Europa und begeisterte das Publikum durch seine Virtuosität. Er gab über sechstausend Konzerte in mehr als fünfzig Ländern.

21 Sequenz: Clemens Weiler, Marianne Werefkin, Briefe an einen Unbekannten, S. 35f.

22 Franz Marc, Brief an Maria Franck, 5. Januar 1911. Andreas Hüneke, Der Blaue Reiter, S. 45.

23 Wolfgang Macke, August Macke/Franz Marc. Briefwechsel, S. 43.

24 Maria Franck, Brief an Elisabeth Macke, 24. März 1911. Koehler habe »das schöne Stilleben von Jawlensky« erworben, »der Apfel mit dem bunten Seidenpapier«. Wolfgang Macke, August Macke/Franz Marc. Briefwechsel, S. 49.

25 Unter anderem von Malern aus dem Kreis der *Neuen Künstlervereinigung*, des *Blauen Reiters* und der *Brücke*.

26 Klaus Lankheit, Wassily Kandinsky/Franz Marc. Briefwechsel, S. 93.

27 Herwarth Walden (1878 – 1941), Schriftsteller, Verleger, Galerist, Musiker, Komponist, war einer der wichtigsten Förderer der deutschen Avantgarde des frühen 20. Jahrhunderts.

28 Unter anderem in Alexander Hildebrand: Auftakt zur Moderne. Marianne von Werefkin und Alexej Jawlensky im »Blauen Land«, S. 633, Anm. 3.

29 Zirka tausend Bilder wurden in Köln gezeigt. Im Gegensatz zu den meisten Besuchern zollten die Redakteure der Fachzeitschriften der *Sonderbundausstellung* mit ihren »glänzendsten Darbietungen moderner Kunst« höchstes Lob. Ulrike Becks-Malorny, Der Kunstverein in Barmen. 1866 – 1946, S. 39.

30 »Erbslöh war hier. Ist er der gottbegnadete Künstler, dem nicht genügend Gelegenheit geboten scheint, sich herzlich zu ›blamieren‹? Ich denke, seine Sachen genügen völlig. … Die Werefkin? – Na, das eine Bild ist schon zuviel. Kanoldt? Du kennst ihn! Dürfte fehlen. Mogilewsky. Von drei Bildern sind zwei zuviel und zwar die grösseren. Jawlensky wirkt mit seinen ewigen Spiegeleiern wie der Maler Jungblut mit seinem Mondschein. Hat vier Bilder. Die Münter fehlt Gott sei Dank und wird infolgedessen recht geflat-

tert haben.« Wolfgang Macke, August Macke/Franz Marc. Briefwechsel, S. 128.

31 Auf Drängen des *Barmer Kunstvereins* hatte die Stadtverwaltung den Bau der 1900 eingeweihten *Kaiser-Wilhelm-und-Friedrich-Ruhmeshalle* beschlossen. Unter Richart Reiche, seit 1907 Konservator des Kunstvereins, wurden Werke der Moderne ausgestellt.

32 Ulrike Becks-Malorny, Der Kunstverein in Barmen 1866 – 1946, S. 58.

33 Ebd., S. 266.

34 Klaus Lankheit, Wassily Kandinsky/Franz Marc. Briefwechsel, S. 167.

35 Wolfgang Macke, August Macke/Franz Marc. Briefwechsel, S. 129.

36 Das 1911 gemalte Bild gilt als verschollen.

37 *Münchener Neueste Nachrichten* vom 24. Oktober 1912.

38 Richard Seewald, Der Mann von gegenüber, S. 270.

39 Ulrike Becks-Malorny, Der Kunstverein in Barmen 1866 – 1946, S. 267.

40 Marc Chagall (1887–1985) war in Peskowatik bei Witebsk im gleichnamigen russischen Gouvernement gebürtig.

41 Richard Seewald (1889 – 1976), Maler, Grafiker und Illustrator, war im gleichen Jahr bei *Schmidt & Dietzel* in München mit Bildern vertreten gewesen.

42 Richard Seewald, Der Mann von gegenüber, S. 270.

43 Darunter: Bechtejeff, Bloch, die Burljuk-Brüder, Campendonk, Robert und Sonja Delaunay, Feininger, Helbig, Kandinsky (7 Bilder), Klee (22 Bilder), Kokoschka, Kubin, August Macke (8 Bilder), Helmuth Macke, Marc (7 Bilder), Münter (6 Bilder), Rousseau (22 Bilder).

44 Bernd Fäthke 1988, S. 129. Jacoba van Heemskerck (1876 – 1923) war Anhängerin der Theosophie bzw. Anthroposophie Rudolf Steiners. Im Anschluss an ihr Studium an der Königlichen Akademie Den Haag hatte die Niederländerin Unterricht an der Akademie des Symbolisten Eugène Carrière in Paris genommen. Von Kunsthistorikern wird sie heute in einem Atemzug mit Piet Mondrian genannt. Beide beeinflussten moderne Bewegungen wie den Kubismus. Heemskerck machte sich auch als Glaskünstlerin einen Namen.

45 Staatsbibliothek Berlin, Sturm-Archiv.

46 Oscar Björck (1860 – 1929), Professor an der Kunsthochschule von Stockholm, war als Vizepräsident der *Großen Baltischen Ausstellung* für Auswahl und Zusammenstellung der Kunsthallenexponate verantwortlich.

47 Andere Maler russischer Nationalität, schrieb Björck nach München, seien bisher nur vorgeschlagen, so [David oder Wladimir?] Burljuk, [Pjotr Petrowitsch] Kontschalowski, [Michail Fjodorowitsch] Larionoff, [Aristarch Wassiljewitsch] Lentulow. Bauhaus-Archiv Berlin, Bestand Alexej Jawlensky.

48 *Illustrirte Zeitung* Nr. 3696, 142. Band, 30. April 1914.

49 Alexej Jawlensky, Brief an Marianne von Werefkin, 2. Januar 1914. Laima Laučkaitė 2005, S. 301. Übersetzung aus dem Russischen.

50 Marianne von Werefkin, Brief an Carmen und Diego Hagmann, Mitte Oktober 1932. Privatarchiv für expressionistische Malerei, Wiesbaden.
51 Girieud stellte zusammen mit Marc bei Thannhauser aus.
52 Heute: Waldstraße 13.
53 Bernd Fäthke 2001, S. 166.
54 Johann Segebarth, Die Halbinsel Darß-Zingst, S. 35.
55 Bernd Fäthke 2001, S. 165.
56 *Styx* wurde im Juni 2008 bei Sotheby's, London, zum Preis von 425 947 Euro von einem privaten Käufer ersteigert.
57 *Styx* ist auch der Titel von Else Lasker-Schülers erstem, 1902 publizierten, Lyrikband.
58 Die Annalen des *Kunstvereins Barmen* geben genaue Auskunft. Es handelte sich um die Jawlensky-Bilder *Mädchen auf Rot, Sausset, Sausset – Landschaft, Carantec – Pinien, Garten in Carantec, Füssen – Landstraße, Murnau, Resi, Die Bucklige, Wasserburg, Wasserburg – Landschaft, Füssen, Dünen, Stillleben – Schale mit Äpfeln, Stillleben – Tisch mit Topf und Äpfeln, Päonien.* Ulrike Becks-Malorny, Der Kunstverein in Barmen 1866–1946, S. 54. Somit irrte Kandinsky, als er Marc von neunzehn verkauften Gemälden berichtete.
59 Klaus Lankheit, Wassily Kandinsky/Franz Marc. Briefwechsel, S. 64.
60 Gisela Kleine, Gabriele Münter und Wassily Kandinsky. Biographie eines Paares, S. 331.
61 Hans Wille, *Das Neue Bild* von Otto Fischer, in: Annegret Hoberg u. Helmut Friedel, Der Blaue Reiter und Das Neue Bild, S. 321.
62 Das Buch erschien in achthundert nummerierten Exemplaren.
63 Otto Fischer, Das Neue Bild, S. 15.
64 Bernd Fäthke 2001, S. 182.
65 Klaus Lankheit, Wassily Kandinsky/Franz Marc. Briefwechsel, S. 206.
66 Werner Frese und Ernst-Gerhard Güse, August Macke. Briefe an Elisabeth und die Freunde, S. 314.
67 Peter-Klaus Schuster, Franz Marc/Else Lasker Schüler, S. 116f. »Eine Weile sah es für Else Schüler [1869–1945] nach bürgerlichem Leben aus: Der Vater war Handelsagent und gründete später eine kleine Privatbank, die Mutter wurde von ihrer Arbeit mit den sechs Kindern von einer Gouvernante entlastet, im Hause Schüler fanden regelmäßig literarische Lesekränzchen statt, Else absolvierte das Lyceum, heiratete Dr. Lasker, Arzt. Das Paar ging nach Berlin. Sie kochte, bewirtete Gäste … Ein Jahr später studierte sie Malerei, hatte ihr eigenes Atelier. Drei Jahre später war sie schwanger – nicht von ihrem Mann. Die Ehe wurde geschieden. Im gleichen Jahr heiratete sie Walden. Da war sie längst Dichterin.« Brigitte Roßbeck und Kirsten Jüngling, Franz und Maria Marc. Die Biographie eines Künstlerpaares, S. 131.
68 »›Wir sahen Else Lasker-Schüler zum ersten Mal, als wir … mit Walden und seiner Frau Nell … im Café Josty am Potsdamer Platz saßen. Sie war Walden

und Nell damals sehr feindlich gesinnt und blieb mit ihren Bekannten an ihrem Tisch sitzen. Man schaute und blinzelte von einem Tisch zum anderen, ohne sich bekannt machen zu können.‹ So Maria über das erste Treffen im Dezember 1912. Doch Franz wollte die exzentrische Dichterin unbedingt kennen lernen, hatte der Lasker-Schüler schon am Tag der Abreise aus Sindelsdorf einen Gruß geschickt: ›Der blaue Reiter präsentiert seiner Hoheit sein blaues Pferd‹, hatte er neben die Tuschezeichnung geschrieben. Ihre Antwort erwartete ihn bei der Ankunft in Berlin: ›Der blaue Reiter ist da – ein schöner Satz, fünf Worte – lauter Sterne ... Komme zu mir, Du und Dein Gemahl, blauer Ritter, daß ich Euch liebe! Jussuf Prinz von Theben.‹ Das Spiel hatte begonnen! ›Wir haben einen prachtvollen Menschen gefunden: Else Lasker-Schüler; sie wird wahrscheinlich für ein paar Wochen im Januar nach Sindelsdorf kommen, worauf wir uns riesig freuen.‹« Brigitte Roßbeck und Kirsten Jüngling, Franz und Maria Marc. Die Biographie eines Künstlerpaares, S. 132.

69 Im Original: Wereffkin.

70 Im Original: Baurenvolk.

71 Karl Jürgen Skrodzki, Else Lasker-Schüler. Sämtliche Gedichte, S. 344f.

72 Bernd Fäthke 2001, S. 185.

73 Sigrid Bauschinger, Else Lasker-Schüler. Eine Biographie, Frankfurt a. Main, 2006.

74 Andreas Hüneke, Der Blaue Reiter, S. 463.

75 Klaus Lankheit, Wassily Kandinsky/Franz Marc. Briefwechsel, S. 237. Wie viele Bilder und welche genau von Beffie erworben wurden, ist nicht überliefert.

76 Felix Klee, Paul Klee. Briefe an die Familie 1893–1940, 2 Bd., S. 779.

77 Catrin Klingsöhr-Leroy, Zwischen den Zeilen. Dokumente zu Franz Marc, S. 24.

78 Wassily Kandinsky, Brief an Herwarth Walden, 3. Februar 1914. Bauhaus-Archiv Berlin, Bestand Wassily Kandinsky.

79 Bernd Fäthke 2008, S. 63 u. Anm. 410. Jawlensky wohnte in der *Villa Constantia*. In seiner Nähe hatte sich um die gleiche Zeit die Malerin Elisabeth Epstein einquartiert. Dass ein direkter Zusammenhang mit seinem und ihrem Aufenthalt in Bordighera besteht, lässt sich denken, aber nicht beweisen. Der Badeort war in Künstlerkreisen sehr beliebt. 1912 war Lovis Corinth mit seiner Frau in Bordighera zur Erholung gewesen.

80 Laut Marianne von Werefkin besuchte Andreas in München ein Gymnasium. Brief an August Schädl, 1919. Bernd Fäthke 2001, S. 199.

81 Alexej Jawlensky, Brief an Marianne von Werefkin, 2. Januar 1914. Laima Laučkaitė 2005, S. 301f. Übersetzung aus dem Russischen.

82 Alexej Jawlensky, Brief an Marianne von Werefkin, 20. Juli 1914. Ebd., S. 302. Übersetzung aus dem Russischen.

83 Staatsbibliothek Berlin, Sturm-Archiv.

84 Marianne von Werefkin, Brief an Nell Walden, Februar 1914. Staatsbibliothek Berlin, Sturm-Archiv.

85 Ebd.

86 Ebd.

87 Jelena Hahl-Koch, Marianne Werefkin und der russische Symbolismus, S. 96–101.

88 »Monsieur! Das Glaubensbekenntnis eines Künstlers ist sein Werk. Und nur dieses Glaubensbekenntnis lässt ihn urteilen, sofern er Künstler ist. Jeder Künstler, der seine Kunst liebt und durchdenkt, gestattet sich Theorien zu Prinzipien zu erheben. Zur Entschuldigung muss man wissen, dass das Werk immer hinter dem letztgültigen Ideal zurückbleibt. Für mich ist die Kunst ein Kommentar des Lebens, meine Werke sind nichts weiter als immer neue Versuche, meine Art und Weise, das Leben um mich herum zu betrachten. Da ich durch meine Wesensart zur Farbe geführt wurde, beauftrage ich wiederum sie, meine Ideen und Gefühle wiederzugeben, die die Natur um mich mir eingibt. Aber der Gedanke, der mich nie verlässt, der mich durch alle Labyrinthe des Lebens als Künstler hindurchführt, ist der, dass das Leben, so wie es sich in der toten Gestalt seiner Materie ebenso wie in der starren Form seiner immateriellen Zuschreibungen darstellt, nicht das Objekt schöpferischer Kunst sein kann. Kunst ist dazu da, Dinge sichtbar zu machen, die nicht sind, die höchstens Spiegelungen der realen Welt in der Seele des Künstlers sein können. Träume der Künstlerseele, welche die Wirklichkeiten umhüllen.
Am letzten Tag der Schöpfung nimmt Gott eine Handvoll Erde, haucht darüber und macht den Menschen – den König der Erde. Ebenso macht es der Künstler: Das Leben um ihn ist die Handvoll Erde; um sie zu beleben, hat er nur die schwachen Hilfsmittel seiner Palette, aber der Gott in ihm haucht die schöpferische Idee ein – und vollendet ist das Meisterwerk.
Meine Freunde, die Äpfel, die ich so sehr wegen ihrer bezaubernden roten, gelben, lila und grünen Kleider liebe, sind, vor dem einen oder anderen Hintergrund, in dieser oder jener Umgebung, nicht mehr Äpfel für mich. Ihre strahlenden Töne vermischen sich auf dem Hintergrund anderer, dunklerer, zu einer Harmonie, die von Dissonanzen unterbrochen wird. Sie klingen in meinem Auge wie eine Musik, welche die eine oder die andere Verfassung meiner Seele wiedergibt, die eine oder andere flüchtige Empfindung von der Seele der Dinge, von diesem Irgendetwas, das, unbestimmt und von aller Welt vernachlässigt, in jedem Objekt der materiellen Welt, in jeder Wahrnehmung, die uns von außerhalb kommt, erzittert. Diese Dinge sichtbar zu machen, die sind, indem sie nicht sind, sie dem Betrachter zu enthüllen, indem ich sie durch mein mitfühlendes Verständnis hindurchgehen lasse, sie mit meiner Leidenschaft, die ich für sie hege, bekleide – das ist das Ziel meines Künstlerlebens.

Äpfel, Bäume, menschliche Gesichter sind für mich nur Hinweise, um darin etwas anderes zu sehen: Das Leben der Farbe, begriffen von einem leidenschaftlich Verliebten, wiedergegeben von einem Verehrer – nur daran, Monsieur, denke ich, wenn ich nicht arbeite. Und wenn ich arbeite, denke ich noch immer daran.« Bernd Fäthke 2001, S. 115ff. Übersetzung aus dem Französischen durch Dietlinde von Borries.

89 Marianne von Werefkin, Brief an Carmen und Diego Hagmann, Juni 1937. Bernd Fäthke 2001, S. 187.

90 Kandinskys und Münters Münchner Hauswirt hatte ihnen seine leer stehende Villa in Mariahalde bei Goldach zur Verfügung gestellt. Er fuhr sie sowie Kandinskys Exehefrau selbst dorthin.

91 Klaus Lankheit, Wassily Kandinsky/Franz Marc. Briefwechsel, S. 207.

92 Bayerisches Hauptstaatsarchiv, Abt. IV, Kriegsarchiv München, Personalakte Franz Marc, Bestandsnummer 1602.

93 Elisabeth Macke-Erdmann, Erinnerung an August Macke, S. 319f.

94 Freundliche Auskunft von Eva Seiser, Schwedische Botschaft Berlin.

KAPITEL IX

1 Marianne von Werefkin, Brief an Herwarth Walden, 28. Mai 1915. Staatsbibliothek Berlin, Sturm-Archiv.

2 Bernd Fäthke 2004, S. 171.

3 Marianne von Werefkin, Brief an Herwarth Walden vom 28. Mai 1915. Staatsbibliothek Berlin, Sturm-Archiv.

4 Bernd Fäthke 2004, S. 173.

5 Werner Frese, Werner u. Ernst-Gerhard Güse, August Macke. Briefe an Elisabeth und die Freunde, S. 325.

6 Bernd Fäthke 2004, S. 172.

7 »Es gibt nichts Sichtbares auf der ganzen Welt, das es mehr verdiente, als Symbol für Gott zu dienen, als die Sonne, die zuerst sich selbst und danach alle Körper des Himmels und der Welt mit sichtbarem Leben erleuchtet.« (Dante)

8 In der zweiten Hälfte des 19. Jahrhunderts von den Franzosen für die moderne europäische Kunst entdeckt.

9 Nicole Brögmann, Marianne von Werefkin. Œuvres peintes 1907–1936, S. 56.

10 Marianne von Werefkin, Aufzeichnungen, Heft IV, S. 9ff. Privatarchiv für expressionistische Malerei, Wiesbaden. Übersetzung aus dem Russischen.

11 Berühmt und mit Auszeichnungen überhäuft, starb Ferdinand Hodler bereits im Jahre 1918.

12 Felix Klee, Paul Klee. Briefe an die Familie 1893–1940, Bd. 2, S. 95.

13 Auf der Rückseite des Gemäldes *Mondnacht* befindet sich ein unvollständiger Aufkleber in holländischer Sprache: »Dienst voor Schone Kunsten [Amt

für Bildende Kunst], 's Gravenhage [Den Haag], Gemeentemuseum, Kunstenaar [Künstler] Marianne von Werefkin«. Privatarchiv für expressionistische Malerei, Wiesbaden. Denkbar ist, dass Werefkin die in Den Haag ausgestellten Exponate von dort zu sich nach Ascona schicken ließ.

14 Marianne von Werefkin, Brief an Herwarth Walden, Ende Mai 1915. Staatsbibliothek Berlin, Sturm-Archiv.

15 Inhaber der Galerie war Han Coray (eigentlich Karl Heinrich Ulrich Anton Coray, 1880 – 1974). Der Förderer der Dadaisten zeigte in Zürich und Basel Werke der Avantgarde. In einer Villa in Erlenbach unterhielt er ein Privatmuseum. Abweichend vom Namen ihres Begründers schrieb sich die Galerie mit zwei »r«.

16 Privatarchiv für expressionistische Malerei, Wiesbaden.

17 Brigitte Roßbeck u. Kirsten Jüngling, Franz und Maria Marc, S. 164.

18 Es sind Franz Marcs letzte erhaltene Bilder.

19 Brigitte Roßbeck u. Kirsten Jüngling, Franz und Maria Marc, S. 164.

20 Bayerisches Hauptstaatsarchiv, Abt. IV, Kriegsarchiv München, Personalakte Franz Marc, Bestandsnummer 1602.

21 Brigitte Roßbeck u. Kirsten Jüngling, Franz und Maria Marc, S. 164.

22 Bayerisches Hauptstaatsarchiv, Abt. IV, Kriegsarchiv München, Personalakte Franz Marc, Bestandsnummer 1602.

23 Sequenz Brigitte Roßbeck u. Kirsten Jüngling, Franz und Maria Marc, S. 164.

24 Bernd Fäthke 2004, S. 178.

25 Im bereits erwähnten Brief der Zürcher *Galerie Coray* vom 6. Dezember 1916 sind folgende Ausstellungsstücke von Andreas Nesnakomoff erwähnt: »No. 1 – 5 Linoleumschnitte: St. Prex – Städtchen bei Nacht – Im Gewölbe, Im Dorf und die Villa; No. 6 – 10 Zeichnungen«. Privatarchiv für expressionistische Malerei, Wiesbaden.

26 Angelika Affentranger-Kirchrath, Jawlensky in der Schweiz 1914 – 1921, S. 89.

27 Claire Goll u. Yvan Goll, Meiner Seele Töne, S. 17ff. Die von Yvan Goll in seinem Brief beschriebenen Gemälde gelten als verschollen.

28 »Auch wenn er … empfänglich für Schmeicheleien von Beamten war, war [Peter] Werefkin zu den Bauern barmherzig. Manchmal reduzierte er sogar Steuern, schaffte Strafen ab und hatte überhaupt ein Ohr für die Klagen und Bitten. … 1905 verfuhr er nicht streng mit den Revolutionären. Kubickiené, Vyzuonos (Blagodat), in: Utenis, 12. Juli 1994. Übersetzung aus dem Litauischen Stasé Kuldašyte. Privatarchiv für expressionistische Malerei, Wiesbaden.

29 Mit der litauischen Verfassung von 1922 wurde das Land eine parlamentarische Demokratie, die jedoch durch einen Putsch im Dezember 1926 aufhörte zu existieren. Bis 1940 wurde Litauen diktatorisch regiert und im Juni 1941 von deutschen Truppen erobert. Bis zum Ende des Zweiten Weltkriegs

wurde ein Großteil der litauisch-jüdischen Bevölkerung von Einsatzkommandos der deutschen Wehrmacht ermordet.

30 Balys Juodzevičius, Gubernatoriaus dvaras (Das Landgut des Gouverneurs), Utenis, 29. Oktober 1994. Übersetzung aus dem Litauischen Stasé Kuldašyte. Privatarchiv für expressionistische Malerei, Wiesbaden.

31 Dada ist ein von den Protagonisten der Bewegung bewusst gewählter, weil surrealistischer Name. Dadaismus ist der heute üblicherweise für diese Kunstrichtung verwendete Begriff.

32 Lange Zeit wurden Vincent van Goghs Himmelserscheinungen als halluzinatorisch oder visionär beschrieben. Tatsächlich sind seine Sonne-, Wolken- und Sternenbilder das Ergebnis realer Betrachtungen. Die Idee zu seinem Gemälde *Die Sternennacht (Zypressen und Dorf)* entstand, während er einen umgepflügten Acker malte. Er hoffe, notierte van Gogh, in einer der nächsten Nächte »auf demselben Feld zu sein, wenn die Sterne funkeln«. Albert Boime, Vincent van Gogh, Die Sternennacht. Die Geschichte des Stoffes und der Stoff der Geschichte, S. 7.

KAPITEL X

1 Marianne von Werefkin, Aufzeichnungen 1920 bis 1925, S. 1, 26. Juli 1920. Übersetzung aus dem Französischen. Privatarchiv für expressionistische Malerei, Wiesbaden.

2 Claire Goll, Ich verzeihe keinem, S. 65.

3 Bauzeit 1871 bis 1881.

4 Diesen Buchtitel wählte Emil Szittya 1923 für seine Erinnerungen an den Monte Verità.

5 Privatarchiv für expressionistische Malerei, Wiesbaden.

6 Gabrielle Borsano, Monte Verità. Berg der Wahrheit, S. 38.

7 www.jawlensky.ch

8 Alexej Jawlensky, Brief an Marianne von Werefkin, 27. Januar 1919. Laima Laučkaitė 2005, S. 304. Übersetzung aus dem Russischen.

9 Claire Goll, Ich verzeihe keinem, S. 70, und Bruno Goetz, Das göttliche Gesicht, S. 91.

10 Marianne von Werefkin bekam von Bruno Goetz zwei handgeschriebene Lyrikbände geschenkt. Sie trugen die Titel *Der Schläfer* und *Neue Gedichte*. In seinem 1927 publizierten Roman *Das göttliche Gesicht* setzte ihr der Freund ein literarisches Denkmal.

11 Ulrike Voswinckel, Freie Liebe und Anarchie, S. 139.

12 Walter Helbig war 1912 an der Gesamtausstellung der Avantgarde in der *Galerie Neue Kunst Hans Goltz*, München, beteiligt.

13 Richard Seewald hatte 1913 im *Neuen Kunstsalon Schmidt & Dietzel*, München, und in der *Sturm-Galerie* Herwarth Waldens in Berlin mit ausgestellt.

14 Richard Seewald, Der Mann von gegenüber, S. 271.

15 Arthur Segal hatte kurz vorher in Ascona den Eingangsbereich des Friedhofs mit Wandgemälden verschönt.

16 Alexej Jawlensky, Brief an Marianne von Werefkin, 27. Januar 1919. Laima Laučkaitė 2005, S. 304. Übersetzung aus dem Russischen.

17 Namentlich mit dem Pelzhändler Bernhard Mayer.

18 Alexej Jawlensky, Brief an Marianne von Werefkin, Januar 1919. Laima Laučkaitė 2005, S. 303f. Übersetzung aus dem Russischen.

19 Paul Klee, Briefe an die Familie, Bd. 2, S. 955. Privatarchiv für expressionistische Malerei, Wiesbaden.

20 Vertragsabschluss 18. September 1919, notariell bestätigt im Juni 1920.

21 Marianne von Werefkin, Brief an Paul und Lily Klee, Dezember 1919. Privatarchiv für expressionistische Malerei, Wiesbaden.

22 Alexej Jawlensky, Brief an August Schädl, 1. März 1920. Bernd Fäthke 2004, S. 191.

23 Bernd Fäthke 2001, S. 200.

24 Marianne von Werefkin, Brief an Paul und Lily Klee, Dezember 1919. Privatarchiv für expressionistische Malerei, Wiesbaden.

25 Curt Riess, Ascona. Geschichte des seltsamsten Dorfes der Welt, S. 140.

26 Alexej Jawlensky, Brief an Emmy Scheyer, Dezember 1920: »Baur hat meinen Kopf für 800f. gekauft.« Bernd Fäthke 2004, S. 183.

27 Staatsarchiv des Kantons Zürich, Autographensammlung, X 361.

28 Marianne von Werefkin, Aufzeichnungen 1920 bis 1925, S. 12. Datiert 12. Mai 1922. Übersetzung aus dem Französischen. Privatarchiv für expressionistische Malerei, Wiesbaden.

29 Claire Goll, Ich verzeihe keinem, S. 70.

30 Marianne von Werefkin, Brief an August Schädl, 1919. Bernd Fäthke 2001, S. 41. August Schädl, in München wohnhafter ehemaliger Lehrer von Andreas Nesnakomoff, hatte die schwierige häusliche Situation wohl zuerst von Jawlensky geschildert bekommen, so dass Werefkin es für erforderlich hielt, ihm auch ihre Version ausführlich darzulegen.

31 Marianne von Werefkin, Brief an Paul und Lily Klee, Dezember 1919. Privatarchiv für expressionistische Malerei, Wiesbaden.

32 Marianne von Werefkin, Brief an Paul Klee, 1. März 1920. Privatarchiv für expressionistische Malerei, Wiesbaden.

33 Ebd.

34 Die Abstimmungen im Schweizer Bundesrat hatten am 8. November 1918 und 13. April 1920 stattgefunden.

35 Schriftliche Auskunft von Roland Böhlen, Archiv des Schweizerischen Roten Kreuzes, Bern, 1. Juli 2008.

36 Bernd Fäthke, Die Wiedergeburt der »Blauen Reiter-Reiterin« in Berlin, S. 241, Abb. 279. Das Foto wurde um 1912 aufgenommen. Damals war Rainer Maria Rilke eng mit Paul Klee befreundet.

37 Alexander Archipenko, geboren 1887 in Kiew, gestorben 1964 in New York, gehört zu den Wegbereitern moderner plastischer Gestaltung.

38 Marianne von Werefkin, Brief an Paul Klee vom 1. März 1920. Privatarchiv für expressionistische Malerei.

39 Später war das Bild im Besitz des in Ascona ansässigen Werefkin-Freundes Julius Schmidhauser.

40 Zuerst gingen die Exponate nach München, *Galerie Neue Kunst Hans Goltz,* Eröffnung der Ausstellung 15. August 1920. Alexej Jawlensky, Briefe an Marianne von Werefkin, einer vor dem 30. Juli 1920 und einer am genannten Tag geschrieben. Laima Laučkaitė 2005, S. 304 u. 306. Übersetzung aus dem Russischen.

41 Alexej Jawlensky, Brief an Marianne von Werefkin, 30. Juli 1920. Ebd., S. 305. Übersetzung aus dem Russischen.

42 Alexej Jawlensky, Brief an Marianne von Werefkin, Berlin, 30. Juli 1920. Ebd., S. 306. Übersetzung aus dem Russischen. Das Schreiben widerlegt die bisher geäußerte Vermutung, Jawlensky habe sich gemeinsam mit Werefkin und Helene der schweren Aufgabe Wohnungsauflösung gestellt.

43 Privat-Detektiv-Spezial-Büro Max Blüml, Brief an Marianne von Werefkin, 18. Mai 1920. Privatarchiv für expressionistische Malerei, Wiesbaden.

44 Die Entwendung wurde vermutlich von den beiden Dienstmädchen der Klees entdeckt. Von ihrer Arbeitgeberin dazu angehalten, schauten sie regelmäßig in der verlassenen Giselisten-Wohnung nach dem Rechten. Lily Klees Meldung an Marianne von Werefkin, die Polizei habe sich der Sache angenommen, entsprach offenbar nicht den Tatsachen.

45 Der Krieg war vorbei und die Russin Marianne von Werefkin nicht mehr persona non grata. Mittlerweile hatten, aufgrund des Separatfriedens und infolge der Oktoberrevolution 1917, viele russische Emigranten in Deutschland Zuflucht gefunden, darunter Angehörige der politischen und wirtschaftlichen Oberschicht sowie Kosaken oder Soldaten der antibolschewistischen Bürgerkriegsarmeen.

46 Privatarchiv für expressionistische Malerei, Wiesbaden.

47 Alexej Jawlensky, Brief an Marianne von Werefkin, Berlin, 30. Juli 1920. Laima Laučkaitė 2005, S. 304. Übersetzung aus dem Russischen.

48 Marianne von Werefkin, Aufzeichnungen 1920 bis 1925, S. 1ff. Datiert 26. Juli 1920. Übersetzung aus dem Französischen. Privatarchiv für expressionistische Malerei, Wiesbaden.

49 Privatarchiv für expressionistische Malerei, Wiesbaden.

50 Marianne von Werefkin, Aufzeichnungen 1920 bis 1925, S. 2. Übersetzung aus dem Französischen. Privatarchiv für expressionistische Malerei, Wiesbaden.

51 Die genannten eingelagerten Gegenstände sind in einem Brief aufgelistet, den Ernst Alfred Aye im Oktober 1932 an Alexander von Werefkin schrieb. Privatarchiv für expressionistische Malerei, Wiesbaden.

52 L. F. C. Mees, Asconaerinnerungen 1925 bis 1930: Der Chronist berichtet von einem, »alten Baron, (Whitbrook hieß er)«, welcher regelmäßig in »einem kleinen Café seinen Schnaps trank«. Typoskript. Privatarchiv für expressionistische Malerei, Wiesbaden. Unter den Bildern, die Werefkin 1924 anlässlich der Gründung eines kommunalen Museums in Ascona stiftete, war das eines – heute offenbar vergessenen – Malers namens A. Whitbrook, es trägt den Titel *Passagio*.

53 L. F. C. Mees, Asconaerinnerungen 1925 bis 1930: »Ein Name darf noch erwähnt werden, Herr Brockmann war Ex-Konsul von Ceylon [richtig: Siam], und in seinem Hause, der Casa Rossa [am südwestlichen Hang des Monte Verità gelegen], fanden Hauskonzerte, Vorträge und Gespräche statt. … So kann man sagen, dass das Leben der Werefkin sich an drei Stätten hauptsächlich abspielte: in ihrem Arbeitszimmer, bei Brockmann und natürlich in den urgemütlichen Cafés von Ascona in jener Zeit.« Typoskript. Privatarchiv für expressionistische Malerei, Wiesbaden. Dass Marianne von Werefkin eng mit dem Ehepaar Christian und Anita Brockmann befreundet war, zeigt sich auch daran, dass sie 1925 Taufpatin von deren Tochter Marianne wurde. Marianne von Maltzahn geborene Brockmann, Brief an Dr. Bernd Fäthke mit Anlage Taufscheinkopie, 15. März 2001. Privatarchiv für expressionistische Malerei, Wiesbaden. Christian Brockmann ist auch in einem Brief Marianne von Werefkins an ihren Neffen Alexander aus der Zeit um 1929/30 erwähnt. Übersetzung aus dem Russischen. Privatarchiv für expressionistische Malerei.

54 Der Elfenkönig Oberon benutzt den einfältigen Handwerker Zettel, um seiner Gemahlin, der Elfenkönigin Titania, einen Streich zu spielen. Er lässt auf ihre Augen Liebeszaubersaft tröpfeln. In Trance hält sie den – wegen eines Schauspiels, das im Wald aufgeführt werden soll – mit einer Eselskopfmaske erschienenen Zettel für einen Liebesgott. Schließlich löst Oberons Lilienstab alle Verwicklungen und Zaubereien.

55 Marianne von Werefkin, Aufzeichnungen 1920 bis 1925, S. 1 – 5. Übersetzung aus dem Französischen. Privatarchiv für expressionistische Malerei, Wiesbaden.

56 Bernd Fäthke 2004, S. 189.

57 Marianne von Werefkin, Aufzeichnungen 1920 bis 1925, S. 12f. Übersetzung aus dem Französischen. Privatarchiv für expressionistische Malerei, Wiesbaden.

KAPITEL XI

1 Marianne von Werefkin, Brief an Alexander von Werefkin, Eingangsstempel Post Utena 18. September 1927. Übersetzung aus dem Russischen. Privatarchiv für expressionistische Malerei.

2 Friedrich Glauser, Dada. Ascona und andere Erinnerungen, S. 77.

3 Gespräch mit Alice Barra und Yvonne Bölt im Juli 2009 in Ascona.

4 Friedrich Glauser, Dada. Ascona und andere Erinnerungen, S. 77 u. L. F. C. Mees, Asconaerinnerungen 1925 bis 1930. Privatarchiv für expressionistische Malerei, Wiesbaden.

5 Aus den Erinnerungen von Grete Dexel (Ehefrau des Malers Walter Dexel). Typoskript. Privatarchiv für expressionistische Malerei, Wiesbaden.

6 Friedrich Glauser, Dada. Ascona und andere Erinnerungen, S. 77. Der Kunsthändler Alfred Flechtheim sah das so: »Über das Paradies Ascona ist schon viel geschrieben worden … Was da alles kreucht und fleucht, oben auf dem Monte Verità …, unten im Café Verbano … und in den Villen am Ufer des Sees und in den Bergen …; ich nenne nur die vier Matadoren: den Baron von der Heydt, der in seinem schönen Haus seine Götter und Göttinnen aus China, Indien und Afrika aufgestellt hat, Dr. Max Emden, den Neptun des Lago Maggiore, der aus den Brissago-Inseln die Inseln der Seligen gemacht hat, Charlotte Bara, die gotische Tänzerin, und Marianne von Werefkin, die, von Epheben begleitet, durch die engen Straßen von Ascona, über die Piazza und durch die Tanzlokale schreitet.« Robert Landmann, Ascona Monte Verità, 214f.

7 Friedrich Glauser, Dada, Ascona und andere Erinnerungen, S. 76.

8 L. F. C. Mees, Asconaerinnerungen 1925 bis 1930. Privatarchiv für expressionistische Malerei, Wiesbaden.

9 Richard Seewald, Der Mann von gegenüber, S. 271.

10 Maria Jawlensky, Lucia Pieroni-Jawlensky and Angelica Jawlensky, Alexej von Jawlensky. Catalogue Raisonné of the oil-paintings, Bd. 2, Nr. 741, S. 116 u. Nr. 729, S. 111f.

11 Jawlensky überlegte 1923, ihr seine Monografie zuzueignen, die demnächst hätte geschrieben werden sollen: »Wenn man widmen müßte, dann nur Werefkin …, als Künstler bin ich ihr sehr, sehr verpflichtet.« Bernd Fäthke 2001, S. 207.

12 Aus den Erinnerungen von Grete Dexel. Typoskript. Privatarchiv für expressionistische Malerei, Wiesbaden.

13 Ebd.

14 Der 1882 in Bern geborene Oskar Lüthy (er war mit Amiet, Arp und Helbig freundschaftlich verbunden) hatte an der zweiten Ausstellung der Redaktion *Der Blaue Reiter* teilgenommen.

15 »Verschenkt habe ich in meinem Leben an die 500 Bilder, grosse und kleine. Sehr viel an einfache Leute.« Marianne von Werefkin, Autobiografische Skizze, in: Konrad Federer, Marianne von Werefkin, S. 11.

16 Jawlensky steuerte *Testa di Ragazza* bei und sein Sohn ein Bild mit dem Titel *Ascona*. Gabrielle Borsano, Monte Verità. Berg der Wahrheit, S. 158.

17 Gabrielle Borsano, Monte Verità. Berg der Wahrheit, S. 158.

18 1925 erfolgte der Umzug des Bauhauses nach Dessau, 1932 nach Berlin. 1933 wurde seine Schließung verfügt.

19 Paul Klee, Postkarte an Lily Klee, 5. und 12. Mai 1923. Felix Klee, Paul Klee. Briefe an die Familie, Bd. 2, S. 990f.

20 Annegret Hoberg, Kandinsky. Absolut. Abstrakt, S. 28.

21 Lateinisch ursa major, eigentlich somit Die Große Bärin.

22 Sie selbst berichtete von einer weiteren Ausstellung im *Kunsthaus Zürich*, »20 Bilder«. Marianne von Werefkin, Brief an Alexander von Werefkin, um 1930. Übersetzung aus dem Russischen. Privatarchiv für expressionistische Malerei.

23 Margherita Böhme-Mascettis Artikel zur Ausstellung *Der Große Bär* 1931 in Ascona (sie fand in den Gesellschaftsräumen des *Hotels Tamaro* an der Piazza statt) ist als Typoskript erhalten geblieben. Privatarchiv für expressionistische Malerei, Wiesbaden.

24 Unter anderem kannte sie das Thema von Ilja Repin, der die Verantwortlichkeit des Menschen für den Erhalt der Schöpfung lange vor ihr dargestellt hatte. Aber auch die Briefe der jungen Werefkin aus Blagodat spiegelten bereits ihre Liebe zur Natur in all ihren Erscheinungsformen.

25 Historische Fotos verdeutlichen das Ausmaß der regelmäßigen Überschwemmungen. Nur die Kronen der Platanen am Seeufer überragten mitunter die bis zu den Häusern an der Piazza heranreichende Wasserfläche, sodass die Versorgung der Bewohner mit Booten erfolgen musste. Yvonne Bölt u. Maurizio Checchi, Ascona. Immagini del passato/Landschaften der Erinnerung.

26 Ein anderer, überlieferter Titel für dieses Bild ist *Zu den Wolken*.

27 Bernd Fäthke 2001, S. 206.

28 Privatarchiv für expressionistische Malerei, Wiesbaden; Abbildung der Zahlungsankündigung in: Bernd Fäthke 2001, S. 208.

29 Bernd Fäthke 2001, S. 206.

30 Ebd., S. 202.

31 Lettres à un Inconnu, Heft I, S. 55. Annekathrin Merges-Knoth, Marianne Werefkins russische Wurzeln, S. 49. Übersetzung aus dem Französischen.

32 Als Geburtsjahr von Ernst Alfred Aye ist in der Berliner Einwohnermeldekartei 1878 angegeben. Landesarchiv Berlin.

33 Bernd Fäthke 2001, S. 205.

34 Freundliche Auskunft Gisela Hoppe, Stadtarchiv Dresden, vom 3. Juni 2008.

35 Freundliche Auskunft Gisela Hoppe, Stadtarchiv Dresden, vom 3. Juni 2008. Die gleiche Adresse findet sich auf Briefen Ernst Alfred Ayes vom 10. Juli und 8. August 1927. The Getty Research Institute, Research Library/Research Sevices, Los Angeles, California/USA, Hans and Lily Hildebrandt Papers, acc. 850676.

36 Nachweislich war er von 1932 bis 1945 in Berlin gemeldet. Landesarchiv Berlin.

37 »[Werefkins] Ausstellungen hatten immer, im Ausland wie im Inland, den größten Erfolg. Zuletzt 1925 in Deutschland.« Ernst Alfred Aye, Brief an Hans Hildebrandt, 10. Juli 1927. The Getty Research Institute, Research Library/Research Sevices, Los Angeles, California/USA, Hans and Lily Hildebrandt Papers, acc. 850676. Als Adresse der Dresdner *Neuen Galerie Fides* wurde von einem Rezensenten Zinzendorfstraße 2 genannt. Der Cicerone, XVII. Jahrgang 1925, S. 151. Privatarchiv für expressionistische Malerei. Vermutlich war Werefkin in Dresden an der »Sommerausstellung Künstlervereinigung Dresden« beteiligt.

38 Der Cicerone, XVII. Jahrgang 1925, S. 151. Privatarchiv für expressionistische Malerei.

39 Eduard Schmid, Auf Besuch bei Marianne von Werefkin, in: Konrad Federer, Marianne von Werefkin, S. 24.

40 Ebd., S. 26.

41 Marianne von Werefkin, Brief an Alexander von Werefkin, um 1930. Übersetzung aus dem Russischen. Privatarchiv für expressionistische Malerei.

42 Marianne von Werefkin, Brief an Diego Hagmann, undatiert, etwa 1936. Nicole Brögmann, Marianne von Werefkin. Œuvres peintes 1907 – 1936, S. 66.

43 Marianne von Werefkin, Brief an Diego Hagmann, undatiert, etwa 1936. Ebd., S. 66.

44 Aus den Erinnerungen von Grete Dexel. Typoskript. Privatarchiv für expressionistische Malerei, Wiesbaden.

45 Ernst Alfred Aye, Brief an Hans Hildebrandt, 10. Juli 1927. The Getty Research Institute, Research Library/Research Sevices, Los Angeles, California/USA, Hans and Lily Hildebrandt Papers, acc. 850676.

46 Die Festlegung der Heiligen Jahre erfolgte 1300 durch Papst Bonifatius VIII. Zuerst halfen sie jedes halbe Jahrhundert, die päpstliche Kasse wieder aufzufüllen. Hernach wurden die Abstände verringert. Heute wird alle fünfundzwanzig Jahre ein Heiliges Jahr ausgerufen.

47 In Rom trafen sie mit Robert Binswanger zusammen, 1881 geborener, jüngster Sohn des gleichnamigen, bekannten Schweizer Arztes und Psychiaters. Werefkin kannte »Rolli«, alle seine Freunde nannten ihn so, seit Jahren. Dessen Onkel Ludwig Binswanger besaß in Ascona einen Sommersitz.

48 Jacques Callot (1592–1635) war ein berühmt respektloser Zeichner, Grafiker, Kupferstecher und Radierer.

49 Sequenz: Marianne von Werefkin, »Ausfahrt nach Italien«, in: Barbara Weidle, Marianne Werefkin. Die Farbe beisst mich ans Herz, S. 139 – 163.

50 Marianne von Werefkin, Brief an Alexander von Werefkin, um 1930. Übersetzung aus dem Russischen. Privatarchiv für expressionistische Malerei.

51 Eduard von der Heydt u. Werner von Rheinbaben, Auf dem Monte Verità, S. 17f.

52 Ebd., S. 18.

53 Eduard Schmid, Auf Besuch bei Marianne von Werefkin, in: Konrad Federer, Marianne von Werefkin, S. 29.

54 Hans Sahl, Begegnung mit Marianne von Werefkin, in: Barbara Weidle, Marianne Werefkin. Die Farbe beisst mich ans Herz, S. 164f.

55 Gisela Kleine, Gabriele Münter und Wassily Kandinsky. Biographie eines Paares, S. 544.

56 Gisela Kleine, Gabriele Münter und Wassily Kandinsky. Biographie eines Paares, S. 542.

57 Ebd.

58 Privatbesitz.

59 Elisabeth Erdmann-Macke, Erinnerung an August Macke, S. 240 u. L. F. C. Mees, Asconaerinnerungen 1925 bis 1930. Privatarchiv für expressionistische Malerei, Wiesbaden.

60 Marianne von Werefkin, Brief an Alexander von Werefkin, Eingangsstempel Post Utena 18. September 1927. Übersetzung aus dem Russischen. Privatarchiv für expressionistische Malerei.

61 Die Autorin erhielt dankenswerterweise im August 2008 vom Romantik-Hotel *Castello Seeschloss*, Ascona, eine Kopie des Kaufvertrages zwischen Angelina Lombardi-Bezzola und Hans Warthmann-Mosberger zugesandt, der Preis für das Anwesen betrug achtzigtausend Franken.

62 Marianne von Werefkin, Brief an Alexander von Werefkin, Eingangsstempel Post Utena 18. September 1927. Übersetzung aus dem Russischen. Privatarchiv für expressionistische Malerei.

63 Gertrud Grunow (1870 – 1944) »war die einzige Frau, die am Bauhaus als Formmeisterin wirkte. Mit ihrem ganzheitlich orientierten philosophischen Entwurf und den konkreten rhythmisch-musikalischen Übungen … nahm sie auf das frühe Bauhaus großen Einfluss. In dieser Bedeutung wird sie leider bis heute unterschätzt.« Ulrike Müller, Bauhaus-Frauen. Meisterinnen in Kunst, Handwerk und Design, S. 17.

64 Grundlage von Gertrud Grunows Harmonierungslehre war die Zwölftonmusik mit entsprechend zugeordneter zwölfwertiger Farbreihe – weiß, orange, blau, rotviolett, grünblau, grün, silber, rot, grau, blauviolett, braun, gelb und eine entsprechend aufgebaute Gruppe von geometrischen Grundelementen.

65 Sequenz: Marianne von Werefkin, Brief an Alexander von Werefkin nebst beigelegter Werbeschrift *Academia Cavallo Rosso*, Eingangsstempel Post Utena 18. September 1927. Übersetzung aus dem Russischen. Privatarchiv für expressionistische Malerei.

66 Dass die *Academia Cavallo Rosso* »nicht zur Verwirklichung gekommen ist«, wie Therese Bhatacharya-Stettler in: Bayern in Ascona, Bern 1982, S. 25 – 27, im Zusammenhang mit dem Wirken von Otto Nebel am Lago Maggiore schreibt, steht im Widerspruch zu den brieflichen Ausführungen Marianne von Werefkins.

67 Werefkins *Ascona-Impressionen* sind Dr. Hans Trog gewidmet. Der Feuilleton-Chef der *Neuen Zürcher Zeitung*, befreundet mit Hodler und Amiet, starb im Juli des Jahres nach langer schwerer Krankheit. Werefkin und Jawlensky hatten ihn 1919 kennen gelernt. Es ist anzunehmen, dass der hoch geachtete, einflussreiche Journalist der Baronin die Möglichkeit gegeben hatte, ihre auf der Italienreise 1925 gewonnenen Eindrücke publizistisch zu verwerten.

68 Marianne von Werefkin 1860 – 1938. Impressionen von Ascona. Edition Galleria Via Sacchetti, o. S., Ascona, 1980.

69 Ein Bildstock von der Art, wie ihn die Werefkin beschrieb und zur Illustration ihrer kleinen Geschichte malte, existiert noch heute in Ascona. Die Wahrscheinlichkeit, dass es sich bei jener Schwarzen Madonna, die links von der Grundstücksgrenze des Anwesens Via Collinetta 25 (Casa di Cura Andreas Cristoforo) zu finden ist, um ihre Madonna Nera handelt, ist groß.

70 Alexej Jawlensky, Lebenserinnerungen, in: Clemens Weiler, Köpfe, Gesichte, Meditationen, S. 119: »Ja, ich habe in Ascona sehr viele starke Erlebnisse gehabt, wenn ich abends mit einer Laterne in die Berge ging, um meine Freunde zu besuchen. Man musste immer an der Madonna Nero [sic!] vorbeigehen, besonders im Winter wenn es stockdunkel war und nur ein ganz kleiner Streifen Licht aus meiner Laterne auf die Erde fiel ... Es war dunkel, es war still, es war unheimlich. Da erinnerte ich mich immer, daß die Einheimischen sagten, daß dort in der Dunkelheit Vampyre flögen, und keiner von ihnen ging des Nachts vorbei.«

71 Ja, Marianne von Werefkin kannte Dante Alighieris *Göttliche Komödie* und daraus die Geschichte von Jasons Kampf um das Goldene Vlies.

72 Marianne von Werefkin 1860 – 1938. Impressionen von Ascona. Edition Galleria Via Sacchetti, o. S., Ascona, 1980.

73 Bernd Fäthke 2001, S. 234.

74 Marianne von Werefkin, Brief an Alexander von Werefkin, um 1930. Übersetzung aus dem Russischen. Privatarchiv für expressionistische Malerei.

75 Albert Steffen, Reisetagebuch, S. 117f.

76 Barbara Weidle, Marianne Werefkin. Die Farbe beisst mich ans Herz, S. 176f.

77 Nicole Brögmann, Marianne von Werefkin. Œuvres peintes 1907 – 1936, S. 68.

KAPITEL XII

1 Clemens Weiler, Marianne Werefkin. Briefe an einen Unbekannten [1901], S. 16.

2 Diego Hagmann war Mitglied des Direktoriums der Zürich Versicherung, Präsident des internationalen Verbandes der Flugversicherer und Lehrer am Swiss Insurance Training Center der Schweizerischen Rückversicherungs-Gesellschaft. Bernd Fäthke 2001, S. 262, Anm. 1037.

3 Bernd Fäthke 2001, S. 262, Anm. 1038.

4 Über Gemälde, die in ihrem Eigentum blieben, führten die Hagmanns Buch. Die Kaufpreisangaben zu den auf Karteikarten erfassten Bildern schwanken zwischen fünfhundert und dreitausend Franken. Insgesamt elftausend Franken bekam Werefkin für die acht dort genannten Werke. Privatarchiv für expressionistische Malerei, Wiesbaden.

5 So Carmen Hagmann in einem Vortrag 1987 in Zürich. Bernd Fäthke 2001, S. 235.

6 Marianne von Werefkin, Brief an Alexander von Werefkin, um 1930. Übersetzung aus dem Russischen. Privatarchiv für expressionistische Malerei, Wiesbaden.

7 Marianne von Werefkin, Brief an Carmen und Diego Hagmann, Herbst 1932. Bernd Fäthke 2001, S. 237.

8 Unter dem Datum 25. März 1936 weist ihr Sparbuch bei der *Unione di Banche Svizzere Locarno* ein Guthaben von nicht einmal einem Franken auf. Privatarchiv für expressionistische Malerei, Wiesbaden.

9 Marianne von Werefkin, Brief an Carmen und Diego Hagmann, 24. Juli 1931. Marianne Werefkin, Die Farbe beisst mich ans Herz, S. 174.

10 Werefkins ergänzende Ausführungen nehmen ihrer kühnen Behauptung den schlechten Beigeschmack von Anmaßung: »Ich stehe auf dem Boden, auf dem seit immer die echte, grosse Kunst stand und arbeite nicht im Sinne von heute oder von morgen, aber im Sinne des Ewigen. Ewig ist Gott, ewig ist das Weltall, ewig ist das Lieben und Leiden, das Jauchzen und Weinen der Menschen und der ganzen Kreatur. ... Meine Lebenserfahrungen umfassen enorm viel – deswegen begreife ich alles.« Marianne von Werefkin, Brief an Carmen und Diego Hagmann, 24. Juli 1931. Marianne Werefkin, Die Farbe beisst mich ans Herz, S. 174.

11 Marianne von Werefkin, Briefe an Carmen und Diego Hagmann, 24. Juli u. Mitte Oktober 1932. Bernd Fäthke 2001, S. 236 u. Marianne Werefkin, Die Farbe beisst mich ans Herz, S. 175.

12 Marianne von Werefkin, Brief an Carmen und Diego Hagmann, 10. November 1934. Marianne Werefkin, Die Farbe beisst mich ans Herz, S. 181.

13 Marianne von Werefkin, Brief an Carmen und Diego Hagmann, 24. Juli 1931. Ebd., S. 174.

14 Marianne von Werefkin, Brief an Carmen und Diego Hagmann, September 1930. Bernd Fäthke 2001, S. 235.

15 Marianne von Werefkin, Brief an Carmen und Diego Hagmann, Herbst 1932. Bernd Fäthke 2001, S. 237.

16 Marianne von Werefkin, Brief an Diego und Carmen Hagmann, 4. Juli 1930. Marianne Werefkin, Die Farbe beisst mich ans Herz, S. 172.

17 Marianne von Werefkin, Brief an Alexander von Werefkin, undatiert, um 1930. Übersetzung aus dem Russischen. Privatarchiv für expressionistische Malerei, Wiesbaden.

18 Marianne von Werefkin, Brief an Diego und Carmen Hagmann, August 1935. Privatarchiv für expressionistische Malerei, Wiesbaden.
19 Marianne von Werefkin, Brief an Diego und Carmen Hagmann, August 1935. Privatarchiv für expressionistische Malerei, Wiesbaden.
20 Heute: Piazza Giuseppe Motta 61.
21 Maurizio Checchi, Ascona. Immagini del passato/Landschaften der Erinnerung, S. 51. Seit 2008 ist die Casa Perucchi wieder ein Hotel. Sein Name, *La Meridiana,* nimmt Bezug auf die Sonnenuhr an seiner Fassade.
22 Albert Steffen, Reisetagebuch, S. 117.
23 Hugo Remund, Beerdigung Marianne von Werefkin. Typoskript, Privatarchiv für expressionistische Malerei, Wiesbaden.
24 Marianne von Werefkin, Brief an Carmen und Diego Hagmann, Mitte Oktober 1932. Marianne Werefkin, Die Farbe beisst mich ans Herz, S. 178.
25 Alexander von Werefkin, Brief an Dr. Keller, 21. November 1957. Archiv für expressionistische Malerei, Wiesbaden.
26 Brigitte Roßbeck u. Kirsten Jüngling, Franz und Maria Marc. Die Biographie des Künstlerpaares, S. 189.
27 Bernd Fäthke 2001, S. 242.
28 1942, nachdem sich Prinz August Wilhelm, vierter Sohn des deutschen Kaisers Wilhelm II. und seiner Gemahlin Auguste Victoria, in privatem Rahmen negativ über Joseph Goebbels geäußert hatte, stellten ihn die Nationalsozialisten politisch kalt und erteilten ihm Redeverbot.
29 Gedicht Else Lasker-Schüler aus dem Jahre 1933: »Die Verscheuchte / Es ist der Tag in Nebel völlig eingehüllt / Entseelt begegnen alle Welten sich / Kaum hingezeichnet wie auf einem Schattenbild …«
30 Ulrike Voswinckel, Freie Liebe und Anarchie. Schwabing – Monte Verità: Entwürfe gegen das etablierte Leben, S. 159.
31 Karl Jürgen Skrodzki, Else Lasker-Schüler. Sämtliche Gedichte, S. 446.
32 Curt Riess, Ascona. Geschichte des seltsamsten Dorfes der Welt, S. 131.
33 Ebd.
34 Marianne von Werefkin, Brief an Carmen und Diego Hagmann, Herbst 1934. Bernd Fäthke 2001, S. 233.
35 Alexej Jawlensky, Briefe an Emmy Scheyer, Oktober 1933. Bernd Fäthke 2004, S. 206.
36 Bernd Fäthke 2004, S. 208.
37 Alexej Jawlensky, Briefe an Emmy Scheyer, September 1934. Bernd Fäthke 2004, S. 206.
38 Bernd Fäthke 2001, S 206.
39 Bernd Fäthke 2004, S. 210.
40 www.jawlensky.ch.
41 Ebd.
42 Bernd Fäthke 2001, S. 240.

43 Marianne von Werefkin, Brief an Alexander und Herta von Werefkin, 1936. Privatarchiv für expressionistische Malerei, Wiesbaden.

44 Marianne von Werefkin, Brief an Carmen und Diego Hagmann, 22. Oktober 1936. Bernd Fäthke 2001, S. 240.

45 Marianne von Werefkin, Brief an Diego Hagmann, 16. Januar 1937. Bernd Fäthke 2001, S. 241.

46 Marianne von Werefkin, Brief (in deutscher Sprache) an Maria und Anastasia von Werefkin, 16. November 1937. Privatarchiv für expressionistische Malerei, Wiesbaden.

47 Marianne von Werefkin, Briefe an Carmen und Diego Hagmann, Februar u. November 1937. Nicole Brögmann, Marianne von Werefkin. Œuvres peintes 1907–1936, S. 69.

48 Marianne von Werefkin, Brief an Carmen und Diego Hagmann, 6. Januar 1938. Bernd Fäthke 2001, S. 243.

49 Maria Marc, Brief an Wassily Kandinsky, 31. Juli 1937. Klaus Lankheit, Wassily Kandinsky/Franz Marc. Briefwechsel, S. 300.

50 Wassily Kandinsky, Brief an Maria Marc, 2. August 1937. Ebd., S. 301.

51 Marianne von Werefkin, Brief an Carmen und Diego Hagmann, Oktober/November 1936. Bernd Fäthke 2001, S. 241.

52 Sieben Sterne hat der »Große Bär«. Zur Eröffnung der Ausstellung des »Großen Bären« in San Cristoforo-Ascona, in: Sie und Er, Nr. 32, 1937. Privatarchiv für expressionistische Malerei, Wiesbaden.

53 Alexander von Werefkin, Brief an Dr. Keller, 21. November 1957. Archiv für expressionistische Malerei, Wiesbaden.

54 Marianne von Werefkin, Brief an Carmen und Diego Hagmann, November 1937. Bernd Fäthke 2001, S. 243.

55 Marianne von Werefkin, Brief an Carmen und Diego Hagmann, November 1937. Ebd.

56 Auf dem Titelblatt des Ausstellungskatalogs steht das Wort Kunst in Anführungszeichen.

57 Uwe Fleckner, Angriff auf die Avantgarde, S. 345ff.

58 *Der Turm der blauen Pferde* gilt als verschollen, zuletzt soll das Bild im Besitz von Hermann Göring gewesen sein.

59 Nur Franz Marcs ausgestellte Bilder waren weder mit dem Namen des Malers noch mit Titeln versehen. Die Veranstalter, uneins in der Bewertung seiner Werke, hatten Widerspruch kommen sehen. In den Listen der nachfolgenden Ausstellungen, die Propagandaschau ging in insgesamt zwölf deutsche Städte, ist kein Marc-Gemälde mehr aufgeführt. Uwe Fleckner, Angriff auf die Avantgarde, S. 345ff.

60 Die *Galerie Fischer* ließ am 30. Juni 1939 in Luzern auch Werke von Malern aus dem engeren Kreis des Blauen Reiters versteigern: Paul Klees *Klostergarten* und *Haus am Weg* (3100 und 850 SFr. Verkaufspreis); August Mackes

Gartenrestaurant (900 SFr. Verkaufspreis); Franz Marcs *Liegender Hund im Schnee*, *Drei rote Pferde*, *Zwei Katzen Blau und Gelb*, *Vögel*, *Badende Mädchen*, *Pferde auf der Weide* (3200, 15000, 5100, 2500, 3300, 2300 SFr. Verkaufspreis. Für Franz Marcs *Eber und Sau* sowie *Hund, Katze und Fuchs* (Schätzpreis je 6300 SFr.) fand sich auf der Auktion kein Erwerber.

61 Bernd Fäthke 2001, S. 243.

62 Marianne von Werefkin, im Gespräch mit dem Dichter Bruno Goetz, um 1926. Bruno Goetz, Das göttliche Gesicht, S. 171.

NACHLESE

1 Archiv des Schweizerischen Roten Kreuzes, Bern.

2 Hugo Remund. Typoskript, 5 S., Zürich, 10. Februar 1938, eigenhändig unterschrieben. Privatarchiv für expressionistische Malerei, Wiesbaden.

3 Nicole Brögmann, Marianne von Werefkin. Œuvres peintes 1907–1936, S. 16f.

4 Ala Altripp, Erinnerungen an Jawlensky, Tonbandprotokoll von Martina Conrad, Jawlensky zum 125. Geburtstag, SWR II, Mainz/Wiesbaden 1989. Privatarchiv für expressionistische Malerei. Für die Kenntnis dieser Quelle danke ich Bernd Fäthke.

5 Bernd Fäthke 2004, S. 214.

6 Brigitte Roßbeck u. Kirsten Jüngling. Franz und Maria Marc. Die Biographie eines Künstlerpaares, S. 200ff.

7 Gisela Kleine, Gabriele Münter und Wassily Kandinsky. Biographie eines Paares, S. 665.

8 Bericht Rosa Harnisch, Diekhof. Typoskript. Privatarchiv für expressionistische Malerei, Wiesbaden.

Archive und Fundstellen

Anthroposophische Gesellschaft, München
Archiv der Akademie der Künste, Berlin
Archiv des Schweizerischen Roten Kreuzes, Bern
Archiv Verein der Berliner Künstlerinnen 1867 e.V., Berlin
Bauhaus-Archiv, Berlin
Bayerische Staatsbibliothek, München
Bayerisches Hauptstaatsarchiv Abt. IV, Kriegsarchiv, München
Bayerisches Wirtschaftsarchiv, München
Columbia University, USA, Sammlung Bachteev
Darß-Museum, Prerow
Deutsche Gesellschaft für Osteuropakunde e.V., Berlin
Deutsches Nationalmuseum Nürnberg/Deutsches Kunstarchiv
Deutsche Staatsbibliothek Berlin/Stiftung Preußischer Kulturbesitz
Handschriftensammlung
Musikabteilung
Sturm-Archiv
Deutsches Tanzarchiv Köln/Sacharoff Archiv
Else Lasker-Schüler-Archiv, The Jewish National and University Library, Jerusalem
Fondazione Marianne Werefkin Museo Comunale d'Arte Moderna, Ascona
Gabriele Münter- und Johannes Eichner-Stiftung, München
Germanisches Nationalmuseum Nürnberg/Deutsches Kunstarchiv
Hessische Landesbibliothek, Wiesbaden
Historisches Archiv Deutsche Bank, Berlin
Jüdisches Museum, Vilnius
Kubin-Archiv, München
Kunstmuseum Basel, Archiv der Stiftung Sammlung Karl und Jürg Im Obersteg
Kunstwissenschaftliche Bibliothek, Berlin
Landesarchiv Berlin
Litauische Martynas Mažvydas Nationalbibliothek, Vilnius
Litauisches Kulturinstitut, Lampertheim-Hüttenfeld
Marktarchiv Murnau
Militärgeschichtliches Forschungsamt, Potsdam

Militärhistorisches Museum, Dresden
Osteuropa-Institut, München
Privatarchiv Erwin Wimmers, Bad Godesberg
Privatarchiv für expressionistische Malerei, Wiesbaden
Redaktionsarchiv Neue Zürcher Zeitung, Zürich
Russisches militärgeschichtliches Archiv, Moskau
Schlossmuseum Murnau
Schweizerisches Institut für Kunstwissenschaft, Zürich
Staatsarchiv des Kantons Basel-Stadt
Staatsarchiv des Kantons Zürich
Stadtarchiv Berlin
Stadtarchiv Dresden
Stadtarchiv München
Stadtbibliothek München/Monacensia
Städtische Galerie im Lenbachhaus, München
The Getty Research Institute – Research Library – Research Services,
Los Angeles, California
Zentralinstitut für Kunstgeschichte, München
Zentrum Paul Klee, Bern

Quellen und bibliografische Auswahl

Zitate sind originalgetreu wiedergegeben, orthografische und grammatikalische Abweichungen gehen auf die jeweiligen handschriftlichen oder gedruckten Vorlagen zurück.

Affentranger-Kirchrath, Angelika: Jawlensky in der Schweiz 1914-1921. Begegnungen mit Arp, Hodler, Janco, Klee, Lehmbruck, Richter, Taeuber-Arp, Katalog zur Ausstellung im Kunsthaus Zürich 27. Oktober 2000 bis 14. Januar 2001, Bern 2000

Alexander II. Sohn der Charlotte von Preussen, Kaiser und Zar von Russland, Reformer und Befreier der Bauern. Sein Leben und Wirken in Zarskoje Selo/St. Petersburg, hrsg. von der Kulturstiftung Schloss Britz, Berlin 1998

Ambrozić, Katarina: Wege zur Moderne und die Ažbe-Schule in München, Recklinghausen 1988

Arens, Hanns: Unsterbliches München, München/Esslingen 1968

Asadowski, Konstantin: Rilke und Rußland. Briefe, Erinnerungen, Gedichte, Berlin u. Weimar 1986

Atamuk, Solomon: Juden in Litauen. Ein geschichtlicher Überblick vom 14. bis 20. Jahrhundert, herausgegeben von Erhard Roy Wiehn, Konstanz 2000

Avtonomova, Natalja: Die Briefe Wassily Kandinskys an Dmitrij Kardovskij, in: Sibylle Ebert-Schifferer (Hrsg.): Wassily Kandinsky. Die erste sowjetische Retrospektive. Gemälde, Zeichnungen und Graphik aus sowjetischen und westlichen Museen, Frankfurt 1989, S. 47–54

[Die] Baltische Ausstellung in Malmö, in: Illustrirte Zeitung, Nr. 3696, 142. Band. Sonderheft Schweden und die Baltische Ausstellung, Leipzig, Berlin, Wien, 30. April 1914, S. 21ff.

Barnett, Vivian: Galka Scheyer. Die Verwandlung von E. E. S. zu G. E. S., in: Jawlensky, Meine liebe Galka!, Wiesbaden 2004

Bauer, Helmut u. Sandra Uhrig (Hrsg.): Schwabing – Kunst und Leben um 1900, Publikation zur Ausstellung im Stadtmuseum München von Mai bis September 1998, München 1998

Bauer, Helmut, u. Elisabeth Tworek (Hrsg.): Schwabing – Kunst und Leben um 1900, Essays, München 1998

Baumgartner, Michael, u. Hans Christoph von Tavel: Die Sammlung Karl und Jürg Im Obersteg, Oberhofen a. Thunersee, 1995

Baur, Johannes: Die russische Kolonie in München 1900-1945: Deutsch-russische Beziehungen im 20. Jahrhundert, Wiesbaden 1998

Bauschinger, Sigrid: Else Lasker-Schüler. Eine Biographie, Frankfurt a. Main 2006

Beck, Michaela G.: Marianne oder die Farbe Blau, Theaterstück, Uraufführung Berlin 1993

Beil, Ralf, u. Renate Ulmer: Kunst und Kultur in Rußland um 1900. Im Reich des letzten Zaren, Köln 2009

Belgin, Tayfun: Alexej von Jawlensky. Eine Künstlerbiographie, Heidelberg 1998

Belgin, Tayfun (Hrsg.): Alexej von Jawlensky. Reisen – Freunde – Wandlungen, Ausstellung vom 16. August bis 15. November 1998 im Museum am Ostwall Dortmund, Heidelberg 1998

Belgin, Tayfun, u. Angelica Jawlensky Bianconi (Hrsg.): Alexej von Jawlensky. Magische Bilder, Ausstellung Kunsthalle Krems vom 27. April bis 21. September 2003, Bad Breisig 2003

Belgin, Tayfun (Hrsg.): Liebe, Tod und Leidenschaft. Geschichten aus dem Zarenreich, Ausstellung Kunsthalle Krems vom 29. Februar bis 6. Juni 2004, Bad Breisig 2004

Beretta, Caterina: Mein Ascona. Erinnerungen und Erlebnisse, Muri 1983

Beretta, Efrem: La Werefin e i suoi amici, in: Eco di Locarno – Speciale Sabato vom 27. August 1988

Berger, Hans u.a.: Marianna von Werefkin und Alexandre Archipenko, Ausstellungskatalog des Kunsthauses Zürich, Zürich 1920

Berger, Renate: Malerinnen auf dem Weg ins 20. Jahrhundert. Kunstgeschichte als Sozialgeschichte, Köln 1982

Berger, Renate: »Und ich sehe nichts, nichts als die Malerei«. Autobiographische Texte von Künstlerinnen des 18.–20. Jahrhunderts, Frankfurt a. Main 1987

Beyme, Klaus: Das Zeitalter der Avantgarde. Kunst und Gesellschaft 1905–1955, München 2005

Beyrau, Dietrich: Militär und Gesellschaft im vorrevolutionären Russland, Köln/Wien 1984

Bhatacharya-Stettler, Therese: Bayern in Ascona, in: Otto Nebel, Bern 1982, S. 25–27

Blei, Franz: Erzählung eines Lebens, Leipzig 1930

Bölt, Yvonne, u. Maurizio Checchi: Ascona. Immagini del passato/Landschaften der Erinnerung, Ascona 2003

Bohn, Barbara u.a.: Ahrenshoop. Eine Künstlerkolonie an der Ostsee, Fischerhude 1990

Borsano, Gabrielle u.a.: Monte Verità. Berg der Wahrheit. Lokale Anthropologie als Beitrag zur Wiederentdeckung einer neuzeitlichen sakralen Topographie, Mailand 1978

Bowlt, John E.: Die Malerei Russlands und die Bühne von 1890 – 1930, in: Ausstellungskatalog Die russische Avantgarde und die Bühne 1890 – 1930, Schleswig-Holsteinisches Landesmuseum, Schloß Gottorf, Schleswig 1991

Brandenburg, Hans: Der moderne Tanz, München 1921

Brandenburg, Hans: München leuchtete. Jugenderinnerungen, München 1953

Brodsky, Josef (Hrsg.): Ilja Repin. Pis'ma 1893 – 1930, Moskau 1930

Brodsky, Josef: Ilja Repin, Leipzig 1981

Brögmann, Nicole (Hrsg.): Marianne von Werefkin. Œuvres peintes 1907 – 1936, Ausstellungskatalog Fondation Neumann, Gingins 1996

Brögmann, Nicole: »Ich lebe nur mit dem Auge«, in: Nicole Brögmann (Hrsg.): Marianne von Werefkin. Œuvres peintes 1907 – 1936, Ausstellungskatalog Fondation Neumann, Gingins 1996, S. 21ff.

Brögmann, Nicole: Die Skizzenbücher der Malerin Marianne Werefkin, S. 44ff., in: Marianne Werefkin. Die Farbe beisst mich ans Herz, Konzeption, Buch und Ausstellung Barbara Weidle, herausgegeben vom Verein August Macke Haus e.V., Bonn 1999, S. 44ff.

Brucher, Günter: Kandinsky. Wege zur Abstraktion, München 1999

Buchheim, Lothar-Günther: Der Blaue Reiter und die Neue Künstlervereinigung München, Feldafing 1959

Corinth, Lovis: Meine frühen Jahre, Hamburg 1954

Czapek, Rudolf: Grundprobleme der Malerei. Ein Buch für Künstler und Lernende, Leipzig 1908

Der Almanach »Der Blaue Reiter«. Bilder und Bildwerke in Originalen, Schlossmuseum des Marktes Murnau, herausgegeben von Brigitte Salmen, Murnau 1998

Devjatjarova, Irina: Alexej von Jawlensky in Rußland. Quellen. Moskau – St. Petersburg. Forschungsbeiträge zu Leben und Werk Alexej von Jawlenskys, Locarno 2005

Dudgeon, Ruth Arlene: Women and Higher Education in Russia. 1855 – 1905. Diss. Washington 1975

Dütsch, Irene: Alfred Mayer – ein Mäzen im Umkreis des »Blauen Reiter«. Hinter den Kulissen der Münchner Boheme, in: Schriften des Historischen Vereins Murnau am Staffelsee e. V., Heft 22, Jahrbuch 2004, S. 69 – 124

Dufour-Kowalska, Gabrielle: Marianne Werefkin. »Lettres à un Inconnue«, Paris 1999

Ebert, Christa: Die Seele hat kein Geschlecht. Studien zum Genderdiskurs in der russischen Kultur, Frankfurt am Main 2004

Eichner, Johannes: Kandinsky und Gabriele Münter. Von Ursprüngen moderner Kunst, München 1957

Eller-Rüter, Ulrika M.: Kandinsky. Bühnenkomposition und Dichtung als Realisation seines Synthesekonzepts, Hildesheim 1990

Engel, Barbara: Mothers and Daughters. Women of the Intelligentsia in nineteenth century Russia, New York u.a. 1983

Erdberg, Eduard von: Marianne von Werefkins Bestattung in Ascona, in: Konrad Federer: Marianne von Werefkin. Zeugnis und Bild, Zürich 1975, S. 36ff.

Erdmann-Macke, Elisabeth: Erinnerung an August Macke, Frankfurt a. M. 1987

Expressionisten. Die Avantgarde in Deutschland 1905–1920, Ausstellung vom 3. September bis 16. November 1986 in der Nationalgalerie Berlin, Berlin 1986

Expressionismus als Lebensgefühl. Brücke – Blauer Reiter – Rheinischer Expressionismus, Nr. 19 Schriftenreihe August Macke Haus e.V. mit einem Vorwort von Margarethe Jochimsen, Bonn 1996

Ezerskaja, N. A.: Peredvishniki und nationale Malschulen in Rußland, Moskau 1987

Fäthke, Bernd: Marianne Werefkin und ihr Einfluß auf den Blauen Reiter, in: Marianne Werefkin. Gemälde und Skizzen, Ausstellungskatalog Städtisches Museum Wiesbaden 28. September bis 23. November 1980, S. 14ff.

Fäthke, Bernd: Jawlensky und Malerfreunde, Ausstellung Städtisches Museum Wiesbaden, 27. Februar bis 26. Juni 1983, Museum Wiesbaden 1983

Fäthke, Bernd: Alexej Jawlensky. Zeichnung – Graphik – Dokumente, Ausstellungskatalog Städtisches Museum Wiesbaden, 13. Dezember 1983 bis 5. Februar 1984, Wiesbaden 1983

Fäthke, Bernd: Die Werefkin im Profil, in: Armin Zweite (Hrsg.): Alexej Jawlensky 1864–1941. Ausstellung in der Städtischen Galerie im Lenbachhaus München und der Staatlichen Kunsthalle Baden-Baden, München 1983, S. 67ff.

Fäthke, Bernd: »Fondazione Museo Marianne Werefkin in Ascona«, in: Die Kunst und das schöne Heim, Heft 8, 1983, S. 539ff.

Fäthke, Bernd: Alexej Jawlensky: ein Erlebnis für die Augen, Beilage in der Zeitungsgruppe Rhein-Main-Nahe vom 24. Dezember 1985, S. 3

Fäthke, Bernd: Das Alterswerk von Jawlensky in neuem Licht, warum es den großen Maler nach Wiesbaden zog, in: Beilage der Zeitungsgruppe Rhein-Main-Nahe vom 15. März 1986, S. 1f.

Fäthke, Bernd: Jawlenskys »Bildnis Nikita von Werefkin«. Das besondere Bild zum 45. Todesjahr von Alexej Jawlensky, Museum Wiesbaden, August 1986

Fäthke, Bernd: Marianne Werefkin. Leben und Werk 1860–1938, München 1988

Fäthke, Bernd: Im Vorfeld des Expressionismus. Anton Ažbe und die Malerei in München und Paris, Wiesbaden 1988

Fäthke, Bernd: Elisabeth Ivanowna Epstein. Eine Künstlerfreundschaft mit Kandinsky und Jawlensky, Ascona 1989

Fäthke, Bernd: Die Wiedergeburt der »Blauen Reiter-Reiterin« in Berlin. Von der Diskriminierung der Frau in der Kunst am Beispiel Marianne Werefkin, in: Profession ohne Tradition, Ausstellungs-Katalog 125 Jahre Verein der Berliner Künstlerinnen, Berlinische Galerie, Berlin 1992

Fäthke, Bernd: Jawlenskys Vorbilder (1880 – 1921), in: Ausstellungskatalog Jawlenskys japanische Holzschnittsammlung. Eine märchenhafte Entdeckung, Edition der Verwaltung der Staatlichen Schlösser und Gärten, Bad Homburg v.d.H. Nr. 2, 1992

Fäthke, Bernd: Spurensicherung für die Blaue Reiterin in Litauen, 6. Mitteilung des Vereins der Berliner Künstlerinnen e. V., Berlin 1995

Fäthke, Bernd: Marianne Werefkin. »Russischer Rembrandt«, »Französin«, »Blaue Reiter-Reiterin«, in: Ausstellungskatalog Garten der Frauen. Wegbereiterinnen der Moderne in Deutschland. 1900-1914, Sprengel Museum Hannover, 1996

Fäthke, Bernd: Der Fall Jawlensky: Warum bestimmte Aquarelle nicht von ihm sein können. Nicht nur das Auge, auch die Fakten entscheiden, in: Handelsblatt vom 30./31. Januar 1998

Fäthke, Bernd: Marianne Werefkin. Aus ihren Skizzenbüchern, in: Weltkunst Jg. 68 Nr. 2, Februar 1998, S. 310ff.

Fäthke, Bernd: Marianne Werefkin. Aus ihren Skizzenbüchern, in: per lei, Ascona, Mai 1998, S. 33f.

Fäthke, Bernd: Der Fall Jawlensky. Original – Kopie – Fälschung. Teil II, in: Weltkunst vom 15. August 1998, S. 1502

Fäthke, Bernd: Marianne Werefkin, in: Britta Jürgs (Hrsg.): Wie eine Nilbraut, die man in die Wellen wirft, Portraits expressionistischer Künstlerinnen und Schriftstellerinnen, Grambin 1998, S. 54ff.

Fäthke, Bernd: Marianne Werefkin und Wassily Kandinsky, in: Ausstellungskatalog Der Blaue Reiter und seine Künstler, Brücke-Museum, Berlin 1998, S. 93ff.

Fäthke, Bernd: 1911. Die Blaue Reiterin mit Jawlensky in Ahrenshoop, Prerow und Zingst. Blaue Reiter in München und in Berlin, 8. Mitteilung des Vereins der Berliner Künstlerinnen e.V., Berlin 1998

Fäthke, Bernd: Heroische Zeiten. Der Blaue Reiter und das Neue Bild. München, Städtische Galerie im Lenbachhaus – Kunstbau, in: Weltkunst, Nr. 8, 1999, S. 1434

Fäthke, Bernd: Werefkins Hommage an Ascona, in: Marianne Werefkin. Die Farbe beisst mich ans Herz, Konzeption, Buch und Ausstellung Barbara Weidle, herausgegeben vom Verein August Macke Haus e.V., Bonn 1999, S. 31ff.

Fäthke, Bernd: Die Münchner Ausstellung »Der Blaue Reiter und das Neue Bild«. Vertrautes, Unbekanntes, Fremdartiges, in: Handelsblatt vom 23./24. Juli 1999

Fäthke, Bernd: Dreck am Stecken. Spannende Fakten zur Entstehungsgeschichte des Blauen Reiters. Ausstellung der Kunsthalle Bremen, in: Handelsblatt vom 7./8. April 2000

Fäthke, Bernd: Der Blaue Reiter. Ausstellung der Kunsthalle Bremen, in: Weltkunst Nr. 8, August 2000, S. 1349

Fäthke, Bernd: Jawlensky-Probleme auf die lange Bank geschoben. Gastkolumne, in: Weltkunst Nr. 8, August 2000, S. 1349

Fäthke, Bernd: Inszenierung eines Krachs. Neues vom »Blauen Reiter«, in: Weltkunst, Nr. 13, 1. November 2000, S. 2218f.

Fäthke, Bernd: Jawlensky. Sein Aquarell ist der Richter, in: Weltkunst, Nr. 14, 15 November 2000, S. 2400ff.

Fäthke, Bernd: Marianne Werefkin, München 2001

Fäthke, Bernd: Werefkin, la »Blaue Reiterin«, in: Marianne Werfkin. Il fervore della visione, Palazzo Magnani, Reggio Emilia 2001

Fäthke, Bernd: Marianne von Werefkin. Von Farben, Formen und Linien, in: Marianne von Werefkin in Murnau. Kunst und Theorie, Vorbilder und Künstlerfreunde, Ausstellungskatalog Schlossmuseum Murnau, bearbeitet von Brigitte Salmen, Murnau 2002, S. 9ff.

Fäthke, Bernd: Abramcevo-Möbel. Kostbarkeiten aus Jawlenskys Atelier, in: Weltkunst Nr. 8, 1. September 2002, S. 1258 – 1260

Fäthke, Bernd: Die Sacharoffs, Bremen, Paula Modersohn-Becker-Museum, in: Weltkunst, Nr. 13, 15. November 2002, S. 2057

Fäthke, Bernd: Sturm im Wasserglas. Neue Erkenntnisse zur Entstehung der abstrakten Kunst?, in: Weltkunst, Nr. 6, Juni 2003, S. 866f.

Fäthke, Bernd: Marianne von Werefkin. Linee, forme, colori (erweiterte Fassung des Beitrags zur Murnauer Ausstellung 2002), in: Ausstellungskatalog Marianne Werefkin a Murnau. Arte e teoria, amici e maestri, Museo communale d'arte moderna, Ascona 2003, S. 17ff.

Fäthke, Bernd: Jawlensky und seine Weggefährten in neuem Licht, München 2004

Fäthke, Bernd: Marianne Werefkin (1860 – 1938), in: Eigensinn. Bedeutende Künstlerinnen des frühen 20. Jahrhunderts, Leipzig 2004, S. 12ff.

Fäthke, Bernd: Die Unterschlagene Frau. Lotte Pechstein geb. Kaprolat, in: Weltkunst, Nr. 4, 2005, S. 70f.

Fäthke, Bernd: Der tanzende Maler. Alexander Sacharoff, in: Weltkunst, Nr. 10, 2005, S. 8ff.

Fäthke, Bernd: Der Held vom Kabuki Theater – Alexej Jawlensky sammelte japanische Holzschnitte …, in: Weltkunst Nr. 6, 2006 S. 16ff.

Fäthke, Bernd: Sie malt mit zwitschernden Tönen, Marianne von Werefkins Zirkusskizzen, in: Weltkunst Nr. 6, 2006, S. 16ff.

Fäthke, Bernd: Werefkin und Jawlensky mit Sohn Andreas in der »Murnauer Zeit«, in: Kandinsky, Münter, Jawlensky, Werefkin. 1908/2008 – Vor 100 Jahren, Ausstellungskatalog herausgegeben vom Schlossmuseum des Marktes Murnau u. bearbeitet von Brigitte Salmen, Murnau 2008, S. 37ff.

Fechter, Isabel: Sternstunden. Murnau 1908/2007 – Vor 100 Jahren, in: Weltkunst Nr. 9, 2008, S. 96f.

Federer, Konrad: Marianne von Werefkin. Zeugnis und Bild, Zürich 1975

Fehlemann, Sabine (Hrsg.): Ilja Repin und seine Malerfreunde. Rußland vor der Revolution, Katalog zur Ausstellung des Von der Heydt-Museums Wuppertal vom 9. Oktober 2005 bis 29. Januar 2006, Wuppertal 2005

Feilchenfeldt, Konrad: Vincent van Gogh und Paul Cassirer, Zwolle 1988

Fieseler, Beate: »Ein Huhn ist kein Vogel – Ein Weib ist kein Mensch«. Russische Frauen (1860–1930) im Spiegel historischer Forschung, in: Frauengeschichte. Gesucht – Gefunden? Beate Fieseler u. Birgit Schulze (Hrsg.), Köln/Weimar/Wien 1991, S. 214ff.

Figes, Orlando: Nataschas Tanz. Eine Kulturgeschichte Russlands, Berlin 2003

Fischer, Otto: Das Neue Bild. Veröffentlichung der Neuen Künstlervereinigung München, München 1912

Flach, Jakob: Ascona – gestern und heute, Stuttgart u.a. 1971

Fleckner, Uwe (Hrsg.): Angriff auf die Avantgarde. Kunst und Kunstpolitik im Nationalsozialismus, Berlin 1907

Folini, Mara: »Lettres à un Inconnu« (1901–1905), in: Nicole Brögmann (Hrsg.): Marianne von Werefkin. Œuvres peintes 1907–1936, Ausstellungskatalog Fondation Neumann, Gingins 1996

Folini, Mara: Die literarischen Quellen in den Schriften Marianne Werefkins – eine kritische Analyse ihrer Lektüre, in: Marianne Werefkin. Die Farbe beisst mich ans Herz, Konzeption, Buch und Ausstellung Barbara Weidle, herausgegeben vom Verein August Macke Haus e.V., Bonn 1999

Folini, Mara: Marianne von Werefkin. Auf der Suche nach einer neuen Sprache, in: Marianne von Werefkin in Murnau. Kunst und Theorie, Vorbilder und Künstlerfreunde, Ausstellungskatalog Schlossmuseum Murnau, bearbeitet von Brigitte Salmen, Murnau 2002, S. 42ff.

Fondazione Marianne Werefkin (Hrsg.): Museo Marianne Werefkin. Ausstellungskatalog zur Eröffnung des Museums in Ascona. Mit einem Beitrag von Clemens Weiler, Ascona 1967

Francé-Harrar, Annie: So war's um Neunzehnhundert. Mein Fin de Siècle, München u. Wien 1962

Frèches-Thory, Claire, u. Ursula Pericchi-Petri (Hrsg.): Die Nabis. Propheten der Moderne, München 1998

Frese, Werner, u. Ernst-Gerhard Güse (Hrsg.): August Macke. Briefe an Elisabeth und die Freunde, München 1987

Freud, Sigmund: Briefe 1873–1939, ausgewählt und herausgegeben von Ernst und Lucie Freud, Frankfurt am Main 1980

Friedel, Helmut (Hrsg.): Kandinsky. Absolut. Abstrakt, Katalog zur Ausstellung in der Städtischen Galerie im Lenbachhaus und Kunstbau München vom 25. Oktober 2008 bis 22. Februar 2009, München 2008

Fuchs, Georg: Sturm und Drang in München um die Jahrhundertwende, München 1936

Gagel, Hanna: So viel Energie. Künstlerinnen in der dritten Lebensphase, Berlin 2005
Glauser, Friedrich: Die grosse Malerin, in: Konrad Federer: Marianne von Werefkin. Zeugnis und Bild, Zürich 1975, S. 32ff.
Glauser, Friedrich: Dada, Ascona und andere Erinnerungen, Zürich 1976
Göttler, Norbert: Der Blaue Reiter, Reinbek b. Hamburg 2008
Goetz, Bruno: Das göttliche Gesicht, Leipzig/Wien/München 1927
Goldberg, Itzhak: Jawlensky/Werefkin, Paris 1999
Goll, Claire: Ich verzeihe keinem. Eine literarische Chronique scandaleuse unserer Zeit, München 1976
[Claire] Goll/Iwan Goll: Meiner Seele Töne. Das literarische Dokument eines Lebens zwischen Kunst und Liebe – aufgezeichnet in ihren Briefen, neu herausgegeben und kommentiert von Barbara Glaukert, München 1982
Gollek, Rosel: Der Blaue Reiter im Lenbachhaus München, Katalog der Sammlung der Städtischen Galerie, München 1982
Gollek, Rosel: Das Münter-Haus in Murnau, München 1984
Gorys, Ehrhard: Moskau und Leningrad. Kunst, Kultur und Geschichte der beiden Metropolen des »Goldenen Ringes« und Nowgorods, Köln 1988
Grabar, Igor: Moja Schisn. Automonografija, Moskau 2001
Grabar, Igor: Pis'ma 1891–1917, Moskau 1974
Gray, Camilla: Die russische Avantgarde der modernen Kunst 1863–1922, Köln 1963
Grebing, Helga, Die Worringers. Bildungsbürgerlichkeit als Lebenssinn, Berlin 2004
Guenther, Johannes von: Ein Leben im Ostwind. Zwischen Petersburg und München. Erinnerungen, München 1969
Hagmann, Carmen: Die Malerin Marianne von Werefkin, Vortrag vor dem Elkaclub in Zürich 1987, M.S. Zürich
Hahl-Fontaine, Jelena: Jawlensky und Rußland, in: Alexej von Jawlensky – das Auge ist der Richter, Ausstellung im Museum Folkwang Essen vom 1. Februar bis 22. März 1998, Köln 1998
Hahl-Koch, Jelena: Marianne Werefkin und der russische Symbolismus. Studien zur Ästhetik und Kunsttheorie, Slawistische Beiträge 24, München 1967
Hahl-Koch, Jelena (Hrsg.): Wassily Kandinsky und Arnold Schönberg. Der Briefwechsel, Stuttgart 1993
Halbe, Max: Jahrhundertwende. Erinnerungen an eine Epoche, München u. Wien 1976
Hartmann, Georg (Hrsg.): Das Wirken Rudolf Steiners von 1890–1904. Weimar und Berlin, Schaffhausen 1975
Haskell, Arnold: Diaghileff – his artistic and private life, London 1955

Hasselblatt, Julius: Historischer Ueberblick der Entwicklung der kaiserlich russischen Akademie der Künste in St. Petersburg. Ein Beitrag zur Geschichte der Kunst in Russland, Leipzig u.a. 1886

Herpen, Heino: Werefkins Tagebuch: Papier der Verzweiflung. Dokument als ›Glücksfall‹ für die Forschung, Murnauer Tagblatt vom 7. Juli 2003

Hetzer, Gerhard, Gerhard Immler u. Elisabeth Lukas-Götz (Hrsg.): Zwischen Newa und Isar. Blick auf bayerisch-russische Beziehungen im 19. Jahrhundert. Eine Ausstellung des Bayerischen Hauptstaatsarchivs anlässlich des 200. Geburtstages des Dichters und Diplomaten Fjodor Iwanowitsch Tjutschew, Staatliche Archive Bayerns, Kleine Ausstellungen Nr. 22, München 2003

Heydt, Eduard von der, u.a.: Ascona und sein Berg Monteverità, Zürich 1979

Heydt, Eduard von der, und Werner von Rheinbaben: Auf dem Monte Verità. Erinnerungen und Gedanken über Menschen, Kunst und Politik, Zürich 1958

Hildebrand, Martin: Wer war Alexander von Salzmann. Eine Biographie in Rätseln – Spur führt auch nach Wiesbaden, in Wiesbadener Leben, Heft 10, 1992, S. 14 – 16

Hildebrandt, Hans: Die Frau als Künstlerin. Mit 337 Abbildungen nach Frauenarbeiten bildender Kunst von den frühesten Zeiten bis zur Gegenwart, Berlin 1928

Hirte, Chris (Hrsg.): Erich Mühsam. Tagebücher, München 1994

Hoberg, Annegret, u. Helmut Friedel (Hrsg.): Gabriele Münter. 1877-1962. Retrospektive, Ausstellung in der Städtischen Galerie im Lenbachhaus München vom 29. November 1992 bis 10. Februar 1993 und in der Schirn Kunsthalle Frankfurt vom 4. April bis 31. Mai 1993, München 1992

Hoberg, Annegret: Gabriele Münter in München und Murnau. 1901 – 1914, in: Gabriele Münter. 1877 – 1962. Retrospektive, Ausstellung in der Städtischen Galerie im Lenbachhaus München vom 29. November 1992 bis 10. Februar 1993 und in der Schirn Kunsthalle Frankfurt vom 4. April bis 31. Mai 1993, München 1992, S. 27ff.

Hoberg, Annegret: Wassily Kandinsky und Gabriele Münter in Murnau und Kochel 1902 – 1914. Briefe und Erinnerungen, München 1994

Hoberg, Annegret: »Das Leben der Farbe, erfaßt von einem Leidenschaftlichen, einem Verliebten«. Zu den frühen Bildnissen Alexej Jawlenskys, in: Ausstellungskatalog Alexej von Jawlensky. Frühe Porträts 1908 – 1913, Schlossmuseum Murnau, Murnau 1995

Hoberg, Annegret: Maria Marc. Leben und Werk 1896 – 1955, Katalog zur Ausstellung Städtische Galerie im Lenbachhaus München vom 6. Dezember 1995 bis 21. Januar 1996, München 1995

Hoberg, Annegret, u. Helmut Friedel (Hrsg.): Der Blaue Reiter und Das Neue Bild. Von der »Neuen Künstlervereinigung München« zum »Blauen Reiter«, Katalog zur Ausstellung in der Städtischen Galerie im Lenbachhaus München vom 2. Juli bis 3. Oktober 1999, München 1999

Hoberg, Annegret: Franz und Maria Marc, München 2004
Hoberg, Annegret: Kandinsky. Absolut. Abstrakt, in: Helmut Friedel (Hrsg.), Kandinsky. Absolut. Abstrakt, Katalog zur Ausstellung in der Städtischen Galerie im Lenbachhaus und Kunstbau München vom 25. Oktober 2008 bis 22. Februar 2009, München 2008
Hochreiter, Andreas: Evasionen. Wege der Kunst. Kunst und Leben bei W. Solowjew und J. Beuys. Eine Studie zum erweiterten Kunstbegriff in der Moderne, Würzburg 1992
Hoerschelmann, Rolf von: Leben ohne Alltag, Berlin 1947
Hüneke, Andreas (Hrsg.): Der blaue Reiter. Dokumente einer geistigen Bewegung, Leipzig 1991
Jablonskaja, Mjuda N.: Russische Künstlerinnen 1900 – 1935, Bergisch Gladbach 1990
Jacobsen, Gabriele: Auf den Spuren einer Transformation. Biographische Annäherung an Marianne Werefkin, Diss., Graz 1999
Jähner, Horst: Künstlergruppe Brücke. Geschichte einer Gemeinschaft und Lebenswerk ihrer Repräsentanten, Berlin 1984
Jagudina, Karina: Marianne von Werefkin. Ausgewählte Schriften und Briefe 1889 – 1918, Diplomarbeit Hochschule der Künste Bern, Fachbereich Konservierung und Restaurierung, 2008
Jawlensky, Alexej: Lebenserinnerungen, in: Clemens Weiler: Köpfe, Gesichte, Meditationen, Hanau 1970, S. 95ff.
Jawlensky: »Meine liebe Galka!«, Ausstellung vom 23. Oktober 2004 bis 13. März 2005 Museum Wiesbaden, Wiesbaden 2004
Jawlensky, Maria, Lucia Pieroni-Jawlensky and Angelica Jawlensky-Bianconi: Catalogue Raisonné Volume Four. The Watercolours and Drawings 1890 – 1938 with addenda to the Catalogue of the Oil Paintings, München 1998
Juodzevičius, Balys: Gubernatoriaus dvaras, Teil 1, in: Utenis vom 22. Oktober 1994
Juodzevičius, Balys: Gubernatoriaus dvaras, Teil 2, in: Utenis vom 29. Oktober 1994
Jüngling, Kirsten, u. Brigitte Roßbeck: Franz und Maria Marc. Die Biographie eines Künstlerpaares, Berlin 2004
Jung, Franz: Der Weg nach unten, Leipzig 1991
Kaiser, Maria Regina: »Du mein Gedanke, ich deine Verwirklichung«. Marianne von Werefkin und Alexej von Jawlensky. Eine Liebesgeschichte, in: Frankfurter Allgemeines Magazin vom 14. Mai 1993, S. 24ff.
Kandinsky, Nina: Kandinsky und ich, München 1976
Kandinsky, Wassily: Über das Geistige in der Kunst – insbesondere in der Malerei, Vorwort und Kommentar von Jelena Hahl-Fontaine, Einführung von Max Bill, Bern 2004

Kandinsky, Wassily: Essays über Kunst und Künstler, herausgegeben und kommentiert von Max Bill, Bern 1973

Kandinsky, Wassily: Gesammelte Schriften 1889–1916. Farbensprache, Kompositionslehre und andere unveröffentlichte Texte, herausgegeben von Helmut Friedel, Gabriele Münter- und Johannes Eichner-Stiftung, München 2007

Kandinsky, Münter, Jawlensky, Werefkin. 1908/2008 – Vor 100 Jahren, Ausstellungskatalog hrsg. vom Schlossmuseum des Marktes Murnau u. bearb. von Brigitte Salmen, Murnau 2008

Keller, Mechthild: Russen und Rußland aus deutscher Sicht. 19. Jahrhundert. Von der Jahrhundertwende bis zur Reichsgründung (1800–1871), München 1995

Keller, Mechthild: Russen und Rußland aus deutscher Sicht. Von der Bismarckzeit bis zum Ersten Weltkrieg, München 2000

Keller, Ursula, u. Natalja Sharandak: Abende nicht von dieser Welt. St. Petersburger Salondamen und Künstlerinnen des Silbernen Zeitalters, Berlin 2003

Klee, Felix (Hrsg.): Paul Klee. Briefe an die Familie 1893–1940, 2 Bde., 1893–1906 u. 1907–1940, Köln 1979

Klee, Paul: Tagebücher 1898–1918, bearbeitet von Wolfgang Kersten, Stuttgart u.a. 1988

Kleine, Gisela: Gabriele Münter und Wassily Kandinsky. Biographie eines Paares, Frankfurt a. Main u. Leipzig, 1991

Klingsöhr-Leroy, Cathrin: Zwischen den Zeilen. Dokumente zu Franz Marc, Ostfildern-Ruit 2005

Kluncker, Karl-Hans: Karl und Hanna Wolfskehl. Briefwechsel mit Friedrich Gundolf, 2 Bd., 1899–1904 u. 1905–1931, Amsterdam 1977

Krause, Barbara: Der blaue Vogel in meiner Hand. Marianne Werefkin und Alexej Jawlensky. Romanbiographie, Freiburg 1998

Krempel, Ulrich, u. Susanne Meyer-Büser (Hrsg.): Garten der Frauen. Wegbereiterinnen der Moderne in Deutschland. 1900–1914, Ausstellungskatalog Sprengel Museum Hannover u. Von der Heydt-Museum Wuppertal, Hannover 1996

Kropmanns, Peter: Matisse und die Künstler des Blauen Reiters, in: Ausstellungskatalog Der Blaue Reiter und seine Künstler, Brücke-Museum, Berlin 1998

Kropmanns, Peter: Gauguin in Deutschland, Rezeption und Weitsicht, in: Ausstellungskatalog Paul Gauguin. Das verlorene Paradies, Museum Folkwang, Essen

Kubickiene, S.: Vyžuonėlių dvaras, in: Utenis vom 12. Juli 1994

Künstlergruppen in der Schweiz. 1910–1936, Katalog zur Ausstellung im Aargauer Kunsthaus Aargau vom 15. Mai bis 30. August 1981, Aargau 1981

Kurdadse, Isolda, u. Tamaz Tschkonia: Deutsche in Georgien: Von den Anfängen der georgischen Opernszenographie. Alexander Salzmann, in: Kaukasische Post Nr. 36, Juli/August 2002

Landau, Sandra: »Vor meinen Augen tanzen die Bilder des Landlebens …«. Marianne von Werefkins Murnauer Skizzen, in: Marianne von Werefkin in

Murnau. Kunst und Theorie, Vorbilder und Künstlerfreunde, Ausstellungskatalog Schlossmuseum Murnau, bearbeitet von Brigitte Salmen, Murnau 2002, S. 53ff.

Landmann, Robert: Ascona – Monte Verità. Auf der Suche nach dem Paradies, Frankfurt am Main u.a. 1979

Lankheit, Klaus: Franz Marc. Sein Leben und seine Kunst, Köln 1976

Lankheit, Klaus (Hrsg.): Wassily Kandinsky/Franz Marc. Briefwechsel. Mit Briefen von und an Gabriele Münter und Maria Marc, München u. Zürich 1983

Lankheit, Klaus (Hrsg.): Der Blaue Reiter. Dokumentarische Neuausgabe, München 1984

Lasker-Schüler, Else: Briefe an Karl Kraus, herausgegeben von Astrid Gehlhoff-Claes, Köln u. Berlin 1959

Lasker-Schüler, Else: Sämtliche Gedichte, herausgegeben von Karl Jürgen Skrodzki, Frankfurt am Main 2004

Laučkaitė-Surgaillienė, Laima: »Marianna Werefkina. Schisn w iskusstwe«, in: Vilnius Heft 2, 1992, S. 92–104 und Heft 3, 1992, S. 126ff.

Laučkaitė-Surgaillienė, Laima: Marianos Veriovkinos kelionės į Lietuvą, Menotyra, Studies of Art, Vilnius 1995, S. 21ff.

Laučkaitė-Surgaillienė, Laima: Reisen nach Litauen, in: Nicole Brögmann (Hrsg.): Marianne von Werefkin, Œvres peintes 1907–1936, Ausstellungskatalog Fondation Neumann, Gingins 1996

Laučkaitė-Surgaillienė, Laima: »Blagodat« Manor in Vyžuoneliai, in: Lietuvos dvaru kultura, Mai 1996, S. 22ff.

Laučkaitė-Surgaillienė, Laima: Der unbekannte Briefnachlaß von Marianne Werefkin, in: Marianne Werefkin. Die Farbe beisst mich ans Herz, Konzeption, Buch und Ausstellung Barbara Weidle, herausgegeben vom Verein August Macke Haus e.V., Bonn 1999

Laučkaite, Laima (Hrsg.): Pis'ma Alekseia Iavlenskogo Marianne Verevkinoi, in: Baltijskij archiv. Russkaia kultura v Pribaltike, Nr. IX, Tallin 2005, S. 271ff.

Laučkaitė, Laima: Ekspresionizmo raitelė Mariana Veriovkina, Vilnius 2007

Lehmann, Henni: Das Kunststudium der Frauen, Darmstadt 1913

Lenz, Gottlieb: Jawlenskys Aufenthalt in Wasserburg 1906/07, in: Ausstellungskatalog Alexej Jawlensky. Vom Abbild zum Urbild, Galerie im Ganserhaus, Wasserburg am Inn 1979

Litschev, Alexander: Rußland verstehen, Düsseldorf 2001

Lüthy, Oskar, Marianne von Werefkin und Adolf Thomann (Grafik). Ausstellungskatalog des Kunsthauses Zürich, Zürich 1922

Lüttichau, Mario-Andreas von: Rekonstruktion der Ausstellung »Entartete Kunst«, vom 19. Juli bis 30. November 1937 in München, Ausstellungskatalog »Entartete Kunst«. Dokumentation zum nationalsozialistischen Bildersturm am Bestand der Staatsgalerie moderner Kunst, München 1987

Lüttichau, Mario-Andreas von: Die Moderne Galerie Heinrich Thannhauser in München, in: Avantgarde und Publikum. Zur Rezeption avantgardistischer Kunst in Deutschland 1905 – 1933, herausgegeben von Henrike Junge, Köln u.a. 1992

Macardé, Valentine: Le renouveau de l'art picturale russe 1863 – 1914, Lausanne 1971

Macardé, Valentine: Marianne von Werefkin. Causerie sur le symbole, le signe et sa signification dans l'art mystique. L'anné 1913, Paris 1973

Macke, Wolfgang (Hrsg.): August Macke/Franz Marc. Briefwechsel, Köln 1964

[Franz] Marc 1880 – 1916, Ausstellungskatalog Städtische Galerie im Lenbachhaus München, München 1980

[Franz] Marc/Else Lasker-Schüler: »Der blaue Reiter präsentiert Eurer Hoheit sein Blaues Pferd«. Karten und Briefe, herausgegeben und kommentiert von Peter-Klaus Schuster, München 1987

Meißner, Günter (Hrsg.): Franz Marc – Briefe, Schriften und Aufzeichnungen, Leipzig 1989

Merges-Knoth, Annekathrin: Marianne Werefkins russische Wurzeln. Neuansätze zur Interpretation ihres künstlerischen Werkes, Diss., Trier 1996

Merges-Knoth, Annekathrin: »Ich sehe in allem hier mich selbst«. Marianne Werefkin und Litauen, in: Marianne Werefkin. Die Farbe beisst mich ans Herz, Konzeption, Buch und Ausstellung Barbara Weidle, herausgegeben vom Verein August Macke Haus e.V., Bonn 1999, S. 76ff.

Metternich, Tatiana von (Hrsg.): Verschwundenes Russland. Die Memoiren der Fürstin Lydia Wassiltschikow. 1886 – 1919, Wien u.a., 1980

Monte Verità. Berg der Weisheit, Ausstellung Kunsthaus Zürich, Zürich 1978

Mühsam, Erich: Unpolitische Erinnerungen, Hamburg 2000

Mühsam, Erich: Ascona. Vereinigte Texte aus den Jahren 1905, 1930 und 1931, Berlin 1982

Müller, Ulrike: Bauhaus-Frauen. Meisterinnen in Kunst, Handwerk und Design, München 2009

Negri, Renata: Bonnard und die Nabis, München 1974

Neue Künstlervereinigung München. 1. Ausstellung, Moderne Galerie Thannhauser, München 1909

Neue Künstlervereinigung München. 2. Ausstellung, Moderne Galerie Thannhauser, München 1910

Neue Künstlervereinigung München. 3. Ausstellung, Moderne Galerie Thannhauser, München 1911

Neumeier, Gerhard: München um 1900, Frankfurt a. M. 1995

Niemeyer-Wasserer, Natascha: Wassily Kandinsky und die Malerei des russischen Symbolismus in den formativen Jahren 1896 – 1907. Eine vergleichende Studie, Diss., München 2006

Pauen, Michael: Dithyrambiker des Untergangs. Gnostizismus in Ästhetik und Philosophie der Moderne, Berlin 1994

Pauli, Gustav: Erinnerungen aus sieben Jahrzehnten, Tübingen 1936
Peter, Frank-Manuel u. Reiner Stamm (Hrsg.): Die Sacharoffs. Zwei Tänzer aus dem Umkreis des Blauen Reiters, Köln 2002
Petrowna, J., u. J. Poetter (Hrsg.): Russische Avantgarde und Volkskunst, Ausstellungskatalog Staatliches Russisches Museum St. Petersburg und Staatliche Kunsthalle Baden-Baden, Stuttgart 1993
Piesker, Yvonne: Die Diskurse zur höheren Mädchen- und Frauenbildung in Deutschland und Russland. Vom ausgehenden 18. Jahrhundert bis zu den Anfängen des Frauenstudiums, Berlin 2006
Pollmann, Karl: »Steiner in München. Zu seinem 100. Geburtstag«, herausgegeben von der Anthroposophischen Gesellschaft München, München 1961
Proebst, Hermann, u. Karl Ude (Hrsg.): »Denk ich an München«, München 1966
Raev, Ada: Von »Halbbarbaren« und Kosmopoliten‹. Russische Kunstausstellungen im Deutschland der Jahrhundertwende und ihre Rezeption, in: Russen und Rußland aus deutscher Sicht. 19./20. Jahrhundert – Von der Bismarckzeit bis zum Ersten Weltkrieg, herausgegeben von Mechthild Keller, München 2000, S. 695–756
Raev, Ada: Russische Künstlerinnen der Moderne (1870–1930). Historische Studien. Kunstkonzepte. Weiblichkeitsentwürfe, München 2002
Raines, Tom: Franz von Assisi, der Wolf von Gubbio und Marianne von Werefkin, in: Novalis, Zeitschrift für spirituelles Denken, 11/1996, S. 36ff.
Rathke, Ewald: Malerische Revolten in Frankreich und Deutschland. Aufbruch der Fauves und der Expressionisten, in: Ausstellungskatalog Fauvismus und Expressionismus 1905–1911. Die Explosion der Farbe. Internationale Tage Ingelheim, Mainz 1998
Repin, Ilja J.: Fernes und Nahes. Erinnerungen, herausgegeben von Traugott Stephanowitz, Berlin 1970
Reventlow, Franziska zu: Herrn Dames Aufzeichnungen oder Begebenheiten aus einem merkwürdigen Stadtteil, München 1913
Reventlow, Franziska zu: Sämtliche Werke, Bd. 3, Tagebücher 1886 bis 1910, herausgegeben von Brigitta Kubitschek, Oldenburg 2004
Reventlow, Franziska zu: Sämtliche Werke, Bd. 4, Briefe 1890 bis 1917, herausgegeben von Martin M. Langner, Oldenburg 2004
Riemerschmidt, Ulrich (Hrsg.): Alfred Kubin. Aus meinem Leben, München 1977
Riess, Curt: Ascona. Geschichte des seltsamsten Dorfes der Welt, Zürich 1977
Rietzel, Thomas: Das Versprechen des Südens. Wie der Monte Verità Hoffnungen weckte und das Jahrhundert verführte: Eine Zeitreise nach Ascona, in: Frankfurter Allgemeine Zeitung vom 30. April 1999
Roederstein, Ottilie W., Marianne von Werefkin, Raoul Domenjoz, Albert Locca in der Kunsthalle Bern, Ausstellungskatalog mit einem Beitrag von Julius Schmidhauser, Bern 1960

Roh, Juliane: Marianne Werefkin, in: Die Kunst und das schöne Heim, München 47 (1959), S. 452ff.
Rose, Olaf: Carl von Clausewitz. Wirkungsgeschichte seines Werkes in Rußland und der Sowjetunion 1836 – 1991, München 1995
Ross, Werner: Bohemiens und Belle Epoque. Als München leuchtete, Berlin 1997
Roßbeck, Brigitte, u. Kirsten Jüngling, Franz und Maria Marc. Die Biographie eines Künstlerpaares, Berlin 2004
Russische Spuren in Bayern. Portraits, Geschichten, Erinnerungen, herausgegeben von MIR e.V., Zentrum russischer Kultur in München, München 1997
Rustemeyer, Angela: Dienstboten in Petersburg und Moskau. 1861 – 1917, Stuttgart 1996
Sadykowa, Elena: Kunst-Leben. Der Einfluss der russischen »religiösen Renaissance« auf die Ästhetik und Kunst des Spätsymbolismus zu Beginn des 20. Jahrhunderts, Diss., Osnabrück 2004
Sahl, Hans: Begegnung mit Marianne Werefkin, in: Marianne Werefkin. Die Farbe beisst mich ans Herz, S. 164ff.
Sahl, Hans: Memoiren eines Moralisten, München 2008
Salmen, Brigitte: Hinterglasbilder, in: Ausstellungskatalog Der Almanach »Der Blaue Reiter«. Bilder und Bildwerke in Originalen, Schloßmuseum Murnau, Murnau 1998
Salmen, Brigitte (Bearb.): Marianne von Werefkin in Murnau. Kunst und Theorie, Vorbilder und Künstlerfreunde. Ausstellungskatalog, Murnau 2002
Salmen, Brigitte (Bearb.): Maria Marc im Kreis des »Blauen Reiters«, Ausstellungskatalog Schlossmuseum Murnau, Murnau 2004
Salmen, Brigitte (Bearb.): Vor 100 Jahren – Kandinsky, Münter, Jawlensky, Werefkin, Ausstellungskatalog hrsg. vom Schlossmuseum des Marktes Murnau, Murnau 2008
Salmen, Brigitte, u. Annegret Hoberg: Um 1908 – Kandinsky, Münter, Jawlensky und Werefkin in Murnau, in: Vor 100 Jahren – Kandinsky, Münter, Jawlensky, Werefkin, Ausstellungskatalog Schlossmuseum Murnau, Murnau 2008, S. 13ff.
Schardt, Alois: Franz Marc. Berlin 1936
Scheffler, Karl: Die Frau und die Kunst, Berlin 1908
Scheidegger, Esther (Hrsg.): Das Tessin, Frankfurt a. M. 1998
Schirn Kunsthalle Frankfurt u. Veit Loers (Hrsg.): Okkultismus und Avantgarde: von Munch bis Mondrian 1900-1915. Ausstellungskatalog, Ostfildern 1995
Schmid, Eduard: Auf Besuch bei Marianne von Werefkin, in: Konrad Federer: Marianne von Werefkin. Zeugnis und Bild, Zürich 1975
Schmidt, Karl O.: Was ist Theosophie? Wesen und Mystik der Theosophie. Ein Franz-Hartmann-Brevier, Ergolding 1990
Schmidt-Bauer, Silvia: Die Sammlung Bernhard Koehler, in: Die Moderne und ihre Sammler. Französische Kunst in deutschem Privatbesitz. Vom Kaiser-

reich zur Weimarer Republik, herausgegeben von Andrea Pophanken und Felix Billeter, Berlin 2001, S. 267ff.
Schmitz, Walter (Hrsg.): Die Münchner Moderne, München 1990
Schneider, Wolf: Deutsche und Russen. Man war sich schon mal näher. Kurze Geschichte einer langen Beziehung: was Deutsche und Russen miteinander verbindet, in: Die Welt vom 1. April 2000
Schönberg, Arnold – Wassily Kandinsky: Briefe, Bilder und Dokumente einer außergewöhnlichen Begegnung, herausgegeben von Jelena Hahl-Koch, München 1983
Schulte, Birgit: Else Lasker-Schülers Gedichte an Milly Steger und Marianne von Werefkin, Diss., Münster 1987
Schuster, Peter-Klaus (Hrsg.): Franz Marc / Else Lasker-Schüler. »Der Blaue Reiter präsentiert Eurer Hoheit sein Blaues Pferd«. Karten und Briefe, München 1996
Schwabe, Günter: Hommage an Ascona. Die Stiftung Marianne von Werefkin im Museum von Ascona, in: Die Kunst, München, Heft 5, 1988, S. 462ff.
Seewald, Richard: »Gestehe, dass ich glücklich bin«, Bern u. Leipzig 1942
Seewald, Richard: Der Mann von gegenüber. Spiegelbild eines Lebens, München 1963
Segebarth, Johann: Die Halbinsel Darß-Zingst mit besonderer Berücksichtigung der Ostseebäder Prerow, Zingst, Ahrenshoop vom zwölften Jahrhundert bis in die Gegenwart, Prerow 1900
Sehnsucht und Aufbruch. Der russische Symbolismus als historische und aktuelle Dimension, Ausstellungskatalog Ludwigmuseum im Deutschherrenhaus Koblenz, Bad Breisig 2002
Slavinskienė, Aušrinė: Litauische Maler in München, in Zeitenblicke 5, Nr. 2, 2006
Solowjow, Wladimir: Deutsche Gesamtausgabe, hrsg. v. Wladimir Szykarski u. a., 1. Bd. Kritik der abstrakten Prinzipien. Vorlesungen über das Gottmenschentum, München 1953, 7. Bd. Erkenntnislehre; Ästhetik; Philosophie der Liebe, Freiburg i. Br. 1978
Steen, Uta van: Ascona. Erinnerungen an die Exzentriker vom Monte Verità, in: Die Zeit Nr. 26 vom 24. Juni 1988
Steffen, Albert: Begegnung und Rückschau, Dornach 1976
Steffen, Albert: Reisetagebuch, Dornach 1978
[Rudolf] Steiner in München. Zu seinem 100. Geburtstag, bearbeitet von Karl Pollmann, herausgegeben von der Anthroposophischen Gesellschaft Zweig München, München 1961
Steiner, Rudolf: Theosophie. Einführung in übersinnliche Welterkenntnis und Menschenbestimmung, Dornach 1987
Stein-Steinfeld, Marian: Denn Jawlensky hat in Wiesbaden einen fabelhaften Erfolg, in: Jawlensky, Meine liebe Galka!, Wiesbaden 2004

Sternin, Grigori J.: Das Kunstleben Russlands zu Beginn des zwanzigsten Jahrhunderts, Dresden 1980
Stöckli, Fritz: Marianne Werefkin 1860 – 1938, in: Ausstellungskatalog Marianne von Werefkin 1860 – 1938, Ottilie W. Roederstein 1859 – 1937, Hans Brühlmann 1878 – 1911, Kunsthaus Zürich 1938
Strakosch, Alexander: Lebensweg mit Rudolf Steiner. Erinnerungen, 2 Bände, Dornach 1994
Strauss, Herbert H.: Ein Ghetto im Osten. Wilna, Berlin 1984
Szeemann, Harald (Hrsg.): Visionäre Schweiz, Aarau u. a. 1991
Taine, Hippolyte: Der Verstand, 2 Bände, Bonn 1880
Taine, Hippolyte: Philosophie der Kunst (Neudruck) 1987
Thiel, Thomas, Fackelträger der neuen Kunst, in: Frankfurter Allgemeine Sonntagszeitung vom 5. Dezember 2007, S. N3
Tolstoi, Lew: Was ist Kunst, Berlin 1898
Tolstoi, Lew: Meine Beichte, München 1990
Tschurak, Galina S.: Ilja Repin und Lew Tolstoi, in: Ausstellungskatalog Auf der Suche nach Russland, Saarland Museum, Saarbrücken 2003
Uhde-Bernays, Hermann: Die Münchner Malerei im 19. Jahrhundert, 2. Teil: 1850 – 1900, München 1983
Verkade, Willibrord: Der Antrieb ins Vollkommene. Erinnerungen eines Malermönches, Freiburg i. Br. 1931
Vom Blauen Reiter zur Russischen Avantgarde. Berlin – Moskau – München, Katalog zur Ausstellung vom 24. November 2005 bis 27. Mai 2006 in der Galerie Orlando Zürich, Text von Kylikki Zacharias, Zürich 2005
Voswinckel, Ulrike: Freie Liebe und Anarchie. Schwabing-Monte Verità. Entwürfe gegen das etablierte Leben, München 2009
Waage, Peter Nomann: Der unsichtbare Kontinent. Wladimir Solowjow, der Denker Europas, Stuttgart 1988
Walden, Nell, u. Lothar Schreyer: Der Sturm. Ein Erinnerungsbuch an Herwarth Walden und die Künstler aus dem Sturmkreis, Baden-Baden 1954
Wassilijew, D. W.: Der letzte Kommandant. Aufzeichnungen des letzten zaristischen Befehlshabers der Peter-Pauls-Festung zu Petersburg, Leipzig u. Berlin 1938
Wedekind, Frank: Die Tagebücher. Ein erotisches Leben, hrsg. von Gerhard Hay, Frankfurt a. Main 1986
Weidle, Barbara: Malen, zeichnen, schreiben – atemlos, in: Marianne Werefkin. Die Farbe beisst mich ans Herz, Konzeption, Buch und Ausstellung Barbara Weidle, herausgegeben vom Verein August Macke Haus e.V., Bonn 1999, S. 13ff.
Weiler, Clemens: Alexej von Jawlensky. Der Maler und Mensch, Wiesbaden 1955
Weiler, Clemens: Alexej von Jawlensky. Gemälde, Feldafing 1958

Weiler, Clemens: Marianne Werefkin, in: Ausstellungskatalog Marianne Werefkin 1860-1938, Städtisches Museum Wiesbaden, Wiesbaden 1958
Weiler, Clemens: Marianne von Werefkin: »J'aime les choses, qui ne sont pas«. Aus den Tage- und Skizzenbüchern einer Künstlerin, in: Wiesbaden. Festliche Kur- und Kongreßstadt, 4/1958
Weiler, Clemens (Hrsg.): Marianne Werefkin. Briefe an einen Unbekannten 1901–1905, Köln 1960
Weiler, Clemens: Späte Heimstätte. Eröffnung des Marianne-Werefkin-Museums in Ascona, in: Weltkunst, Heft 18, 1967, S. 854
Weiler, Clemens: Alexej von Jawlensky. Köpfe, Gesichte, Meditationen, Hanau 1970
Wendt, Elisabeth: Soziale und kulturelle Bedingungen einer künstlerischen Produktion um die Jahrhundertwende – dargestellt am Beispiel von Marianne Werefkin, Berlin 1990
[Marianne von] Werefkin. Ausstellungskatalog der Galerie Castelnuovo. Mit Beiträgen von Hans Neuburg und Clemens Weiler, Ascona 1967
[Marianne] Werefkin. Ausstellungskatalog der Galerie Chichio Haller Zürich. Mit einem Beitrag von Felix Klee, Zürich 1969
[Marianne] Werefkin. Ölbilder, Gouachen, Aquarelle, Zeichnungen und Skizzen. Ausstellungskatalog der Galeria Castelmoro Ascona. Mit einem Beitrag von Clemens Weiler, Ascona 1972
Werefkin, Marianne von: Autobiografische Skizze, in: Konrad Federer, Marianne von Werefkin. Zeugnis und Bild, Zürich 1975
[Marianne] Werefkin: Gemälde und Skizzen. Ausstellungskatalog Städtisches Museum Wiesbaden, Wiesbaden 1980
[Marianne] Werefkin: Impressionen von Ascona, herausgegeben von der Galleria Via Sacchetti, Ascona 1988
[Marianne] Werefkin. Die Farbe beisst mich ans Herz, Konzeption, Buch und Ausstellung Barbara Weidle, herausgegeben vom Verein August Macke Haus e.V., Bonn 1999
[Marianne von] Werefkin in Murnau. Kunst und Theorie, Vorbilder und Künstlerfreunde, Ausstellungskatalog Schlossmuseum Murnau, bearbeitet von Brigitte Salmen, Murnau 2002
Weskott, Hanne: Die Kunst der Zukunft ist die emotionale Kunst. Marianne Werefkin, die Künstlerin und Theoretikerin, in: Kunst und Antiquitäten, Heft 4, 1990, S. 58
Wiese, Ursula von: Marianne von Werefkin, in: Basler National-Zeitung vom 18. Februar 1938
Wille, Hans: Adolf Erbslöh, Recklinghausen 1982
Wille, Hans: »Das Neue Bild« von Otto Fischer, in: Annegret Hoberg u. Helmut Friedel (Hrsg.): Der Blaue Reiter und Das Neue Bild. Von der ›Neuen Künstlervereinigung München‹ zum ›Blauen Reiter‹, Katalog zur Ausstellung in

der Städtischen Galerie im Lenbachhaus München vom 2. Juli bis 3. Oktober 1999, München 1999, S. 321–328
Woloschin, Margarita: Die grüne Schlange. Lebenserinnerungen, Stuttgart 1954
Worringer, Wilhelm: Abstraktion und Einfühlung, München 1908
Zweite, Armin (Hrsg.): Kandinsky und München – Begegnungen und Wandlungen 1896–1914, München 1982
Zweite, Armin (Hrsg.): Alexej Jawlensky 1864–1941. Ausstellung in der Städtischen Galerie im Lenbachhaus München und der Staatlichen Kunsthalle Baden-Baden, München 1983
Zweite, Armin, u. Annegret Hoberg: Der Blaue Reiter im Lenbachhaus München, München 1991
Zweite, Armin: »Von Dissonanzen durchzogene Harmonien«. Zu Jawlenskys Münchner Zeit 1896–1914, in: Alexej von Jawlensky. Reisen – Freunde – Wandlungen, Ausstellungskatalog Museum am Ostwall, Dortmund 1998

Personenregister

Alexander II., Zar des Russischen Reiches 11, 20, 34, 144, 255
Alexander III., Zar des Russischen Reiches 34, 36, 44, 252, 262
Alexandra Fjodorowna, Zarin des Russischen Reiches (ursprünglich Friederike Luise Charlotte Wilhelmine von Preußen) 12
Alexandra Fjodorowna, Zarin des Russischen Reiches (ursprünglich Alix von Hessen-Darmstadt) 57, 92
Allegri da Correggio, Antonio 256
Allemand, Jeanne (s. Salzmann, Jeanne)
Altripp, Alo 246
Amiet, Cuno 150f., 184, 188, 211, 270, 286, 299, 303
Andrejewska, Nina (s. Kandinsky, Nina)
Arbusow, Familie 20
Archipenko, Alexander 202, 297
Arp, Hans 194, 198, 299
Augustinus von Hippo, Kirchenlehrer 80, 267
Aye, Ernst Alfred (Santo) 215–221, 227, 232, 235 f., 239f., 247f., 297, 300f.
Ažbe, Anton 60f., 65f., 69, 73, 95
Bach, Johann Sebastian 151
Ball, Hugo 194, 198, 284
Balugiansky, Michail Andrejewitsch 11
Bara, Charlotte, 299
Barlach, Ernst, 280
Baum, Paul 121, 277
Baumgart, Erich E. 232
Baur, Hans 200
Bechtejeff, Wladimir von 86, 121, 132, 134f., 143, 151, 164f., 179, 205, 268, 277, 279, 289
Beffie, Willem 173
Begas, Reinhold 264
Behrens, Peter 113
Bekker vom Rath, Hanna 238
Beklemyschew, Sergej 69
Bellini, Vincenzo 94
Benois, Alexandre 101, 272
Berlioz, Hector 161
Bernheim-Jeune, Alexandre 272
Bernheim-Jeune, Gaston 100, 272
Bernheim-Jeune, Josse 100, 272
Bhatacharya-Stettler, Therese 302
Binswanger, Ludwig 301
Binswanger, Robert 301
Bismarck, Otto von 169, 256
Björck, Oskar 165, 289
Bloch, Albert 129, 163, 282, 289
Blüml, Max 205, 297
Böhme-Mascetti, Margherita 213, 300
Bonaparte, Napoleon 262
Bonifatius VIII., Papst 301
Bonnard, Pierre 272
Bossi, Erma 135, 151f., 155, 170, 277, 283
Botkin, Dimitrij 46
Botticelli, Sandro 256
Brakl, Franz Josef 122, 156, 158, 274, 277
Brakst, Leon 284
Braque, Georges 277
Brey, Fritz 97
Brockmann, Christian 207, 298
Brockmann, Anita 298
Brockmann, Marianne 298
Burljuk, David 129, 277, 282, 289
Burljuk, Wladimir 129, 277, 282, 289
Butler, Th. E. 121
Callot, Jacques 220, 301
Campendonk, Heinrich 128f., 282, 287, 289

Čapskis, Eduardas 26
Carrière, Eugène 289
Cassirer, Paul 91, 125, 127
Cecconi, Ermanno 153
Cézanne, Paul 88, 100, 222, 279
Chagall, Marc (eigentlich Moishe Zakharovich Shagalov) 164, 222, 289
Chopin, Frédéric 153
Christel (Bedienstete) 97, 103
Chruschtschow, Alexander 102, 183, 273
Claudel, Paul 106
Comte, Auguste 251
Coray, Han (eigentlich Karl Heinrich Ulrich Anton Coray) 294
Corinth, Lovis 92, 153, 159, 260, 262, 264, 291
Cukerman, Bencion (eigentlich Ben Zion Zuckermann) 177
Czapek, Rudolf 108ff.
Dante Alighieri 293, 303
Daragan, Anna 11f., 18, 219
Daragan, Iwan 24, 251
Daragan, Peter Michailowitsch 11
Daragan, Warwara 24, 251
Degas, Edgar 36
Delacroix, Eugène 256
Delaunay, Robert 129, 135, 247, 282, 289
Delaunay, Sonja 247
Della Voss, Lisa 24, 33, 38, 43, 47, 49, 252–259
Della Voss, Nina 257f.
Della Voss, Olga (s. Kardowsky, Olga)
Denissoff, Wassily 277
Derain, André 98, 272, 277
Derp, Clotilde (s. Sacharoff, Clotilde)
Descartes, René 80, 267
Diaghilew, Sergej 49, 66, 68, 99, 101, 141, 168, 188, 271
Dietzel, Max 295
Diez, Wilhelm 156
Diotima 140
Donatello (eigentlich Donato di Niccolò di Betto Bardi) 98
Dongen, Kees van 272, 287
Dostojewski, Fjodor M. 199, 280
Dresler, Emmy 119, 268, 277
Dufy, Raoul 272
Dürer, Albrecht 256
Eckert, Robert 102ff., 122, 273, 277
Eckhardt, Anette von (s. Simon, Anette)
Eichner, Johannes 235, 247
Eitel Friedrich, Prinz von Preußen 166
El Greco 151
Emden, Max 230f., 299
Epstein, Elisabeth 282, 291
Erbslöh, Adolf 108, 121, 124, 126f, 129, 131–135, 150–153, 161ff., 164, 166, 170f., 179, 275, 277, 279, 282, 286, 288
Erdmannsdörfer, Max 161, 288
Erler, Fritz 268, 270
Eva (Bedienstete) 31
Exter, Julius 153
Feininger, Lionel 238, 289
Fischer, Otto 170
Flaubert, Gustave 37, 256
Flechtheim, Alfred 133, 299
Fokin, Michail 141
Föderl, Eustachius 283
Franck, Maria (s. Marc, Maria)
Frank, L. 121
Franz von Assisi 220, 226f., 244
Freud, Sigmund 80
Freytag, Gustav 122
Frick, Ernst 213, 245
Friedeberg, Raphael 196f.
Friedrich Wilhelm III., König von Preußen 12
Fries, Willy 211
Fröbel, Friedrich 12
Füssli, Johann Heinrich 186
Gauguin, Paul 95f., 100f., 106, 110ff., 150f., 188, 205, 222, 271, 278f.
Gausch, Alexander 271f.
George, Stefan 142
Germain, André 221
Ghirlandaio, Domenico 256
Giacometti, Giovanni 151
Giers, Nikolai 256
Giesler, Maria (s. Strakosch, Maria)
Girieud, Pierre 102, 122, 135, 166, 170, 273, 277, 279, 290

Glauser, Friedrich 198
Godé-Darel, Valentine 273
Goethe, Johann Wolfgang von 20, 37, 57
Götz, Bruno 198, 307
Gogh, Vincent van 96, 99, 100ff., 151, 188, 194, 215, 240, 273ff., 295
Gogh, Theo van 112
Gogol, Nikolai 57
Goll, Claire 191, 200, 202
Goll, Yvan 191f., 202, 294
Goltz, Hans 163f., 199, 295, 297
Goremykin, Iwan Logginowitsch 111
Goya, Francisco de 83, 104
Grabar, Igor 36f., 49, 54, 57, 59, 60 – 69, 85, 265, 271f.
Grohar, Iwan 265
Gropius, Walter 211
Grunow, Gertrud 224f., 302
Gulkewitsch, Konstantin 60, 70, 75
Gurdjieff, Georges 106, 274
Gurlitt, Fritz 202f.
Gustav Adolf, Kronprinz von Schweden 165
Gutheil-Schoder, Marie 288
Guyau, Jean-Marie 256
Hackl, Gabriel 156
Hagmann, Carmen 229f., 235, 240f., 290, 293, 304ff.
Hagmann, Diego 229f., 232, 239ff., 245, 252f., 290, 301, 303 – 306
Haller, Hermann 277
Harnisch, Rosa 248
Harth, Philipp 46
Hartmann, Olga von 274
Hartmann, Thomas von 122, 140, 150ff., 274, 284
Heckel, Erich 167
Heemskerck, Jacoba van 165, 175, 289
Heine, Heinrich 57
Heinemann, Maler 24, 252
Heitmeyer-Nebel, Hildegard 225
Helbig, Walter 198, 213, 224, 245, 289, 295, 299
Hennings, Emmy 194, 198
Herterich, Ludwig (von) 108, 275
Hesse, Hermann 194, 196
Heydt, Eduard von der 221f., 235, 299
Hildebrandt, Hans 217, 301
Hodler, Berthe 104
Hodler, Ferdinand 104, 152, 188, 270, 273, 279, 293, 303
Hoetger, Bernhard 277
Hofer, Karl 122, 277, 280
Hoffmann, E. T. A. 57
Hoffmann, Ida 196
Holbein d. J., Hans 256
Hölzel, Adolph 262
Hornig, Albert 97
Hornung, Karl 111
Hoy, Senna (eigentlich Johannes Holzmann) 172f.
Hübner, Ulrich 153
Huch, Ricarda 153
Huelsenbeck, Richard 194
Im Obersteg, Karl 238
Iwan IV. (der Schreckliche), Zar des Russischen Reiches 31, 34, 254
Iwan Iwanowitsch, Zarewitsch 31, 254
Iwan (Bediensteter) 31
Jakob (Bediensteter) 31
Jakopic, Rihard 265
Janco, Marcel 194
Jaques-Dalcroze, Emile 106, 274
Jawlensky, Alexandra Petrowna 45
Jawlensky, Alexej Georgijewitsch 44 – 54, 59, 61f., 64 – 73, 75ff., 79f., 83, 85 – 92, 94 – 105, 107f., 110 – 119, 121, 123, 126f., 129ff., 133ff., 138, 141, 143ff., 148ff., 152f., 161 – 170, 173ff., 177f., 183 – 186, 188 – 194, 197 – 200, 202ff., 208, 210, 215, 226, 235, 237, 246, 258 – 265, 267 – 273, 281, 283, 285f., 288, 291, 295ff., 299, 303, 305
Jawlensky, Andreas 75ff., 79, 94, 97, 100, 102, 143, 148, 150f., 166ff., 170, 174f., 178, 184, 191, 197, 199f., 204, 208, 238, 261, 291, 294, 296, 299
Jawlensky, Dimitrij 64
Jawlensky, Georgy Nikiforowitsch 45
Jawlensky, Helene 53f., 59, 65, 73, 75ff., 79, 94, 97, 100, 102f., 143, 150ff.,

166–170, 173, 174f., 178, 184, 190, 197, 199f., 204, 208, 238, 261, 266f., 271, 297
Jepischin, Olga 69
Jung, Johann 107
Kahler, Eugen 277, 282
Kandinsky, Anna 61, 177
Kandinsky, Nina 212f.
Kandinsky, Vsevolod 212
Kandinsky, Wassily Wassiljewitsch 61, 64, 69, 74f., 83–86, 92, 96, 101, 105, 110, 113–119, 121–135, 140f., 152, 157, 159, 165, 167f., 170ff., 177, 189, 212f., 223, 235, 238ff., 247, 263, 266, 271ff., 275–283, 289, 293, 306
Kanoldt, Alexander 108, 121f., 126f., 131f., 135, 152, 161, 170, 275
Kanoldt, Edmund 275
Kanoldt, Johanna 121
Kanoldt-Zerener, M. 121
Kardowsky, Dimitrij 49, 54, 60f., 64ff., 69, 73, 76, 90, 92, 168f., 262, 264ff.
Kardowsky, Ekaterina 168f.
Kardowsky, Olga 49, 62, 76, 168f., 266
Karsavina, Tamara 168, 284
Kehrer, Hugo 107, 274
Kempter, Ernst 211
Klages, Ludwig 142
Klee, Lily 161f., 173, 178, 184f., 188f., 200, 203f., 211, 296, 300
Klee, Paul 161f., 173, 178, 184, 188f., 199ff., 211, 235, 238, 240, 266, 289, 296, 300, 306
Klenze, Leo von 265
Klimt, Gustav 279
Klinger, Max 264
Knaus, Ludwig 252
Knirr, Heinrich 86, 266
Koehler, Bernhard 159, 162, 171, 224, 288
Kogan, Moissey 126, 134f., 140, 151, 170, 277, 280
Kohler, Albert 213, 224f., 245
Kokoschka, Oskar 289
Kontschalowski, Pjotr P. 289
Kramskoj, Iwan Nikolajewitsch 24f., 252
Krötz, Johann 118, 276
Kubelik, Jan 161, 288
Kubin, Alfred 86, 122, 125, 127, 130, 134, 152, 162, 173, 214, 277, 280f., 289
Kukolnik, Pawel 18
Kümmel, Lisa 238, 246
Kurakin, Iwan 241, 244f.
Kutjenikow, Sergej Iwanowitsch 23
Laban, Rudolf von 194, 198
Larionow, Michail 126, 280, 289
Lasker-Schüler, Else 171f., 236f., 290f., 305
Lauer, Friedrich 287
Lavater, Johann Caspar 256
Le Fauconnier, Henri 277, 279
Léger, Fernand 247
Leibl, Wilhelm 264
Lembruck, Wilhelm 194
Lenbach, Franz (von) 256, 264
Lenin (eigentlich Wladimir Iljitsch Uljanow) 77, 192, 213
Lentulow, Aristarch W. 289
Lesin, Wassily Wassiljewitsch 39f., 50, 207, 260
Lessing, Gotthold Ephraim 20
Lhote, André 272
Liebermann, Max 153, 262, 281
Lombardi-Bezzola, Angelina 197, 302
Lubowitzky, Julian Wiktorowitsch 259, 261
Lubowitzky, Lili 259
Lubowitzky, Musja 259, 261f.
Ludwig I., König von Bayern 262, 265
Ludwig, Emil 194, 198
Ludwig, Kronprinz von Bayern (s. Ludwig I., König von Bayern)
Lugowoj, Alexej Alexejewitsch 262
Lüthy, Oskar 210, 299
Macke, August 128ff., 155, 157ff., 162, 171, 180, 185, 281, 287, 289, 306
Macke, Elisabeth 157, 159, 180, 185, 235
Macke, Helmuth 158, 160, 232, 287, 289
Mahler, Gustav 161
Maillol, Aristide 281
Makarsky, Jagdaufseher 31
Makowski, Wladimir Jegorowitsch 24f., 252

Maljawin, Filip 67
Maltzahn, Marianne von (s. Brockmann, Marianne)
Mamontow, Elisaweta 253
Mamontow, Sawwa 253
Manet, Édouard 36, 88
Mansfield, Katherine 277
Marc, Franz 124–134, 155, 157f., 160–163, 167f., 171, 173, 179, 189, 240f., 278, 280ff., 289f., 291, 294, 306f.
Marc, Maria 124, 130, 155–158, 160–163, 167f., 171, 173, 179, 189, 212, 223f., 235, 239, 245, 247, 278, 281, 288f., 291, 306
Marc, Paul 155, 157
Marc, Wilhelm 155
Maria Alexandrowna, Zarin des Russischen Reiches (ursprünglich Maximiliane Wilhelmine Auguste Sophie Maria von Hessen-Darmstadt) 19
Matisse, Henri 98, 100, 167f., 272, 280
Max, Kronprinz von Bayern (s. Maximilian II., König von Bayern)
Maximilian II., König von Bayern 262
Mayer, Alfred Karl 215
Mayer, Bernhard 296
McCouch, Gordon Mallet 213, 224
Medwedewa, Alexandra Petrowna (s. Jawlensky, Alexandra Petrowna)
Meerson, Olga 268
Melzer, Moritz 281
Menapace, Luigi 246
Merrifield, Mary Philadelphia 62
Metternich, Tatjana von 128
Michaud, Madame 184
Miró, Joan 247
Mogilewsky, Alexander 134, 278, 281, 288
Mondrian, Piet 247, 289
Monet, Claude 36, 88, 189
Mottl, Felix 284
Mühsam, Erich 198
Müller, Georg
Münter, Gabriele 84f., 96, 101, 105, 113–117, 119, 121f., 125–128, 130, 133ff., 141, 150ff., 157, 159, 161ff., 178f., 212f., 223, 235, 247, 268, 271, 275–278, 280f., 283, 288f., 293
Munch, Edvard 100, 107, 222, 270, 274
Muraschko, Alexander 69
Nebel, Otto 225, 302
Neff, Carl Timoleon 12
Nesnakomoff, Andreas (s. Jawlensky, Andreas)
Nesnakomoff, Helene (s. Jawlensky, Helene)
Nesnakomoff, Maria 53, 76, 79, 94, 97, 266, 271
Nieder, Adolf 278
Niemeyer, Adalbert 268
Niemeyer-Holstein, Otto 213
Nierendorf, Karl 240
Niestlé, Jean Bloé 281
Nietzsche, Friedrich 37, 142
Niggl, Joseph 157
Nijinsky, Waslaw 168, 188, 284
Nikolaus II., Zar des Russischen Reiches 57, 93, 144, 192
Nowicki, Iwan 253
Oedenkoven, Henri 196
Ostini, Fritz von 123
Palmié, Charles 122, 132, 262
Pascha (Köchin) 54, 59, 65, 262
Pascha (Zofe) 53, 261
Paul I., Zar des Russischen Reiches 262
Pauli, Gustav 60, 263
Pawlow, Ewgenij Wasiljewitsch 41, 257
Pawlowa, Anna 168
Pechstein, Max 281
Perucci, Familie 244
Perucci, Noemi 239, 241
Perucci, Rosetta 239
Peter I. der Große, Zar des Russischen Reiches 255
Petrowny-Lawatzky, Helena 284
Picasso, Pablo 100, 170, 221, 230, 278
Piga, Zofe 26, 41, 253
Piper, Reinhard 126, 280
Pissarro, Camille 88
Pius XI., Papst 219

Pobedonoszew, Konstantin 258
Pohle, Carla 277
Polenowa, Jelena 253
Pollmann, Karl 285
Popow, Nikolaj 268
Prjanischnikow, Illarion Michailowitsch 33f., 254
Puvis de Chavannes, Pierre 264
Quidde, Ludwig 270
Rambold, Heinrich 117f., 276
Rath, Felix vom 96, 271
Ravel, Maurice 284
Rechenberg-Linten, Alexander von 198
Rees, Otto van 213
Reiche, Richart 134, 163f., 170, 289
Rejsky, Gutsgärtner 29, 31
Rembrandt Harmenszoon van Rijn 114, 166, 285
Remund, Hugo 243
Renoir, Pierre-Auguste 36, 88
Repin, Ilja Jefimowitsch 25, 31, 36f., 40, 42ff., 47ff., 51, 67 f., 83, 88, 114, 166, 205, 227, 235, 252, 256f., 259, 263f., 300
Reventlow, Franziska zu 96, 97, 198
Richter, Hans 198
Riess, Curt 200
Rilke, Rainer Maria (eigentlich René Karl Wilhelm Johann Josef Maria Rilke) 202, 296
Rodin, August 113, 281
Rohlfs, Christian 224
Rouault, Georges 278
Rousseau, Henri 100, 129, 281, 289
Rubatelle, Madame 184
Rubens, Peter Paul 256
Ryssakow, Nikolai 255
Sacharoff, Alexander 113, 137f., 140, 143f., 150 – 153, 188, 200f., 274, 277, 283
Sacharoff, Clotilde 137, 144, 188, 201, 283
Sahl, Hans 222f., 302
Salzmann, Alexander (von) 86 – 91, 106, 268ff.
Salzmann, Emilia (von) 268
Salzmann, Jeanne (von) 106
Santo (s. Aye, Ernst Alfred)
Sarius-Zalensky, Musia 69
Schädl, August 261, 291, 296
Scharff, Edwin 151, 278
Scheyer, Emmy (Galka) 134, 190, 193f., 198f., 202, 204, 237f., 296, 305
Schiller, Friedrich (von) 57
Schimmel, Hugo 121, 277
Schmid, Eduard 301f.
Schmidhauser, Julius 198
Schmidt, Paul F. 289, 295
Schmidtbonn, Wilhelm 232
Schnabel, Heinrich 122, 132f.
Schnittke, Alfred 284
Schnür, Marie 157
Schönberg, Arnold 113, 129, 160f., 177, 241, 281, 287
Schönberg, Mathilde 287
Schopenhauer, Arthur 37
Schuler, Alfred 142
Seddeler, Nikolaj von 54, 61, 64, 69, 73, 85, 259, 263, 266
Seewald, Richard 164, 198, 295
Segal, Arthur 194, 198, 211, 296
Seidl, Emanuel von 97, 114, 275
Serow, Walentin 255
Shakespeare 37, 207
Simon, Anette 156
Simon, Richard 156
Slevogt, Max 153
Slewinsky, Wladislaw 111f.
Solowjow, Wladimir 24, 81, 252
Sokrates 140
Soudbinine, Seraphim 278
Stefan, Gutsaufseher 31
Steffen, Albert 227
Steiner, Rudolf 141f., 285, 289
Stieglitz, Ludwig von 274
Stoll, Friedrich Gottlieb 203
Stolypin, Elisabeth 152
Stolypin, Nikolaus 152
Storm, Theodor 57
Strakosch, Maria 142, 268, 285
Strathmann, Carl, 268, 270
Strauss, Richard
Strawinsky, Igor 188, 218

Streidl, Xaver 119
Stuck, Franz (von) 68f., 73, 86, 262, 264
Studer, Claire (s. Goll, Claire)
Suchocki, Bogdan von 96
Szittya, Emil 295
Taeuber, Sophie 194, 198
Taines, Hyppolyte Adolphe 20, 251
Tappert, Georg 281
Thannhauser, Heinrich 122ff., 129f., 153, 227, 274f., 278, 290
Thoma, Hans 264
Thormann, Gustav Adolf 210
Tjuttschew, Fjodor 57
Tolstoi, Lew Nikolajewitsch 37, 252
Toulouse-Lautrec, Henri de 106, 274
Trakl, Georg 113
Tretjakow, Pawel 25, 252
Tricolaskoja, Anna 69
Trog, Hans 303
Tschimjakina, Anna (s. Kandinsky, Anna)
Tschistjakow, Pawel 255
Tschudi, Hugo von 122f., 151, 277
Turgenew, Iwan 57
Tzara, Tristan (eigentlich Samuel Rosenstock) 194
Uexküll von Hildenbrand, Barbara 252
Uhde, Fritz von 262, 264
Unkowskaja, Alexandra 141
Velásquez, Diego Rodríguez de Silva y 83
Verkade, Jan 110f., 246, 275
Veronese, Paolo 256
Vlaminck, Maurice de 100f., 272, 278
Vollard, Ambroise 100f.
Wagner, Richard 57, 270
Walden, Herwarth (eigentlich Georg Lewin) 162–165, 171, 173, 184, 188, 288, 290f., 293ff.
Walden, Nell 173, 175, 290ff.
Warthmann-Mosberger, Hans 224f., 302
Wassiljew, D. W. 255
Weber, Max 169
Weill, Berthe 100
Weinberg, P. I. 259
Werefkin, Alexander (von) 148, 216, 221, 224f., 234, 276, 285, 297f., 300–306
Werefkin, Anastasia (von) 148, 221, 226, 244f., 306
Werefkin, Elisabeth (von) 12ff., 17, 19f., 26, 32f., 69, 251, 253
Werefkin, Herta (von) 234, 306
Werefkin, Maria (von) 148, 221, 226, 244f., 306
Werefkin, Peter (von) 16, 28, 52, 144, 146, 148f., 174, 193, 201, 221, 226, 245, 251, 285, 294
Werefkin, Sofia (von) 28, 146, 148
Werefkin, Vsevolod (von) 16, 20, 28, 32, 41, 49, 52f., 193
Werefkin, Wera (von) 61, 264
Werefkin, Wladimir Nikolajewitsch (von) 14–18, 20f., 23, 26, 29f., 32–35, 38f., 43, 49f., 52, 60, 101, 200
Werndorff, Etta 288
Whistler, James McNeill (eigentlich James Abbott McNeill Whistler) 36, 48, 51, 53, 83, 88, 259, 269f.
Whitbrook, A. 206, 298
Wigman, Mary (eigentlich Marie Wiegmann) 198
Wilhelm II., Deutscher Kaiser und König von Preußen 166, 305
Willibrord, Pater (s. Verkade, Jan)
Wittenstein, Oscar 121f., 153
Wladimir Alexandrowitsch, Großfürst 92, 99, 270
Wolf, Georg Jacob 124
Wolff, Alfred 269
Wolfskehl, Hanna 143, 285
Wolfskehl, Karl 142f.
Wolkonsky, Sergej 271
Wolzogen, Ernst von 287
Worringer, Wilhelm 110
Zemlinsky, Alexander 287
Zemlinsky, Mathilde (s. Schönberg, Mathilde)
Zorn, Anders 260, 264, 270
Zuloaga, Ignacio 83, 88, 269f

Bildnachweis

Albertina Wien 139 (Foto Rudolf Dührkoop, Dauerleihgabe der Österreichischen Ludwig-Stiftung für Kunst und Wissenschaft)
Alexej von Jawlensky-Archiv S.A., Locarno 76, 207
August Macke Haus, Bonn 185
Bayerische Staatsgemäldesammlungen 90 (Foto Bayer & Mitko – Artothek, © VG Bild-Kunst Bonn)
Deutsches Tanzarchiv, Köln 138 (Foto Heinrich Hoffmann)
Fondazione Marianne Werefkin, Museo Comunale d'Arte Moderna, Ascona Abb. 3
Fotoarchiv Fäthke-Born, Wiesbaden 13, 15, 27 oben, 40, 51, 63, 75, 95, 145, 147, 169, 217, 233 sowie Abb. 1 und 2, 4 – 8 und 10 – 15, 17
Frederik Jensen, Galleria Sacchetti, Ascona Abb. 16
Privatarchiv Brigitte Roßbeck, Iffeldorf 27 unten, 58, 71, 115
Privatarchiv Wimmers, Bad Godesberg 158
Städtische Galerie, München Abb. 9 (Foto Blauel/Gnamm – Artothek)
www.picture.art-catalog.ru 42
Zentrum Paul Klee, Bern, Schenkung Familie Klee 179 (© Klee-Nachlassverwaltung, Bern)

Folgende Abbildungen wurden aus Büchern entnommen:
109 Hans Wille: Adolf Erbslöh, Recklinghausen 1988
197 Yvonne Bölt und Mauricio Checci: Ascona. Imagini des passato/ Landschaften der Erinnerung, Ascona 2003

Der Verlag hat sich bemüht, die Rechteinhaber zu ermitteln. Im Falle eines Irrtums werden berechtigte Forderungen selbstverständlich erfüllt.

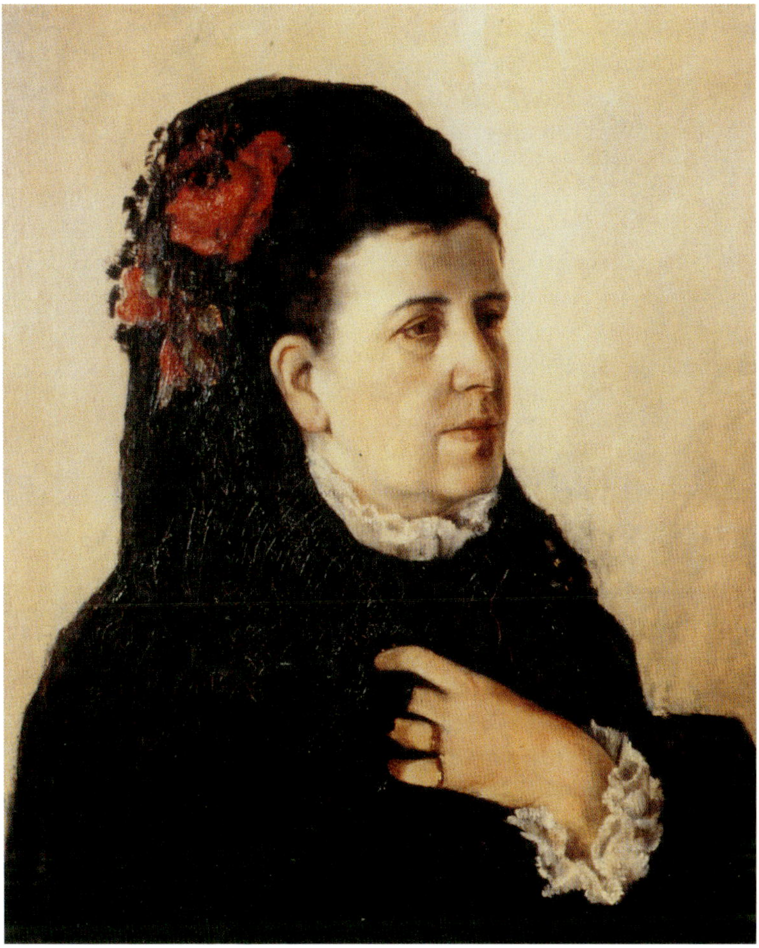

1
Marianne von Werefkin,
Porträt der Mutter, 1886
Öl auf Leinwand, 64 × 54 cm

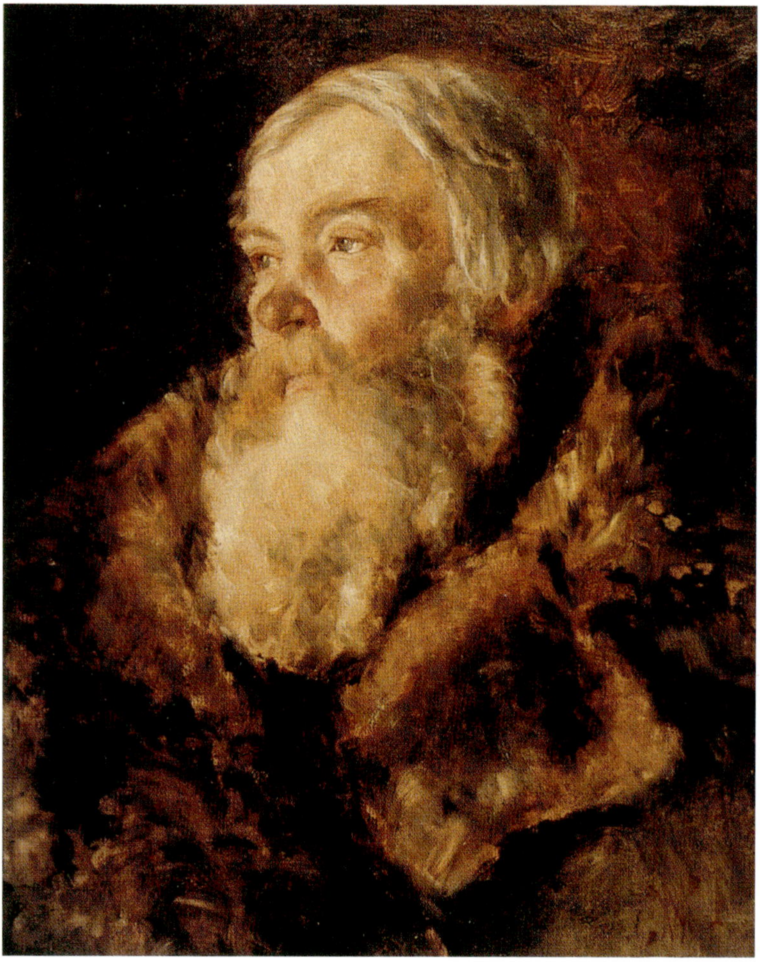

2
Marianne von Werefkin,
Mann im Pelz, 1890 – 1895
Öl auf Leinwand, 58 × 49 cm

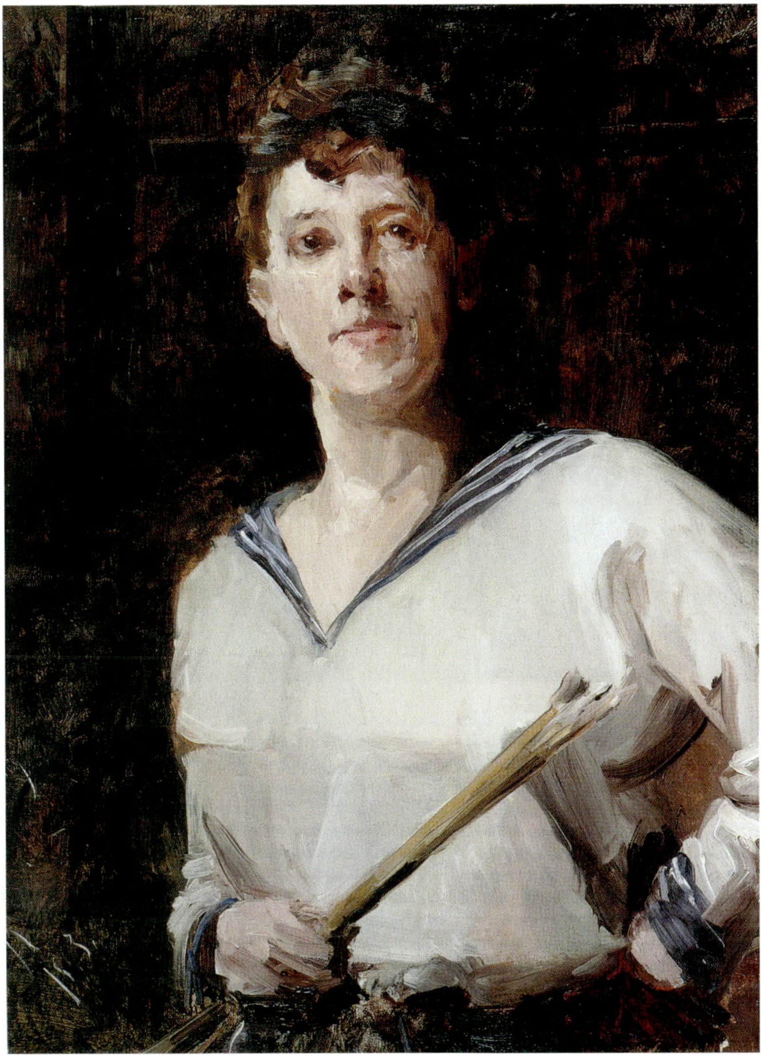

3
Marianne von Werefkin,
Selbstbildnis mit Matrosenbluse, 1893
Öl auf Leinwand, 69 × 51 cm

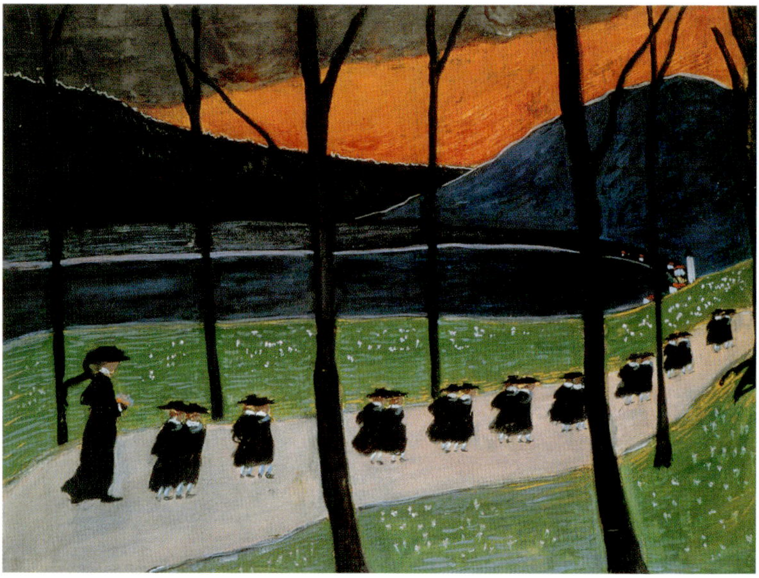

4
Marianne von Werefkin,
Herbst (Schule), 1907
Tempera/Karton, 56 × 53 cm

5
Aus Marianne von Werefkins
Murnauer Skizzenbüchern 1907 bis 1910

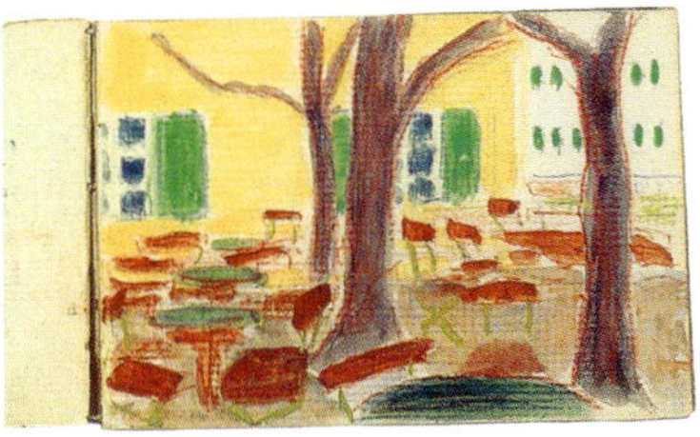

Biergarten

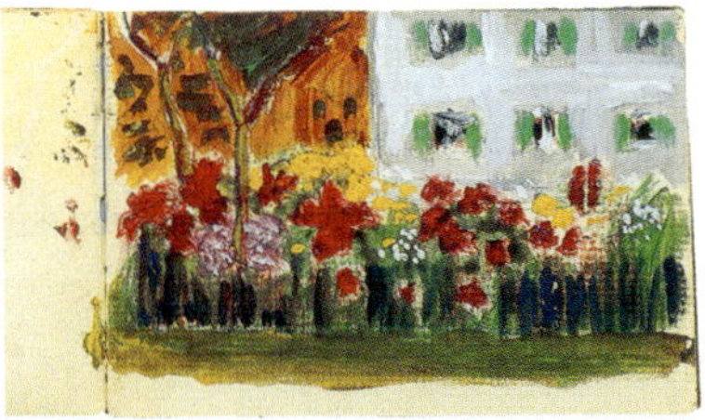

Bauerngarten

Mauer am Seidl-Park

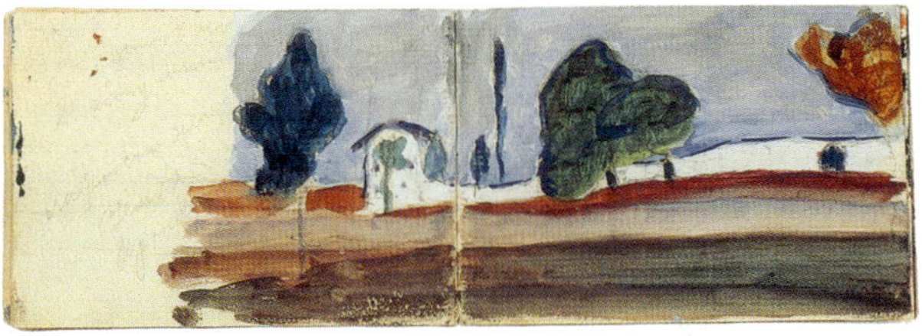

Blick auf den Staffelsee

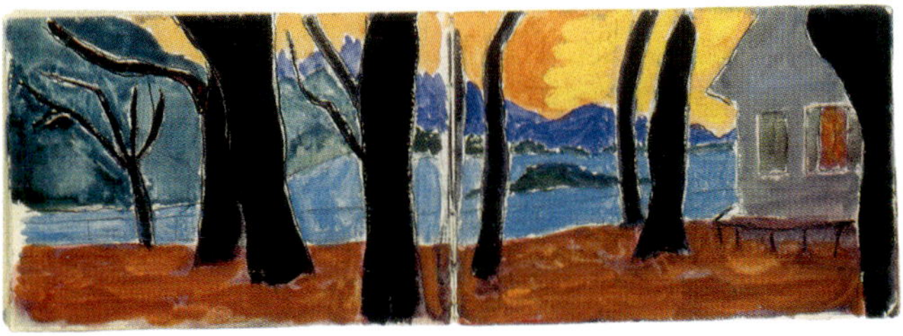

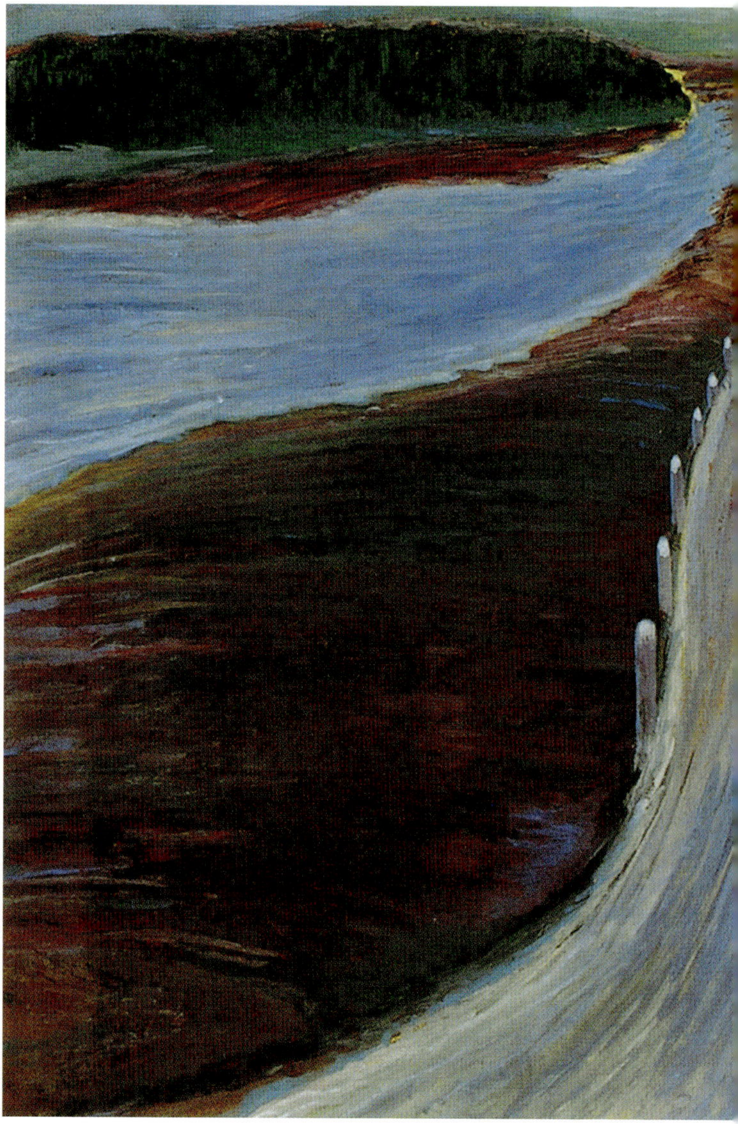

6
Marianne von Werefkin,
Die Landstraße (Drei litauische Frauen), 1907
Tempera/Karton, 69 × 105 cm

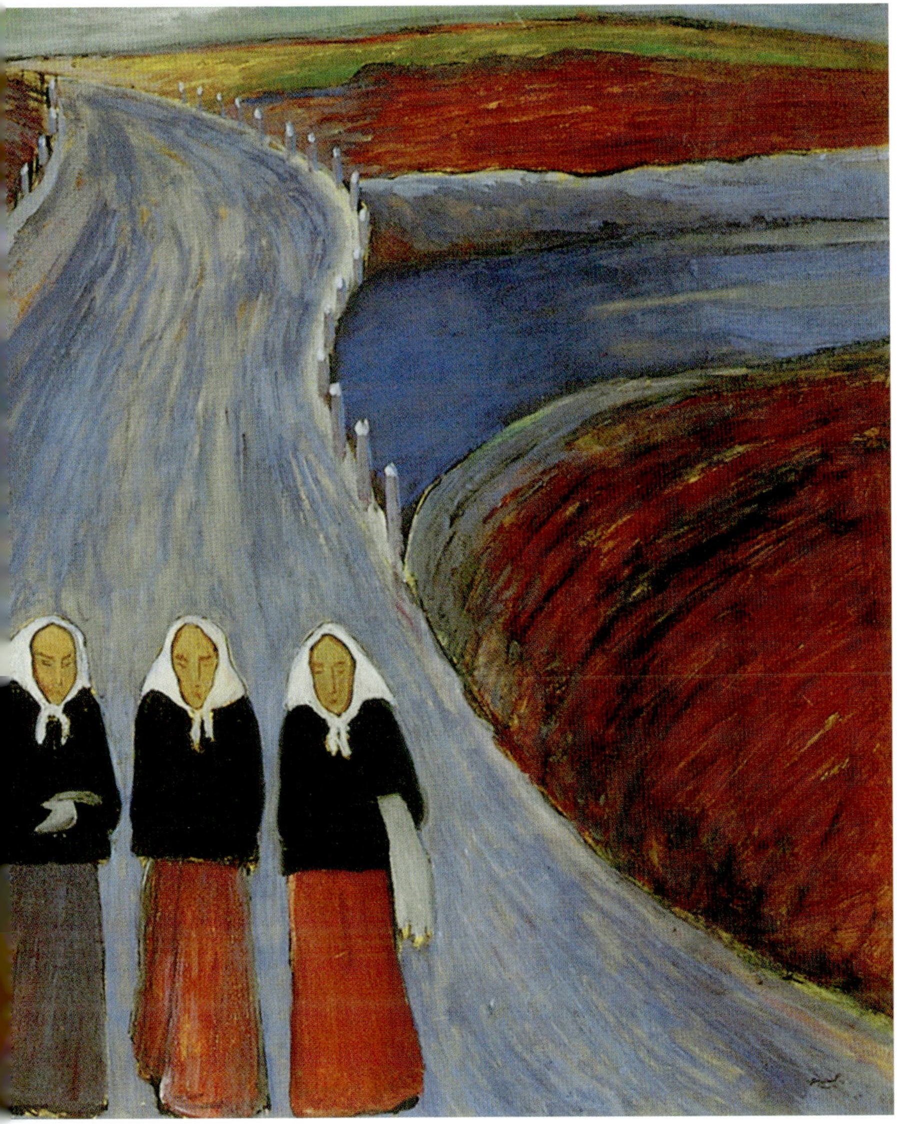

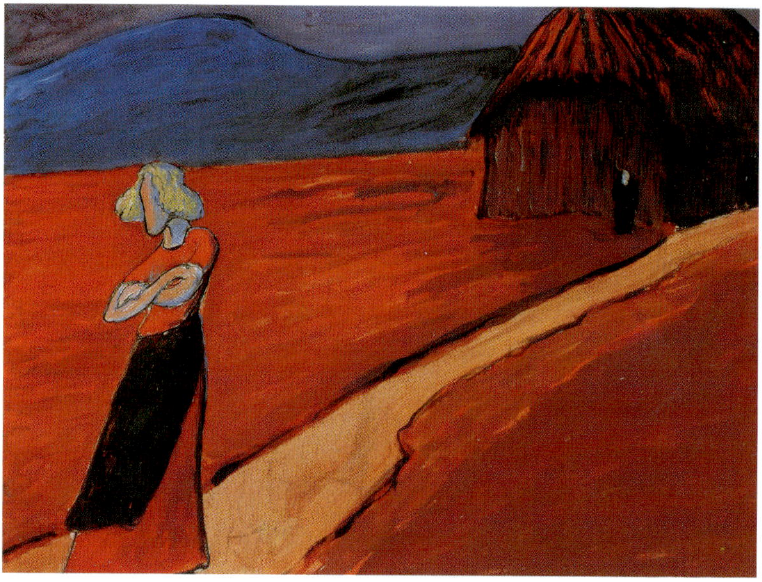

7
Marianne von Werefkin,
Tragische Stimmung, 1909
Tempera/Karton, 46,8 × 58,2 cm

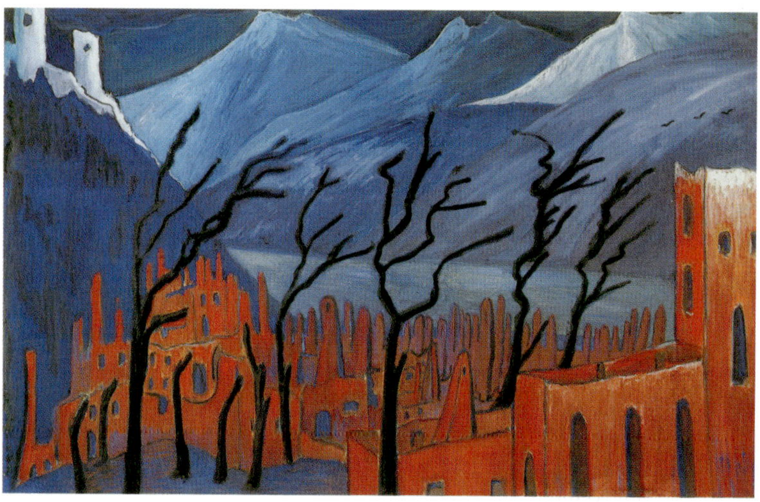

8
Marianne von Werefkin,
Rote Stadt, 1909/10
Tempera/Karton, 74 × 115 cm

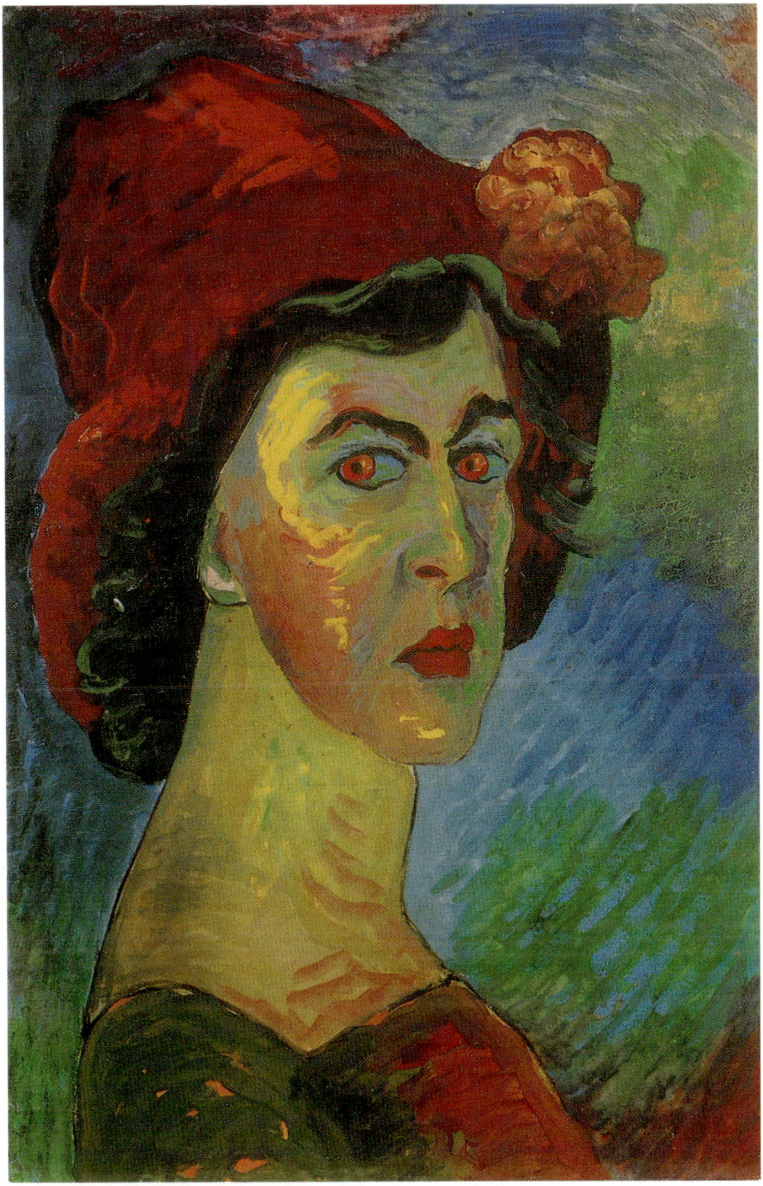

9
Marianne von Werefkin,
Selbstbildnis, 1910
Tempera/Papier/Karton, 51 × 34 cm

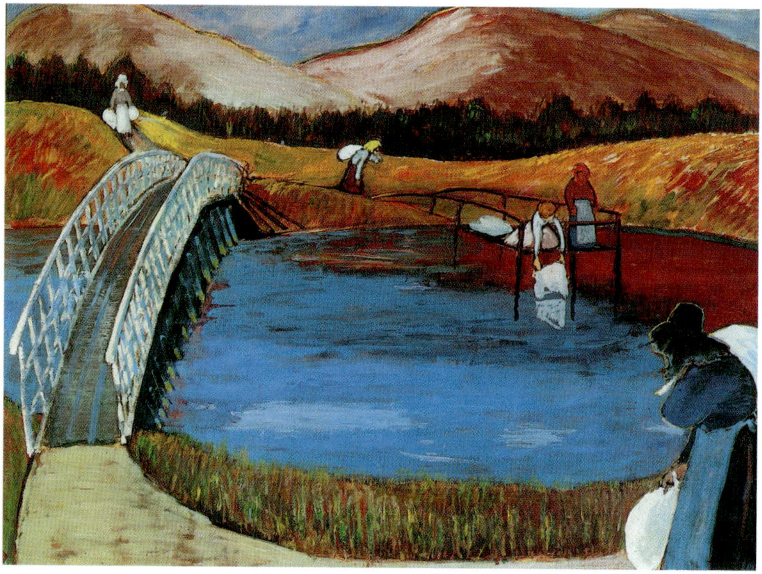

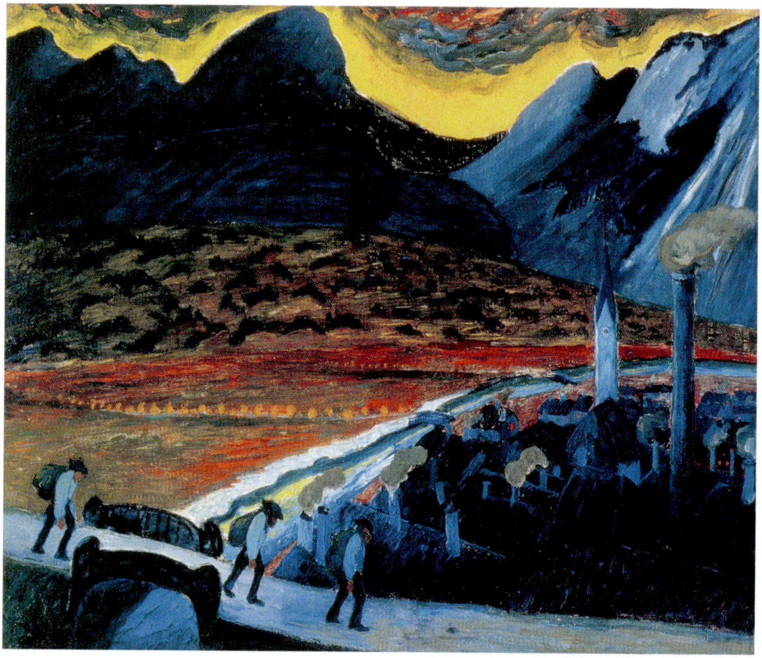

◂ **10**
Marianne von Werefkin,
Wäscherinnen am Prerowstrom, 1911
Tempera/Karton, 56,5 × 74,5 cm

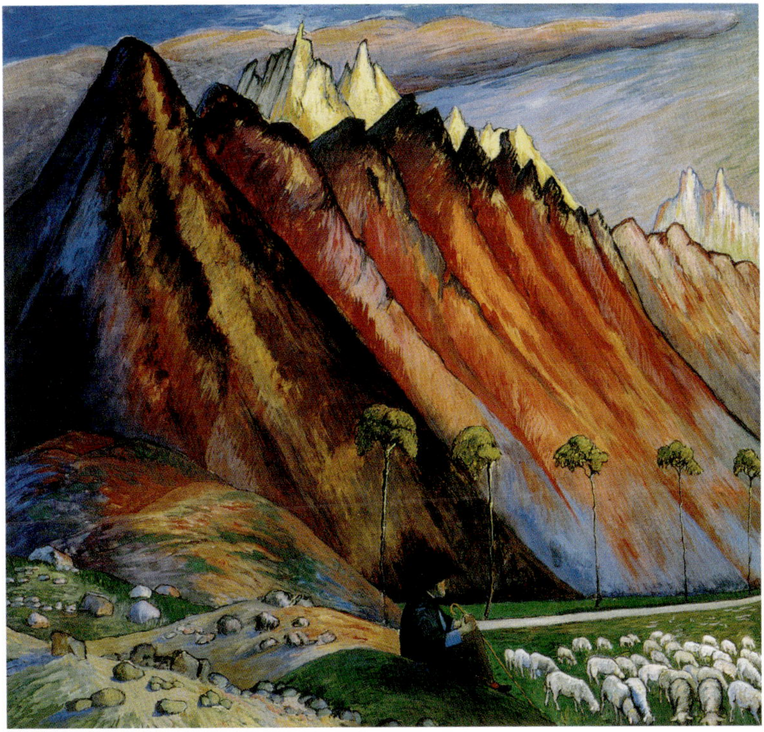

12
Marianne von Werefkin,
Lebensabend, um 1922
Tempera/Karton, 67,5 × 72 cm

◂ **11**
Marianne von Werefkin,
Fabrik/Heimweg, Oberstdorf 1912
Tempera/Karton, 69,5 × 83 cm

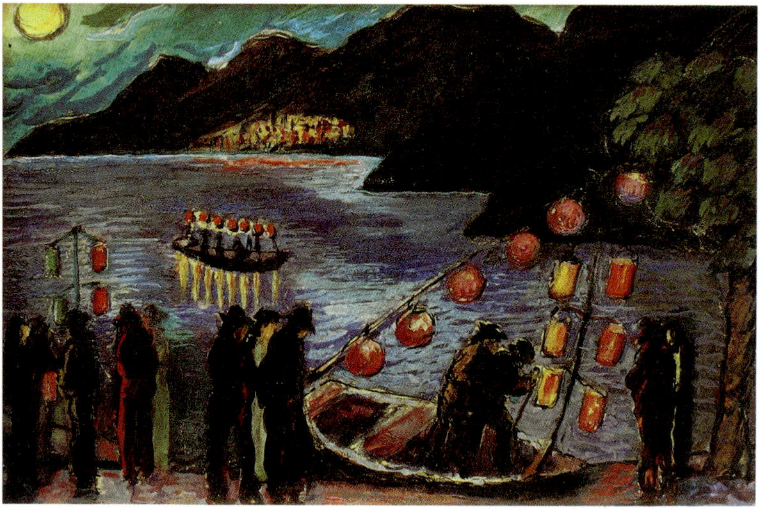

13
Marianne von Werefkin,
San Giuseppe, 1922/23
Tempera/Karton, 13 × 18,5 cm

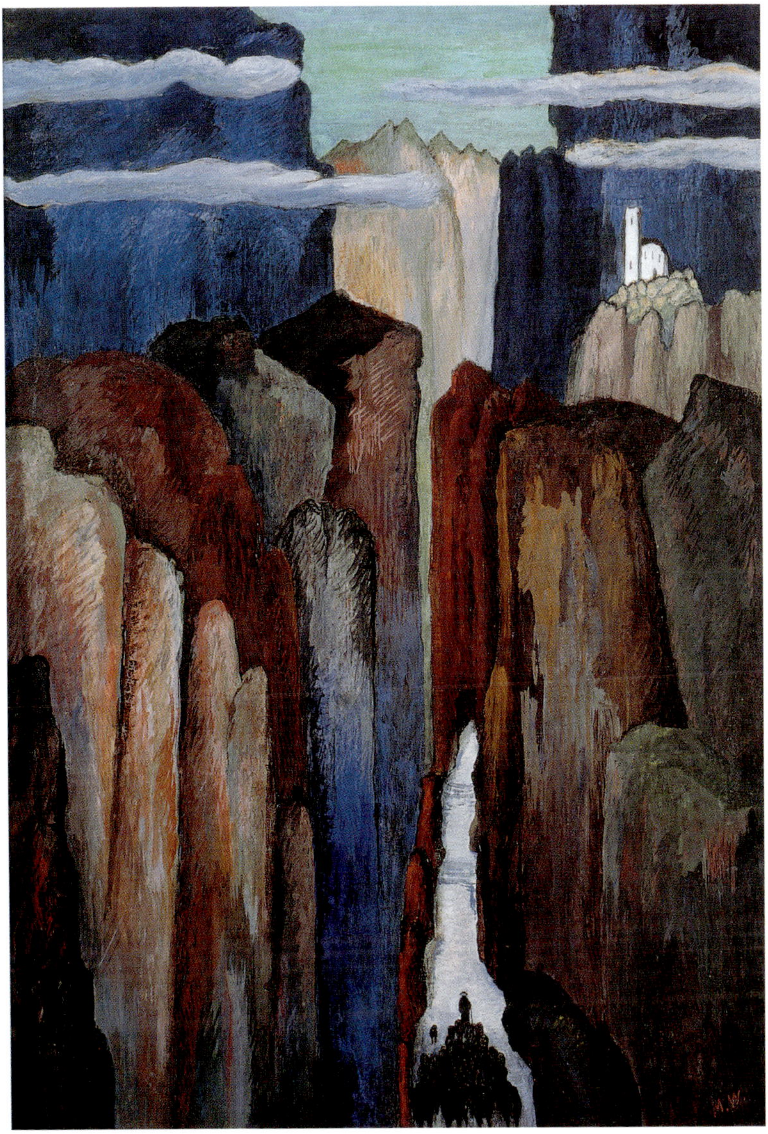

14
Marianne von Werefkin,
Via eterna, um 1929
Tempera/Karton

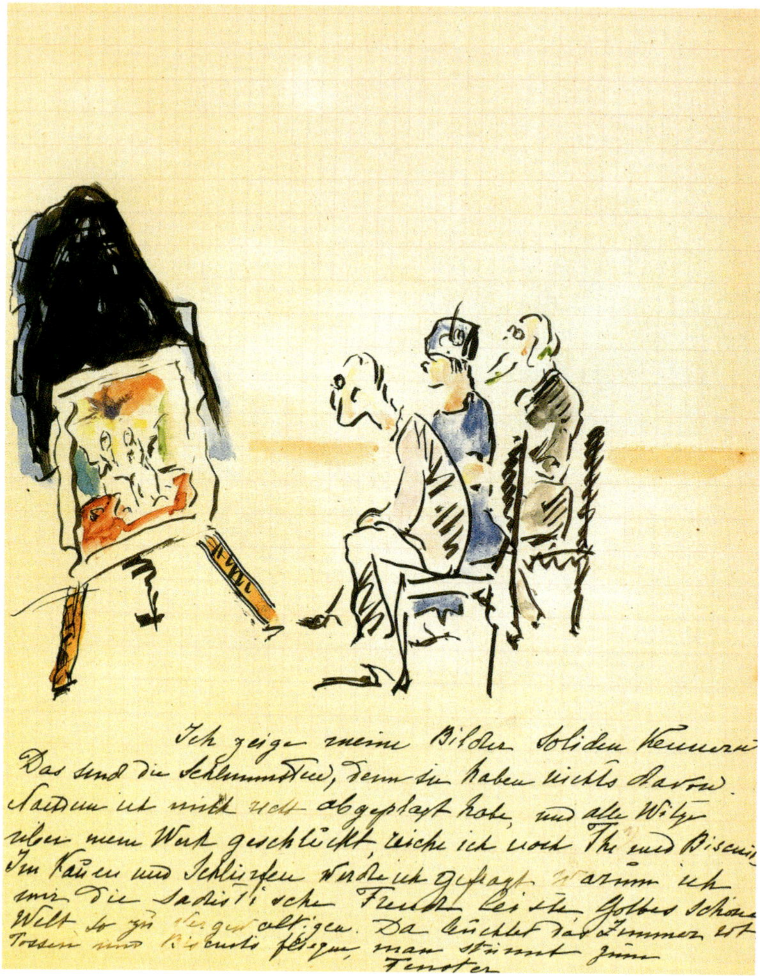

15
Marianne von Werefkin,
Ascona Impressionen (Solide Kenner), 1928
Tusche/Gouache/Tinte, 26 × 21,5 cm

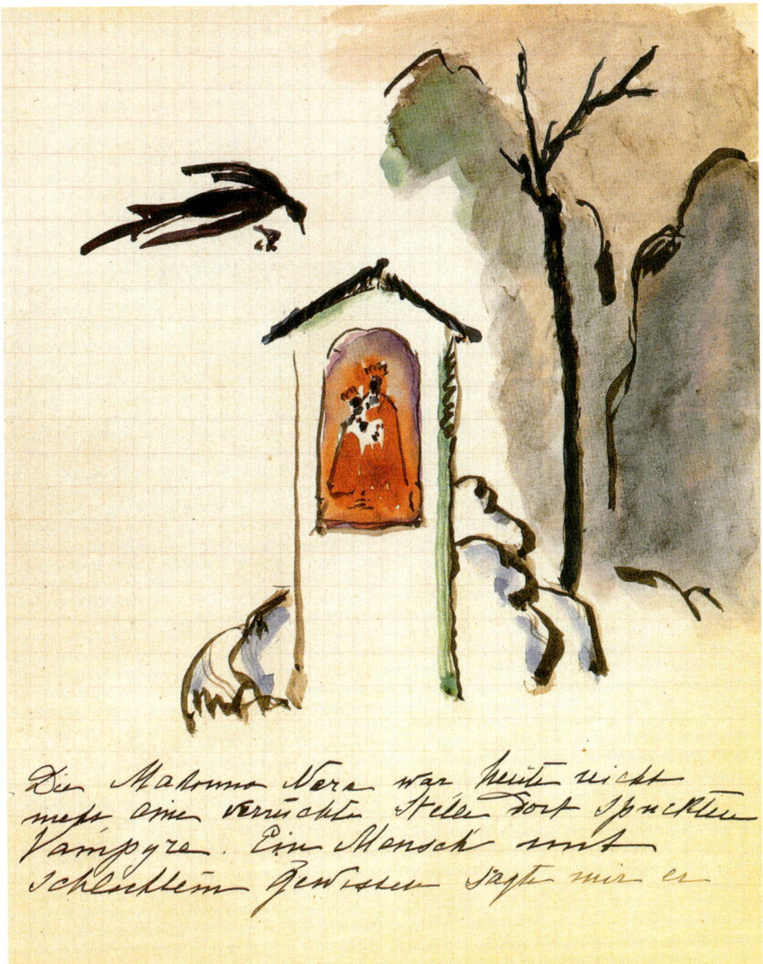

16
Marianne von Werefkin,
Ascona Impressionen (Madonna Nera), 1928
Tusche/Gouache/Tinte, 26 × 21,5 cm

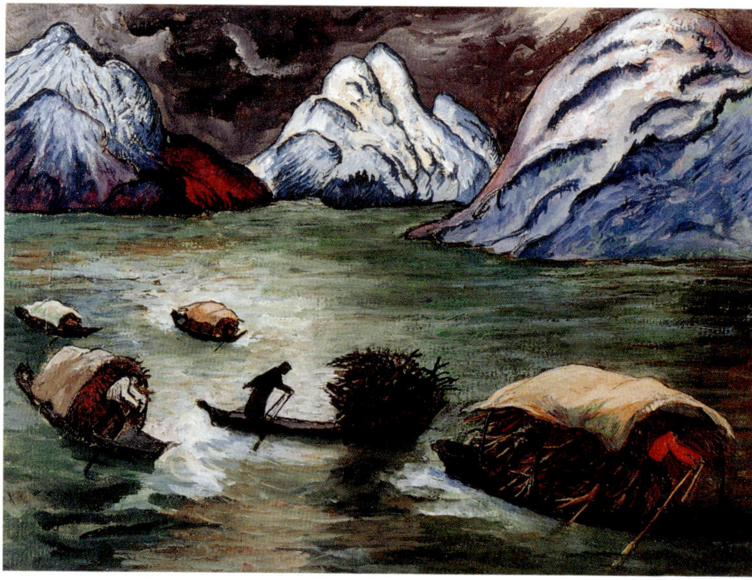

17
Marianne von Werefkin,
Nach dem Sturm, 1932
Tempera/Karton, 28 × 38 cm